Berlin
et ses environs

Cofondateurs : Philippe GLOAGUEN et Michel DUVAL

Directeur de collection et auteur
Philippe GLOAGUEN

Secrétaire général
Gavin's CLEMENTE-RUIZ

Rédacteurs en chef
Amanda KERAVEL (France)
Benoît LUCCHINI (Étranger)

Directrice administrative
Bénédicte GLOAGUEN

Conseiller à la rédaction
Pierre JOSSE

Responsable voyages
Carole BORDES

Direction éditoriale
Élise ERNEST

Rédaction
Isabelle AL SUBAIHI
Emmanuelle BAUQUIS
Mathilde de BOISGROLLIER
Thierry BROUARD
Marie BURIN des ROZIERS
Diane CAPRON
Véronique de CHARDON
Laura CHARLIER
Florence CHARMETANT
Fiona DEBRABANDER
Anne-Caroline DUMAS
Éléonore FRIESS
Géraldine LEMAUF-BEAUVOIS
Olivier PAGE
Alain PALLIER
Anne POINSOT
André PONCELET

2021/22

hachette

TABLE DES MATIÈRES

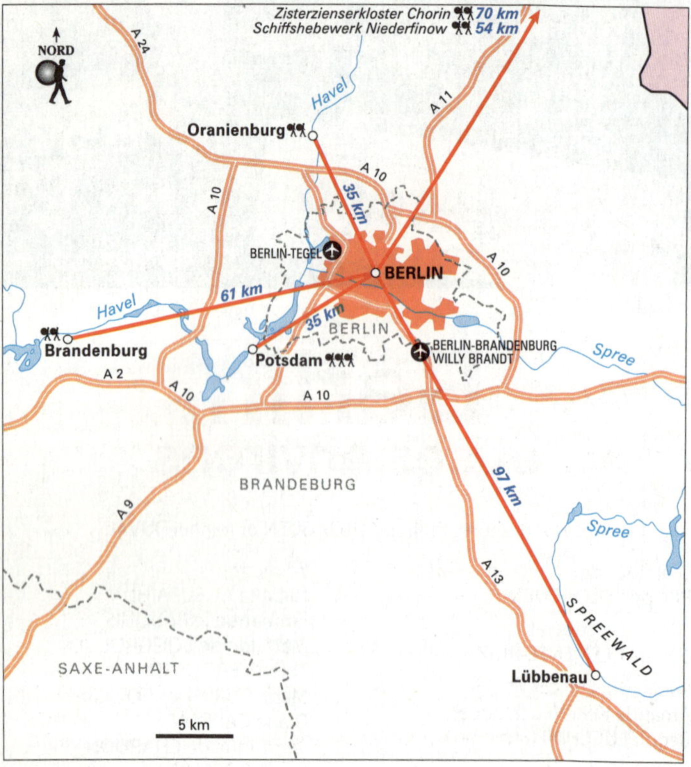

PRÉAMBULE

COMMENT Y ALLER ?

UNE PANDÉMIE INOUÏE

Depuis toujours, le guide du *Routard* apporte son soutien aux hôteliers et restaurateurs qui accueillent nos lecteurs avec sourire et professionnalisme. Inlassablement, nos enquêteurs sont à l'affût de ces établissements, pour le plus grand bonheur de nos lecteurs. Malgré toute notre vigilance, certains d'entre eux auront fermé quand ce livre sortira. Cette terrible pandémie de coronavirus a, on le sait, des conséquences importantes pour tous les professionnels du tourisme. Des adresses familiales et accueillantes que nous continuerons à soutenir et à mettre en valeur. Nous sommes de tout cœur avec eux !

☎ **112 :** c'est le numéro d'urgence commun à la France et à tous les pays de l'UE, à composer en cas d'accident, agression ou détresse. Il permet de se faire localiser et aider en français, tout en améliorant les délais d'intervention des services de secours.

Le quadrige surmontant la porte de Brandebourg et la colonne de la Victoire

LA RÉDACTION DU ROUTARD

(sans oublier nos 50 enquêteurs, aussi sur le terrain)

© R. Delalande et E. Dessons

Jean-Sébastien, Olivier, Mathilde, Thierry, Alain, Gavin's, Éléonore, Anne-Caroline, André, Laura, Florence, Véronique, Isabelle, Géraldine, Fiona, Amanda, Benoît, Emmanuelle, Bénédicte, Philippe, Carole, Diane, Anne, Marie.

La saga du *Routard* : en 1971, 2 étudiants, Philippe et Michel, avaient une furieuse envie de découvrir le monde. De retour du Népal germe l'idée d'un guide différent qui regrouperait tuyaux malins et itinéraires sympa, destiné aux jeunes fauchés en quête de liberté. 1973. Après 19 refus d'éditeurs et la faillite de leur 1re maison d'édition, l'aventure commence vraiment avec Hachette. Aujourd'hui, le *Routard*, c'est plus d'une cinquantaine d'enquêteurs impliqués et sincères. Ils parcourent le monde toute l'année dans l'anonymat et s'acharnent à restituer leurs coups de cœur avec passion.

Merci à tous les routards qui sont solidaires de nos convictions : liberté et indépendance d'esprit ; découverte et partage ; sincérité, tolérance et respect des autres.

NOS SPÉCIALISTES BERLIN

André Poncelet : Bruxellois, biberonné aux aventures de *Tintin* et de *Bob Morane*, il trace la route dès ses 17 ans. Après une carrière dans le livre, il participe au 1er *Routard* consacré à son pays. Ciseleur de mots et arpenteur de méridiens, il n'a de cesse de communiquer ses coups de cœur tant pour les cités au riche patrimoine que pour les grands espaces.

David Giason : rédacteur assoiffé de découverte, baroudeur à gros godillots, amateur de vieilles pierres, de bonne chère et de coins paumés, adepte d'échanges fructueux entre gens que tout devrait opposer. Pour lui, la curiosité est le plus indispensable des défauts. Mais surtout, il est convaincu qu'il faut savoir dépasser les bornes. Car être voyageur, c'est être libre.

UN GRAND MERCI À NOS AMI(E)S SUR PLACE ET EN FRANCE

Pour cette nouvelle édition, nous remercions particulièrement :

- **Till Palme et Marion Artarit,** de l'ONAT à Paris ;
- **Jordana Goldmann et Émeline Pelzer,** de Visit Berlin ;
- **Élodie Benchereau,** guide à Berlin ;
- **Tino Motzalla,** de Postdam Marketing und Service ;
- **Léa Garnier,** planificatrice hors pair.

Important : dernière minute

Entre 2 parutions *Routard*, des événements fortuits (conditions sanitaires, catastrophes naturelles, mais aussi formalités, taux de change, conditions d'accès aux sites, fermetures inopinées...) peuvent modifier vos projets de voyage. Pour éviter les déconvenues, nous vous recommandons de consulter la rubrique « Guide » par pays de notre site *• routard.com •* et plus particulièrement les dernières ***Actus voyageurs.***

Pictogrammes du Routard

Établissements

- Hôtel, auberge, chambre d'hôtes
- Camping
- Restaurant
- Terrasse
- Pizzeria
- Boulangerie, sandwicherie
- Pâtisserie
- Glacier
- Café, salon de thé
- Café, bar
- Bar musical
- Club, boîte de nuit
- Salle de spectacle
- Boutique, magasin, marché

Infos pratiques

- Office de tourisme
- Poste
- Accès Internet
- Hôpital, urgences
- Adapté aux personnes handicapées

Sites

- Présente un intérêt touristique
- Point de vue
- Plage
- Spot de surf
- Site de plongée
- Recommandé pour les enfants
- Inscrit au Patrimoine mondial de l'Unesco

Transports

- Aéroport
- Gare ferroviaire
- Gare routière, arrêt de bus
- Station de métro
- Station de tramway
- Parking
- Taxi
- Taxi collectif
- Bateau
- Bateau fluvial
- Piste cyclable, parcours à vélo

I.S.B.N. 978-2-01-629310-2

Saatwinkler Damm
Seestr.
Luxemburger Str.
Müllerstr.
Fennstr.
A100
Heidestr.
Beusselstr.
MOABIT
Stromstr.
Perleberger Str.
Fritz-Schloss-Park
Hamburger Bahnhof
Huttenstr.
Tegeler Weg
Turmstr.
Kaiserin Augusta Allee
Invaliden
Alt Moabit
Alt Moabit
Hauptbahnhof
Schloss Charlottenburg
Levetzowstr.
Paulstr.
Spree
Museum Berggruen
Otto Suhr Allee
Franklinstr.
Altonaer Str.
Strasse des 17. Juni
Kaiser Friedrich Str.
ERNST REUTER PLATZ
Strasse des 17. Juni
TIERGARTEN
Bismarckstr.
Fondation H. Newton
CHARLOTTENBURG
Hardenbergstr.
Hofjägerallee
Gemäldegalerie
Jardin zoologique
Kantstr.
Budapester Str.
Kaiser-Wilhelm-Gedächtniskirche
Lewishamstr.
Bauhaus-Archiv
Kurfürstenstr.
Kurfürstendamm
Nürnberger Str.
Potsdamer Str.
Lietzenburger Str.
Bülowstr.
Paulsborner Str.
Brandenburgische Str.
Nachodstr.
Hohenstaufen Str.
Potsdamer Str.
Goebenstr.
Bundesallee
Hohenzollerndamm
Martin-Luther Str.
SCHÖNEBERG
A100
Uhlandstr.
Grunewald Str.
Hauptstr.
JOHN F. KENNEDY PLATZ
Hauptstr.
Mecklenburgische Str.
Südwestkorso
Hauptstr.
Wiesbadener Str.
Rheinstr.
Site inscrit au Patrimoine mondial de l'Unesco
les incontournables
Potsdam

Volkspark Humboldthain
Berliner Unterwelten e.V.
Brunnenstr.
Mémorial du Mur
Bernauer Str.
Chausseestr.
Invalidenstr.
Torstr.
KOPPENPLATZ
Hackesche Höfe
Luisenstr.
Friedrichstr.
Museuminseln
Reichstag
Alexanderplatz
Fernsehturm
Berliner Schloss
PARISER PLATZ
Unter den Linden
MITTE
Porte de Brandebourg
Mémorial de l'holocauste
Ebertstr.
Leipziger Str.
Potsdamer Platz
Checkpoint Charlie
Gertraudenstr.
Nikolaiviertel
Alexanderstr.
Holzmark Str.
Köpenicker
Heinrich Heine Str.
PRENZLAUER BERG
Schönhauser Allee
Dantziger
Allee
Grellstr.
Storkower
Str.
Prenzlauer
Greifswalder
Kniprodestr.
Am Friedrichshain
Volkspark Friedrichshain
Friedens
Otto Braun Str.
Mollstr.
Landsberger Allee
Petersburger Str.
STRAUSBERGER PLATZ
Karl Marx Allee
FRIEDRICHSHAIN
East Side Gallery
Mühlenstr.
Warschauer Str.
RAW
Oberbaumbrücke
Spree
Schlesische Str.
Stresemannstr.
Wilhelmstr.
Friedrichstr.
Lindenstr.
Jüdisches Museum
ORANIEN PLATZ
Deutsches Technik-museum
KREUZBERG
MEHRINGPLATZ
Gitschiner Str.
Prinzenstr.
WASSERTOR PLATZ
Böckler Park
Skalitzer Str.
LAUSITZER PLATZ
Görlitzer Park
Landwehrkanal
Park am Gleisdreieck
Blücherstr.
Urbanstr.
Kottbusser Damm
Yorck Str.
Mehringdamm
Gneisenaustr.
Viktoriapark
Hasenheide
Dudenstr.
Columbiadamm
Volkspark Hasenheide
NEUKÖLLN
Karl Marx Str.
Sonnenallee
Boelckestr.
Tempelhofer Damm
Tempelhof Flughafen
TEMPELHOF FREIHEIT
Flughafenstr.
Hermannstr.
Tempelhofer Park
A100
0 500 1 000 m

BERLIN

L'Oberbaumbrücke relie Friedrichshain et Kreuzberg 36

« Ici à Berlin, on ne peut s'empêcher d'être conscient de se trouver au centre autour duquel tourne la roue de l'histoire. »

Martin Luther King

« Berlin est pauvre mais sexy ! », c'est son ancien maire Klaus Wowereit qui l'affirmait… et depuis, cette formule a fait le tour du monde. De quoi rendre la ville encore plus attractive aux yeux des millions de visiteurs qui, chaque année, ne viennent plus seulement en pèlerinage sur des lieux empreints d'histoire mais veulent découvrir la ville la plus en vogue, **la plus branchée du continent.**

Berlin a réussi l'exploit de faire aimer l'Allemagne à toute une génération dont les parents s'étaient promis de n'y jamais (re)mettre les pieds. Certains élaborent même des projets pour y vivre, ne serait-ce que quelques années, le temps de réaliser ici ce qu'ils ne pourraient construire aujourd'hui ailleurs, d'autant plus qu'avec ses nombreux parcs, jardins et zones boisées, Berlin est une des villes les plus vertes d'Europe.

Berlin, c'est une **jeune capitale,** en mouvement de jour comme de nuit, qui donne les clés pour une Europe du futur telle que certains la rêvent : une ville-monde où se croisent 190 nationalités, accueillant à la fois des gens de l'Est comme de l'Ouest en quête de créativité et d'inventivité et des réfugiés fuyant les conflits meurtriers qui endeuillent leur pays.

Berlin possède une force d'attraction incroyable, un enthousiasme étonnant dans cette Europe aujourd'hui maussade et policée. Y foisonnent toutes les **tendances de la postmodernité** : bien sûr, beaucoup d'art plastique et de cinéma, mais aussi de l'architecture, de la musique, du théâtre, de la danse et du ***street art...*** C'est le lieu où un autre style de vie semble encore possible. Les artistes et les créateurs qui y affluent ne s'y sont pas trompés, eux qui affirment que Berlin est **l'équivalent du New York des années 1960-1970…** L'âge d'or !

La porte de Brandebourg

NOS COUPS DE CŒUR

Architecte : Norman Foster
© René Mattes

1 Monter sous la coupole du Reichstag et découvrir l'architecture futuriste du nouveau Berlin.

L'immense vide situé entre les 2 secteurs de la ville après la chute du Mur a fait le bonheur des architectes du monde entier. Ils ont pu se lancer dans les projets les plus fous pour aménager le nouveau quartier des institutions de l'Allemagne réunifiée. Le Reichstag a été coiffé d'une superbe coupole de verre conçue par Norman Foster. Une galerie hélicoïdale mène au sommet, ce qui permet une vue panoramique sur les architectures audacieuses de la chancellerie, de la Potsdamer Platz et la majestueuse enfilade de l'avenue Unter den Linden au-delà de la porte de Brandebourg. *p. 86*
***Bon à savoir :** réserver obligatoirement en ligne, • bundestag.de/fr/visite •*

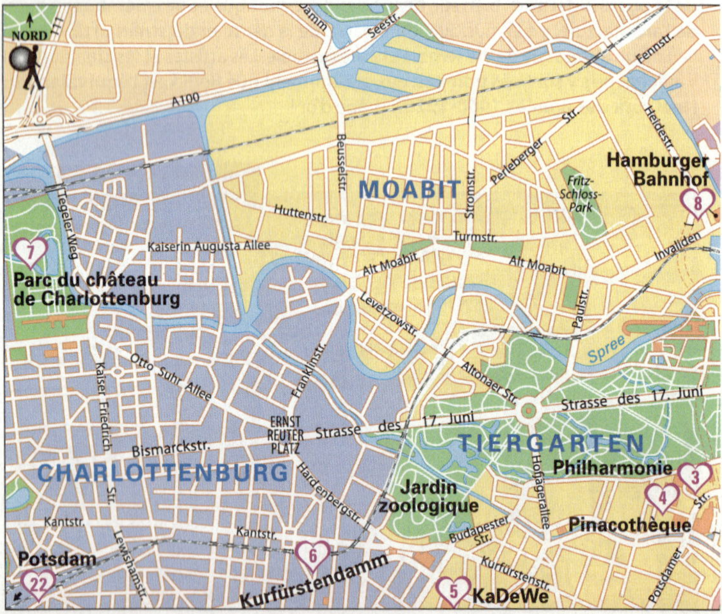

2 **Se prendre une bouffée de nostalgie au musée du Cinéma devant les robes et les souvenirs évoquant la carrière de Marlene Dietrich.**
Installée dans le complexe du *Sony Center,* la Maison du Cinéma abrite un musée passionnant. Superbe réalisation multimédia : parcours lumineux au milieu des miroirs et des effets spéciaux inventés par les pionniers légendaires de l'expressionnisme allemand, projecteurs, affiches, etc. La genèse des grands classiques, notamment *L'Ange bleu,* avec la divine Marlene Dietrich. Une rotonde entière est consacrée à la grande dame, avec quelques-uns de ses costumes de tournage où elle incarne un érotisme éthéré et inaccessible. Quelques souvenirs particulièrement émouvants de son engagement contre les nazis… Un lieu magique rythmé par ses chansons. *p. 91*
Bon à savoir : *la Berlinale, le festival du Cinéma où sont attribués les Ours d'or, s'y déroule début février.* • *deutsche-kinemathek.de* •

3 **Pour les mélomanes, concert obligatoire au *Berliner Philharmoniker*.** Berlin est aussi un lieu privilégié pour écouter de la musique classique ou aller à l'opéra. Les représentations y sont très nombreuses, les prix nettement abordables et à la portée d'un public le plus large possible. Toujours dirigé par des chefs prestigieux, l'orchestre propose des représentations d'une qualité exceptionnelle. Large répertoire d'œuvres classiques, romantiques, modernes et contemporaines. La salle a la particularité d'être circulaire, le public entourant l'orchestre. *p. 92*
Bon à savoir : *Lunch. Concerts gratuits le mardi.* • *berliner-philharmoniker.de* • *Ne pas oublier non plus le Konzerthaus ou l'Opéra.*

4 Rester pantois devant l'accumulation de chefs-d'œuvre à la *Gemäldegalerie* (pinacothèque), considérée comme l'une des plus importantes du monde en matière de peinture.

Ce musée possède une collection de plus de 2 700 œuvres du XIIIe au XVIIIe s. Tous ces chefs-d'œuvre ont connu bien des aventures. Pendant la guerre, ils ont été soit évacués, soit entreposés dans des caves. Avec l'arrivée des Russes et des Américains, certains ont été emportés et beaucoup ont disparu. Ils ont été restitués plus tard et, après la chute du Mur, regroupés en 1996 dans une nouvelle structure mettant en valeur tous les grands classiques de la peinture européenne : Van Eyck, Bosch, Botticelli, Raphaël, La Tour, Poussin, Watteau, Velázquez… *p. 93*

***Bon à savoir :** • smb.museum •*

5 Visiter les rayons du légendaire *KaDeWe,* véritable temple de la consommation.

Situé près du Ku'damm, le *Kaufhaus des Westens* (littéralement « Grand magasin de l'Ouest ») est une vitrine du mode de vie à l'allemande : des rayons de parfumerie du rez-de-chaussée jusqu'au légendaire 6e étage, royaume de la gastronomie et de l'épicerie fine, sans oublier le 7e et dernier étage qui accueille un traiteur haut de gamme, organisé en self-service. Magasin labyrinthique sur plus de 60 000 m^{2}, on y trouve tout ce qui est introuvable ailleurs, disait-on autrefois. *p. 85*

***Bon à savoir :** • kadewe.de •*

6 **Déambuler sur la longue avenue du Kurfürstendamm, les « Champs-Élysées » berlinois, jusqu'à la carcasse de l'église du Souvenir entourée d'un décor monumental d'immeubles modernes.**

L'avenue la plus fréquentée de la capitale, ancienne vitrine commerciale de Berlin-Ouest, s'étire sur 3,5 km. C'est de nos jours une artère agréablement arborée où s'alignent magasins chics, cafés, restaurants, théâtres, cinémas, galeries d'art et boutiques de fringues. La nuit, le clocher moderne de l'église du Souvenir se pare de la sublime lumière bleutée de ses 20 000 blocs de verre fabriqués à Chartres. *p. 78*

7 **Flâner dans le parc du château de Charlottenburg, l'un des plus beaux exemples d'architecture baroque à Berlin.**

C'est à la fin du XVIIe s que Frédéric III fit construire Schloss Lietzenburg, un palais d'été pour Sophie-Charlotte de Hanovre. Devenu roi de Prusse sous le nom de Frédéric Ier, il rebaptise son palais en Charlottenburg à la mort de son épouse. Plusieurs fois agrandie au cours du XVIIIe s, et cernée d'un grand parc, la propriété s'enorgueillit d'une façade de plus de 500 m flanquée de 2 grandes ailes. Gravement bombardé, le palais est une reconstruction à l'identique réalisée après 1945. On peut y visiter l'*Altes Schloss* et son cabinet des Porcelaines ainsi que la nouvelle aile *(Neuer Flügel)* et les luxueux appartements des souverains prussiens. *p. 80*

Bon à savoir : *belles balades dans le Schlossgarten avec son petit bijou de belvédère.*

8 **Admirer la collection du *Hamburger Bahnhof, Museum für Gegenwart,* un remarquable musée d'art contemporain.**

Attention, une gare peut en cacher une autre. Celle-ci est devenue un superbe musée d'art contemporain. Comme pour le musée d'Orsay à Paris, l'architecture de la gare (construite en 1847) a été préservée. Dans l'immense galerie aux voûtes métalliques, on croise Andy Warhol, Rauschenberg, Lichtenstein, Twombly, Keith Haring, Julian Schnabel, Jean-Michel Basquiat ou encore Kiefer, soit l'essentiel des œuvres issues de la collection privée d'Erich Marx, riche homme d'affaires berlinois. Le tout côtoyant la Trans-avant-garde italienne, le *Minimal Art* et les représentants des plus récents courants américains. *p. 90*

Bon à savoir : *• smb.museum •*

© F. Krawen/Adobe Stock

9 **Se rendre au mémorial du Mur, un lieu incontournable pour comprendre le Berlin d'hier et d'aujourd'hui.**

Le site, inauguré en 1998, s'étend sur plus de 1 km. Une section du Mur, de 300 m de long, a été sauvée par le pasteur Fischer, qui s'est battu pour faire classer Monument historique le pan de Mur qui longeait son presbytère sur la Bernauer Straße et qui est enfermé entre 2 plaques d'acier perpendiculaires. Du sommet de la tour-observatoire, on se retrouve dans la position des Berlinois de l'Ouest, impuissants devant ce qui se passait sous leurs yeux. *p. 133*

Bon à savoir : *• berliner-mauer-gedenkstaette.de •*

10 **Entamer la soirée dans un *Biergarten,* une bonne entrée en matière pour s'imprégner du mode de vie berlinois.**

Biergarten a pour traduction littérale « jardin de la bière », le lieu où la bière coule à flots ! Au moindre rayon de soleil, les Berlinois y affluent en masse. On vous recommande le *Prater Garten,* le plus ancien (1837), ou encore le *Café am Neuen See,* immense et populaire : transats au bord de l'eau, aire de jeux pour les enfants, et des barques à louer l'été. Et rien ne vous empêche de prendre seulement une bière avec une tranche de *Leberkäse* (pain de viande) sur un bout de pain. *p. 84, 141*

Bon à savoir : *• pratergarten.de • cafeamneuensee.de •*

S'offrir une vraie *Currywurst* berlinoise avec une bière locale.

La *Currywurst,* en fait, c'est une banale saucisse coupée en petits morceaux. Son originalité, c'est sa sauce : un savant mélange de concentré de tomate, sauce *Worcester,* curry, poivre de Cayenne, piment, huile d'olive, moutarde, oignons finement hachés, poivre et sel ! Chaque quartier, chaque maison s'enorgueillit de proposer la meilleure. On en trouve partout, dans les *Imbiss,* ces comptoirs de rue à des prix dérisoires. À arroser, idéalement, d'une bière blanche. *p. 138*

Bon à savoir : Konnopke's Imbiss *est sans doute le plus culte des snacks de rue de Berlin, là où ouvriers, étudiants et employés font la queue pour se faire servir leur petite saucisse.* • *konnopke-imbiss.de* •

Se perdre dans les allées grises de l'Holocaust-Mahnmal (mémorial de l'Holocauste) comme dans un vaste cimetière de sarcophages de béton gris.

Ce passage obligé de toute visite à Berlin évoque avec force l'horreur de la haine et participe au travail de mémoire nécessaire pour ne jamais oublier ce que fut la barbarie nazie. *p. 110*

Bon à savoir : *champ des stèles accessible 24h/24. Centre d'information tlj sauf lun 10h-18h; dernière entrée 45 mn avant la fermeture.*

© VPC Travel Photo/Alamy/Hemis

13 Tomber en admiration devant le buste de Néfertiti au *Neues Museum*, sur l'île aux Musées *(Museumsinsel)*.

Parmi un ensemble de 5 musées renouant avec la prestigieuse tradition culturelle de la capitale allemande, le *Neues Museum* abrite les collections égyptiennes de Berlin, mais aussi le musée de Préhistoire et Protohistoire ainsi qu'une collection d'antiquités, offrant aux visiteurs un regard croisé sur ces œuvres venues de différents horizons. En vedette, le célèbre buste de la reine, épouse du pharaon Akhénaton, un incroyable modèle de travail en plâtre, retrouvé en 1912 dans les fouilles de l'atelier de Thoutmosis, le sculpteur de la Cour. *p. 119*

Bon à savoir : *pour 18 €, un pass offre la possibilité de visiter tous les musées de l'île en 1 jour.* • *smb.museum* •

14 **Comprendre un peu mieux l'histoire de l'Allemagne en parcourant les salles du *Deutsches Historisches Museum*.**

Abrité dans le plus ancien bâtiment d'Unter den Linden, la superbe *Zeughaus,* de style baroque, édifiée sous Frédéric Ier, ce remarquable musée est consacré à l'histoire allemande du haut Moyen Âge à nos jours. Un parcours passionnant, avec une riche muséographie qui fait le pari d'illustrer, sur plus de 10 000 m², le destin agité de ce *Deutsche Volk,* dont la présence géographique au centre du continent l'a conduit à jouer les 1ers rôles dans l'histoire troublée de la vieille Europe. Rien n'est passé sous silence, tout est clairement abordé, surtout pour la période contemporaine, avec un degré d'objectivité réellement digne d'éloges. *p. 113*

15 **Pique-niquer à Tempelhof, dans le plus improbable des parcs, au bord des pistes de l'ancien aéroport.**

Un nom mythique qui ne cesse de se réinventer, puisque cet aéroport de légende fut surtout célèbre à l'occasion du blocus soviétique de la ville en 1948-1949 ! En 2008, après la fermeture définitive du site, la Ville fit un choix inattendu, à l'heure des grands investissements immobiliers : celui d'offrir cet espace gigantesque aux Berlinois. Résultat : plus de 380 ha de gazon, sillonné de 6 km de tarmac, parcouru désormais par les vélos et les rollers. On y pique-nique, on y lâche des cerfs-volants, le tout face aux anciennes infrastructures, intactes, de la tour de contrôle et les quelques vieux coucous sur le tarmac. Vraiment insolite ! *p. 158*

Architecte : Daniel Libeskind © Zylberyng Didier/hemis.fr

(16) Visiter l'émouvant Musée juif qui éclaire le passé pour mieux comprendre le présent.

Prouesse architecturale signée par l'Américain Daniel Libeskind, le *Jüdisches Museum* suscite un effet d'oppression puissant, faisant affluer le souvenir de l'Holocauste. L'exposition permanente illustre la relation entre les communautés juive et allemande depuis 2 000 ans et retrace cette histoire depuis le Moyen Âge jusqu'à aujourd'hui, rythmée par les persécutions, l'exclusion et le déracinement. Ce monument constitue un moment important du voyage à Berlin, prévoir une large plage horaire pour la visite ! *p. 154*

Bon à savoir : *• jmberlin.de •*

© Bob Dewel/Onlyworld.net *Test the best*, Kinder Birgit © Adagp, Paris, 2020

(17) Découvrir, sur une section de 1,3 km, la juxtaposition hétéroclite des fresques de la fameuse *East Side Gallery*, réalisée en 1990 par 118 artistes venant de 21 pays.

En 2009, cette section de l'ancien Mur s'est offert un lifting complet pour commémorer les 20 ans de sa chute : les signatures datées témoignent du retour de certains artistes, 19 ans après. Parmi les plus célèbres, le baiser goulu de Honecker à Brejnev, la fameuse Trabant défonçant le Mur ou cet « autre côté », dépeint avec poulets rôtis et Mercedes à la parade. L'ensemble évoque, dans tous les styles possibles, l'aspiration à la liberté et l'amitié entre les peuples. *p. 167*

18 **En été, prendre le soleil et buller sur l'une des Strände (plages) qui bordent la Spree, en regardant passer les bateaux-mouches.**

À Berlin, dès que le soleil commence à chauffer, on en profite pour se relaxer et bronzer sur le moindre carré de verdure et notamment le long de la Spree, sur les nombreuses plages de sable artificielles près de l'*Oberbaumbrücke,* le plus photogénique pont de la ville, qui relie les quartiers de Kreuzberg et Friedrichshain. Quand le ciel est d'un bleu intense, que le soleil darde ses rayons et que l'on est sur le sable… se croirait-on vraiment à Berlin ? *p. 168*

19 Jouer les explorateurs urbains en découvrant les friches industrielles du quartier de Friedrichshain investies par les performances d'artistes ou des concerts.

À la chute du Mur, ce no man's land gris et sans âme constitué de friches industrielles est transformé en squats d'artistes et en clubs illégaux. Dorénavant au cœur de la « hype » berlinoise, Friedrichshain attire les artistes, intellos et plasticiens boboïsés dans une créativité inépuisable. Le quartier étant vaste, le mieux pour s'y balader est de louer un vélo pour une méga balade dans le monde du *street art*, ou un voyage au bout de la nuit berlinoise. *p. 159*

Bon à savoir : à l'intérieur de ces hangars désaffectés se trouvent de nombreux bars-clubs qui ne s'animent qu'à partir de 2h du matin.

© Eden Breitz/Alamy/Hemis

20 **Braver la longue file d'attente pour accéder au *Berghain*, l'un des meilleurs clubs au monde, installé dans une ancienne centrale électrique.**
Un temple mythique de la musique électro et techno minimale, à l'esthétique un peu froide, très apprécié de la communauté gay. Les queues interminables et la sélection sévère à l'entrée sont légendaires. Dans une cathédrale de béton et d'acier, il comporte 2 étages et plusieurs bars. Accueillant les meilleurs DJ, le *Berghain* draine jusqu'à 2 400 fêtards par soirée. Ambiance électrique… mais aussi très décadente avec ses recoins intimes ! *p. 166*
Bon à savoir : *attention, objectif de téléphone portable masqué à l'entrée.* • *berghain.de* • *water-gate.de* • *tresorberlin.com* •

21 **Frémir à l'évocation du sort des prisonniers politiques incarcérés dans la prison de l'implacable Stasi à Hohenschönhausen.**
Parmi les plus effrayantes du régime, cette prison a fonctionné de 1945 à 1990. La Stasi y a interné les dissidents politiques et des dizaines de milliers d'hommes et femmes qui tentèrent de fuir à l'Ouest. Les prisonniers y vivaient dans des conditions psychologiques insoutenables, soumis à d'incessantes séances d'interrogatoires. La détention « provisoire » pouvait durer 3 ans ! Après la chute du Mur, la prison a été transformée en mémorial. Les guides sont pour la plupart d'anciens détenus, ils savent donc de quoi ils parlent ! *p. 171*
Bon à savoir : • *stiftung-hsh.de* •

22 **Prendre le train jusqu'à Potsdam et plonger dans l'univers rococo du château de Sanssouci.**

Classé au Patrimoine mondial de l'Unesco, le château de Sanssouci était le lieu de villégiature de Frédéric II, roi de Prusse, qui y collectionnait les tableaux et y recevait ses amis philosophes. Voltaire y séjourna 3 ans. Petit par sa taille et ne comprenant qu'un seul étage, le château est néanmoins représentatif de l'art de cour dans l'Europe du XVIIIe s. Son merveilleux parc lui sert d'écrin idéal : jardins en terrasses, fontaines, pavillon chinois, cours d'eau, statues, arbres fruitiers exotiques… *p. 190*

Bon à savoir : *• potsdam-park-sanssouci.de •*

© inavanhateren/Shutterstock

Parc de Tiergarten, poumon de la ville

ITINÉRAIRES CONSEILLÉS

Voici quelques suggestions d'itinéraires, de sites à voir et de choses à faire pour 3, 5 et 7 jours de séjour. Berlin est immense et il convient de bien cibler ses centres d'intérêt.

3 jours dans Mitte et à proximité

D'abord, les incontournables : le Reichstag (réservation obligatoire), la porte de Brandebourg, le Berliner Dom et la Fernsehturm pour le panorama sur la ville. Un parcours permettant de comprendre tout à la fois le IIIe Reich, la RDA, la chute du Mur et l'émergence des nouveaux quartiers.

Cet itinéraire permet de voir un maximum de lieux dans Mitte. Il emprunte l'axe de 5 km de long, de la porte de Brandebourg à l'Alexanderplatz en suivant Unter den Linden et Karl-Liebknecht Straße, via l'île des Musées et les points d'intérêt dans un rayon de 400 m.

En allant d'ouest en est : les musées inévitables du **Kulturforum (1)** : la Gemäldegalerie (le « Louvre de Berlin » ; au moins 3h de visite), la Deutsche Kinemathek à la **Potsdamer Platz (2),** devenue aujourd'hui la vitrine architecturale du Berlin du XXIe s, avec l'audacieux Sony Center. Rejoignez la **porte de Brandebourg (3),** en passant devant le mémorial de l'Holocauste et grimpez à la coupole du Reichstag. Parcourez ensuite Unter den Linden jusqu'au **Deutsches Historisches Museum (4).** De quoi remplir votre 1re journée.

La 2e démarre en partant du **Musée juif (5),** à Kreuzberg, et en poursuivant vers le nord par **Checkpoint Charlie (6),** le Mauermuseum et la Topographie des Terrors.

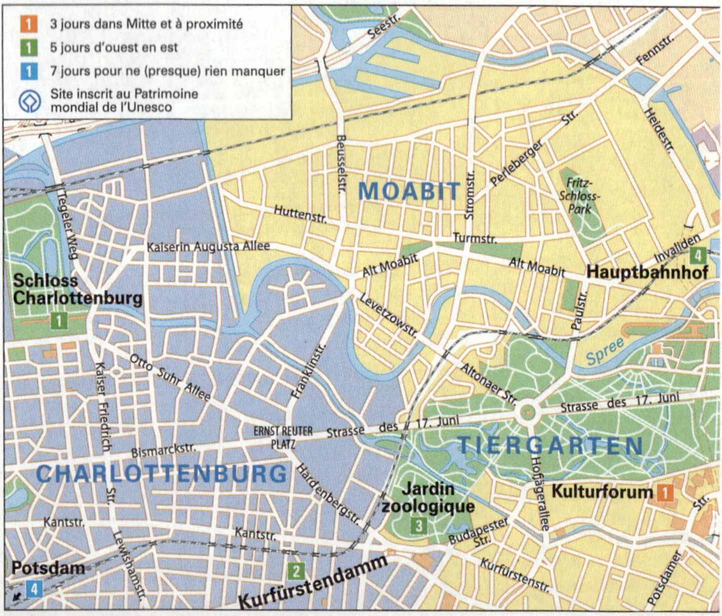

Le long de la Friedrichstraße se trouvent les Galeries Lafayette de Jean Nouvel, et en obliquant vers la droite vous traversez le Gendarmenmarkt pour vous retrouver au bord de la Spree. Sur la rive opposée se trouve le **Nikolaiviertel (7),** cet ancien quartier reconstitué après 1945.

C'est le moment de faire votre choix, selon vos centres d'intérêt, parmi les 5 musées qui occupent **Museumsinsel (8),** quitte à en garder en réserve pour le lendemain.

On se retrouve au même endroit pour la 3e journée pour le Kulturforum en face du Berliner Dom. Après une visite au DDR Museum, qui décrit la vie des Allemands de l'Est pendant la période communiste, petite flânerie le long de la Spree vers le **Hackescher Markt (9),** sa gare, ses terrasses, les incontournables Hackesche Höfe et leur enfilade de cours, un haut lieu du *street art* berlinois. Le Scheunenviertel est le quartier de la culture alternative des années 1990. **Alexanderplatz (10)** est l'épicentre de l'ancien Berlin-Est ; prendre l'ascenseur jusqu'au sommet de la tour de Télévision (Fernsehturm) pour profiter du soleil couchant et de la perspective vertigineuse de la Karl-Marx-Allee vers l'est.

5 jours d'ouest en est

Pour compléter ce qui précède. Les distances sont importantes, mais le réseau du S-Bahn et du U-Bahn permet de se déplacer rapidement.

Tout à l'ouest, cap sur le fameux château baroque de **Charlottenburg (1)** et son délicieux parc, propice aux balades. Les amateurs d'art moderne visiteront la collection de peinture du musée Berggruen. Métro ensuite pour rejoindre, via la Savigny Platz, le quartier cossu du **Kurfürstendamm (2),** sa Fondation Helmut Newton et les symboles de la prospérité à l'Ouest avant 1989, comme l'église du

Souvenir, l'Europa-Center et le grand magasin *KaDeWe.* Le **zoo (3)** et l'immense Tiergarten et ses *Biergarten* sont proches pour passer une fin de journée tranquille. Il ne reste qu'à aller jeter un coup d'œil, via le S-Bahn, à la futuriste **Hauptbahnhof (4)** et son nouvel environnement architectural voisine de la Hamburger Bahnhof, transformée en magnifique musée d'art contemporain.

Changement de décor le 5e jour et cap à l'est vers Friedrichshain avec le S-Bahn jusqu'à la gare de l'Est (Ostbahnhof), pour une découverte à vélo (loueurs sur place) des quartiers émergents les plus innovants de Berlin. Dans un décor de grues et d'anciens sites industriels, longez la Spree sur un gros kilomètre et découvrez la **East Side Gallery (5)** devenue le musée à ciel ouvert le plus célèbre de Berlin. Tout au bout, à l'entrée du Oberbaumbrücke, ***The Wall,*** un musée qui retrace l'historique de ce symbole de la guerre froide. À gauche du pont, Friedrichshain est le bastion de la marginalité berlinoise et le paradis des fans de *street art,* avec son incroyable **RAW (6),** une friche industrielle transformée en Luna Park de la musique techno et électro prisé des jeunes venus faire la teuf le temps d'un week-end. La *Simon-Dach-Straße,* elle, regorge de bars et de restos. Le plan parfait pour une soirée prolongée jusqu'au bout de la nuit…

Au sud de la Spree débute le vaste quartier de Kreuzberg autrefois populo et cosmopolite (forte immigration turque), devenu eldorado. La partie la plus intéressante (Kreuzberg 36) se situe en face de Friedrichshain, le long de la Spree où se multiplient les adresses de nuit. On y trouve même des rives aménagées en plages. Le jeudi soir, ne pas manquer de faire un saut jusqu'à la **Markthalle Neun (7)** qui abrite un formidable *food market* avec des chefs proposant une cuisine du monde à prix doux.

7 jours pour ne (presque) rien rater

Le 6e jour peut être l'occasion de souffler. Néanmoins, voici en vrac un assortiment de suggestions à piocher selon vos envies et vos goûts.

Dans un périmètre relativement proche de la Potsdamer Platz, les musées des Instruments de musique, celui des Arts décoratifs, les archives du Bauhaus, le Spy Museum, le musée de la Communication.

Au nord de Mitte, près de la station de Bernauerstrasse, le **mémorial du Mur (1).**

Beaucoup plus loin, la prison de la Stasi de Hohenschönhausen et non loin, le **musée de la Stasi (2)** à Lichtenberg.

Consacrez en tout cas la fin d'après-midi à vous balader nez au vent autour de la **Kastanienallee (3),** dans Prenzlauer Berg, un vieux quartier de l'Est récupéré par les bobos et aujourd'hui branché.

Le 7e jour, pour clore tout ce qui précède, sera une journée consacrée à **Potsdam (4),** l'historique capitale du Brandebourg. Au programme, son merveilleux château de Sanssouci, flanqué de sa galerie de peintures, et le Neues Palais de l'autre côté du parc. Flâner dans le pittoresque quartier hollandais. Ne pas négliger l'excellent *Filmmuseum* et visiter les studios de cinéma de Babelsberg. Les amateurs d'histoire découvriront le Cecilienhof, théâtre de la conférence de Potsdam en 1945 réunissant les 3 vainqueurs de l'Allemagne nazie. Profitez-en au retour pour vous arrêter au bord d'un lac afin de piquer une tête, s'il fait beau.

SI VOUS AIMEZ...

Les musées incontournables : la **Neue Nationalgalerie** ; la **Hamburger Bahnhof** ; la **Gemäldegalerie** ; le quintet majeur des musées de **Museumsinsel** ; le **Musée juif** ; le **Brücke-Museum.**

L'architecture contemporaine : la **Potsdamer Platz** et le **Sony Center,** le **Musée juif,** la **chancellerie,** l'**atrium de la *DZ Bank*** sur la Pariser Platz ; les ambassades nordiques, la **Hauptbahnhof, The Cube, Futurium** et les ***Galeries Lafayette*** de Jean Nouvel sur la Friedrichstraße,.

Les endroits pour faire la fête : tout se passe à Friedrichshain, où l'on trouve les légendaires clubs très séléctifs comme le ***Berghain,*** le ***Watergate*** ou le ***Matrix.*** Sans oublier le complexe du RAW, où le ***Cassiopeia*** accueille tous les publics.

Les symboles éternels : le **Reichstag** et sa coupole de verre ; la **porte de Brandebourg** et son quadrige ; la **Fernsehturm,** une gigantesque asperge de métal ; la **colonne de la Victoire,** chère à tous ceux qui ont aimé le film de Wim Wenders *(Les Ailes du désir)* ; l'hôtel **Adlon.**

La grande Histoire : le **bunker de Berlin Story,** le **Deutsches Historisches Museum** ; l'**Holocaust Mahnmal** ; la **Topographie des Terrors,** l'église française et le **musée des Huguenots** ; le **mémorial de Sachsenhausen.**

Les souvenirs de la guerre froide : Checkpoint Charlie ; le **Mauermuseum** ; le **mémorial du Mur** ; le **mémorial des soldats soviétiques** ; le **musée de la RDA** ; la **Karl-Marx-Allee** (les Champs-Élysées communistes) ; la **prison centrale de la Stasi** ; le **Spy Museum** ; le musée **The Wall.**

Les grands espaces : l'**Alexanderplatz,** une des places les plus larges de Berlin ; la **Bebelplatz,** pavée et carrée, voisine du mythique Unter den Linden ; l'**Olympiastadion,** théâtre des J.O. de 1936, puis de la Coupe du monde de 2006 ; le **Tempelhofer Park,** sur les vestiges du prestigieux aéroport ; le **Jardin botanique** de Dahlem ; le mémorial soviétique de **Treptower Park** ; le **parc de Sanssouci** à Potsdam.

Le cinéma : la **Deutsche Kinemathek Museum** sur la Potsdamer Platz ; le **Filmmuseum** de Potsdam ; le **Filmpark** et les studios de Babelsberg.

Les ruines glorieuses : l'**église du Souvenir,** au bout du Kurfürstendamm ; un morceau du **Mur** rescapé à côté de la **Topographie des Terrors** ; les visites des anciens abris avec l'association **Berliner Unterwelten.**

Les architectures originales : les **Hackesche Höfe** (magnifiques cours Art nouveau) ; la **Neue Synagoge** dans le Scheunenviertel ; les **archives du Bauhaus** ; l'**Oberbaumbrücke** à Friedrichshain.

Les châteaux : Charlottenburg, au départ un petit château d'agrément pour Sophie-Charlotte devenu un rival de Versailles ; le **château de Sanssouci** à Potsdam et ses célèbres terrasses de vignobles (résidence d'été de prédilection de Frédéric le Grand) ; le **Cecilienhof** de Potsdam que Frédéric-Guillaume II fit construire comme un cottage et où Staline, Churchill et Truman ont tenu conférence en 1945.

Berliner Dom

Interview #experienceroutard

Par la rédaction du Routard

En quoi cette destination est-elle unique ?

En ce début du siècle, Berlin serait, pour les artistes et les créateurs, l'équivalent du New York des années 1960-1970, bref, le lieu où un autre style de vie est encore possible. Avec une force d'attraction incroyable, elle attire toutes les tendances de la postmodernité : architecture, arts plastiques, cinéma, mais aussi musique, théâtre, danse et street art... En mouvement de jour comme de nuit, la ville donne les clés pour une Europe du futur rêvée : la ville-monde où se croisent 190 nationalités, avec des gens de l'Est, comme de l'Ouest et des réfugiés fuyant les conflits meurtriers qui endeuillent leur pays.

Un quartier à visiter absolument ?

Ancien quartier populaire de Berlin-Est, Friedrichshain est le QG des artistes et des graffeurs. Un paradis pour les fans de street art qui longeront l'*East Side Gallery*, une portion de l'ancien Mur bordant la Spree, longue de 1,3 km et servant de support aux réalisations les plus débridées. Sans oublier l'emblématique RAW, un haut lieu de la culture alternative berlinoise, installé sur une ancienne gare, composé de hangars désaffectés, aménagés en murs d'escalade, bars, et restaurants. Avec ses discothèques emblématiques, le complexe devient la nuit, le paradis des clubbers... les oiseaux de nuit vont adorer !

Une balade incontournable ?

Le *Tempelhofer Park* : avec plus de 380 ha de gazon, et 6 km de tarmac dévolus aux joggers, vélos, rollers et autres skate-boards, l'ancien champ d'aviation désaffecté en 2008 est un lieu insolite reflétant bien la douceur de vivre à la berlinoise. On y entretient des jardins potagers communautaires, on y pique-nique, on y fait voler les cerfs-volants, le tout face aux infrastructures intactes de l'ancien aéroport flanqué de sa tour de contrôle. C'est aussi le paradis des oiseaux et des abeilles.

Un mode de vie typiquement berlinois ?

Le *Kiez* : pour les Berlinois de souche, cela désigne le quartier de cœur, celui où l'on a grandi, qu'on a éventuellement quitté, mais où l'on est revenu, celui dont on reste fier. Chaque *Kiez* possède sa propre identité, tous ont leur attrait. Dès votre arrivée, mettez-vous en quête des bons *Kiez*, ceux qui correspondent à vos attentes et à l'ambiance recherchée.

Une spécialité ?

L'*Eisbein mit Erbspüree und Sauerkraut* : le classique parmi les classiques. Il s'agit d'un jarret de porc bouilli accompagné de purée de pois et de choucroute. Également en version rôtie, avec sa peau bien croustillante, sous le nom de *Schweinshaxe*.

LES QUESTIONS QU'ON SE POSE AVANT LE DÉPART

➢ Quels sont les documents nécessaires ?

Pour les ressortissants de l'Union européenne et de la Suisse, la ***carte d'identité*** ou le ***passeport*** (y compris pour les enfants) ***en cours de validité*** suffisent. Pour les Canadiens, passeport valide pour les séjours touristiques de moins de 90 jours. Les ***mineurs*** doivent être munis de leur propre pièce d'identité (carte d'identité ou passeport). Pour l'autorisation de sortie de territoire lorsque les enfants ne sont pas accompagnés par un de leurs parents, chaque pays a mis en place sa propre régulation. Ainsi, pour ***les mineurs français,*** une loi de 2017 a ***rétabli l'autorisation de sortie du territoire.*** Pour voyager à l'étranger, ils doivent être munis d'une pièce d'identité (carte d'identité ou passeport), d'un formulaire signé par l'un des parents titulaires de l'autorité parentale et de la photocopie de la pièce d'identité du parent signataire. Renseignements auprès des services de votre commune et sur • *service-public.fr* •

➢ Quelle est la meilleure saison ?

La région de Berlin jouit d'un climat continental, donc entre l'été et l'hiver la météo est très contrastée. Si la neige s'installe plus durablement que chez nous, les mois d'été sont souvent chauds et secs. Printemps et automne peuvent être pluvieux.

➢ Quel budget prévoir ?

Le coût de la vie à Berlin est moins élevé que dans le reste de l'Allemagne. On y trouve une ribambelle d'auberges de jeunesse et d'*hostels* et des centaines d'adresses bon marché, dont les *Imbiss* (les snacks de rue). Boire une bière ou faire la fête ne coûtent que quelques euros. Au restaurant, vu la taille des portions, on peut facilement se contenter d'un plat.

➢ Comment se déplacer ?

À vélo, bien sûr ! Et le réseau des transports en commun est dense, fiable et très pratique : on peut embarquer son vélo à bord des rames de métro. La voiture n'est pas d'une grande utilité et son usage est soumis à des règles antipollution rigoureuses.

➢ Y a-t-il des problèmes de sécurité ?

Aucun problème à redouter, prendre néanmoins toutes les précautions d'usage, comme dans toute grande ville.

➢ Y a-t-il un décalage horaire ?

Aucun décalage, Berlin est dans le même fuseau horaire que Paris, Bruxelles ou Genève.

➢ Quel est le temps de vol ?

Environ 1h30 depuis les villes énumérées ci-dessus.

➢ Peut-on y aller avec des enfants ?

Les enfants sont les bienvenus dans pas mal de musées qui organisent des activités ludiques. Et puis il y a le zoo du Tiergarten et Legoland. Repérez nos meilleurs sites grâce au symbole .

➢ Comment payer sur place ?

L'Allemagne étant dans la zone euro, aucune commission ne sera débitée de votre compte lors des retraits et paiements par carte. Bien que cela évolue, beaucoup de commerces continuent à préférer les règlements en espèces.

➢ La langue est-elle un obstacle ?

La question se pose moins à Berlin qu'ailleurs en Allemagne, car tout le monde parle l'anglais et les Français y sont nombreux. Faites un effort pour retenir quelques mots de vocabulaire courant et vous serez étonné du nombre d'Allemands qui, eux, se débrouillent bien en français.

➢ Peut-on visiter Berlin en un week-end ?

Cela paraît difficile, tant il y a à découvrir. Néanmoins, en 3 jours et 3 nuits bien remplis, on peut déjà s'en faire une idée. Juste de quoi avoir envie d'y revenir plus longtemps et pas seulement pour faire la fête.

➢ Mange-t-on gras et lourd en Allemagne ?

Si, à la base de la cuisine, il y a toujours le cochon et les pommes de terre sous toutes les formes, sachez qu'à Berlin on trouve une offre culinaire en provenance des 4 coins de la planète. Les buffets des hôtels au petit déjeuner sont souvent plantureux.

➢ Et la culture dans tout cela ?

Berlin est devenu en quelques années un épicentre de la culture européenne. Une architecture contemporaine fascinante, des musées fabuleux et pas chers, des expos pointues, des concerts classiques à gogo, toutes les musiques actuelles, des temples de la techno et la scène alternative... et une riche histoire présente à chaque coin de rue.

COMMENT Y ALLER ?

EN AVION

Remarque : la mise en service du ***Berlin-Brandebourg, aéroport Willy-Brandt (BER),*** le nouvel aéroport de la capitale allemande, prévue initialement en 2010 mais reportée à plusieurs reprises, a enfin été inaugurée à la fin octobre 2020 ***pour l'atterrissage des compagnies régulières...*** Les compagnies low-cost atterriront encore à l'ancien aéroport de Schönefeld rebaptisé terminal 5 du BER.

Les compagnies régulières

▲ AIR FRANCE

Rens et résas au ☎ 36-54 (coût d'un appel local – tlj 6h30-22h), sur • air france.fr •, dans les agences Air France et dans ttes les agences de voyages. Fermées dim.

➢ Air France propose jusqu'à 5 vols/j. de Paris Roissy-Charles-de-Gaulle au Berlin-Brandenburg Airport (BER).

Air France propose à tous des tarifs attractifs toute l'année. Pour consulter les meilleures offres du moment sur Internet, allez directement sur la page « Nos meilleurs tarifs » sur • *airfrance.fr* • *Flying Blue,* le programme de fidélité gratuit d'Air France-KLM, permet de gagner des *miles* en voyageant sur les vols Air France, KLM, Transavia et les compagnies membres de *Skyteam,* mais aussi auprès des nombreux partenaires non aériens *Flying Blue...* Les *miles* peuvent ensuite être échangés contre des billets d'avion ou des services (surclassement, bagage supplémentaire, accès salon...) ainsi qu'auprès des partenaires. Pour en savoir plus, rendez-vous sur • *flying blue.com* •

▲ BRUSSELS AIRLINES

• *brusselsairlines.com* •

➢ La compagnie assure des liaisons directes depuis Brussels Airport à destination de Berlin BER en partage de codes avec *Lufthansa.*

▲ LUFTHANSA

• *lufthansa.fr* •

Lufthansa propose de nombreux vols directs entre la France et Berlin.

➢ ***Au départ de la France :*** env 10 vols/sem de Roissy-Charles-de-Gaulle vers Berlin BER ; promos fréquentes depuis Paris, Marseille, Lyon, Strasbourg, Toulouse, Nantes ou Nice.

➢ ***Au départ de la Belgique :*** vols directs, depuis Brussels Airport vers Berlin BER en partage de codes avec *Brussels Airlines.*

➢ ***Au départ de la Suisse :*** vols directs depuis Zurich vers Berlin BER en partage de codes avec *Swiss.*

Les compagnies low-cost

▲ EASYJET

Résa seulement sur Internet : • easyjet.com •

➢ Vols directs vers Berlin BER au départ de Paris-Orly, Lyon, Nice, Brussels Airport, Genève et Bâle-Mulhouse.

▲ RYANAIR

• *ryanair.com* •

➢ Vols vers Berlin BER depuis Brussels Airport.

Conservez dans votre bagage cabine vos médicaments, vos divers chargeurs et appareils ainsi que vos objets de valeur (clés et bijoux). Et, on ne sait jamais, ajoutez-y de quoi vous changer si vos bagages n'arrivaient pas à bon port avec vous.

LES ORGANISMES DE VOYAGES

En France

▲ AMSLAV TOURISME

– Paris : 60, rue de Richelieu, 75002. ☎ 01-44-88-20-40. • amslav.com • Ⓜ Bourse ou Pyramides. Lun-ven 9h-18h ; sam 10h-12h, 14h-17h.

Tour-opérateur et créateur de voyages, Amslav Tourisme est spécialiste de l'Europe centrale et orientale, dont l'Allemagne. L'équipe, composée de personnel expérimenté connaissant parfaitement le terrain pour y avoir vécu ou pour y être né, réunit son expérience et son savoir-faire pour proposer une gamme variée de produits : week-ends, voyages à la carte, séjours libres ou organisés, autotours, circuits culturels, circuits combinés dans plusieurs pays d'Europe centrale et orientale.

▲ VOYAGEURS DU MONDE – VOYAGEURS EN RUSSIE ET EN EUROPE CENTRALE

• voyageursdumonde.fr •

– Voyageurs en Russie et en Europe centrale (Allemagne, Autriche, Belgique, Hongrie, Pays baltes, Pays-Bas, Pologne, République tchèque, Russie, Slovénie, Ukraine) : ☎ 01-42-86-17-60.

– Paris : La Cité des Voyageurs, 55, rue Sainte-Anne, 75002. ☎ 01-42-86-16-00. Ⓜ Opéra ou Pyramides. Lun-sam 9h30-19h. Avec une librairie spécialisée sur les voyages.

– Également des agences à Bordeaux, Grenoble, Lille, Lyon, Marseille, Montpellier, Nantes, Nice, Rennes, Rouen, Strasbourg et Toulouse. Également à Bruxelles et Genève.

Parce que chaque voyageur est différent, que chacun a ses rêves et ses idées pour les réaliser, Voyageurs du Monde conçoit, depuis plus de 30 ans, des projets sur mesure. Les séjours proposés sur 120 destinations sont élaborés par leurs 180 conseillers voyageurs. Spécialistes par pays et même par région, ils vous aideront à personnaliser les voyages présentés à travers une trentaine de brochures d'un nouveau type et sur le site internet où vous pourrez également découvrir les hébergements exclusifs et consulter votre espace personnalisé. Au cours de votre séjour, vous bénéficiez des services personnalisés Voyageurs du Monde, dont la possibilité de modifier à tout moment votre voyage, l'assistance d'un concierge local, la mise en place de rencontres et de visites privées et l'accès à votre carnet de voyage via une application iPhone et Android.

Voyageurs du Monde est membre de l'association ATR (Agir pour un tourisme responsable) et a obtenu sa certification Tourisme responsable AFAQ AFNOR.

Comment aller à Roissy et à Orly ?

Toutes les infos sur notre site *• routard.com •* à la rubrique suivante : *• bit.ly/aeroports-routard •*

En Belgique

▲ CONNECTIONS

Rens et résa : ☎ 070-233-313. • connections.be •

Fort d'une expérience de plus de 20 ans dans le domaine du voyage, Connections dispose d'un réseau de 32 *travel shops* dont 1 à Brussels Airport. Connections propose des vols dans le monde entier à des tarifs avantageux et des voyages destinés à des voyageurs désireux de découvrir la planète de façon autonome. Connections propose une gamme complète de produits : vols, hébergements, locations de voitures, autotours, vacances sportives, excursions...

▲ VOYAGEURS DU MONDE

– Bruxelles : chaussée de Charleroi, 23, 1060. ☎ 02-543-95-50 (0,45 €/mn). • voyageursdumonde.com •

Le spécialiste du voyage en individuel sur mesure.

Voir le texte dans la partie « En France ».

En Suisse

▲ STA TRAVEL

• statravel.ch • ☎ 058-450-49-49.

– Fribourg : rue de Lausanne, 24, 1700. ☎ 058-450-49-80.

– Genève : rue Pierre-Fatio, 19, 1204. ☎ 058-450-48-30.
– Lausanne : bd de Grancy, 20, 1006. ☎ 058-450-48-50.
– Lausanne : à l'université, bâtiment L'Humense, 1015. ☎ 058-450-49-20.
Agences spécialisées dans les voyages pour jeunes et étudiants. 150 bureaux STA et plus de 700 agents du même groupe répartis dans le monde entier sont là pour donner un coup de main *(Travel Help).*
STA propose des tarifs avantageux : vols secs *(Blue Tickets),* hôtels, écoles de langue, *work & travel,* circuits d'aventure, voitures de location, etc. Délivre la carte internationale d'étudiant et la carte Jeune.

▲ VOYAGEURS DU MONDE
• voyageursdumonde.com •
– Genève : 19, rue de la Rôtisserie, 1204. ☎ 022-519-12-10. Lun-ven 9h30-19h, sam 9h30-18h30 ; fermé dim.
– Lausanne : rue du Bourg 6 (2e étage). 1003. Ouverture courant 2020. Lun-ven 9h-18h30, sam sur rdv.
Le spécialiste du voyage en individuel sur mesure.
Voir le texte dans la partie « En France ».

Au Québec

▲ TOURS CHANTECLERC
• tourschanteclerc.com •
Tours Chanteclerc est un tour-opérateur qui publie différentes brochures de voyages : Europe, Amérique du Nord, Amérique du Sud, Asie et Pacifique Sud, Afrique et le Bassin méditerranéen en circuits ou en séjours. Il s'adresse aux voyageurs indépendants qui réservent un billet d'avion, un hébergement (dans toute l'Europe), des excursions ou une location de voiture.

EN TRAIN

Plusieurs trains quotidiens relient Paris à Berlin-Hauptbahnhof (HBF). Plusieurs options pour aller à Berlin, mais chaque fois avec 1 ou 2 changements.
➢ ***Au départ de Paris-Nord :*** 6 A/R tlj en *Thalys* avec changement à Bruxelles, Essen ou Dortmund pour emprunter le réseau *Intercity* (compter un peu plus de 8h pour le trajet le plus rapide).
➢ ***Au départ de Paris-Est :*** pour rejoindre Berlin, TGV-Est soit par Saarbrücken, Kaiserslautern et changement à Mannheim vers Berlin (env 8h de trajet), soit par Strasbourg, Francfort (changement) et Berlin (compter 8h06 pour le trajet le plus rapide).
Il est possible de rejoindre Berlin en train de nuit, à condition de rejoindre la *Night City Line* au départ de Manheim ou Francfort. Cela dit, le trajet prend alors 12h en tout.
Pour en savoir plus, se renseigner sur le site de la Deutsche Bahn : *• bahn.de •*

Renseignements et réservations

– ***Internet :*** *• oui.sncf •*
– ***Téléphone :*** *☎ 36-35 (0,40 €/mn).*
– Également dans les gares, les boutiques SNCF et les agences de voyages agréées.

Les *pass* internationaux

Avec les ***pass InterRail,*** les résidents européens peuvent voyager dans 30 pays d'Europe, dont l'Allemagne. Plusieurs formules et autant de tarifs, en fonction de la destination et de l'âge.
À noter que le *pass InterRail* n'est pas valable dans votre pays de résidence. Cependant, l'*InterRail Global Pass* offre une réduction de 50 % de votre point de départ jusqu'au point frontière en France. *• interrail.eu •*
– Pour les grands voyageurs, l'***InterRail Global Pass*** est valable dans l'ensemble des 33 pays européens concernés, intéressant si vous comptez parcourir plusieurs pays au cours du même périple. Il se présente sous 7 formes au choix :
5 formules flexibles : utilisables 4, 5 ou 7 j. sur une période de validité de 1 mois (246-335 € selon formule en version adulte), ou utilisables 10 ou

15 j. sur une période de validité de 2 mois (401-493 € selon formule en version adulte) ;
***5 formules « continues »** : pass* 15 j., 22 j., 1 mois, 2 mois ou 3 mois (443-902 € selon formule en version adulte). Ces formules existent aussi en version 1re classe !
Les voyageurs de plus de 60 ans bénéficient d'une réduction sur le tarif de l'*InterRail Global Pass* en 1re et 2de classes (tarif Senior). Également des tarifs enfants 4-11 ans et 12-27 ans.
- Si vous ne parcourez que l'Allemagne, le ***One Country Pass*** vous suffira. D'une période de validité de 1 mois et utilisable, selon les formules, 3, 4, 5, 6 ou 8 j. en discontinu : tarif selon pays et formule. Là encore, ces formules se déclinent en version 1re classe (mais ce n'est pas le même prix, bien sûr).
Pour voyager dans 2 pays, vous pouvez combiner 2 *One Country Pass.* Au-delà, il est préférable de prendre l'*InterRail Global Pass.*
InterRail offre également la possibilité d'obtenir des réductions ou avantages à travers toute l'Europe avec ses partenaires bonus (musées, chemins de fer privés, hôtels, etc.).
Ts ces prix ne sont qu'indicatifs.

EN VOITURE

Ceux qui ont bien suivi leurs cours de géographie n'ignorent pas que l'Allemagne est un pays limitrophe de la France. Vous l'avez compris, ce n'est pas si loin ! De plus, à partir de la Belgique et après Strasbourg, les autoroutes sont nombreuses, rapides, gratuites et l'essence est à un prix équivalent. En Allemagne, ô surprise, il n'y a pas de limitation de vitesse sur les autoroutes, mais on vous recommande toutefois de ne pas dépasser les 130 km/h et de ne pas tomber en panne d'essence sur une autoroute, vous risqueriez une amende.
➢ ***Pour rejoindre le nord de l'Allemagne et Berlin au départ de Paris :*** l'itinéraire passera par la Belgique. Autoroute du Nord A 1, puis A 2 vers Mons et E 42 vers Charleroi, Liège, Cologne, Düsseldorf, Hanovre, Braunschweig, Magdebourg et Berlin, qui se trouve à 1 060 km de Paris ; le trajet peut s'accomplir en 10h de route. Le parcours est entièrement autoroutier et les seuls péages se trouvent sur le territoire français.
➢ ***Pour rejoindre Berlin au départ du sud-est de la France :*** compter 1 500 km (15h) depuis Marseille. Prendre l'A 7 vers Lyon, passer en Suisse par Genève, Lausanne, Berne et Bâle (attention, vignette suisse à payer pour utiliser les autoroutes), puis, en Allemagne, Stuttgart, Nuremberg, Leipzig et enfin Berlin. ***Les autoroutes allemandes sont gratuites.***

Berlin, zone verte

Instaurées dans de nombreuses villes allemandes dont Berlin, elles visent à restreindre la circulation des automobiles et utilitaires trop polluants (principalement les moteurs diesel sans filtres).
Tous les véhicules immatriculés à l'étranger doivent être munis d'une vignette de couleur, à afficher sur le pare-brise, indiquant à quel groupe de polluants ils appartiennent. • *umwelt-plakette.de* •
Ces zones sont signalées par un panneau « ***Umweltzone*** » au bas duquel figurent les couleurs des vignettes autorisées à circuler dans l'aire concernée. Il s'agit presque toujours de « zones vertes », cette couleur étant celle des véhicules les moins polluants (ce qui est le cas de tous les véhicules récents, essence ou diesel). Les touristes visitant ces villes doivent se rendre avec leur carte grise dans les garages, les stations-service, les bureaux d'immatriculation *(Zulassungsstelle)* ou les centres de contrôle techniques agréés (TÜV, DEKRA...).
La vignette (environ 5 €) est valable dans tout le pays. Il est aussi possible de commander cette vignette avant de partir par courrier ou message électronique, mais c'est souvent beaucoup plus cher. Toute infraction au règlement de la zone écologique

est passible d'une amende de 80 € ! Les motos ne sont pas concernées par cette obligation.

Covoiturage

Le principe est économique, écologique et convivial. Il s'agit de mettre en relation un chauffeur et des passagers afin de partager le trajet et les frais, que ce soit de manière régulière ou de façon exceptionnelle (pour les vacances, par exemple). Les conducteurs sont invités à proposer leurs places libres sur ● *blablacar.fr* ● (disponible sur le Web et sur mobile). L'inscription est gratuite.

EN BUS

Le réseau de bus longue distance s'est intensifié ces dernières années. Le plus pratique est de consulter le comparateur de billets d'autocars ● *comparabus.com* ● qui regroupe les compagnies présentes en Europe : ***FlixBus, BlaBlaBus.*** De nombreuses villes sont desservies avec régulièrement de nouvelles dessertes. À vous de voir en temps réel les liaisons existantes. Un lien vers les compagnies permet d'acheter ses billets en direct. Pour Berlin, comptez env 60 €.

BERLIN UTILE

ABC de Berlin

- ***Statut :*** Land fédéral, mais aussi, capitale de l'Allemagne réunifiée et divisée en 12 *Bezirke*.
- ***Superficie :*** 892 km² (9 fois Paris !).
- ***Population :*** 3 750 000 habitants.
- ***Densité :*** 4 203 hab./km².
- ***Taux de chômage :*** environ 7,8 % en 2019.
- ***PIB :*** 33 300 €/hab.
- ***Religions :*** protestantisme luthérien dominant (600 000), catholiques (325 000) et aussi 250 000 musulmans et 12 000 juifs.
- ***Langue officielle :*** l'allemand.
- ***Monnaie :*** l'euro.
- ***Régime politique :*** Land fédéral, avec une Chambre des députés élue pour 5 ans qui désigne le maire et les sénateurs de la ville.
- ***Bourgmestre (maire) de Berlin :*** Michael Müller (SPD), depuis 2014.

AVANT LE DÉPART

Adresses utiles

En France

Office national allemand du tourisme : *fermé au public. Nombreuses brochures, téléchargeables sur le site valable pour ts les pays francophones.* • *germany.travel/fr* •

Institut Goethe : *17, av. d'Iéna, 75116 Paris. ☎ 01-44-43-92-30.* • *goethe.de/paris* • *Ⓜ Iéna. Tlj sauf w-e et en août 10h-15h30. Accès à la bibliothèque mar-mer et ven 9h-21h, jeu 9h-16h, sam 9h-17h ; fermé fin juil-fin août.* Cinéma, expositions, etc. Toute la culture allemande dans un lieu lumineux, complètement relooké. Succursales à Bordeaux, Lille, Lyon, Marseille, Nancy, Strasbourg et Toulouse.

Office allemand d'échanges universitaires (DAAD) : *Maison de la Recherche-Université Paris-Sorbonne ; 28, rue Serpente, 75006 Paris. ☎ 01-53-10-58-32.* • *daad-france.fr* • *Ⓜ Odéon. Service d'information et de documentation lun-jeu 10h-13h, 14h-17h ; ven 10h-12h30 ; fermé fin juil-fin août.* Chargé de la coopération franco-allemande dans le domaine de l'enseignement, l'office s'adresse aux étudiants désireux de poursuivre leurs études ou recherches en Allemagne. Infos sur l'organisation de l'enseignement supérieur allemand, ses voies et conditions d'accès, et la reconnaissance des diplômes.

Office franco-allemand pour la jeunesse (OFAJ) : *51, rue de l'Amiral-Mouchez, 75013 Paris. ☎ 01-40-78-18-18.* • *ofaj.org* • *RER B : Cité-Universitaire. Lun-ven 9h-12h, 13h-17h.* L'OFAJ dispose de nombreuses informations utiles, dont une brochure très complète sur toutes les possibilités de contact avec l'Allemagne (stages, formations, voyages, rencontres...). Il attribue aussi des bourses dans certains cas.

■ ***Consulat d'Allemagne :*** *28, rue Marbeau, 75116 Paris. ☎ 01-53-83-45-00. • allemagne.diplo.de • Ⓜ Porte-Maillot ou Porte-Dauphine. Lun-ven 9h-11h45.*

■ ***Centre d'information de l'ambassade d'Allemagne (CIDAL) :*** *31, rue de Condé, 75006 Paris. ☎ 01-44-17-31-31. • allemagne.diplo.de • Ⓜ Odéon ou RER B : Luxembourg. Lun, mer et ven 11h-13h, 14h-17h ; mar et jeu 14h-17h.*

Ambassades à l'étranger

– ***Belgique :*** *☎ 02-787-18-00. • bruessel.diplo.de •*

– ***Suisse :*** *☎ 031-359-41-11. • bern.diplo.de •*

– ***Canada :*** *☎ (613) 232-1101. • kanada.diplo.de •*

Formalités

Avant de partir, pensez à scanner passeport, carte bancaire, billet d'avion et *vouchers* d'hôtel. Ensuite, adressez-les-vous par e-mail en pièces jointes ou glissez-les dans une clé USB. En cas de perte ou de vol, rien de plus facile pour les récupérer. Les démarches administratives en seront bien plus rapides. Merci tonton Routard !

– Une *carte d'identité* en ***cours de validité*** ou un *passeport* français, belge ou suisse, même périmé depuis moins de 5 ans, suffisent pour entrer en Allemagne. Les Canadiens doivent se munir de leur passeport mais sont exemptés de visa. Important : la loi allemande exige que l'on ait toujours une pièce d'identité valable sur soi.

Vivre à Berlin

C'est peu dire que Berlin attire les francophones, jeunes ou moins jeunes, dans le secteur créatif, le secteur alternatif ou le secteur plus lucratif des restos et des bars, sans parler des start-up en tout genre. Si l'été berlinois fascine, avec ses longues nuits, ses longues fêtes, ses colocations faciles, les 5 ou 6 mois de grisaille et de froid découragent ceux qui, pour reprendre le slogan de son ancien maire, trouvent Berlin pauvre, certes, mais sexy.

Assurances voyages

■ ***Assurance Routard par AVI International :*** *40, rue Washington, 75008 Paris. ☎ 01-44-63-51-00. • avi-international.com • Ⓜ George-V.*
Enrichie année après année par les retours des lecteurs, *Routard Assurance* est devenue une assurance voyage référence des globe-trotters. Tout est inclus : frais médicaux, assistance rapatriement, bagages, responsabilité civile... Vous avez besoin d'un médecin, d'un conseil médical, d'une prise en charge dans un hôpital ? Appelez simplement le plateau *AVI Assistance* disponible 24h/24, leur réseau est l'un des plus complets actuellement. Vous avez eu des frais de santé en voyage ? Envoyez les factures à votre retour, *AVI* vous rembourse sous une semaine. Avant votre départ, n'hésitez pas à les appeler pour des conseils personnalisés.
Et téléchargez l'appli mobile AVI International pour garder le contact avec l'assistance 24h/24 et disposer de l'un des meilleurs réseaux médicaux à travers le monde.

■ ***AVA :*** *25, rue de Maubeuge, 75009 Paris. ☎ 01-53-20-44-20. • ava.fr • Ⓜ Cadet.* Un autre courtier fiable pour ceux qui souhaitent s'assurer en cas de décès-invalidité-accident lors d'un voyage à l'étranger, mais surtout pour bénéficier d'une assistance rapatriement, perte de bagages et annulation. Attention, franchises pour leurs contrats d'assurance voyages.

■ **Pixel-Assur :** *18, rue des Plantes, BP 35, 78601 Maisons-Laffitte. ☎ 01-39-62-28-63. • pixel-assur.com • RER A : Maisons-Laffitte.* Assurance de matériel photo et vidéo tous risques (casse, vol, immersion) dans le monde entier. Devis en ligne basé sur le prix d'achat de votre matériel. Avantage : garantie à l'année.

Carte internationale d'étudiant (carte ISIC)

Elle prouve le statut d'étudiant dans le monde entier et permet de bénéficier de tous les avantages, services et réductions dans les domaines du transport, de l'hébergement, de la culture, des loisirs, du shopping...
La carte ISIC permet aussi d'accéder à des avantages exclusifs (billets d'avion spécial étudiants, hôtels et auberges de jeunesse, assurances, cartes SIM internationales, location de voitures...).

Renseignements et inscriptions

- ***En France :*** *• isic.fr • 13 € pour une année scolaire.*
- ***En Belgique :*** *• isic.be •*
- ***En Suisse :*** *• isic.ch •*
- ***Au Canada :*** *• isiccanada.ca •*

Carte d'adhésion internationale aux auberges de jeunesse (carte FUAJ)

Cette carte vous ouvre les portes des 4 000 auberges de jeunesse du réseau *HI-Hostelling International* en France et dans le monde. Vous pouvez ainsi loger dans plus de 80 pays à des prix avantageux et bénéficier de tarifs préférentiels avec les partenaires des auberges de jeunesse *HI.* Enfin, vous intégrez une communauté mondiale de voyageurs partageant les mêmes valeurs : plaisir de la rencontre, respect des différences et échange dans un esprit convivial. Il n'y a pas de limite d'âge pour séjourner en auberge de jeunesse. Il faut simplement être adhérent.

Renseignements et inscriptions

- ***En France :*** *• hifrance.org •*
- ***En Belgique :*** *• lesaubergesdejeunesse.be •*
- ***En Suisse :*** *• youthhostel.ch •*
- ***Au Canada :*** *• hihostels.ca •*

Si vous prévoyez un séjour itinérant, vous pouvez réserver plusieurs auberges en une seule fois en France et dans le monde : *• hihostels.com •*

ARGENT, BANQUES, CHANGE

Argent

Pour les Français et les Belges, on est en zone euro. Pour nos amis suisses et canadiens, à titre informatif, 1 € = 1,06 CHF et 1,52 $Ca (fin 2020). Sur les pièces des euros allemands figurent au verso la feuille de chêne, la porte de Brandebourg ou l'aigle de la démocratie.

Avertissement

Si vous comptez effectuer des retraits d'argent aux distributeurs, il est **très vivement conseillé** d'avertir votre banque avant votre départ (pays visités et dates). En effet, **votre carte peut être bloquée** dès le 1er retrait pour suspicion de fraude. C'est de plus en plus fréquent. Bonjour les tracasseries pour faire rentrer les choses dans l'ordre, et on se retrouve vite dans l'embarras !

Banques, change

Les banques sont généralement ouvertes du lundi au vendredi de 9h à 13h et de 14h30 à 16h ou 17h30.
Pour nos amis hors zone euro, les bureaux de change dans les aéroports, aux frontières et dans les gares des grandes villes sont ouverts de 6h à 22h, même le week-end ! Les commissions sur le change ne varient que très peu d'une banque à l'autre.
En zone euro, pas de frais bancaires sur les paiements par carte. Les retraits sont soumis aux mêmes conditions tarifaires que ceux effectués en France ou en Belgique (gratuits pour la plupart des cartes).

Cartes de paiement

Berlin est quadrillé par un réseau de ***distributeurs*** de billets (DAB), où vous pourrez en retirer à l'aide de votre carte de paiement différé. Le logo des cartes utilisables figure en bordure de chaque distributeur. Même si beaucoup d'Allemands ont encore l'habitude de payer en liquide, les cartes *Visa* et *MasterCard* sont largement acceptées dans les hôtels, magasins, restaurants et supermarchés.
Quand vous partez à l'étranger, pensez à relever le plafond de retrait aux distributeurs et pour les paiements par carte, quitte à le faire de nouveau baisser à votre retour.
Avant de partir, notez donc bien le numéro d'opposition propre à votre banque (il figure souvent au dos des tickets de retrait, sur votre contrat, ou à côté des distributeurs de billets), ainsi que le numéro à 16 chiffres de votre carte. Bien entendu, conservez ces informations en lieu sûr et séparément de votre carte.
Par ailleurs, l'assistance médicale se limite aux 90 premiers jours du voyage et l'assistance véhicule aux cartes haut de gamme (renseignez-vous auprès de votre banque). Et surtout, n'oubliez pas aussi de ***VÉRIFIER LA DATE D'EXPIRATION DE VOTRE CARTE DE PAIEMENT*** avant votre départ !
Une carte perdue ou volée peut être rapidement remplacée. En appelant sa banque, un système d'opposition, une avance d'argent et de remplacement de carte pourront être mis en place afin de poursuivre le séjour en toute quiétude.
En cas de perte, de vol, ou de fraude, quelle que soit la carte que vous possédez, chaque banque gère elle-même le processus d'opposition et le numéro de téléphone correspondant.

– ***Carte Visa :*** *numéro d'urgence (Europ Assistance),* ☎ *0800-811-8440 (24h/24).* • *visa.fr* •
– ***Carte MasterCard :*** *numéro d'urgence,* ☎ *0800-071-3542.* • *mastercardfrance.com* •
– ***Carte American Express :*** *numéro d'urgence,* ☎ *(00-33) 1-47-77-72-00.* • *americanexpress.fr* •
Il existe un ***serveur interbancaire d'opposition*** qui, en cas de perte ou de vol, vous met en contact

avec le centre d'opposition de votre banque : en France : ☎ *0892-705-705 (prix d'un appel + 0,34/mn)* ; depuis l'étranger : ☎ *+ 33-442-605-303.*

Petite mesure de précaution : si vous retirez de l'argent dans un distributeur, utilisez de préférence un distributeur attenant à une agence bancaire. En cas de pépin avec votre carte (carte avalée, erreurs de code secret...), vous aurez un interlocuteur dans l'agence, pendant les heures ouvrables.

BUDGET

Constat rassurant : à Berlin, le coût de la vie n'a rien de prohibitif. On peut considérer que c'est même de 20 à 30 % meilleur marché qu'à Paris, par exemple. Manger au resto à Berlin revient globalement moins cher. Vu la générosité des portions, et sans parler d'habitudes culinaires, les Allemands se contentant habituellement d'un plat. Aucun serveur ne vous imposera une entrée, un plat et un dessert. Les boissons sont également meilleur marché, à moins évidemment de choisir un vin étranger. L'hébergement demeure effectivement onéreux, mais les *hostels* et autres AJ officielles ou privées (plébiscitées également par les seniors et offrant de confortables chambres doubles) constituent une bonne alternative !

VACHEMENT LIMITE

C'est grâce aux Allemands que la monnaie européenne ne s'est pas appelée « écu » : c'était une vacherie qu'ils n'auraient pas supportée (à l'oreille, « écu » était trop proche du nom Kuh, *qui signifie « vache »).*

Hébergement

L'offre est considérable, au point qu'on juge que Berlin dispose de plus de lits que New York. Compter dès 10 € et jusqu'à 35 € par personne pour une nuit dans les adresses figurant en catégorie « Bon marché » (auberges de jeunesse). Pour les adresses « Prix moyens », compter de 35 à 50 € par personne. Les adresses classées « Chic » commencent à 50 € par personne.
Des tarifs auxquels il convient d'ajouter la taxe de séjour, en vigueur à Berlin, soit 5 % du coût global de votre séjour. Et les prix qu'on vous indique sont des plus flexibles, certains hôtels refusant même de les donner en dehors de périodes précises. Si les prix grimpent lors des congrès ou des grandes manifestations, ils chutent de façon impressionnante au cœur de l'été, par exemple. D'où l'intérêt d'une réservation par Internet le plus vite possible, dès que les dates de séjour sont fixées.

Restaurants

En ce qui concerne la restauration, un en-cas dans un *Imbiss* (stand très populaire avec saucisses ou plats à emporter pour manger sur le pouce, tout à côté bien souvent) vous coûtera autour de 5 €. Pour un repas au restaurant, compter 10-15 € dans une adresse « Bon marché », 15-25 € dans une adresse « Prix moyens », 25-35 € pour une adresse « Chic » et à partir de 35 € dans une adresse « Plus chic ».

Bon à savoir : la municipalité a mis en ligne sur son site internet les résultats des contrôles d'hygiène effectués dans les restaurants et bars afin de faciliter le choix des consommateurs.

Transports

Un ticket de transport en commun coûte 2,80 € pour la zone AB (Berlin, à l'intérieur du *Ringbahn* – périphérique), 3,10 € pour la zone BC (à l'extérieur, mais toujours à Berlin) et 3,40 € pour un trajet allant jusqu'à la zone C (Brandenburg ; cas de Potsdam, par exemple, et de l'aéroport Willy Brandt de Berlin-Brandebourg). Pour un ticket à la journée compter 7 € pour la zone AB et 7,70 € pour la zone ABC. Mais il existe de nombreuses formules économiques sous forme de forfait, combinant ou non la visite des musées (voir la rubrique « Comment se déplacer ? » dans le chapitre « Infos pratiques sur place », plus loin).

Réductions

En bref, profitez de toutes les ***réductions*** possibles : les étudiants sont particulièrement bien lotis avec des réductions jusqu'à - 50 % sur les musées et les spectacles...

– Il existe également des avantages dont chacun peut profiter : billets de théâtre et d'opéra à - 50 % le soir même, logement en résidence universitaire (quand il y a de la place), etc.

– De plus, Berlin propose des cartes de transport pour les petits groupes de 5 ou 10 personnes (intéressant si vous voyagez à plusieurs) ; d'autres formules offrent des réductions sur les musées, concerts et spectacles. Particulièrement intéressantes pour les parents, car avec une carte adulte on fait bénéficier jusqu'à 3 enfants entre 6 et 14 ans. Voir la *Welcome Card* dans les « Adresses et infos utiles. Réductions pour musées et transports » du chapitre « Infos pratiques sur place », plus loin.

Musées

À Berlin, on en compte 180 ! Sur tous les sujets imaginables... des nounours au jeu vidéo, mais pas tous indispensables... Prévoir un budget en conséquence, leur tarif est souvent raisonnable, mais nombre d'entre eux sont assez fabuleux et valent le détour. Les collections de peintures (de sculptures aussi, d'ailleurs) sont d'une richesse époustouflante. La mise en valeur est complète, avec plans détaillés, consignes (et vestiaires), cafétérias, etc. Mais, un défaut, les audioguides et les docs en français sont assez rares. Il faudra effectuer la visite en allemand ou en anglais. Le français vient ici après l'italien ou l'espagnol, lorsqu'il est utilisé...

– Bon à savoir : la plupart du temps l'accès aux moins de 16 ans est gratuit et ils accordent des réductions pour les étudiants (sur présentation d'une carte ; sinon, celle des auberges de jeunesse peut faire l'affaire si le caissier est souple), les enfants (quand ils ne bénéficient pas déjà de la gratuité), les familles, les seniors, les militaires, les personnes handicapées...

– ***Museumspass Berlin :*** forfait à 29 € (tarif réduit 14,50 €) valable pour 3 jours consécutifs. Il donne droit à l'accès à des expositions permanentes dans environ 30 musées. Ceux-ci ouvrent généralement (sauf quelques exceptions) de 10h à 18h et proposent parfois quelques nocturnes jusqu'à 20h le jeudi. Comme partout en Allemagne, ils sont souvent fermés le lundi. Mais il faut vérifier au cas par cas en consultant les sites internet.

– Le dernier week-end d'août, la ***Longue Nuit des musées*** permet un accès aux musées de 18h à 2h *(12 €)* avec également une utilisation gratuite de navettes, selon plusieurs itinéraires. • *lange-nacht-der-museen.de* •

CLIMAT

C'est sûr, Berlin n'est pas la capitale la plus ensoleillée d'Europe. Frais mais peu humide, le climat de Berlin reste agréable toute l'année – vous dira-t-on ici, tout en vous recommandant d'emporter un pull même en plein été et de programmer quelques musées en cours de route, en cas d'ondée. Un temps idéal, du moins pour les trekkeurs urbains qui veulent optimiser leurs déplacements en ville.
Dès la mi-octobre, le crachin envahit le ciel et l'hiver. Disons-le franchement, ce n'est pas la meilleure saison pour s'y rendre car les températures peuvent descendre jusqu'à - 15 °C, avec des vents d'est « sibériens » qui s'engouffrent avec plaisir dans les grandes avenues et une neige bien au rendez-vous, entre décembre et février. Les lacs se transforment en patinoires et le gel peut y subsister jusqu'en avril, il y a de quoi hésiter ! Sachez que certains établissements ferment à cette période. De même, les mois d'hiver sont-ils le plus souvent couverts, et si c'est le cas, la nuit peut vous surprendre... dès 16h ! En revanche, c'est au début du mois de décembre que les marchés de Noël égaient la ville.
Le printemps est long à s'installer, mais quels débordements de joie et d'activité dès les 1res chaleurs ! Les parcs et leurs *Biergarten* sont pris rapidement d'assaut. L'été est normalement chaud sans être caniculaire, parfait pour se rendre en fin d'après-midi au bord d'un des nombreux lacs de Berlin et de sa région. L'idéal est donc de partir entre mai et septembre tout en sachant que ce climat continental peut rendre parfois étouffant le cœur de l'été (mais on a connu des journées à 13 °C à la mi-juillet). Un conseil, donc : pour faire face à la fraîcheur des soirées et aux averses orageuses, n'oubliez pas votre petite laine, de bonnes chaussures et surtout un vêtement imperméable. Sachez aussi que de nombreuses salles de spectacle sont fermées en été.
L'automne est peut-être la période la plus magique de la ville, mais attention, là encore, il peut pleuvoir à tout moment. Septembre se révèle également très agréable pour un long week-end découverte.
Par ailleurs, évitez de vous rendre à Berlin lors de foires ou de congrès, vous rencontreriez des difficultés pour trouver un hébergement.

DANGERS ET ENQUIQUINEMENTS

Berlin est ***une ville très sûre*** pour les couples, les familles, mais aussi les femmes seules, du moins en restant dans les quartiers décrits ici : c'est en fait une grande capitale avec un style de vie plutôt tranquille, ce qui est fort appréciable ! Agressions et vols à l'arraché y sont rares. Cependant, on s'abstiendra de se promener (la nuit en particulier) avec des objets de valeur trop apparents. En outre, ça serait de mauvais goût et vous fermerait inconsciemment l'accès à de nombreux lieux de vie, les Berlinois restant dans leur grande majorité des gens plutôt naturels et sans chichis, qui choisissent des tenues décontractées pour sortir en boîte, au resto ou à l'opéra.
Petit conseil pour vous éviter d'aller perdre un temps précieux au poste de police : autour de la *Potsdamer Platz,* de l'*Alexanderplatz,* du *Zoologischer Garten* et du *Hackescher Markt* (où il y a foule), sur les marchés et dans les grands magasins aux heures d'affluence, pas de portefeuille dans la poche arrière du jean pour ne pas tenter les pickpockets. La police se révèle fort discrète et d'une grande affabilité.
Gare aux vélos, en revanche ! Finalement, le plus gros danger, c'est de se faire percuter par un vélo sur un des nombreux trottoirs que les piétons sont obligés de partager avec les cyclistes. Le revêtement des pistes cyclables est souvent plus « roulant » que les portions pavées réservées aux cyclistes.
La vigilance et l'attention dans ces couloirs pour vélos sont 2 réflexes à acquérir très rapidement, chaque amoureux de Berlin en a fait l'expérience ! Les cyclistes ne se signalent pas et foncent pour aller au plus court.

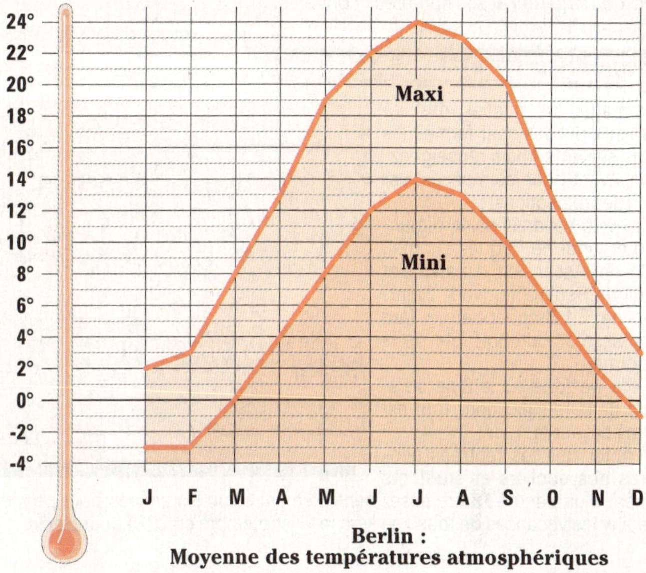

Berlin :
Moyenne des températures atmosphériques

ENFANTS

Berlin, une ville pour les enfants ? Oui, incontestablement ! D'abord, par sa qualité de vie, son calme, ses nombreux et immenses espaces verts. En fait, ici, l'enfant est roi : dans les restos, le métro, les parcs, les rues, rien ne doit contrarier un enfant qui a envie de jouer ou de pleurer... Soyez patient si cette façon de concevoir la vie parentale vous surprend.

C'est en tout cas une ville détendue pour les minots qui vous accompagnent, une ville où il fera bon rouler à vélo avec eux sans angoisse. Il y a également de nombreuses activités culturelles et ludiques à leur disposition : musées avec sections spécifiques « enfants », activités nature, randonnées, balades diverses, piscines de plein air, baignades dans des rivières et des lacs aux eaux claires et saines, spectacles et animations pour enfants.

Courte sélection : les robots rigolos qui jouent avec les visiteurs au ***musée de la Communication,*** les dinosaures qui reprennent vie au ***Museum für Naturkunde...*** Également possibilité de manipuler et d'effectuer de nombreuses expériences techniques et scientifiques au ***musée allemand de la Technique.*** Le ***Labyrinth Kindermuseum*** a ses fans, ainsi que le ***Museumsdorf Düppel*** (reconstitution d'un village de l'an 1200 apr. J.-C.). Quant au ***Legoland Discovery Centre,*** il a trouvé son public, pas forcément français celui-là.

Belles ***balades en bateau*** sur la Spree et au départ de Potsdam... En été, se rafraîchir à la grande ***plage*** populaire ***de Wannsee...*** Ne pas manquer surtout le ***zoo,*** l'un des plus avancés d'Europe en matière de respect des animaux et de leur environnement, ainsi que le ***Jardin botanique*** et son parc de 43 ha, propice à de belles balades...

À propos, découvrez aussi, en pleine ville, cette authentique ferme du ***Domäne Dahlem*** (avec 15 ha de champs et vergers, et des activités pour les enfants). En hiver, possibilité de patiner sur les lacs gelés de la ville et de faire de la luge dans le parc de *Tiergarten* et ses nombreux confrères.

FÊTES ET JOURS FÉRIÉS

Les magasins, musées, établissements publics sont fermés les jours suivants (mais renseignez-vous avant pour les musées, car il y a des exceptions) :
1er janvier, Vendredi saint, dimanche et lundi de Pâques, 1er mai, jeudi de l'Ascension, dimanche et lundi de Pentecôte, Noël, Saint-Étienne. En Brandebourg, il faut ajouter le 31 octobre, fête de la Réforme.
– ***Fête nationale :*** le 3 octobre, date de la réunification. Tout est fermé ce jour-là.
– À noter que les rentrées scolaires des écoliers et étudiants varient d'un Land à l'autre assez sensiblement selon les années pour permettre d'étaler les vacances de tous : ce sera le 1er septembre en 2021 pour Berlin.

UN JOUR UN PEU PARTICULIER

Pourquoi l'Allemagne n'a-t-elle pas choisi la date de la chute du mur de Berlin (9 novembre) comme fête nationale ? Explication : Guillaume II abdiqua un 9 novembre (1918). C'est aussi la date du putsch manqué de Hitler à Munich (1923) et, plus grave, celle de la Nuit de cristal (1938) qui envoya près de 30 000 juifs en camp de concentration. Voilà pourquoi on a sagement préféré le 3 octobre, date de la réunification allemande en 1990.

Calendrier

– ***Fin février :*** *Festival international du cinéma.* • *berlinale.de* • Entièrement ouvert au public. C'est là qu'on décerne le fameux Ours d'or.
– ***Mars :*** *Foire internationale du tourisme* (10 000 participants, venant de 180 pays, et quelque 180 000 visiteurs !) pendant 4 j. au début du mois. • *messe-berlin.de* •
– ***Avril :*** *Longue Nuit de l'opéra et du théâtre* (jusqu'à minuit et au-delà) le dernier week-end du mois. • *kulturprojekte.berlin* •
– ***21-24 mai 2021 :*** *Carnaval des cultures,* le week-end de la Pentecôte, à Kreuzberg. • *karneval-berlin.de* • Créé en 1996, ce carnaval *multi-kulti,* comme on dit ici, accueille aujourd'hui 5 000 participants d'une soixantaine de nationalités et connaît un succès toujours croissant. Riche en couleurs, le défilé des chars se déroule le dimanche, mais la fête dure 4 jours, du vendredi au lundi, avec de nombreux concerts de musiques du monde, et même un carnaval des enfants. Un mini-Rio à Berlin.
– ***Début juillet :*** *Classic Open Air,* sur Gendarmenmarkt. • *classicopenair.de* •
– ***23-25 juillet 2021:*** *Gay Pride,* pour le *Christopher Street Day.* • *csd-berlin.de* • Le trajet s'effectue dans une ambiance de fête depuis le Kurfürstendamm.
– ***28 août 2021:*** *Longue Nuit des musées,* le dernier week-end du mois. • *lange-nacht-der-museen.de* •
– ***Septembre :*** *Marathon de Berlin* (le 26 en 2021). • *bmw-berlin-marathon.com* •
– ***Mi-septembre/début octobre*** *(selon l'année) : Berlin Art Week* (festival d'art contemporain, • *berlinartweek.de* •). Cette foire internationale d'art contemporain a lieu chaque année. Parallèlement à cet événement incontournable de la scène artistique internationale et berlinoise, se tiennent désormais plusieurs manifestations disséminées dans l'est de la ville comme le *Berliner Kunstsalon* à Kreuzberg/Treptow, la *Berliner Liste* et le *Preview Berlin* à Prenzlauer Berg.
– ***Octobre :*** *Festival of Lights.* • *festival-of-lights.de* • Plus de 50 sites et espaces sont revisités avec des jeux de lumières pendant une dizaine de nuits. Magique !
– ***Début novembre :*** *Jazzfest* (se renseigner à l'office de tourisme) et *Journées de la culture juive.*

– ***Décembre :*** *Weihnachtsmärkte* (marchés de Noël). Durant tout le mois : artisanat, vin chaud, saucisses à profusion, pains d'épice... sur la Breitscheidplatz, l'Alexanderplatz, à Gendarmenmarkt, mais celui de Spandau est le plus grand.

HÉBERGEMENT

Voilà le problème principal, même si le choix est très large, nous insistons : RÉSERVEZ chambres d'hôtel, AJ et campings LE PLUS TÔT POSSIBLE. Nous indiquons un maximum d'adresses, car il est plus prudent de réserver via Internet.

Auberges de jeunesse

La FUAJ offre à ses adhérents la possibilité de réserver en ligne grâce à son système de réservation international • *hihostels.com* • jusqu'à 12 mois à l'avance, dans plus de 4 000 auberges de jeunesse dans le monde. Et si vous prévoyez un séjour itinérant, vous pouvez réserver plusieurs auberges en une seule fois.
Ce système permet d'obtenir toute information utile sur les auberges reliées au système, de vérifier les disponibilités, de réserver et de payer en ligne.
Sur plus de 450 AJ officielles en Allemagne il n'y en a que 4 : à Berlin, Wansee et Potsdam. • *jugendherbergen-berlin-brandenburg.de* •
À Berlin, la floraison des *hostels* indépendants dans l'air du temps ou de chaînes internationales, inspirés des *backpackers* anglo-saxons, rend le choix plus facile. Avantages : situation souvent centrale, pas de carte de membre requise, service 24h/24 et sans couvre-feu. On y trouve une ambiance moins rigide et un cadre plus original que dans les AJ officielles. Il y en a de tous les styles et l'éventail de formules est très large, depuis les grands dortoirs (avec déjà un lit autour de 10 € la nuit) mixtes ou séparés avec sanitaires à partager, jusqu'aux chambres design pour couples ou familles dignes d'une hôtellerie de bon confort. Plusieurs sites à consulter : • *hostelworld.com* • *europeanhostels.com/hostels/germany* • *hostelbookers.com* •

Campings

– Pour les campings de Berlin, réserver au ***Landesverband Deutscher Camping Club Berlin,*** *Geisbergstr 11, 10777 Berlin.* • *dccberlin.de* •
Les tarifs sont les mêmes partout.

⛺ ***Campingplatz Krossinsee*** *(plan d'ensemble, D3)* **:** *Wernsdorfer Str 38, 12527 Schmöckwitz, sur le lac Krossin.* ☎ *675-86-87.* • *campingplatz-berlin.de* • *À 35 km de la ville, au sud-est. Prendre le S-Bahn jusqu'à Grünau, puis le tram n° 68, puis le bus jusqu'à Schmöckwitz (terminus) en direction de Ziegenhals. Tte l'année. Compter env 19-22 € pour 2 avec tente et voiture en hte saison. Loue aussi des cottages (2-12 pers), tarifs à partir de 2 nuits (185-530 €).* Un camping éloigné pour faire une pause verte sous les pins. Pas mal de mobile homes. Restaurant sur place. Petit port de plaisance avec bateaux à louer.

Chambres, studios et appartements à louer chez l'habitant

Une solution qui en sauvera plus d'un. D'abord, c'est moins cher qu'un hôtel, et surtout on en trouve partout, on partage la vie d'une maison, d'un quartier en allant faire ses courses.
– Très nombreux sites internet à consulter, dans l'ensemble très complets et descriptifs : • *bed-and-breakfast.de* • *ferienwohnung-zimmer-berlin.de* • *ferienwohnungen.de* • *uebernachten-berlin.de* •

Hôtels

Attention, dans les brochures et sur les sites internet, les prix sont souvent indiqués par nuit et ***par personne.*** Bien se faire préciser le montant pour 2 à la réservation. Berlin se distingue du reste de l'Allemagne par l'apparition chaque année de nouveaux *Small Design Hotels* et *Art Hotels,* qu'on aime bien car ils allient confort et tendances actuelles côté déco. Quelques-uns de ces petits bijoux font partie de nos choix d'hébergement, leur prix n'étant pas hors de portée – surtout si vous choisissez bien vos dates – sur leur site internet. Précisez aussi si vous désirez un seul lit ou 2 lits en chambre double *(Doppelzimmer),* c'est plus prudent. Un site original ciblé petits budgets (moins de 30 €/personne et par nuit) : • *berlin30.com* •

LANGUE

Pour vous débrouiller dans la langue de Goethe, on vous recommande fortement notre ***Guide de conversation du routard*** en allemand. D'autant plus que la plupart des brochures ou des infos données dans les musées sont en allemand, parfois en espagnol ou en italien, mais rarement en français.

> ***KRAFTFAHRZEUGHAFTPFLICHTVERSICHERUNG***
>
> *Traduction : assurance de responsabilité civile pour véhicules automobiles, soit le mot le plus long de la langue allemande d'un seul tenant (36 lettres). Pas facile à placer dans une conversation !*

Prononciation

La prononciation et l'intonation sont très importantes pour se faire comprendre en Allemagne. Aucune lettre n'est muette, elles doivent toutes être prononcées (sauf le « h » dans certains cas).

e	se prononce *é*	*y*	se prononce *u*
g	se prononce *gué*	*z*	se prononce *tse*
j	se prononce *yeu*	*ä*	se prononce *è*
q	se prononce *qveu*	*ö*	se prononce *œ*
u	se prononce *ou*	*ü*	se prononce *u*
v	se prononce *f*	*au*	se prononce *ao*
w	se prononce *v*	*eu*	se prononce *oï*

– Attention, derrière des voyelles fortes (a, o, u), le couple de consonnes « ch » se prononce *r* (exemple : *Buch* se prononce « bour », alors que *Bücherei* se prononce « bucheraï »).
– Autre particularité : le « ß » (appelé « estset ») est une lettre qui n'existe que dans l'alphabet allemand. Elle est utilisée quand la voyelle qui précède est longue ou comporte une diphtongue (exemples : *Straße, Gruß, weiße...*) tandis qu'en cas de voyelle courte on utilise le double « s » (exemples : *Schloss, Kuss...*).
– Enfin, le « s » se prononce « ch » en début de mot quand il est suivi d'un « t » ou d'un « p » (*Straße* se prononce ainsi « chtrasse » et *Sport* « chport »).

Un peu de grammaire

La langue allemande n'est pas simple car très structurée, et sa grammaire a traumatisé plus d'un collégien ou lycéen ! 1er problème : si le français compte 2 genres (le masculin et le féminin), l'allemand en dénombre 3 avec le neutre. Mais le plus difficile reste probablement les cas, comme en latin, avec les déclinaisons des adjectifs, des articles et des pronoms qui s'ensuivent (et hop ! une bouffée de mauvais souvenirs pour nombre de lecteurs !). Cela dit, comme le couple

franco-allemand se trouve être plus que jamais le fer de lance de la construction européenne, nous aurions tout intérêt à nous atteler à la tâche...
– Autres particularités qui compliquent encore l'affaire : si dans la phrase simple, le verbe occupe toujours la 2e place, dans la subordonnée, il est renvoyé en fin de phrase. Exemple : *Er **spielt** mit dem Ball, der rot **ist*** (il joue avec la balle qui est rouge).
– Pour information, enfin, sachez qu'en allemand, les noms communs prennent toujours une majuscule. Ne confondez donc pas une carte de restaurant avec une liste d'invités !

Spécificités du dialecte berlinois

Exagération, humour et rudesse ostentatoires sont les caractéristiques du berlinois. Vous entendrez peut-être parler de la *Berliner Schnauze* : c'est la « gouaille berlinoise », qui désigne à la fois le patois local et la manière crue et distanciée de s'exprimer. Beaucoup d'expressions sont dérivées du français (apport des huguenots) et également du yiddish. Quelques termes typiques :
– *Kiez :* le quartier, le voisinage immédiat ;
– *Schrippe :* c'est le nom local des *Brötchen* (petits pains) ;
– *Urst ! :* génial !
– *Molle :* une bière grand format ;
– *Weiße mit Schuss :* bière blanche amère et jus de framboise (ou d'aspérule) que l'on boit à la paille ;
– *Meschugge :* débile, dingue. Comme à New York... puisque c'est un mot yiddish ;
– *Großkotz :* un frimeur, et les Berlinois n'aiment pas ces gens-là !
– Enfin, pour les branchés, la *Szene* : lieu à la mode, souvent off.

LIVRES DE ROUTE

Portraits croisés

– ***Berlin, portrait d'une ville*** (Taschen). Ville en perpétuel changement, jamais épargnée par les événements, la cité allemande garde une incroyable capacité à se renouveler. L'album (un grand format, difficile à emporter dans son sac) retrace son histoire et fait l'étude approfondie de toutes ses facettes avec, à l'appui, des images splendides de plus de 280 photographes, tels que Henri Cartier-Bresson, Helmut Newton ou Robert Capa.
– ***Berliner Promenade,*** d'Éléonore Muhidine (Infolio). Guide culturel et architectural, cet essai stimulant invite le promeneur à une redécouverte urbaine critique hors des sentiers battus, par le biais de 9 entrées thématiques. Voici une lecture de l'histoire de Berlin depuis la fin du XIXe s jusqu'aux années 1980.
– ***Dictionnaire insolite de Berlin,*** de Sara Roumette (éd. Cosmopole, 2017). Un abécédaire répertoriant toutes les facettes de la capitale allemande entre fantasmes et réalités et qui donne envie de se plonger dans le melting-pot berlinois sans délai.
– ***Berlin : histoire, promenades, anthologie et dictionnaire,*** de David Sanson (coll. « Bouquins », Laffont, 2014 ; 1 216 p. !). Dans la tradition de la collection, 25 ans après la chute du Mur, un vrai gros pavé rassemblant des textes à la fois artistiques, historiques, littéraires et sentimentaux sur la capitale de l'Allemagne. Un outil de référence à garder chez soi, à défaut de l'emporter dans son sac de voyage.

Récits et fictions

– ***Toute une histoire,*** roman de Günter Grass (Points Seuil). Les critiques de l'époque se sont déchaînés contre ce roman, vision stéréoscopique de l'histoire.

Berlin de 1989 à 1991, au moment de la réunification, observé par un couple littéraire digne de Cervantès : le grand et maigre Fonty, le petit et trapu Hoftaller.

– ***Berlin Alexanderplatz,*** roman d'Alfred Döblin publié en 1929 (Folio n° 1239). Döblin, médecin et romancier allemand, est l'équivalent germanique de Louis-Ferdinand Céline. Il décrit les bas-fonds du Berlin des années 1925-1930. L'antihéros Franz Biberkopf est un criminel repenti. Mais la fatalité le rattrape et il retombe dans la délinquance. Ce récit résolument moderne est composé de références bibliques et mythologiques, de collages d'extraits de journaux, et mélange, dans une cacophonie effrayante, la tragédie à la drôlerie populaire.

– ***Seul dans Berlin,*** roman de Hans Fallada (Folio n° 5941). De ce roman, Primo Levi disait qu'il était « l'un des plus beaux livres sur la résistance allemande antinazie ». En mai 1940, la ferveur nazie est au plus haut en Allemagne. Un monde de misère et de peur se terre dans les petites rues de Berlin. Persécuteurs et persécutés cohabitent : familles juives dénoncées et pillées, jeunes recrues des SS, résistants au régime du Reich... Ce roman décrit avec fidélité les conditions réelles de la vie des citoyens allemands sous la dictature de Hitler.

– ***La Télévision,*** roman de Jean-Philippe Toussaint (Éditions de Minuit). L'été à Berlin raconté par un historien d'art en résidence dans la ville, son travail au quotidien, les petits déjeuners studieux, les promenades dans les parcs de la ville, ses piscines. Drôle et limpide.

– ***Checkpoint Charlie,*** de Gilles Perrault (Fayard). En toile de fond de la fascination qu'exerçait Berlin-Est pour les gens de l'Ouest, 4 années de combats croisés, au temps du Mur, opposant les services de la DST et les espions allemands au service de l'URSS. Sans oublier Leopold Trepper, l'organisateur du réseau de l'Orchestre rouge pendant la guerre, devenu comme juif paria dans son propre pays, la Pologne.

– ***Berlin secret,*** de Franz Hessel (Albin Michel). Par le père de Stéphane Hessel, l'évocation par petites touches du Berlin des Années folles sur fond de marivaudage à 3 qui inspira Truffaut pour son film *Jules et Jim.*

– ***Une femme à Berlin,*** récit anonyme (Folio n° 4653). Journal d'une jeune Berlinoise qui relate les derniers jours de la guerre, d'avril 1945 aux débuts de l'occupation russe en juin 1945. Description hyperréaliste de la vie quotidienne des Berlinois livrés à eux-mêmes dans le chaos de la débâcle allemande, et surtout des Berlinoises tenaillées tant par la faim que par la peur, l'occupation soviétique se révélant rapidement être un cauchemar pour les femmes, reléguées au statut de gibier sexuel pour les soldats soviétiques

– ***Je t'écris de Berlin,*** roman de Klaus Kordon (Folio Junior n° 979). Matze, jeune adolescent de Berlin-Est, jette dans la Spree une lettre avec son adresse. Il espère recevoir une réponse venue de l'autre bout du monde ; en réalité, elle ne fait que traverser le Mur puisqu'une jeune fille la récupère côté Ouest. Une correspondance se met alors en place, défiant la surveillance de la RDA...

Polars

– ***L'espion qui venait du froid,*** de John Le Carré (Folio policier n° 587). Dans un Berlin dévasté par la guerre, coupé en 2 par le Mur, un espion anglais tente d'élucider la disparition d'un réseau patiemment constitué à l'Est. Un classique de la guerre froide.

– ***La Trilogie berlinoise,*** roman policier de Philip Kerr (Le Livre de Poche n° 31644 ; 1 020 p. !). Bernie Gunther est un privé solitaire dans la lignée du Philip Marlowe de Raymond Chandler. Au fil de 3 épisodes, on le suit lors d'enquêtes difficiles sur fond d'événements historiques : en 1936, il est le témoin du nettoyage de Berlin pour les J.O. ; en 1938, il côtoie les huiles du régime (Himmler, Göring, Heydrich...) qui préparent la Nuit de cristal ; et en 1947, il se retrouve plongé dans la Vienne de l'Occupation en pleine guerre froide au milieu d'espions et de trafiquants de tous bords. Du grand art servi par un humour revigorant.

– ***Germania, Les Fils d'Odin et Derniers jours à Berlin,*** de Harald Gilbers (10/18, coll. « Grands Détectives »). Un ancien inspecteur de la Kripo sous la république de Weimar est recruté en 1944 par la SS pour mener à bien l'enquête sur des meurtres mystérieux. Le paradoxe : Richard Oppenheimer est juif et, à ce titre, obligé de vivre misérablement en compagnie de sa femme allemande... Une remarquable trilogie qui mène le lecteur dans le Berlin de la fin du IIIe Reich jusqu'à l'arrivée des troupes soviétiques.

– ***Le Poisson mouillé et autres enquêtes du commissaire Rath,*** de Volker Kutscher (Le Seuil, coll. « Policiers »). Avec Rath, on plonge dans le Berlin des années 1930, en compagnie de personnages à la complexité attachante. Une vision d'aujourd'hui pour comprendre un monde en mutation que l'auteur, germaniste et historien, nous rend plus lisible, plus inquiétant aussi. Le *Poisson mouillé* et *La Mort muette* ont inspiré le scénario de la série : ***Babylon Berlin.***

– ***Deux dans Berlin,*** de Richard Birkefeld et Göran Hachmeister (Le Livre de Poche no 32979). À la fin de la guerre, dans un Berlin où chacun tente de survivre aux bombardements alliés, s'engage une chasse à l'homme sans merci. Le régime s'effondre. Hitler a perdu son aura auprès de son peuple, mais quelques irréductibles font régner la terreur pour sauver ce qui est déjà perdu. Un roman très fort qui a reçu 2 prestigieux prix du polar en Allemagne. Autre titre des mêmes auteurs (par ailleurs historiens) : *Des hommes de tête,* une plongée sur fond de course de moto dans la république de Weimar, dont le ciel s'assombrit de couleurs brunes, trop brunes...

– ***Hotel Adlon,*** 6e volet des aventures du personnage créé par Philip Kerr il y a plus de 20 ans (Le Livre de Poche no 32820), est à lire pour comprendre l'évolution d'un homme et d'un pays, entre 1934 et 1954, ce roman passionnant se déroulant lui aussi sur 20 ans. Un roman dit policier, foisonnant, angoissant, qui donne plus d'infos à sa façon que nombre d'ouvrages historiques.

UN POSTE CONVOITÉ

*Le pouvoir d'attraction de l'*Hotel Adlon *était tel qu'un candidat concierge y a négocié un contrat où il payait 3 000 DM par mois pour y travailler, au lieu de recevoir un salaire ! En développant une activité de limousines, de réservations de billets et de livraisons de fleurs, ce petit malin a fini par gagner en commissions... 10 fois le montant qu'il versait à l'hôtel !*

Bandes dessinées

– ***Berlin,*** de Marvano (Dargaud, 3 tomes). Trilogie aérienne sur fond d'histoire contemporaine qui démarre avec un équipage de pilotes britanniques qui bombardent la capitale du Reich en 1943, se poursuit dans les ruines de la ville au moment du blocus de 1948 et se termine de nos jours, en passant par les épisodes de l'érection et de la chute du Mur. Récit qui mêle le didactique et la poésie.

– ***Berlin, la cité des pierres,*** de Jason Lutes (Le Seuil). Roman graphique en noir et blanc. Captivant récit où les personnages principaux, à l'époque des heures sombres de la république de Weimar, évoluent au milieu d'événements dramatiques, qui dépeignent les espoirs et les combats de ses habitants, alors que leur futur s'obscurcit devant la montée du péril brun. On y croise des artistes d'avant-garde, syndicalistes, hommes politiques et journalistes engagés qui se mêlent aux figures de l'Histoire (Rosa Luxembourg, Frans Masereel, Otto Dix...).

POSTE

Bureaux ouverts du lundi au vendredi entre 8h et 18h, ainsi que le samedi de 8h à 12h. Dans les gares des grandes villes et dans les aéroports, ils restent ouverts plus longtemps, et le sont parfois même le dimanche.

Les tarifs d'expédition « pour l'intérieur » s'appliquent également aux pays de l'Union européenne, ainsi qu'à la Suisse. Pour l'affranchissement d'une lettre ou d'une carte postale pour l'étranger, compter 0,90 € par envoi.

POURBOIRE

Dans les restaurants berlinois, les prix affichés incluent en principe le service et les taxes. Mais la dernière mode, de plus en plus répandue, consiste à réclamer (il est alors écrit sur le menu ou sur l'addition : « *tip is not included* »). On laisse en général 5 à 10 % du total. Le service est souvent assuré par des étudiants qui dépendent du pourboire pour s'assurer un revenu (les salaires ici sont plus bas que dans le reste du pays). Faites mentir la réputation des Français, qui passent souvent pour de véritables radins. ***Le pourboire se donne directement au serveur, ça ne se fait pas de le laisser sur la table.***
Pour cela indiquer le montant du pourboire en payant ou plutôt la somme totale que vous souhaitez laisser (pour un repas à 15 €, annoncer par exemple 16,50 € quand vous donnez vos billets ou votre carte de paiement). Ou alors précisez : *stimmt so* (on prononce « chtimtzo ») pour dire : « gardez la monnaie ».
Dans les restos où l'on vous sert à table, on vous demandera, si vous êtes plusieurs, *zusammen oder getrennt* (« ensemble ou séparé »), et même si vous êtes 15, chacun pourra régler séparément sa note. Indiquez alors le montant du pourboire en payant.
Toutefois, sachez que dans beaucoup de bars et de cafés le service est souvent minimum et qu'il faut passer sa commande au comptoir et la porter à table tout seul, comme un grand. Cela dit, c'est presque toujours avec gentillesse et de manière détendue, même si vous ne parlez pas l'allemand.
Concernant les taxis, le pourboire n'est pas obligatoire mais il est courant d'arrondir le prix de la course à l'euro supérieur.

SANTÉ

Si vous souhaitez vous procurer une ***Carte européenne d'assurance maladie*** (CEAM), il vous suffit d'appeler votre centre de Sécurité sociale (ou de vous connecter au site internet de votre centre) qui vous l'enverra sous 15 jours environ. Cette carte fonctionne dans tous les pays membres de l'Union européenne (y compris les derniers arrivés), ainsi qu'en Islande, au Liechtenstein, en Norvège et en Suisse. C'est une carte plastifiée bleue du même format que la carte Vitale. Valable 2 ans, elle est gratuite et personnelle (chaque membre de la famille doit avoir la sienne, y compris les enfants). Elle permet la prise en charge des soins médicalement nécessaires dans les établissements publics. Attention, la carte n'est pas valable pour les soins délivrés dans les établissements privés.
Les médecins consultent en général de 8h à 12h et de 16h à 18h, sauf les mercredi, samedi et dimanche. En cas de pépin, on peut toujours appeler le consulat de France, qui fournira une liste de médecins. En urgence, demander l'*Ärztlicher Notdienst* au ☎ *39-00-31 ou 31-00-31.*

TABAC

Les Allemands suivent le modèle de leurs voisins et appliquent des lois antitabac sur les ***lieux publics,*** les ***lieux de travail*** et dans la ***restauration.*** Mais du fait du fédéralisme, chaque Land a sa propre législation, ce qui génère un peu la confusion. Ainsi, les Berlinois, qui entretiennent un rapport entre familial et social avec les bistrots-cafés de leur quartier, montrent une grande tolérance en la matière, et on peut y fumer à condition qu'il soit clairement indiqué que le lieu est fumeur et que l'entrée est interdite aux mineurs. Pour vous simplifier encore plus la tâche, dites-vous que les lieux où l'on boit et où l'on mange tout à la fois sont non-fumeurs, à la différence des bars branchés, lounge ou alternatifs, où vous pourrez parfois... fumer.

TÉLÉPHONE

L'indicatif téléphonique de Berlin est le 030.
Allemagne → France : 00 + 33 + numéro du correspondant à 9 chiffres (sans le 0).
France → Allemagne : 00 + 49 + indicatif de la ville + numéro du correspondant.
Allemagne → Belgique : 00 + 32 + indicatif de la ville + numéro.
Belgique → Allemagne : 00 + 49 + indicatif de la ville + numéro (sans le 0).
Allemagne → Allemagne : pour téléphoner d'une localité à l'autre de l'Allemagne, il faut composer le 0 devant l'indicatif de la ville.
- ***Renseignements nationaux :*** ☎ *01-188.*
- ***Renseignements internationaux :*** ☎ *00-118 depuis l'Allemagne et* ☎ *00-33-12 + code pays (49 pour l'Allemagne) depuis la France.*
- ***Appel en PCV :*** ☎ *013-08-000 + 33 (pour la France).*

Le téléphone portable en voyage

Désormais, un voyageur européen titulaire d'un forfait dans son pays d'origine peut utiliser son téléphone mobile ***au tarif national*** dans les 27 pays de l'Union européenne, sans craindre de voir flamber sa facture. Des plafonds sont néanmoins fixés par les opérateurs pour éviter les excès... Cet accord avantageux signé entre l'UE et ses opérateurs télécoms concerne aussi la consommation de ***données internet 3G ou 4G,*** dont le volume utilisable sans surcoût dépend du prix du forfait national (se renseigner). Par ailleurs, si le voyageur réside plusieurs mois en dehors de son pays, des frais peuvent lui être prélevés...
Dans ces pays donc, plus besoin d'acheter une carte SIM locale pour diminuer ses frais.

La connexion internet en voyage

Dans l'UE, et en Allemagne en particulier, de plus en plus d'hôtels, de restos, de bars, et mêmes certains espaces publics disposent du wifi gratuit. Mieux que la connexion 3G et 4G qui peut entraîner des frais en usage intensif, le wifi permet aussi de profiter d'un débit souvent supérieur.
Une fois connecté au wifi, vous avez accès à tous les services de la ***téléphonie par Internet. WhatsApp, Messenger*** (la messagerie de *Facebook*), ***Viber, Skype*** permettent d'appeler, d'envoyer des messages, des photos et des vidéos aux 4 coins de la planète, sans frais. Il suffit de télécharger – gratuitement – l'une de ces applis sur son smartphone. Elle détecte automatiquement dans votre liste de contacts ceux qui utilisent la même appli.

Urgence : en cas de perte ou de vol de votre téléphone portable

Suspendre aussitôt sa ligne permet d'éviter de douloureuses surprises au retour du voyage ! Le plus simple est de demander la suspension de votre ligne depuis le site internet ou l'appli de votre opérateur. Voici les numéros des 4 opérateurs français, accessibles depuis la France et l'étranger :

- ***Free :*** *depuis la France :* ☎ *3244 ; depuis l'étranger :* ☎ *+ 33-1-78-56-95-60.*
- ***Orange :*** *depuis la France :* ☎ *3900 ; depuis l'étranger :* ☎ *+ 33-969-39-39-00.*
- ***SFR :*** *depuis la France :* ☎ *1023 ; depuis l'étranger :* 📱 *+ 33-6-10-00-1023.*
- ***Bouygues Télécom :*** *depuis la France* ☎ *1064 comme depuis l'étranger :* ☎ *+ 33-800-29-1000 (service et appel gratuits).*

Vous pouvez aussi demander la suspension de votre ligne depuis le site internet de votre opérateur.

Avant de partir, notez (ailleurs que dans votre téléphone portable !) votre numéro IMEI, utile pour bloquer à distance l'accès à votre téléphone en cas de perte ou de vol. Comment avoir ce numéro ? Il suffit de taper sur votre clavier *#06#.

TRANSPORTS

• ***ampelmann.de*** • Le site consacré au petit personnage qui animait (et anime encore) les feux de circulation à Berlin-Est.

La bicyclette

Moyen de locomotion économique et écologique, la bicyclette est particulièrement appréciée des Berlinois. Dans certains quartiers, on en voit partout ! Pour un peu, on se croirait en Chine, il y a 40 ans... De nombreuses pistes cyclables ont été aménagées. Dessinées sur les trottoirs, ces pistes sont exclusivement réservées aux cyclistes, qui foncent sans toujours avertir. Ce sont d'ailleurs les mêmes qui portent... des casques. ***Piétons, prudence !*** Il y a de plus en plus d'accidents, parfois mortels, ce qui inquiète les Berlinois eux-mêmes ; ne relâchez jamais votre attention !

Avertissement aux automobilistes : en ville, les cyclistes font partie intégrante de la circulation et sont donc respectés par les conducteurs de véhicules. De ce fait, les cyclistes ont tendance à être moins vigilants (par exemple, quand ils ont la priorité). Soyez prudent, là aussi, et ne faites pas n'importe quoi quand vous partagez la route avec eux.

Une remarque qui peut servir : certains loueurs de vélos équipent ceux-ci d'une serrure qui permet de bloquer la roue. N'oubliez jamais les clés dessus car certains rigolos les enlèvent et vous vous retrouvez avec un vélo à traîner ! Pour la location d'un vélo standard, compter en moyenne entre 10 et 15 €/jour.

LA BERLINE

Au XVIIIe s, on appelait « berlines » des voitures hippomobiles fermées, dotées de bonnes suspensions, idéales pour voyager. Les 1res furent fabriquées à Berlin, d'où le nom. Aujourd'hui, on dénomme ainsi une voiture à 4 portes. Bizarrement, en allemand, on dit limousine.

La voiture, si vous l'utilisez pour y aller...

Ne pas oublier, pour les conducteurs : permis de conduire, carte grise et assurance auto.

L'Allemagne possède l'un des meilleurs réseaux routiers d'Europe (11 500 km d'autoroutes gratuites), mais les travaux omniprésents à l'est ralentissent considérablement l'allure. Les autoroutes sont désignées par un **A** *(Autobahn)* de couleur bleue. Les numéros pairs concernent celles qui vont d'ouest en est (ou l'inverse) et les impairs concernent les axes nord-sud (ou l'inverse, vous aviez compris !). L'essence est un peu plus chère qu'en France.

L'ICÔNE DE L'EST

Faute d'acier pendant la guerre froide, la carrosserie de la Trabant était composée de phénol et de fibres de coton. Plus chère à fabriquer qu'en métal, la carcasse était tellement résistante qu'elle était... indestructible, à moins d'injecter une bactérie dans les épaves pour les faire disparaître. Moquée pour la puanteur de ses gaz d'échappement et sa vitesse de pointe à 110 km/h, la Trabi n'en était pas moins la seule voiture que pouvaient s'offrir les travailleurs méritants de l'Est, à condition toutefois de patienter 10 à 15 ans sur une liste d'attente...

La ceinture de sécurité (avant et arrière) est obligatoire dans l'ensemble du pays. Il est conseillé de ne pas dépasser 130 km/h sur autoroute (bien qu'il ne soit pas interdit de le faire) ; vitesse limitée à 100 km/h en dehors des agglomérations et, attention, en ville, à bien respecter la vitesse de 50 km/h ou 30 km/h, selon les zones, car il y a souvent des radars fixes. Tomber en panne d'essence sur l'autoroute peut vous valoir une amende. Le taux d'alcool toléré dans le sang est de 0,5 g/l. Téléphoner au volant sans « mains libres » est interdit et les amendes sont salées.
En ville, n'oubliez pas les tramways. Ils peuvent surprendre l'automobiliste distrait. Sachez qu'ils doivent toujours être dépassés par la droite, et jamais à l'arrêt. Cette règle peut vous éviter un homicide involontaire !
– Bon plan : l'*ADAC* est un service de dépannage présent dans presque toutes les villes. La main-d'œuvre est gratuite, seuls les frais de pièces doivent être remboursés. Les dépanneurs (leurs véhicules jaunes sont aisément identifiables) sont souvent très sympa et méritent un bon pourboire. Appelez le numéro national : *☎ 089-20-20-4000.* • *adac.de* •

Une vignette verte pour circuler dans Berlin

Attention, Berlin est classé zone verte : seuls les véhicules disposant d'une vignette verte garantissant une norme antipollution adéquate sont autorisés à circuler dans le secteur central signalé « UMWELTZONE » (voir plus haut le chapitre « Comment y aller. En voiture »).

Location de voitures

Les sociétés *Sixt, Hertz, Europcar, Avis* et autres louent des voitures de différents types pour toutes durées. Bureaux de location aux aéroports et dans les gares principales. Tarif week-end proposé du vendredi 12h au lundi 9h.

■ ***BSP Auto :*** *☎ 01-43-46-20-74 (tlj 9h-21h30, w-e 20h).* • *bsp-auto.com* • Les prix proposés sont attractifs et comprennent le kilométrage illimité et les assurances. *BSP Auto* vous propose exclusivement les grandes compagnies de location sur place, assurant un très bon niveau de services. Les plus : vous ne payez votre location que 5 jours avant le départ. Remise spéciale de 5 % aux lecteurs de ce guide avec le code « ROUTARD21 ».

■ ***Hertz :*** *Friedrichstr 50-55 (☎ 242-44-40, lun-ven 7h-19h, sam 9h-14h et dim 9h-13h) ; Hauptbahnhof, Europaplatz 1 (☎ 20-64-93-28, lun-ven 8h-22h, w-e 16h) ; et Budapester Str 39 (☎ 261-10-53, lun-ven 7h-18h30, sam 8h-13h, dim 9h-13h). Résas internationales : ☎ (01805) 33-35-35.* • *hertz.com* •

■ ***Europcar :*** *Kurfürstenstraße, près de l'Europa-Center (☎ 235-06-40, lun-ven 7h-20h, w-e 14h) ; et sur Alexanderplatz, au Park Inn Hotel (☎ 240-79-00, lun-ven 7h-minuit, w-e 8h-minuit).* • *europcar.de* •

INFOS PRATIQUES SUR PLACE

• Pour se repérer, voir le plan centre, les zooms 1 et 2 et le plan du métro, sur le plan détachable en fin de guide • Plan d'ensemble *p. 62-63* • Plan Friedrichshain *p. 161* • Plan Dahlem *p. 176-177*

Arriver – Quitter

En avion

Tegel, Schönefeld ou Brandenburg ? Si tout s'était passé comme prévu, Berlin ne devrait avoir plus qu'un seul aéroport : l'***aéroport Willy-Brandt (BER) de Berlin-Brandebourg,*** au sud-est de la ville. Mais alors qu'on aurait dû l'inaugurer depuis belle lurette (initialement en 2011), cet aéroport a été la risée de toute l'Allemagne avec, entre autres, des escalators si bien conçus qu'ils n'atteignent pas les étages supérieurs, des trains qui circulent à vide depuis le centre-ville juste pour entretenir la ventilation des tunnels, un terminal trop petit qui a dû être agrandi avant même son achèvement...

Après tous ces contretemps, voilà que les travaux sont enfin arrivés à leur terme : l'aéroport de *BER* a ouvert en ***octobre 2020.*** Le vénérable aéroport de ***Tegel*** a fermé ses portes en novembre et celui de ***Schönefeld*** devient le terminal 5 du ***BER*** avec pour vocation d'accueillir les vols de compagnies *low-cost* (principalement *Easyjet*).

✈ ***Aéroport Willy-Brandt Berlin-Brandebourg*** *(BER ; plan d'ensemble, C3)* **:** *ouv depuis le 31 octobre 2020. Infos ; ☎ 609-16-09-10. • berlin-airport.de •*

➢ Liaison S-Bahn en 30 mn vers la Hauptbahnhof à partir d'une gare à 6 voies. Connexions directes vers Dresde, Potsdam, Spandau et Rostock.

✈ ***Aéroport de Schönefeld*** *(plan d'ensemble, C3)* **:** *ancien aéroport de Berlin-Est, à 18 km au sud-est.* C'est l'aéroport de nombre de compagnies *low-cost*. Il est à présent intégré au *BER*.

ℹ ***Berlin Tourist Info :*** *terminal A, terminal D2. Tlj 7h-22h30 (23h terminal D). ☎ 331-200-47-47.* Vente de tickets pour les transports et les musées (tous services de résas concernant Berlin et Potsdam), plans, livres et produits régionaux.

■ ***Consigne à bagages et objets trouvés :*** *tlj 7h30-23h30 (18h dim).*

➢ ***Pour rejoindre le centre-ville :*** rejoindre Berlin en taxi est une bonne idée si vous êtes plusieurs, bien sûr, et avez choisi un hôtel au sud-est ou à l'est de la capitale (compter env 40 €). En revanche, si vous avez loué une voiture, sachez qu'une autoroute permet de rejoindre le centre en 20 mn environ. Navette gratuite jusqu'à la gare S-Bahn, distante de 400 m environ (passage protégé pour ceux qui préfèrent se dégourdir les jambes après l'avion !).

Sinon, prendre le train régional RB14 (rouge) ou RE7 en direction d'*Alexanderplatz, Zoologischer Garten,* ou le S45 vers *Schöneberg.* Ticket ABC : 3,40 €. Mais vous avez tout intérêt à prendre d'entrée un forfait journalier *(ABC : env 7-8 €)* ou tout autre forfait correspondant le mieux à votre séjour (voir plus loin « Comment se déplacer ? »).

Le train *Airport Express* de/vers la *Hauptbahnhof* et *Alexanderplatz* est un peu plus rapide (28 mn) pour le même tarif, mais il dessert l'aéroport seulement 2 fois par heure.

En train

🚂 Les trains grandes lignes arrivent à la ***Hauptbahnhof*** (gare centrale ; *plan centre, D2*). On y trouve un point d'informations touristiques, une consigne *(env 5 €/24h)* et un bureau de change. Connexion immédiate avec les réseaux des U-Bahn, S-Bahn et des bus. Correspondance pour les aéroports Schönefeld (trains RE7 et RB14, *Airport Express*) et Berlin-Brandebourg. Pour les autres dessertes, rendez-vous à *Zoologischer Garten, Alexanderplatz, Ostbahnhof.*

En bus

ZOB Reisebüro *(hors plan centre par A3 et plan d'ensemble, B2)* **:** *la Zentraler Omnibusbahnhof de Berlin (ZOB) se trouve Masurenallee 4-6, à Charlottenburg. ☎ 301-03-80. • zob-reisebuero.de • berlinlinienbus.de • U-Bahn : Kaiserdamm ; S-Bahn : Messe-Nord/ICC. Env 30 mn en métro depuis Alexanderplatz. Achat de billets : tlj 6h-21h (20h w-e), ou résa en ligne.* C'est la grande gare routière de Berlin. Idéal pour voyager à petits prix dans toute l'Allemagne et dans la plupart des pays européens (beaucoup de liaisons avec les pays de l'Est). Compagnies sur place : FlixBus, BlaBla, RegioJet.

Adresses et infos utiles

Offices de tourisme

Les offices de tourisme de la ville et des aéroports proposent globalement les mêmes services, à savoir la vente de la ***Berlin Welcome Card*** et du ***Museum Pass,*** les réservations d'hôtel, les billets pour les événements, spectacles, visites guidées, promenades en bateau et les tickets de transport. Quelques brochures proposées en français sont payantes.

Visit Berlin : *regroupe les offices de tourisme et un centre d'appel téléphonique, le ☎ 25-00-23-33 (lun-ven 9h-19h, sam 10h-18h), où l'on peut vous renseigner en français.*

• visitberlin.de • Le site officiel de l'office de tourisme de la ville, en français. Calendrier des manifestations, attractions culturelles, hôtels, sorties, shopping... Très complet.

• berlin-en-ligne.com • Un site qui est une aubaine pour préparer son voyage : on s'y croirait, rien qu'en cliquant. Liste d'hôtels exhaustive.

Office de tourisme – Hauptbahnhof *(plan centre, D2,* ***1****)* **:** *au rdc de la gare principale (Hauptbahnhof) en face du point infos de la Deutsche Bundesbahn ; entrée par Europaplatz. ☎ 25-00-25. Tlj 8h-20h.*

Office de tourisme – Brandenburger Tor *(zoom 2, E3,* ***2****)* **:** *BTM, aile sud, sous la porte de Brandebourg, Pariser Platz. ☎ 25-00-25. S-Bahn : Unter den Linden ; bus nos 100 et 200. Tlj 10h-18h.*

Office de tourisme – Park Inn Alexanderplatz 7 *(zoom 2, F2,* ***4****)* **:** *Panoramastr 1A, au pied de la tour de Télévision. ☎ 25-00-25. Tlj 9h-18h.*

Office de tourisme – Europa-Center *(plan centre, C3-4,* ***5****)* **:** *Tauentzienstr 9, dans le quartier des grands magasins. ☎ 25-00-25. Lun-sam 10h-20h.*

Visites guidées en français

Visites assurées par des jeunes (et moins jeunes) francophones proposant, en français, des parcours insolites dans leur ville d'adoption.

Vive Berlin : *infos sur le site • viveberlintours.com • Pas besoin de réserver, il suffit de se rendre au point de rdv : les tours réguliers partent à 10h de la Potsdamer Platz 10, devant le café Balzac aux horaires indiqués sur le site. Compter 19-24 € selon le thème et la durée ; réduc ; gratuit jusqu'à 12 ans.* Coopérative de guides proposant plusieurs visites en petit groupe en semaine et durant le week-end. À partir de différents thèmes historiques ainsi que des visites des quartiers les guides dynamiques de *Vive Berlin* vous feront découvrir les aspects complexes de leur ville de manière originale : de Berlin sous le nazisme à la visite de Berlin-Est en passant par le Berlin authentique. Ces guides passionnés ont conçu des parcours à pied et en transports publics, qui permettent durant 3-4h (ou 6h pour Potsdam), une approche didactique

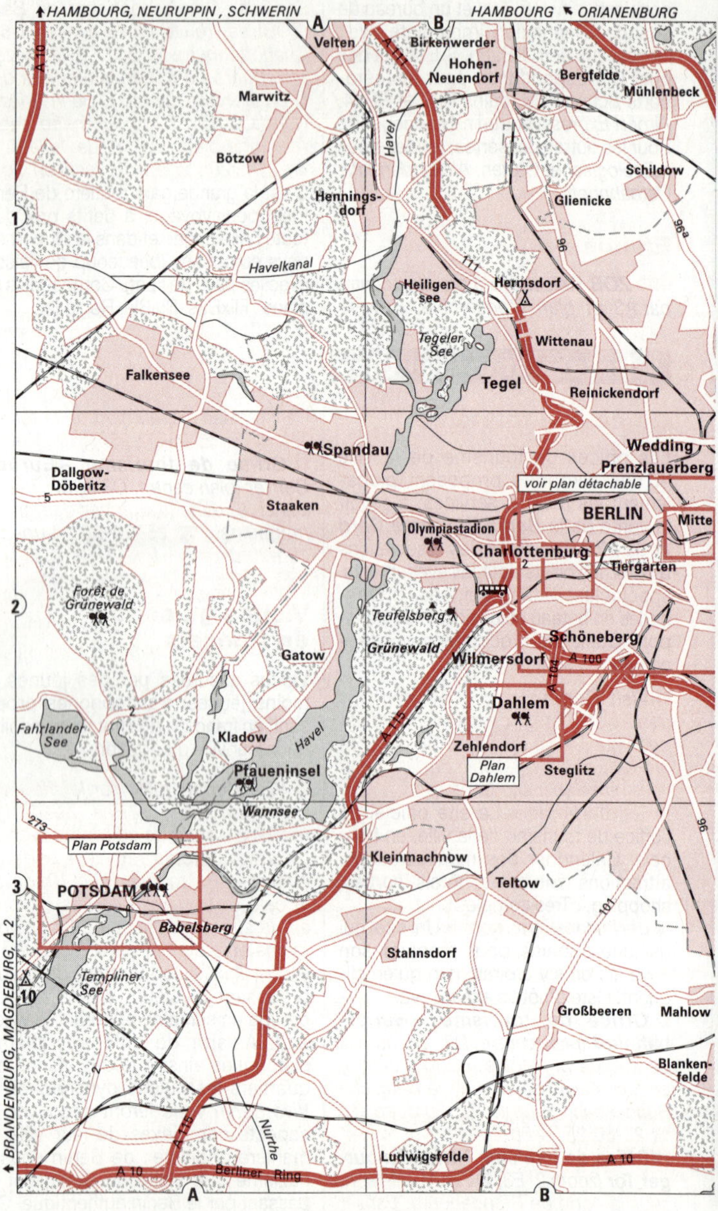
HAMBOURG, NEURUPPIN, SCHWERIN
HAMBOURG
ORIANENBURG
BRANDENBURG, MAGDEBURG, A 2
A
B
1
2
3
Velten
Birkenwerder
Hohen-Neuendorf
Bergfelde
Mühlenbeck
Marwitz
Bötzow
Havel
Schildow
Glienicke
Hennings-dorf
Havelkanal
Heiligensee
Hermsdorf
Wittenau
Tegeler See
Tegel
Reinickendorf
Falkensee
Spandau
Wedding
Prenzlauerberg
Dallgow-Döberitz
voir plan détachable
Staaken
BERLIN
Mitte
Olympiastadion
Charlottenburg
Tiergarten
Forêt de Grünewald
Teufelsberg
Grünewald
Schöneberg
Gatow
Wilmersdorf
Dahlem
Fahrlander See
Kladow
Zehlendorf
Pfaueninsel
Plan Dahlem
Steglitz
Wannsee
Plan Potsdam
Kleinmachnow
Teltow
POTSDAM
Babelsberg
Templiner See
Stahnsdorf
Großbeeren
Mahlow
Blanken-felde
Nurthe
Ludwigsfelde
Berliner Ring
A 10
A 111
A 115
A 100
A 104
A 2
111
96
96a
101
273
5
10

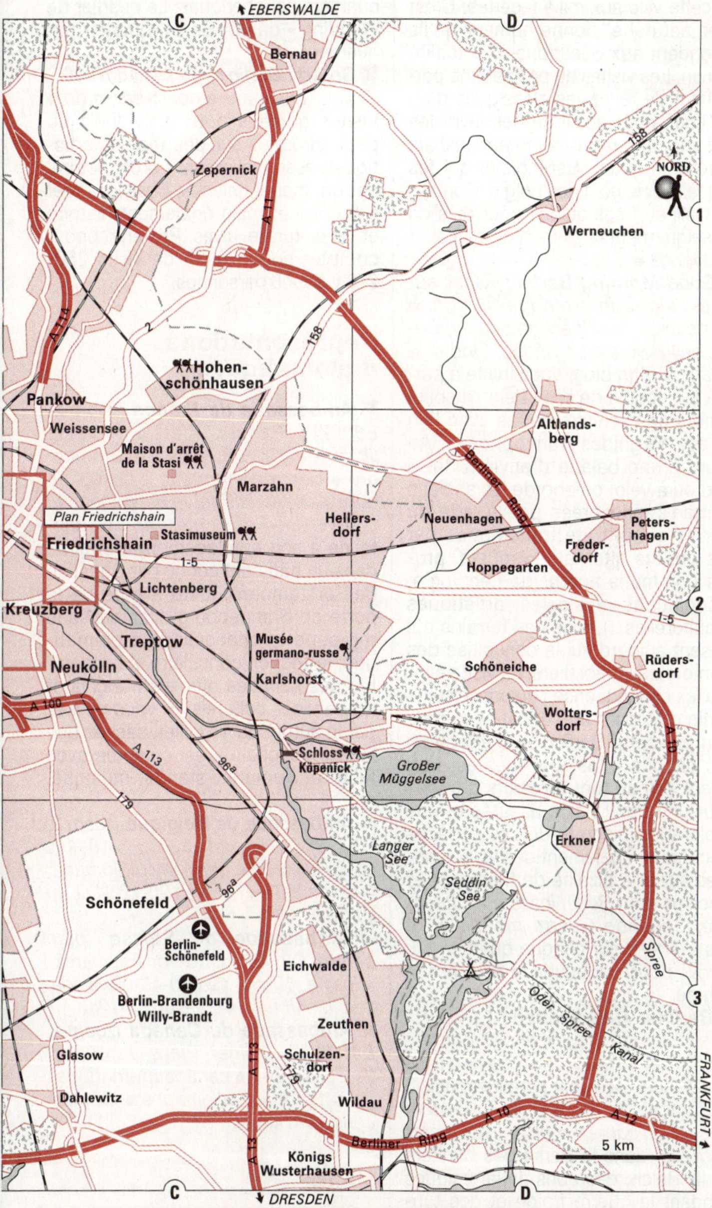

BERLIN – Plan d'ensemble

de cette ville aux mille facettes. C'est avec naturel et bonne humeur qu'ils répondent aux questions, d'actualité ou non. Les visites au programme permettent de revoir les classiques d'un œil neuf, mais aussi de découvrir les quartiers de *Kreuzberg, Friedrichshain* avec un(e) jeune Berlinois(e) qui les connaît sur le bout des doigts. Contacter Céline et ses guides pour plus de renseignements : *• francais@viveberlintours.de •*

■ ***Good Morning Berlin :*** *visites sur résa. • goodmorningberlin.com • Compter 25-30 €/pers en petits groupes de 10 pers max ; réduc.* Élodie, la créatrice d'un blog, vous invite à partir à la découverte d'un Berlin insolite et hors des sentiers battus avec l'un de ses 12 guides francophones. Au cours d'une balade d'environ 3h, à pied ou à vélo, on aborde les anciens no man's land créés par le vide du Mur et qui ont été transformés par des projets alternatifs (squats, projets communs autour de l'écologie, associations musicales, artistiques et culturelles...), tous ces terrains qui attisent aujourd'hui la convoitise des promoteurs immobiliers. La visite évoque les conséquences du passé sur le Berlin d'aujourd'hui, décrit avec passion par cette Berlinoise d'adoption. Les circuits (plusieurs thèmes dont *Street Art*) se font en petits groupes pour une convivialité assurée et une exploration discrète de ces espaces méconnus. Également des visites privées sur une dizaine de thématiques précises dont *Berlin insolite Architecture, Seconde Guerre mondiale*, et des *e-books* sur chaque quartier *(5 € pièce)* pour découvrir la ville à son rythme.

■ ***Berliner Unterwelten :*** *☎ 49-91-05-17. Infos en français et contact • berliner-unterwelten.de •* Plusieurs tours au choix parmi lesquels 3 en français *(env 1h30-2h ; 12-15 €/pers ; non adapté aux enfants de moins de 7 ans)* dans le Berlin des bunkers du IIIe Reich, des abris antiatomiques pendant la guerre froide et des tunnels creusés à l'époque du Mur pour passer de l'Est à l'Ouest. Consulter le site pour repérer le calendrier des visites en français. Voir plus loin « Les quartiers périphériques. Le quartier de Wedding » dans « Berlin, quartier par quartier ».

■ ***Go Art ! Berlin :*** *Yorckstr 16, 10965. ☎ 30-87-36-26. • goart-berlin.de •* Visites guidées pour individuels ou petits groupes sur des thèmes artistiques essentiellement : architecture, design, mode, galeries, *lifestyle, street art,* cuisine, mais également histoire et vie culturelle juives. Prix en rapport, compter pour 2 à 3h de visite 250-270 € pour 6 personnes.

Représentations diplomatiques

■ ***Ambassade de France*** *(zoom 2, E3,* ***7****) :* *Pariser Platz 5, 10117. ☎ 590-03-90-00. • de.ambafrance.org • L'entrée du public à la section consulaire se fait par le 69 Wilhemstr. Lun-ven 9h-12h, et mer 14h-16h.* Installée à son emplacement d'origine, dans un bâtiment conçu par Christian de Portzamparc, juste à côté de la porte de Brandebourg. L'ambassade regroupe la chancellerie diplomatique, la section consulaire et l'ensemble des services officiels français et les services culturels. Si vous passez par là autour du 14 juillet, sachez que la fête nationale y est célébrée avec faste et humour : stands, musique, etc.

■ ***Ambassade de Belgique*** *(zoom 2, F3,* ***8****) :* *Jägerstr 52-53, 10117. ☎ 20-64-20. • germany.diplomatie.belgium.be/fr • Lun-ven 9h-12h, l'ap-m sur rdv.*

■ ***Ambassade de Suisse*** *(plan centre, D2,* ***3****) :* *Otto-von-Bismarck-Allee 4a, 10557. ☎ 390-40-00. • eda.admin.ch/berlin • Lun-ven 9h-12h.*

■ ***Ambassade du Canada*** *(zoom 2, E3,* ***9****) :* *Leipziger Platz 17, 10117. ☎ 20-31-20. • canadainternational.gc.ca/germany-allemagne • Section consulaire lun-ven 9h-12h.*

Poste

✉ ***Poste principale*** *(zoom 2, E2) :* *Georgenstr 14-18, Berlin-Mitte, dans la gare de Friedrichstr. Tlj 6h-20h (w-e 10h-18h).* Très centrale.

Renseignements

Le numéro des renseignements est le ☎ *118-33.* L'annuaire téléphonique sur Internet : • *dastelefonbuch.de* • et • *gelbeseiten.de* • pour l'équivalent de nos Pages jaunes.

Internet

À Berlin, le wifi (appelé ici W-LAN) est généralement gratuit dans les hôtels, les bars, cafés et restos. N'hésitez pas à demander le mot de passe. Il existe une centaine de *hotspots* publics, disséminés dans la ville et qui offrent un accès gratuit pour 30 mn/j. Liste sur • *publicwifi.de* • en fonction de votre localisation.

Argent, change

En Allemagne, et même à Berlin, l'argent liquide est encore souvent utilisé, même si les cartes de paiement sont de plus en plus acceptées. Celles-ci servent surtout pour garantir une caution lors des locations ou réservations (voitures, train, hôtel). Garder du cash avec soi est nécessaire et permet d'éviter les (mauvaises) surprises au restaurant !

■ ***Bureaux de change :*** pour nos lecteurs hors zone euro, dans les gares de *Hauptbahnhof (plan centre, D2), Zoologischer Garten (zoom 1, C3), Alexanderplatz (zoom 2, F2), Friedrichstraße (zoom 2, E2),* ainsi qu'à *Ostbahnhof (plan Friedrichshain, G3).* Sinon, pratiquement tous les distributeurs de billets (GAB, ou guichets automatiques bancaires) acceptent les cartes *Visa* et *MasterCard.*

Infos spectacles, loisirs, sorties...

– Le périodique ***Tip*** est le must pour se rencarder sur place sur les programmes en tout genre : ciné, musées, théâtres, concerts, DJ à l'affiche *in town...* • *tip-berlin.de* • *(version en anglais dispo).*

– Se procurer aussi ***Berlin Programm,*** l'équivalent de *Pariscope.* Voir sur • *berlin-programm.de* •

– Disponible dans les cafés, le magazine gratuit ***030*** donne les infos essentielles sur la vie nocturne aussi bien pour les homos que pour les hétéros : • *berlin030.de* •

– La revue gratuite ***Siegessäule*** fournit toutes les infos sur la vie gay à Berlin. Site (en allemand) : • *siegessaeule.de* •

– Le site • *berlinfo.com* • met à dispo toutes les infos (en anglais) sur les restos, les bars, les spectacles et la vie nocturne.

– Pour les amateurs d'underground et de *parties* à la limite du licite, ce que Berlin fait de mieux, foncer sur les ***flyers*** à disposition dans les cafés, boîtes, boutiques branchées et cinés ; ils signalent les soirées off qui ne figurent nulle part ailleurs. Eh oui, ici, il faut bien chercher la fête de dernière minute, la mériter, quoi !

Réservations (théâtre, concerts, manifestations sportives...)

Voici quelques points de vente.

■ Directement aux ***offices de tourisme*** ; voir au début de cette rubrique « Adresses et infos utiles ».

■ ***Hekticket :*** *hotline,* ☎ *230-99-30.* • *hekticket.de* • *Kulturkiosk am Berlin Carré, Alexanderstr 1. Mar-sam 13h (15h sam)-19h. Également Hardenbergstr 29d, à Zoologischer Garten (zoom 1, C3). Lun-sam 10h (12h l'été)-19h, dim 15h-18h.* 2 endroits pour acheter des billets de théâtre avec jusqu'à 50 % de réduction pour le soir même.

■ ***KOKA 36*** *(plan centre, F4)* ***:*** *Oranienstr 29, Kreuzberg. U-Bahn Kottbusser Tor* ☎ *61-10-13-13.* • *koka36.de* • *Lun-ven 9h-19h, sam 10h-16h.* Ici, on ne prône pas l'alternance mais l'alternatif.

Réductions pour musées et transports

Les différents prix mentionnés ci-dessous augmentent au 1er janvier de chaque année.

– ***Welcome Card :*** • *berlin-welcomecard.de* • En ***2020*** : 23 € (pour 48h), 33 € (pour 72h), 40 € pour 4 j., 46 € pour 5 j. et 49 € pour 6 j. Permet de voyager gratuitement dans tous les transports en commun de la zone AB et offre de 25 à 50 % de réduction dans de nombreux musées (mais pas tous, consulter le site), et 200 théâtres, visites, attractions... Cette carte est valable pour un adulte accompagné jusqu'à 3 enfants (max 14 ans).

- Existe aussi une ***version ABC*** incluant les transports vers Potsdam et les aéroports de Schönefeld et Berlin-Brandebourg (compter 5 € en plus pour chaque forfait).

Une option pour 3 j. consécutifs (72h) inclut l'entrée gratuite les expos permanentes des musées de l'île des Musées *(Museumsinsel)* pour 51 € (zone AB) ou 55 € (zone ABC). Les enfants de moins de 6 ans voyagent gratuitement.

- Une version ***All Inclusive*** est aussi disponible. De 69 € pour 48h à 99 € pour 4 j. (79-125 € avec les transports dans les zones ABC). Profitez gratuitement de tous les transports, d'un bus-tour, d'une soixantaine de sites, musées, attractions, théâtres, restaurants et magasins berlinois. Liste exhaustive sur le site. En vente en ligne, dans les offices de tourisme, les bureaux de vente des titres de transport et certains hôtels.

- ***Museumspass Berlin :*** pour 29 € (valable 3 j.), permet l'accès libre à une cinquantaine d'expositions et de musées, dont les musées nationaux de la ville ; tarif réduit à 14,50 € pour les scolaires et les étudiants. Carte intéressante pour ceux qui ont l'intention de visiter plusieurs musées à la suite, dans différents quartiers. Peu intéressante en revanche pour les étudiants, qui bénéficient déjà de réductions dans les musées.

- ***La Longue Nuit des musées :*** • *lange-nacht-der-museen.de* • Pour ceux qui sont de passage à Berlin le dernier week-end d'août, la grande majorité des musées et centres d'art (plus d'une centaine !) ouvrent leurs portes jusque tard dans la nuit du samedi (2h), pour 12 €, avec gratuité dans les transports en commun ainsi que l'accès gratuit à un service de bus-navettes entre les différentes manifestations, sur plusieurs itinéraires. Une sorte de journée portes ouvertes à l'échelle d'une ville, avec concerts, lectures et buffets. C'est aussi la possibilité de découvrir des collections d'art d'entreprises privées.

Dans le même genre, il existe aussi la ***Longue Nuit de l'opéra et du théâtre*** *(Lange Nacht der Opern und Theater)*, qui se déroule en avril. Renseignements en anglais sur • *berlin-buehnen.de* • Réserver à l'avance.

Librairies et lieux de culture

■ ***Librairie Dussmann*** *(zoom 2, E3,* ***184****) :* *Friedrichstr 90, Mitte. ☎ 20-25-11-11. • kulturkaufhaus.de • S-Bahn et U-Bahn : Friedrichstr. Tlj sauf dim 9h-22h (23h30 sam).* C'est la plus grande librairie de la ville, mais on y trouve aussi des disques et des films : une sorte de *Megastore* avec au sous-sol un café-resto au décor rafraîchissant pour grignoter tout en lisant.

■ ***Librairie Zadig*** *(zoom 2, F2,* ***405****) :* *Gipsstr 12. ☎ 28-09-99-05. • zadigbuchhandlung.de • U-Bahn : Oranienburger Tor. Lun 14h-19h, mar-sam 11h-19h (18h sam), horaires d'été restreints.* « Librairie française à vocation européenne », c'est un lieu agréable de rencontres et d'échanges, où l'on peut se renseigner sur le Berlin littéraire et les thématiques franco-allemandes. Grand choix de livres sur Berlin et conseils avisés.

■ ***Librairie française des Galeries Lafayette*** *(zoom 2, E3,* ***403****) :* *Friedrichstr 76-78, Mitte. ☎ 20-94-80- • galerieslafayette.de/tag/librairie-francaise • U-Bahn : Französische Str. Tlj sauf dim, 10h-19h.* Au sous-sol de l'immeuble de verre conçu par Jean Nouvel, cette petite librairie française est animée par de vrais connaisseurs. Polars, romans, essais...

■ ***La Maison de la France*** *(zoom 1, B4,* ***6****) :* *Kurfürstendamm 211. ☎ 885-90-20. • berlin.institutfrancais.de • U-Bahn : Uhlandstr.* Elle héberge l'Institut français de Berlin et une médiathèque *(mar-ven 14h-18h30 ; sam 11h-17h ; fermé dim-lun),* où l'on peut consulter la presse francophone confortablement installé. La vue sur le Ku'damm y est meilleure que dans nombre de cafés, et le service est gratuit. L'Institut français propose aussi différentes manifestations culturelles : spectacles, concerts, conférences...

Les Français à Berlin

• ***lepetitjournal.com/berlin*** • « Le média des Français et francophones à l'étranger » consacre une section à Berlin aussi variée qu'intéressante et surtout pleine de vécu.

• ***lagazettedeberlin.com*** • Un site d'infos francophones des Alpes à la Baltique.

• ***connexion-francaise.com*** • Site d'infos pratiques pour les francophones qui vivent en Allemagne, avec en plus une partie dédiée à Berlin.

• ***berlin.de*** • Ce site (avec une version en français) propose de nombreuses infos sur la ville. La culture, les affaires économiques et politiques y sont abordées.

• ***vivreaberlin.com*** • Site d'utilité publique destiné à tous ceux qui veulent s'installer dans la capitale. Toutes les infos pratiques, mais aussi des bons plans pour visiter et des adresses pour sortir.

Apprendre l'allemand

i ***GLS, école d'allemand*** *(plan centre F1,* ***10****)* **:** *Kastanienallee 82 10435 U-Bahn : Eberswalder Str.* • *gls-allemand-a-berlin.de* • Au cœur du quartier branché de Prenzlauer Berg sur un agréable campus de 16 000 m² comprenant, hébergement en appart ou chambres modernes, 2 restos et cafét', l'école dispense des cours en différentes langues dont l'allemand, à l'intention des jeunes autant que des adultes. Tarifs et conditions sur le site. Promos en été.

Urgences, divers

■ ***Urgences médicales :*** *pompiers-secours au ☎ 112 ou ☎ 31-00-31.*

■ ***Soins dentaires urgents :*** *☎ 89-00-43-33.*

■ ***Consignes :*** *dans les gares principales : Hauptbahnhof, de Lichtenberg, Friedrichstraße, Ostbahnhof, et à la gare de S-Bahn Alexanderplatz. À la Hauptbahnhof, consigne env 5 €/24h.*

■ ***Laveries automatiques (Wäscherei) :*** elles sont partout facilement reconnaissables.

■ ***Supermarché ouvert 24h/24 :*** *Berliner Str 24-25, Wilmersdorf.*

■ ***Objets trouvés : Zentrales Fundbüro*** *(plan centre, E5), Platz der Luftbrücke 6, Tempelhof. ☎ 902-773-101. U-Bahn : Platz der Luftbrücke. Lun 9h-14h, jeu 13h-18h ; fermé mar-mer, ven et w-e.*

■ ***Objets perdus sur le réseau des transports en commun : BVG Fundbüro*** *(plan Friedrichshain G3,), Rudolfstr 1-8, Friedrichshain. ☎ 194-49. U-Bahn : Warschauer Str. Lun-mar et ven 9h-18h (jeu 9h-20h).*

■ ***Objets perdus dans le train et le S-Bahn :*** *☎ 0900-199-05-99 (central téléphonique).*

Comment se repérer ?

Pour plus de commodité, nous avons abrégé le mot « Straße » (rue) en « Str ».

Étendu sur 892 km² (9 fois Paris intra-muros, dont 40 % de lacs et de forêts, ça fait du bien !), Berlin est divisé en 12 arrondissements *(Bezirke)* possédant chacun son propre caractère.

– ***Mitte*** *(voir zoom 2),* le centre historique de Berlin-Est, est plus que jamais au cœur du Berlin actuel, avec son *île des Musées,* sa *tour de Télévision,* ses bars et restos animés du *Scheunenviertel,* et la très symbolique avenue *Unter den Linden* au bout de laquelle se dresse la *porte de Brandebourg.*

– Au nord-est, le quartier de ***Prenzlauer Berg,*** symbole de l'époque communiste, est devenu l'un des quartiers les plus boboïsés. La *Kollwitzplatz,* la *Kastanienallee* et le *Wasserturm* (château d'eau) seront un passage obligé de vos virées.

– À l'est, bordé au sud par la Spree, le quartier de ***Friedrichshain*** *(plan Friedrichshain)* est sans conteste le *Kiez* (quartier) le plus fréquenté en soirée. S'y rassemblent les oiseaux de nuit en partance pour les envolées underground du Berlin musical et dansant.

– Au sud de celui-ci, ***Treptow*** et ***Neukölln,*** encore riches de leurs friches,

INFOS PRATIQUES SUR PLACE

accueillent aujourd'hui les créatifs de tout poil. Plus au sud, l'ancien aéroport de ***Tempelhof*** marque la limite de la ville qui bouge.

– Quant au quartier de ***Kreuzberg,*** baigné par le *Landwehrkanal,* il est le lieu par excellence du *multi-kulti.* Une promenade dans l'*Oranienstraße,* très animée en soirée et parfois même jusqu'au bout de la nuit, et autour du canal s'impose.

– Le grand parc du ***Tiergarten,*** qui a donné son nom au quartier, reste pour tous les Berlinois le poumon de la ville, traversé par l'avenue du 17-Juin, avec en point de mire la colonne de la Victoire, *Siegessäule.* Ce quartier est aussi devenu le symbole du renouveau de Berlin avec la *Potsdamer Platz,* le *Reichstag* et la *Hauptbahnhof.*

– À l'ouest du Tiergarten, on rejoint le ***Kurfürstendamm,*** ou *Ku'damm* pour les intimes, vitrine de l'Ouest à l'époque du Mur. Quant au quartier bourgeois voisin de **Charlottenburg** *(zoom 1),* il tire son nom du château des Hohenzollern, situé à son extrême ouest.

– À Berlin, le ***système de numérotation des immeubles*** est particulier : il n'existe pas toujours un côté pair et un côté impair, mais souvent un classement continu en boucle : les plaques des rues situées aux carrefours indiquent heureusement, en général, les numéros pour chaque tronçon de rue.

Comment se déplacer ?

Le réseau des transports en commun est divisé en 3 zones tarifaires : la zone A est délimitée par le périmètre parcouru par les trains de S-Bahn et englobe le centre-ville à l'intérieur du *Ringbahn* (en blanc sur notre plan). C'est dans cette zone que vous ferez la majorité de vos déplacements.

La zone B se termine aux limites de la ville de Berlin (en gris sur notre plan). La zone C comprend la banlieue proche sur le territoire du Brandebourg (par exemple l'aéroport de Berlin-Brandebourg), Potsdam, Oranienburg).

➢ ***En S-Bahn et U-Bahn :*** le RER et le métro berlinois (S- et U-Bahn) se combinent très bien pour circuler rapidement tous les jours dans la ville et en périphérie. Ils fonctionnent de 4h à 1h en semaine. Il n'y a pas de portillon pour accéder aux quais, mais il faut composter avant de monter dans une rame.

Les lignes de U-Bahn U1 et U2 et la ligne de S-Bahn S7 fonctionnent toute la nuit les vendredi et samedi. Seule la U4 ne circule pas la nuit. La ligne de U-Bahn U9 est remplacée par un bus la nuit le week-end. Le transport de bicyclette est autorisé toute la journée, mais il est payant *(1,90 € par trajet en zone AB ; 1,20 € courte distance ttes zones).* Attention : la carte de transports ne doit être validée qu'une seule fois. Plan du réseau sur • *sbahn.berlin* • et sur notre plan centre.

➢ ***En bus :*** le réseau des bus et des tramways (à l'est) est organisé selon le même découpage. Il est difficile de se procurer le plan de ces réseaux même aux kiosques du *BVG.* Mais on peut les télécharger sur le site • *bvg.de* •, ce qui permet de programmer son itinéraire. À chaque arrêt un panonceau très clair permet de visualiser le trajet de la ligne et indique les fréquences de passage.

Les bus circulent de 4h30 à 0h30, ensuite les bus de nuit prennent le relais à fréquence plus espacée. Les *Metrobuses* (M) fonctionnent tlj et 24h/24. De jour comme de nuit, il est obligatoire de présenter son ticket au conducteur. Les bus de nuit (fréquents et très nombreux) circulent au tarif normal, mais ils ont souvent des trajets spéciaux (plan disponible dans les stations de U-Bahn). Leurs numéros de ligne sont précédés d'un N *(Nachtbus).* Quant à ceux précédés d'un X *(Expressbus),* ils ne s'arrêtent que très rarement, justifiant leur nom. C'est le cas du bus pour l'aéroport de Tegel.

Bon plan : le ***bus n° 100,*** qui relie le zoo à Alexanderplatz, présente l'avantage de desservir de nombreux monuments berlinois (Gedächtniskirche, Siegessäule, Schloss Bellevue, Reichstag, Staatsoper, Berliner Dom...). Pour le prix d'un ticket de bus, c'est tout Berlin qui défile devant vos yeux ! À noter que le bus n° 200 suit un trajet assez analogue.

➢ ***En tramway :*** seulement à l'est. Nombreux départs de Hackescher Markt et Alexanderplatz. Les lignes de tramways commençant par « M » circulent tlj et 24h/24.

À défaut de vous être procuré une ***Welcome Card,*** qui permet de circuler sur les transports en commun pour une durée de 2 à 6 j., nous vous recommandons l'achat d'une carte journalière ***Tageskarte*** *(7-7,70 € selon la zone),* qui vous donne une totale liberté sur les transports en commun du réseau berlinois *(BVG).*

Le billet normal vous coûte entre 2,80 € et 3,40 € (zones AB ou BC ou ABC) et il dure 2h *(réduc ; gratuit moins de 6 ans).* ***Ces tarifs étaient en application en 2020 et ont peut-être été modifiés depuis le 1er janvier 2021.***

Si vous désirez utiliser votre vélo, un supplément devra être acquitté, même avec la *Welcome Card.* Vous trouverez tous les renseignements en français sur Internet. Profitez-en aussi pour chercher le forfait le mieux adapté à votre séjour, du billet journalier *(à partir de 7 € pour la zone AB)* au forfait 7 j. *(env 30 € pour la même zone).* Il y a aussi une formule à la journée pour un petit groupe de 5 personnes maximum, très pratique, de 19,90 € à 20,80 € selon les zones. Toutes ces cartes vous permettent de prendre tous les transports publics de la zone choisie, que ce soit métro, bus ou train régional.

– Tarifs sur ● *shop.bvg.de/index.php/tickets* ● ou dans l'un des kiosques du *BVG,* ☎ *194-49.*

IMPORTANT : à Berlin, les guichets sont rares dans le métro et les stations de tram. Achetez vos tickets aux distributeurs sur les quais : ils acceptent les pièces, les billets de 5 ou 10 €, et rendent la monnaie. Évitez de frauder, il vous en coûterait 60 € d'amende, et les contrôleurs, habillés en civil, ne sont pas repérables.

➢ ***À vélo :*** les pistes cyclables étant très bien aménagées à Berlin, surtout à l'ouest, il est intéressant de louer un vélo pour visiter la ville, quartier par quartier, ou pour découvrir la belle campagne avoisinante. Location auprès de nombreuses boutiques ainsi que dans certains hôtels et AJ. Le tarif moyen est de 10-15 €/j.

➢ ***À vélo-taxi :*** ***Velotaxi Berlin GmbH.*** ☎ *28-03-16-09.* ● *velotaxi.de* ● *Env 7 € le 1er km, puis 5 €/km.* De courageux jeunes gens promènent les touristes dans des « vélos-taxis », vélos équipés d'un petit habitacle à 2 places (+ enfant jusqu'à 7 ans).

➢ ***En taxi :*** le tarif de base est de 3,90 € de prise en charge, puis de 2 €/km pour les 7 premiers km (1,50 € au-delà) mais il existe une formule très intéressante pour les parcours jusqu'à 2 km, un forfait à 5 €, quelle que soit l'heure, jusqu'à 4 personnes, mais sans arrêts. Annoncez au chauffeur « *Kurzstrecke* ». Pratique pour rentrer des soirées bien arrosées, mais attention, au-delà de 2 km, le compteur s'emballe rapidement !

– Pour réserver 24h/24 un taxi : ***Funk Taxi*** *(☎ 26-10-26)* ou ***Taxi-Funk Berlin*** au *(☎ 44-33-22).*

➢ ***En voiture :*** tous les Berlinois se plaignent de la circulation dans leur ville, mais aucune comparaison avec Paris, entre autres ! La largeur des axes principaux garantit la fluidité du trafic. Le problème majeur demeure le stationnement en centre-ville, quoique l'on trouve assez facilement de la place (ne pas oublier de coller sa vignette verte sur le pare-brise avant de pénétrer en ville).

➢ ***En bateau :*** le réseau fluvial sur la Spree et la Havel est très développé ; plus d'une trentaine de stations entre Brandenburg à l'ouest et Bad Saarow à l'est. Tout est possible, des trajets simples aux excursions à la journée. Brochures disponibles aux offices de tourisme de la ville. Vous pouvez par exemple contacter la compagnie ***Stern und Kreisschiffahrt*** *(Puschkinallee 15 ; ☎ 536-36-00 ; ● sternundkreis.de ●)* ou la compagnie ***Reederei Riedel*** *(☎ 679-614-70 ; ● reederei-riedel.de ●)* qui proposent quotidiennement des balades variées sur la Spree, le Landwehrcanal et à travers le Berlin historique. Audiophone en français. Départs à partir de 10h des Hansabrücke *(plan centre, C2),* Moltkebrücke *(plan centre, D2)* et Corneliusbrücke *(plan centre, C3).* Réductions avec la *Welcome Card* pour les 2 compagnies.

Transports

■ ***Service de renseignements de la Deutsche Bahn*** *(pour les horaires de trains)* **:** ☎ 018-06-99-66-33. ● deutschebahn.com ● On peut également consulter avt le départ le site ● bahn.com/fr ● Tlj, 24h/24. Sinon, directement dans les gares.

🚌 **Gare routière principale** (Zentraler Omnibusbahnhof Berlin – ZOB ; plan d'ensemble, B2) **:** Masurenallee 4-6, Charlottenburg. Infos et résas : ☎ 301-03-80. U-Bahn : Kaiserdamm ; S-Bahn : Messe-Nord ICC. Près de la Funkturm (tour de la Radio). Ouv 24h/24. Correspondances aisées vers les aéroports et le centre-ville (Ⓜ U2).

Location de vélos

■ ***Fat Tire Tours*** *(zoom 2, F2)* **:** Panoramastr 1a, au pied de la Fernsehturm et également à la station Zoologischer Garten, Hardenbergerplatz, 9-11 (zoom 1, C3). ☎ 24-04-79-91. ● fattiretours.com ● Tlj 9h30-18h (20h mai-sept). 14 €/j. puis tarif dégressif. Pour les tours organisés, tarifs variés selon thème et durée. Réduc de 25 % avec la Welcome Card. Très bons vélos VTC costauds, bleus pour les gars, rouges ou orange pour les filles. Une équipe dynamique de jeunes Américano-Européens, qui organise également des parcours thématiques (IIIe Reich, guerre froide...) et même jusqu'à Potsdam. Véritable plus : chacun a reçu une formation poussée en histoire ou en art. Café internet avec connexion gratuite (important, ça aussi).

■ ***Fahrradstation*** **:** résas au ☎ 018-05-10-80-00. ● fahrradstation.com ● Loc principale : Dorotheenstr 30, à la gare Friedrichstr (zoom 2, E3). Tlj sauf dim 10h-19h (16h sam) ; horaires réduits en hiver. 6 autres sites de loc dans la ville (voir le site). Possibilité de tour de ville guidé : avr-oct, w-e 10h-14h, incluant les meilleurs spots de la capitale. Env 20 €/j. la loc du vélo ; réduc importante avec la Welcome Card.

■ ***Berlin on Bike*** *(plan centre, F1)* **:** Kulturbrauerei, Knaackstr 97, Prenzlauer Berg. ☎ 43-73-99-99. ● berlinonbike.de ● U-Bahn : Eberswalder Str. Tlj 9h-20h ; horaires réduits en hiver. Départs tlj à 10h ou 15h, selon circuit. Env 24 €/pers avec loc du vélo, 5 € en moins si vous venez avec le vôtre ; réduc de 25 % avec la Welcome Card. Loc également : 10 €/24h, 50 €/sem. Promenades guidées de 15 km et d'environ 4h autour de thèmes historiques et culturels (le Mur, la Prusse, Berlin-Est, le nazisme, etc.).

■ La ***Deutsche Bahn*** a mis en place un système de location de vélo en libre-service. ● callabike-interaktiv.de ● À la différence du système français *Vélib'*, les stations de location/remise ne sont pas disséminées dans toute la ville, mais limitées seulement aux gares et à quelques dizaines de stations dans le centre. L'enregistrement se fait en ligne (instructions en allemand ou en anglais) à l'aide de votre carte de paiement (3 € d'inscription) ou aux bornes de location. Cette étape franchie, identifiez-vous à la borne à l'aide de votre carte bancaire, allez au vélo désigné et tapez le code attribué à l'inscription pour déverrouiller le cadenas. Il vous sera débité 1 € par ½ h avec un maximum de 15 €/j. Ce type de service est également proposé par de nombreuses compagnies privées.

Les vélos et vous

– Attention aux couloirs de pistes cyclables ! Ils ne se trouvent pas uniquement sur la chaussée mais également sur les trottoirs. Et les cyclistes ne préviennent pas toujours, car ils sont prioritaires.

– Le club de cyclisme allemand *ADFC* a édité un petit guide en anglais de l'ensemble du réseau cyclable de la ville :

■ ***ADFC*** *(plan centre, F1)* **:** Brunnenstr 28. ☎ 448-47-24. ● adfc-berlin.de ● Mer et ven 15h30-18h30 ; horaires réduits en hiver. Le guide est également disponible en librairie et dans les magasins de cycles.

BERLIN, QUARTIER PAR QUARTIER

CHARLOTTENBURG-WILMERSDORF *(plan centre, A-B2-4 et zoom 1)*

Traversé par la célèbre avenue du *Kurfürstendamm,* ou *Ku'damm,* qui s'étend sur 3,5 km – les « Champs-Élysées berlinois » –, ce quartier a été le centre de la vie mondaine et artistique des années 1920 et jusqu'au début des années 1930, comme en témoignent, notamment, les boîtes de jazz encore bien vivantes. Détruit en grande partie au cours de la Seconde Guerre mondiale, le Ku'damm est aujourd'hui une artère commerçante animée qui continue d'attirer bon nombre de visiteurs. Elle sert parfois le soir de piste pour les petits bolides de sport venus épater la galerie et qui font vrombir leurs cylindres. Le quartier avait perdu son statut privilégié de « vitrine de l'Ouest » du temps de la guerre froide, mais il est en train de reprendre ses « marques », dans tous les sens du terme. Même si les Berlinois vous parleront toujours de quartiers plus vivants, dans l'air du temps, une visite s'impose si l'on aime faire du lèche-vitrines au sens strict plutôt que du shopping, car les prix sont à l'avenant : nombreuses boutiques de mode, de design et d'antiquaires.

La plupart des rues sont bordées d'arbres qui ombragent les terrasses des cafés et des restaurants, de la Fasanenplatz à la Savignyplatz, devenues des lieux de rendez-vous incontournables. Derrière la gare de Zoologischer Garten se trouve le quartier étudiant avec, notamment, l'université technique (TU) et l'université des Beaux-Arts (UdK).

Étrange retour du balancier : 30 ans après avoir vu le cœur des visiteurs pencher vers l'Est retrouvé, c'est vers l'Ouest qu'on annonce un renouveau : même les jeunes parents ex-communistes emménagent au sud de Charlottenburg, pour le calme qu'on y trouve ; les artistes y retournent pour ouvrir des galeries dans des quartiers qui voient une nouvelle clientèle les fréquenter, de jour comme de nuit. C'est ça aussi, Berlin, une ville qui n'est jamais la même, d'une décennie sur l'autre, voire d'une année sur l'autre.

Où dormir ?

De prix moyens à chic

■ *Hotel-Pension Kima* (*zoom 1, B4,* **27**) **:** *Wielandstr 27, 10707 Charlottenburg. ☎ 883-41-85. • hotel-kima.de • U-Bahn : Adenauerplatz. Doubles 60-90 € avec petit déj-buffet.* Bel immeuble, ascenseur ancien en bois type confessionnal, grandes chambres claires au confort correct, petit déj servi dans une belle salle. Située dans une rue perpendiculaire calme et ombragée du Ku'damm bordée de boutiques chics, c'est une adresse au rapport qualité-prix tout à fait acceptable pour les prix du quartier. Bus et métro à proximité. Accueil moyen.

■ *Pension Peters* (*zoom 1, B3,* **33**) **:** *Kantstr 146, 10623 Charlottenburg. ☎ 312-22-78. • pension-peters-berlin.de • S-Bahn : Savignyplatz. Doubles 60-90 €, petit déj 8 €. Parking payant à proximité.* Très bien situé, au 2e étage d'une jolie maison de la fin XIXe s, à 2 pas des nombreux cafés et restos de Savignyplatz. Une déco simple mais chaleureuse. Des chambres claires, de différentes tailles, mais toutes aux salles de bains impeccables. Certaines donnent sur une agréable courette où il fait bon lézarder. Personnel disponible et arrangeant.

Hotel Art Nouveau *(zoom 1, B4,* ***29****) : Leibnizstr 59, 10629 Charlottenburg. ☎ 327-74-40. • hotelartnouveau.de • S-Bahn : Savignyplatz. U-Bahn : Adenauerplatz. Doubles 79-129 € selon saison et confort. Petit déj-buffet 10 €.* Situé non loin du Ku'damm dans le Charlottenburg résidentiel et élégant, au 4e étage d'un ancien bâtiment Art nouveau. 21 belles chambres spacieuses à la déco sobre et soignée (meubles anciens, parquet), donnant toutes sur une cour offrant un calme absolu. Accueil serviable et attentif. Une jolie terrasse sur le toit en prime.

Hotel-Pension Funk *(zoom 1, B4,* ***26****) : Fasanenstr 69, 10719 Charlottenburg. ☎ 882-71-93. • hotel-pension funk.de • U-Bahn : Uhlandstr. Doubles selon confort 52-129 €, petit déj-buffet compris.* Immeuble ancien presque en face du *Käthe-Kollwitz-Museum,* datant de 1895, de style Art nouveau, avec vitraux et plafonds ouvragés. Intérieur *Jugendstil* intact avec des meubles d'époque et de tradition berlinoise, petits lavabos accrochés aux murs, tapis au sol et téléphones antiques... qui fonctionnent ! Ambiance Berlin des Années folles dans ce qui fut autrefois la demeure d'*Asta Nielsen,* une actrice danoise star du cinéma muet. Les photos de tournage aux murs et le personnel aux petits soins vous en apprendront un peu plus sur sa vie. Toutes les chambres, claires et hautes de plafond, ont une anecdote à raconter (3 catégories : avec lavabo seulement, avec douche, avec douche et w-c). Une adresse pleine de charme, dans ce nid douillet chargé de souvenirs.

Hotel Midi Inn *(zoom 1, B4,* ***27****) : Wielandstr 26, 10707 Charlottenburg. ☎ 885-70-10 • kudamm.midi-inn.de • S-Bahn : Savignyplatz. U-Bahn : Adenauerplatz. Doubles env 70-140 €.* Une adresse qui touche au Ku'damm. Grand immeuble bourgeois à la façade jaune moutarde, rassurant et calme, dans un secteur résidentiel et cossu, et qui abrite une belle pension familiale aux chambres spacieuses et confortables. La décoration moderne s'accorde parfaitement au mobilier ancien. Accueil disponible et en français, un bon rapport qualité-prix.

Motel One Upper West *(zoom 1, C3,* ***25****) : Kanstr 163-165, 10623 Charlottenburg. ☎ 322-93-190. • motel-one.com • U-Bahn : Zoologischer Garten. Doubles 90-120 €, petit déj 11,50 €.* Au sein de cette chaîne d'une dizaine d'hôtels à Berlin, celui-ci offre un niveau de standing particulièrement intéressant pour son prix. Cette grande tour de verre, avec son emplacement imbattable face à l'église du Souvenir, offre un accueil sympathique, des chambres contemporaines parfaitement tenues et insonorisées, quoique légèrement aseptisées. Au dernier étage, un bar en terrasse où l'on peut siroter un cocktail *(9 €)* avec une vue imprenable sur le zoo et le *Tiergarten.*

Art'otel Berlin Ku'damm *(zoom 1, B4,* ***34****) : Lietzenburger Str 85, 10719 Charlottenburg. ☎ 887-77-70. • artotels.com • U-Bahn : Uhlandstr. Doubles 71-200 € selon période (salons, événements particuliers...).* Dans la veine des grands hôtels modernes qui voient le jour un peu partout, la déco de celui-ci est inspirée de l'œuvre d'Andy Warhol. Vous n'arriverez pas à échapper à sa tignasse peroxydée et ébouriffée, il est partout, au bar, au resto, et dans les 150 chambres, jusque dans les salles de bains ! Service haut de gamme et confort raffiné, mais on regrette toutefois la petite taille de certaines chambres. Un bar et une terrasse pour siroter des cocktails maison.

Art Hotel Charlottenburger Hof *(zoom 1, A3,* ***35****) : Stuttgarter Platz 14, 10627 Charlottenburg. ☎ 32-90-70. • charlottenburger-hof.de • S-Bahn : Charlottenburg ; U-Bahn : Wilmersdorfer Str ; bus no 109. Doubles 55-200 € selon confort, catégorie « Très chic » pour les plus chères. Petit déj-buffet 11 €. Parking payant.* Hôtel de taille humaine à la décoration contemporaine soignée et colorée. Un peu Mondrian par-ci, Kandinsky par-là, les motifs d'art moderne sont omniprésents et montent jusqu'au plafond. Quant aux 46 chambres, elles sont impeccables et de très bon confort.

Petit salon coquet pour les hôtes, avec quelques livres à disposition, ainsi qu'une jolie cour au calme bordée de plantes grimpantes.

Pension Güntzel *(plan centre, C4-5, **38**) : Güntzelstr 62, 10717 Wilmersdorf. ☎ 857-90-20. • pension-guentzel.de • U-Bahn : Güntzelstr. Doubles sans ou avec w-c privés (douches partout) 75-85 € selon saison, avec petit déj. Garage 8 €.* Chambres de bon confort, simples et sans chichis. Certaines ont été rénovées dans un style moderne et lumineux bien agréable. Accueil plein de gentillesse par un couple germano-polonais, avec quelques mots de français. Une bonne adresse, parfaitement tenue.

Hotel-Pension Savoy *(zoom 1, C4, **41**) : Meinekestr 4, 10719 Charlottenburg. ☎ 88-47-16-10. • hotel-pension-savoy.de • U-Bahn : Kurfürstendamm et Uhlandstr. Doubles 75-94 € (hors congrès !) selon confort, saison et j. de la sem, avec petit déj.* Bien situé, au cœur du Ku'damm, au 1er étage d'un immeuble de caractère avec colonnes et fresques à l'entrée. Grandes chambres à l'ancienne, confortables, parfois avec coin salon cosy. Meilleur rapport qualité-prix pour les chambres familiales jusqu'à 5 personnes. Attention, rien à voir avec l'hôtel *Savoy*, à quelques pas de là (on ne joue pas dans la même cour !).

De chic à très chic

Max Brown Hotel *(zoom 1, B4, **24**) : Uhlandstr 49, 10719 Charlottenburg-Wilmersdorf. ☎ 21-78-26-39. • maxbrownhotels.com • U-Bahn : Uhlandstr. Doubles 70-150 € selon confort. Petit déj 16,50 €.* Un coup de cœur dans le quartier. Derrière sa façade blanche, cet hôtel offre de belles prestations dans une ambiance chaleureuse. Accueil de bonne humeur dans une réception à la déco jungle chic, chambres style vintage et literie remarquablement confortable. Le copieux petit déj se déguste au café de l'hôtel, le *Benedict*, servant notamment du pain provenant de la petite boulangerie du même nom, attenante à la réception. Service un peu long mais c'est un régal. Ne ratez pas les pancakes !

Sir Savigny *(zoom 1, B3, **28**) : Kantstr 144, 10623 Charlottensburg. ☎ 21-78-26-38. • sirhotels.com • U-Bahn : Uhlandstr. S-Bahn : Savignyplatz. Doubles 133-260 € selon confort et période. Petit déj 18 €, à réserver à l'avance.* Bien situé en plein centre de West City, cet hôtel est certainement l'un des plus branchés. La réception alliant modernité et vintage, le salon d'hiver et sa cheminée centrale, le grand patio lounge, tout est fait ici pour vous mettre à l'aise, jusqu'à l'accueil souriant et amical. Les chambres ne dénotent pas : style rétro, urbain ou baroque, toutes impeccables, colorées et bien insonorisées (la ligne de S-Bahn passe juste derrière). Une adresse qui en impose.

Hotel Zoo *(zoom 1, C4, **30**) : Kurfürstendamm 25, 10719 Charlottenburg. ☎ 88-43-70. • hotelzoo.de • U-Bahn : Kurfürstendamm. Doubles 140-250 € selon confort et période. Petit déj-buffet 30 €.* Élégant hôtel idéalement placé, construit en 1891, il a été transformé en établissement classe. Certaines suites dépassent les 1 000 € et les prix des cocktails sont un peu excessifs, mais c'est ici l'occasion d'un séjour chic à coût raisonnable. À l'intérieur, une ambiance moderne, feutrée et tamisée, tout juste pimentée par quelques motifs zèbre ou léopard. Les chambres sont irréprochables, avec parfois des murs aux briques apparentes. Un lounge confortable, un petit patio pour vous détendre, et dans l'ascenseur des paparazzis qui vous mettent dans la peau d'une vedette (on vous laisse découvrir). Un certain goût de luxe au cœur de l'Ouest berlinois.

Où manger ?

Bon marché

Saigon Green *(zoom 1, B3, **114**) : Kanstr 23. ☎ 45-08-63-42. S-Bahn : Savignyplatz. Tlj 12h (13h dim)-23h. Résa conseillée. Plats 6-12 €.* Parmi les nombreux restaurants asiatiques du quartier, ce vietnamien s'impose comme le meilleur rapport qualité-prix, en plus de son emplacement avantageux jouxtant la *Savignyplatz*. Ici, des étudiants révisent leurs cours en terrasse entre 2 bols de soupe, tandis que des couples partagent un *bo bun* avec un verre de vin en tête à tête. La décoration épurée aux tons verdoyants vous apaisera autant que la douceur de l'addition. Attention cependant, les habitués ne s'y trompent pas, et on peine parfois à trouver une chaise libre le soir.

Rogacki *(zoom 1, A3,* ***100****) : Wilmersdorferstr 145. ☎ 34-38-250. U-Bahn : Bismarkstr. Tlj sauf dim, 9h-16h (8h-17h jeu-ven, 8h-16h sam). Env 5-15 €.* Cette grande halle aux airs de marché aux poissons et de traiteur gastronomique est en fait également un *Imbiss* où il fait bon manger un morceau dans l'après-midi. Au milieu des étals de fromages et de saucisses, debout au comptoir ou à des tables en bois surélevées, côtoyez les habitués du quartier en grignotant un sandwich au poisson avec une bière. Une institution dans le coin depuis 1928 ! Privilégiez la fin de semaine pour une expérience typiquement berlinoise.

Soup Kultur *(zoom 1, C4,* ***103****) : Kurfürstendamm 224. ☎ 35-12-10-71. U-Bahn : Kurfürstendamm. Entrée au début de la Meinekestr. Autres filiales : Kurfürstendamm 66, Rosa-Luxemburg-Str 7 (zoom 2, F2). Markgrafenstrasse 22. Tlj 11h30-18h sauf dim. Env 5-7 €.* Un *Imbiss* nouvelle génération à la déco tonique. Rien de mieux qu'une soupe, surtout quand elle est faite maison. Chaude ou froide ou, en fonction de la saison, à déguster sur le pouce en terrasse, mais souvent debout. Délicieux smoothies verts.

Cafétéria de la TU *(zoom 1, B3,* ***102****) : Ernst-Reuter-Platz 7. ☎ 939-39-75-92. Au 20e étage, dans l'immeuble de la TU (Technische Universität). U-Bahn : Ernst-Reuter-Platz. Lun-ven dès 8h-15h. Env 4-5 €.* Pratique, mais on y va surtout pour le magnifique point de vue sur le *Tiergarten*, la *Siegessäule* et la tour de Télévision. Pour les nostalgiques de la fac !

KüchenZeit *(plan centre, A2-3,* ***104****) : Kaiser-Friedrich-Str1. ☎ 85-61-37-62. Bus no 109 au Kurfürstendamm, arrêt Luisenplatz ou U-Bahn : Richard-Wagner-Platz. Tlj 9h-18h30 (sam-dim 9h-18h). Env 4-8 €. CB refusées.* Aux abords du château, voilà une bonne alternative aux restos des alentours bondés de touristes. Petite salle, quelques tables sur le trottoir. Quiches, salades, sandwichs, tartes et gâteaux gourmands, le tout 100 % fait maison. Service agréable et rapide. Café à emporter.

Prix moyens

Cali Bocca *(zoom 1, B4,* ***111****) : Schlüterstr 30. ☎ 72-02-33-01. S-Bahn : Savignyplatz. Tlj 17h-minuit sauf dim. Plats 6-28 €.* Dans une rue calme et agréable, le coup d'œil à cette façade jaune est inévitable d'autant plus si la terrasse est de sortie. La carte n'offre pas tellement de surprises, mais la qualité de cette cuisine typiquement italienne est topissime. Les pâtes *de la casa* sont à tomber et vous ne serez pas privé de bons conseils pour le vin. Accueil multilingue et de bonne humeur.

Zillemarkt *(zoom 1, B3,* ***101****) : Bleibtreustr 48. ☎ 881-70-40. S-Bahn : Savignyplatz. Tlj 10h-1h sauf dim. Carte 11-16 €.* Tout à côté de Savignyplatz, un décor de brasserie stylé fin XIXe s, un sol pavé, une belle verrière, un *Biergarten* agréable aux beaux jours, bien plus calme que les autres adresses qui s'alignent sous le pont du métro. La carte propose une cuisine berlinoise avec des plats simples qui ne font pas de mal à l'estomac ni au portefeuille. Goûtez au *Hackepeter* et à d'autres plats qu'on vous détaille en fin de guide dans la rubrique « Hommes, culture, environnement ». Les gros appétits seront satisfaits et les buveurs apprécieront la bière maison. Quelques bons gâteaux pour une pause goûter également.

Gasthaus Krombach *(zoom 1, B-C4,* ***139****) : Meinekestr 4. ☎ 881-86-02. U-Bahn : Uhlandstr. Tlj 12h-23h sauf lun. Plats 9-25 €.* Une brasserie classique à proximité du Ku'damm et des hôtels. Lambris, banquettes, beau comptoir boisé, lampes de cuivre, tout pour composer une ambiance *gemütlich*, un poil vieillotte. Plats bien tournés, foie de veau à la berlinoise avec oignons, pommes et purée, *Wiener Schnitzel,* jarret de porc, salade de pommes de terre. Bon et copieux. Les végétariens y trouveront aussi leur compte et à prix raisonnable. Pas grand-chose en dessert.

Restaurant-Café Bleibtreu (zoom 1, B4, **106**) : *Bleibtreustr 45. ☎ 881-47-56. S-Bahn : Savignyplatz. Tlj 9h-0h30 (1h30 ven-sam). Petits déj 4-11 € ; plats env 7 € le midi, 9-17 € le soir ; brunch-buffet le w-e (9h30-15h30) 12,90 €.* Un *Delicatessen* sans façon, pas cher et chaleureux. Bistrot à la devanture rouge et au décor sixties : miroirs, banquettes en moleskine et cabine téléphonique british. Très couru pour son brunch à volonté au rapport qualité-prix imbattable. Propose aussi quelques plats pour une grosse fringale à budget serré, comme des pâtes ou des omelettes. On peut y prendre son petit déj, consulter le programme des manifestations en ville, ainsi que toute la presse.

Nu (zoom 1, B3, **112**) : *Schlüterstr 55. ☎ 88-70-98-11. S-Bahn : Savignyplatz. Tlj 12h (15h sam-dim)-23h. Formule déj en sem env 10 € ; plats 13,50-27 €.* Cuisine panasiatique, *bo bun,* salades, *phô bo, wan tan* ou *tom kha gai* en 2 tailles, wok végétarien. Le tout se déguste en compagnie des branchés du quartier dans une salle couleur fuchsia, aux murs baignés de néons, ou sur une grande terrasse au soleil l'été. Service rapide et portions généreuses.

Die Dicke Wirtin (zoom 1, B3, **121**) : *Carmerstr 9. ☎ 312-49-52. S-Bahn : Savignyplatz. Tlj 11h-minuit. Résa conseillée le soir. Plats 15-20 €.* Une brasserie traditionnelle à la déco style vieille auberge avec terrasse. Bon choix de bières et de vins. Plats classiques et généreux. Goûtez à au méga-*schnitzel.* Bourré d'habitués qui préfèrent le bar et sa musique des années 1980 au côté sombre de la salle-musée. On peut aussi se contenter d'y boire une bière.

Plus chic

La Tía Rica (zoom 1, B3, **133**) : *Knesebeckstr 92. ☎ 31-51-86-93. S-Bahn : Savignyplatz. Tlj 17h-23h sauf dim. Résa conseillée. Plats 12-22 €. Addition 20-35 €.* Un resto chilien chaleureux, petite salle avec impressionnants casiers de bouteilles aux murs. Sur fond de musique latino, après le *pisco sour* de rigueur en apéro, piochez dans les plats typiques de là-bas : *ceviche, empanadas,* gratin de maïs, poulet au chocolat... Suggestions du jour au tableau noir. Aux beaux jours, essayez d'avoir une table sur le trottoir pour éviter l'intérieur un peu bruyant. Large choix de vins sud-américains servis au verre. Patron jovial et service aux petits soins de sa fille.

Dudu 31 (zoom 1, B4, **120**) : *Bleibtreustr 31. ☎ 57-79-55-77. U-Bahn : Uhlandstr. Tlj 12h (13h w-e)-minuit. Formule midi en sem 13 €. Plats 11-27 €. Carte 23-42 €. Résa vivement conseillée le soir.* Élégante adresse de spécialités asiatiques aux murs violets et à la déco branchée. On vient y déguster sushis, soupes, *phô* et autres jolis plats typiques et bien relevés. En soirée, la grande salle est vite bondée, il n'est pas rare de devoir partager sa table. Service toujours aimable.

Baba Angora (zoom 1, B4, **110**) : *Schlüterstr 29. ☎ 323-70-96. S-Bahn : Savignyplatz. Tlj 11h30-23h. Formules déj en sem 12-17,50 € ; plats 15-20 €. Menu 23 €.* Resto turc à l'intérieur en pierre brute rehaussé par des tapisseries rouges et des bas-reliefs... Un cadre plutôt agréable pour déguster de délicieux *mezze* froids et chauds, puis les classiques *köfte* (bâtonnets de viande hachée), de l'agneau en sauce et des plats végétariens, le tout généreusement servi. Quelques tables sur le trottoir. Service efficace et chaleureux.

El Borriquito (zoom 1, B3, **109**) : *Wielandstr 6. ☎ 312-99-29. U-Bahn : Wilmersdorfer Str ; S-Bahn : Savignyplatz. Tlj 18h-3h du mat (w-e 18h-5h) ! Résa conseillée. Plats 12-25 €.* Murs décorés de vieux objets hétéroclites (guitares, assiettes, pichets, tresses d'ail, maïs...), une auberge espagnole à l'ambiance festive. Cuisine hispanique classique plutôt bien faite, c'est le cocktail savoureux offert par cette adresse très populaire. Attention, il y a parfois de l'attente. Bonnes spécialités de poisson et joli choix de vins ibériques.

🍽 **Marjellchen** *(zoom 1, B4, **113**) : Mommsenstr 9. ☎ 883-26-76. S-Bahn : Savignyplatz. Tlj (sauf lun-mar) 16h-22h. Plats 12-22 €.* Un restaurant allemand typique, pour ceux qui veulent découvrir la cuisine de la Prusse orientale, de la Poméranie et de la Silésie. Ambiance traditionnelle à l'ancienne, atmosphère très *gemütlich*. Accueil tout sourire et efficace de madame, qui parle au moins 5 langues. Normal, l'adresse est très courue (à juste titre), et forcément un peu touristique. On y tient une comptabilité de toutes les nationalités des convives. Ce qui ne retire rien à la qualité de la cuisine, qui n'a pas changé, comme la carte, depuis près de 30 ans.

🍽 **Restaurant Schlossgarten** *(plan centre, A3, **172**) : Schlossstr 64. ☎ 36-70-22-99. U-Bahn : Sophie-Charlotte-Platz ou Richard-Wagner-Platz. Tlj (sauf lun) 11h30-22h (20h dim). Plats 8-18 € ; carte 15-25 €.* Dans ce coin tranquille que les Berlinois ont fini par adopter (après l'avoir trouvé trop aristo) et que les touristes adorent pour la proximité avec le château et ses musées, une adresse qui vaut le coup. Cuisine allemande délicieuse à des prix très raisonnables. Gibier à la carte, en saison. Intérieur un peu compassé, mais aux beaux jours on préfère le *Biergarten* et son buffet de grillades.

🍽 **Osteria Centrale** *(zoom 1, B3, **115**) : Bleibtreustr 51. ☎ 31-01-32-63. U-Bahn : Savignyplatz. Lun-sam 18h30-22h30h. Résa conseillée. Plats 13-40 €.* Sympathique *osteria* familiale dirigée avec maestria par une charmante Italo-Espagnole. Une fois passé la moto rouge qui trône dans l'entrée, on découvre une jolie salle aux tons jaunes, avec des tables débordant sur une terrasse. Suggestions du jour sur un grand tableau noir. Savoureuse cuisine de marché, pleine de saveurs méditerranéennes. Fruits de mer, pâtes et viandes sont au top. Carte des vins longue comme le bras mais pichet de la *casa* tout à fait recommandable. Un poil chérot mais sans regrets, c'est un must dans son genre.

🍽 **Diekmann** *(zoom 1, B-C4, **117**) : Meinekestr 7. ☎ 883-33-21. U-Bahn : Kurfürstendamm ou Uhlandstr. Tlj (sauf dim) 12h-minuit (18h j. fériés). Formule déj 15,50 € ; plats 20-36 € ; menus-surprise 38-46 €.* Avec son allure d'épicerie chic aux boiseries crème, cet ancien entrepôt colonial devenu bistrot élégant propose une carte déclinée au gré du marché et des saisons. Les plats raffinés prennent leur source dans un mélange bien orchestré de cuisines allemande et française.

🍽 ☂ **Ottenthal** *(zoom 1, B3, **118**) : Kantstr 153. ☎ 313-31-62. S-Bahn : Savignyplatz. Tlj 12h-22h. Plats 15-32 €. Menu env 34 €.* L'un des meilleurs ambassadeurs de la gastronomie autrichienne à Berlin. Cadre épuré pour cette salle voûtée au charme indéniable, qui permet de se concentrer sur le *Tafelspitz* et autres plats typiques servis au rythme de la vieille horloge centenaire, tout droit rapportée d'Ottenthal, un village à 60 km de Vienne. Viande bio et large carte de vins proposant également ceux du propriétaire, vigneron dans son village d'origine. Prix un peu élevés mais on se régale. Service et accueil agréable. Quelques tables en terrasse.

🍽 ☂ **Samowar** *(plan centre, A2, **121**) : Luisenplatz 3. ☎ 341-41-54. U-Bahn : Richard-Wagner-Platz ou Sophie-Charlotte-Platz, puis marcher 10 mn. Tlj 12h (9h dim)-22h. Menu déj en sem 9,90 € ; carte 10-25 € ; dim, buffet à 18,50 €.* Un restaurant russe chaleureux au décor chargé. Cuisine solide, spécialités de gibier. Excellents bortsch, bœuf Stroganov ou à la Raspoutine. Carte en français, ça aide. Certains soirs, des musiciens entonnent à votre table des ballades aux accents nostalgiques. On se croirait dans *Docteur Jivago* !

Où prendre un goûter ?

☕ **What do you fancy love ?** *(zoom 1, B4, **145**) : Knesebeckstr 68-69. U-Bahn : Uhlandstr. Lun-ven 8h-18h, w-e 9h-18h. Commande au bar.* À quelques pas du Ku'damm, dans une rue passante mais tranquille, ce café branché un brin rétro attire une clientèle de quartier venue se réveiller avec un café en lisant le journal, ou pour une pause gourmande. Jus de fruits frais, smoothies, bagels, muesli, tartes et cakes aux associations de saveurs originales, sont à déguster dans une ambiance détendue et pour un prix mini *(5-14 €)*. Agréable terrasse.

Café Wintergarten im Literaturhaus *(zoom 1, B4,* ***211****) : Fasanenstr 23. ☎ 882-54-14. U-Bahn : Uhlandstr. À côté du musée Käthe-Kollwitz. Tlj 9h-minuit. Petit déj servi jusqu'à 14h. Sandwich env 7 €, plats 12-31 €.* Pas besoin d'aimer la littérature pour apprécier le charme de cet adorable café-resto de style Art nouveau. Dans une rue bordée de galeries d'art, grande villa entourée d'un jardin fleuri de roses et de lilas l'été, très agréable pour s'isoler du bruyant Ku'damm. Privilégier le jardin d'hiver et la terrasse pour se poser au son de la fontaine en sirotant la limonade au gingembre frais. À l'intérieur, ambiance manoir. Petit plus : librairie au sous-sol avec lectures et présentations d'auteurs toute l'année (courte pause en été). Sandwichs, plats du jour, bons desserts et petite cave.

Où boire un verre ? Où sortir ?

Alt Berliner Biersalon *(zoom 1, B4,* ***212****) : Kurfürstendamm 225-226. ☎ 884-39-90. U-Bahn : Kurfürstendamm. Tlj 9h (10h lun-jeu)-1h (3h ven-sam).* Cette salle immense, à la fois café-resto-bar, entièrement vouée à la bière, est une institution centenaire, avec sa déco typique et sa large terrasse sur le Ku'damm. On y vient pour suivre les événements sportifs sur les écrans, observer l'animation de la rue ou pour se plonger les soirs de week-end *(ven-dim)* dans une ambiance festive et bon enfant au son de petits groupes de rock qui s'y produisent.

Diener *(zoom 1, B3-4,* ***210****) : Grolmanstr 47. ☎ 881-53-29. S-Bahn : Savignyplatz. Tlj 18h-2h sauf dim.* Cette petite taverne doit son nom à un champion de boxe qui en fut le propriétaire ; Ambiance un brin passéiste dès qu'on a passé la porte. Aux murs nombreuses photos d'artistes et de stars de la boxe. Rien n'a changé ici depuis que le cinéaste américain Billy Wilder décernait à *Diener* sa Palme d'or du meilleur restaurant berlinois. Ce n'est malheureusement plus le cas, mais c'est encore un bon endroit pour boire un verre.

Schwarzes Café *(zoom 1, B3,* ***218****) : Kantstr 148. ☎ 313-80-38. S-Bahn : Savignyplatz. Ouv 24h/24, sauf mar 3h-10h.* Une clientèle hétéroclite à toute heure du jour et de la nuit, sur la terrasse comme à l'intérieur. Bons petits déjeuners, servis eux aussi à n'importe quelle heure, mais plats assez quelconques. À l'étage, longue salle parsemée de petites tables rondes, avec des fresques marrantes en déco et une terrasse cosy dans la cour intérieure. Toilettes assez surprenantes.

Où écouter de la musique ?

Quasimodo *(zoom 1, B-C3,* ***219****) : Kantstr 12a, à l'angle de la Fasanenstr, sous le Delphi Filmpalast. ☎ 31-80-45-60. • quasimodo.de • S-Bahn et U-Bahn : Zoologischer Garten. Ouv jeu-dim 16h-minuit Concert à 22h, parfois payant. Arriver à partir de 21h pour avoir une table.* Cette institution du jazz berlinois est située au sous-sol d'une ancienne salle de danse qui abrite aussi un café et un cinéma. Bonne ambiance et musique live presque chaque soir. Pas sectaire : on n'y joue pas seulement du jazz, mais aussi du blues, de la folk ou de la soul.

A-Trane *(zoom 1, B3,* ***214****) : Bleibtreustr 1, à l'angle de la Pestalozzistr. ☎ 31-32-550. • a-trane.de • S-Bahn : Savignyplatz. Ouv tlj 20h-1h. Concert à 21h. Résa conseillée*. Charmant petit club de jazz à l'angle d'une rue tranquille. Ambiance intimiste, avec une programmation serrée et pointue, débordant parfois sur le funk et la soul pour des prix raisonnables *(env 20 €, réduc étudiants).* Places assises face à la scène, comme si vous étiez en studio avec les musiciens. Une équipe jeune et dynamique vous servira aussi de jolis cocktails au bar.

À voir

*** Museum Berggruen – Sammlung Scharf-Gerstenberg*** *(musée Berggruen et collection Scharf-Gerstenberg ; plan centre, A2-3,* ***326****)* **:** *Schlossstr 70. ☎ 266-42-42-42. • sbm.museum.de • U-Bahn : Sophie-Charlotte-Platz ou Richard-Wagner-Platz ; bus nos 109, 309 et M45. Tlj sauf lun 10h (11h w-e)-18h. Entrée : 12 € ; réduc. Audioguide en anglais seulement. Librairie et café dans l'annexe, de l'autre côté de la rue.*

Un des musées les plus intéressants du Berlin actuel. ***Heinz Berggruen*** quitte l'Allemagne nazie en 1936 pour se réfugier aux États-Unis. Il devient l'assistant du conservateur du musée de San Francisco. Après la guerre, il participe à la réalisation d'une revue destinée à réhabiliter en Allemagne l'*art dégénéré.* Dépêché à l'Unesco à Paris, il ouvre une galerie place Dauphine et acquiert une renommée internationale dans le domaine de l'estampe, de la gravure et de la lithographie. Après les avoir exposées, il collectionne les œuvres de Klee et de Picasso, devenant, comme il le disait, son meilleur client. Depuis la fin des travaux, on peut admirer à nouveau Matisse, Cézanne, Giacometti, Braque, et surtout une centaine d'œuvres de Picasso (natures mortes, portraits, gravures, sculptures et dessins), le tout dans une muséographie tout à la fois épurée et étudiée.

Conservez votre ticket d'entrée pour profiter de l'exposition qui, dans le bâtiment juste en face, prolonge la découverte de collections gardées longtemps secrètes. Ici, ce sont les ***Surreale Welten,*** les mondes surréalistes au sens large, qui sont à l'honneur, avec des œuvres de *Dalí, Goya, Ernst* et *Magritte*. Des œuvres provenant de la collection privée d'*Otto Gerstenberg* (1848-1935) et de celle de *Dieter Scharf*, son petit-fils (1926-2011).

Bröhan Museum *(musée Bröhan ; plan centre, A3,* ***327****)* **:** *Schlossstr 1a. ☎ 32-69-06-00. • broehan-museum.de • U-Bahn : Sophie-Charlotte-Platz ou Richard-Wagner-Platz ; bus nos 109, 309 et M45. Tlj 10h-18h sauf lun. Entrée : 8 €, réduc ; supplément lors d'expos temporaires ; gratuit moins de 18 ans et pour ts le 1er mer du mois. Réduc avec la* Welcome Card. *Audioguide.* Ce musée des Arts décoratifs présente une belle collection privée, autour de l'Art nouveau et l'Art déco, constituée par ***Karl Bröhan.*** On y trouve des objets artisanaux ou industriels, des meubles, des statues et des peintures réalisés entre 1890 et 1940. La présentation chronologique, dans des intérieurs reconstitués en fait toute l'originalité. On aurait bien envie de s'asseoir dans un fauteuil *Ruhlmann* ou de prendre place devant le secrétaire de *Louis Majorelle* ! On admire les vases de Bohême, les porcelaines danoises, les luminaires et chandeliers en métal. L'école française est bien représentée : verres de ***Gallé,*** vases Daum, meubles de ***Guimard*** et porcelaines de Sèvres. Intéressante collection de tableaux de la Sécession berlinoise à l'étage.

Schloss Charlottenburg *(château de Charlottenburg ; plan centre, A2)* **:** *Luisenplatz. ☎ 32-09-11. • spsg.de • U-Bahn : Richard-Wagner-Platz ou Sophie-Charlotte-Platz ; puis marcher 10 mn. Le moyen de transport le plus rapide est le bus no 109 au Kurfürstendamm, arrêt Luisenplatz ; sinon, bus no M45. Pour le pavillon central (Altes Schloss), tlj sauf lun 10h-17h30 (16h30 nov-fin mars), de même pour la nouvelle aile (Neuer Flügel). Dernière admission : 30 mn avt fermeture. Vente des billets en ligne sur le site. Entrée : 17 € pour tt le site, ticket familial 25 € (2 adultes + 4 enfants max), 13 € étudiants. Réduc avec la* Welcome Card. *Vestiaire gratuit. Audioguide en français gratuit. 3 € pour prendre des photos et ce, sur l'ensemble du site.*

BERLIN, QUARTIER PAR QUARTIER

Un des plus beaux exemples d'architecture baroque à Berlin. Tout a commencé à la fin du XVIIe s à Lützow, qui n'était alors qu'un village au milieu des champs et des vergers. En 1695, l'***Électeur Frédéric III*** y fait construire le *Schloss Lietzenburg*, un palais d'été pour son épouse ***Sophie-Charlotte de Hanovre.*** Passionnée de musique, de théâtre et de sciences (le savant Leibniz l'influença), elle fut la 1re femme à accéder au trône de Prusse. Dans l'intention de faire de son château de Lützow la « cour des Muses », elle attire les meilleurs artistes et savants de son temps. Curieuse de tout, elle s'intéresse à l'Extrême-Orient, collectionne les porcelaines et les chinoiseries. Francophile, elle s'inspire du style français. Elle s'éteint en 1705, à l'âge de 37 ans seulement. Son tombeau se trouve dans le Berliner Dom. Frédéric III, devenu en 1701 roi de Prusse sous le nom de ***Frédéric Ier,*** rebaptisa son palais de Lützow en Charlottenburg en hommage à son épouse, qu'il estimait. Plusieurs fois agrandie au cours du XVIIIe s, la propriété entourée d'un grand parc s'enorgueillit alors d'une façade de plus de 500 m grâce à ses 2 grandes ailes. Un faubourg résidentiel se développe autour du château et conserve son autonomie jusqu'en 1920. Gravement touché par les bombardements de la Seconde Guerre mondiale, le château a été reconstruit à l'identique à partir des années 1960. Les jardins ont été réaménagés en 2001 dans le style baroque.

– ***Altes Schloss*** *(vieux château)* **:** une trentaine de pièces, toutes richement décorées et meublées d'époque, souvent ornées de cheminées remarquables et de tapisseries de Damas ou des Gobelins. Au rez-de-chaussée, on notera la splendeur des salons d'apparat, ainsi que l'étonnant ***cabinet des Porcelaines.*** Celui-ci renferme une foisonnante collection de 2 700 porcelaines de Chine : vases, assiettes, statuettes et objets divers décorent les murs et les niches jusqu'au plafond. Remarquer aussi la jolie chambre aux damas rouges, la chapelle au style somptueux et l'insolite ***galerie chinoise,*** tout en boiserie, qui témoigne du goût du XVIIIe s pour les chinoiseries. En fin de parcours, on visite les appartements de Sophie-Charlotte, avant de grimper à l'étage pour découvrir ***les appartements d'Élisabeth de Prusse*** et de ***Frédéric-Guillaume IV.*** Ici, la guerre ayant fait des ravages, les salles reconstruites de façon très sobre accueillent désormais des collections de sculptures, de tableaux, mais aussi la superbe argenterie du Kronprinz et le trésor (couronnes et armes d'apparat).

– ***Neuer Flügel*** *(nouvelle aile)* **:** *à droite du château quand on est dans la cour, connue aussi comme l'aile Knobelsdorff (nom de son architecte). Entrée : 10 € ; réduc. Audioguide en français inclus.* Cette aile est la partie la plus intéressante. Elle abrite les ***appartements de Frédéric II, dit « le Grand »*** (1740-1786), et ceux de son successeur ***Frédéric-Guillaume II*** (1786-1797). Contraste étonnant entre les 2 hommes, qu'on retrouve dans la différence des styles de leurs appartements. Voir notamment les fastueuses salles des fêtes, dont la fameuse ***Goldene Galerie,*** et les tableaux de l'école française chers à Frédéric le Grand, comme *L'Enseigne de Gersaint* et *L'Embarquement pour Cythère* de ***Watteau*** (une version moins poétique que celle qui se trouve au Louvre), et aussi quelques œuvres de ***François Boucher*** et ***Chardin.*** Chez Frédéric-Guillaume, l'atmosphère est plus intimiste, plus chaleureuse. Objets personnels, porcelaine, argenterie, les pièces sont moins grandiloquentes et donnent une impression de confort, avec des poêles pour l'hiver, des tapisseries des Gobelins. Ici, on préfère le néoclassicisme au rococo dont raffolait Frédéric II.

Schlossgarten *(parc du château ; plan centre, A2)* **:** *derrière le château. Tlj de 10h au coucher du soleil. Entrée libre sauf pour le mausolée (3 €) et pour le belvédère (4 €). Promenades à vélo autorisées.*

Voici un jardin à la française (1697) qui a subi l'influence de la mode du jardin anglais au XIXe s, avec sa rivière (la Spree), son « étang aux carpes » et son jet d'eau. À droite : le *Neuer Pavillon* connu aussi comme le ***pavillon Schinkel*** *(tlj sauf lun 10h-17h30, nov-déc 10h-16h)* Construit par Schinkel en 1824 pour le roi Frédéric-Guillaume III, qui s'y installa pour y vivre, préférant la simplicité du pavillon au faste de son palais attenant. À l'intérieur, outre un bel exemple d'art berlinois, on peut admirer de superbes tableaux de ***Caspar David Friedrich.*** Au fond du parc, on trouve un ***mausolée*** *(fermé lun et nov-mars),* petit bijou d'Antiquité avec

ses colonnes doriques, qui abrite les tombeaux de Frédéric-Guillaume III et de sa femme la reine Louise, ainsi que ceux de l'empereur Guillaume Ier et de sa femme Augusta.
Derrière l'étang, un **belvédère** *(tlj sauf lun 10h-17h30, fermé nov-mars ; entrée : 4 €).* Collection de porcelaines berlinoises. Une pure merveille, souvent oubliée des touristes. Un conseil : grimpez tout de suite au dernier étage. Vous commencerez ainsi la visite par les objets les plus anciens. Vous pouvez toujours essayer de comprendre pourquoi le jardin français, dessiné par Godeau au XVIIIe s, fut transformé par Lenné en jardin anglais lors des excursions de Napoléon...

Käthe-Kollwitz-Museum *(zoom 1, B4)* **:** *Fasanenstr 24. ☎ 882-52-10. • kaethe-kollwitz.de • U-Bahn : Uhlandstr, Kurfürstendamm ; bus n°s 109, 110, 249 et M19. Tlj 11h-18h. Entrée : 7 € ; réduc ; gratuit moins de 18 ans. Audioguide en anglais. Expos temporaires.*
Musée privé présentant plus de 200 œuvres autobiographiques d'une femme hors du commun. Käthe Kollwitz a vécu pendant plus de 50 ans dans le quartier ouvrier de *Prenzlauer Berg.* Elle y a trouvé les sujets d'inspiration pour son œuvre, des dessins à l'encre de Chine plutôt sombres. Durant toute sa vie, elle dénoncera les conditions sociales misérables du prolétariat. L'affiche *Travail à domicile en Allemagne,* présentant une ouvrière épuisée par le travail, atteste sa position courageuse face à un thème provocant, surtout si l'on considère la place de la femme à cette époque. Avec *Brot,* Käthe combat la famine en plaidant la cause de ceux qui en souffrent.
Au 1er étage, ses autoportraits dévoilent les détails d'un examen de conscience très poussé. Lors du décès de ***Karl Liebknecht,*** la famille demanda à l'artiste de dessiner le défunt sur son lit de mort. C'est l'émotion des travailleurs qui, selon elle, justifie son travail. « En tant qu'artiste j'ai le droit de dédier cette œuvre aux ouvriers, sans pour autant partager les idées de Liebknecht. » Un témoignage émouvant sur la vie à Berlin des années 1890 à 1940. En raison de travaux, les collections pourraient être transférées dans le musée *Berggruen* (voir plus haut).

Kurfürstendamm *(plan centre et zoom 1, A-B-C4)* **:** le Ku'damm est l'avenue la plus fréquentée de Berlin-Ouest. Ancienne chaussée de rondins que les princes-électeurs empruntaient pour aller à la chasse. Bismarck la transforma en artère de luxe souvent comparée aux Champs-Élysées : vendeurs à la sauvette contre magasins de luxe. Rien à voir en particulier (quelques façades fin XIXe s de style *Jugendstil*), mais il est agréable d'y déambuler pour l'ambiance, car, avec ses nombreux magasins, dont le célèbre ***KaDeWe,*** le *Harrod's* berlinois (à côté du métro Wittenbergplatz), ses cafés et restaurants, le Ku'damm est toujours animé. Son entrée, côté est, s'est dotée d'un décor monumental avec la rénovation du centre commercial ***Bikini,*** de l'hôtel ***Waldorf Astoria*** et la tour de 108 m de l'***Upper West.***

Kaiser-Wilhelm-Gedächtniskirche *(église du Souvenir ; plan centre et zoom 1, C3)* **:** *Breitscheidplatz. S-Bahn et U-Bahn : Zoologischer Garten. • gedaechtniskirche-berlin.de • Tlj 9h-19h.* Les Berlinois, toujours moqueurs, l'ont surnommée « la dent creuse », et le clocher qui la flanque, « le bâton de rouge à lèvres ». Construite en mémoire du fondateur de l'Empire allemand dans un style néoroman, elle fut gravement atteinte pendant les bombardements de 1943. Entrez à l'intérieur pour voir les photos d'archives et mesurer l'étendue des dégâts (avant les bombardements, jusqu'à 2 000 personnes pouvaient s'asseoir à l'intérieur). De bien belles mosaïques ornent encore son plafond. Derrière, la tour *(Glockenturm)* abrite une boutique travaillant au profit du tiers monde. À côté, la nouvelle église *(horaires variables entre 9h et 19h),* surnommée « le poudrier », est sublime le soir, lorsque ses 20 000 blocs de verre bleu (fabriqués à Chartres) percent le ciel ! Surprenant christ suspendu dans le chœur. L'église est un des très rares lieux au monde où le cycle complet des cantates religieuses de J.-S. Bach est joué lors des vêpres du samedi soir. Une centaine de concerts classiques y sont programmés chaque année.

Temporary Bauhaus Archiv *(Museum für Gestaltung ; ry, B3,* ***403****)* **:** *Knesebeckstr 1-2. ☎ 30-25-40-020. U-Bahn : Ernst-Reuter-Platz. Tlj 10h-18h sauf dim. GRATUIT.* En attendant la fin de la rénovation prévue pour 2023 des Archives du Bauhaus dans le quartier de Tiergarten, on peut voir ici quelques objets, meubles et accessoires de mode labellisés Bauhaus, qu'on qualifiera de design. Une exposition photo sommaire explique le rôle joué par les femmes étudiantes en art, dans ce mouvement. Quelques conférences et projections ont également lieu.

The Gallery C/O Berlin *(zoom 1, C3,* ***402****)* **:** *Hardenbergstr 22-24. ☎ 284-441-662. ● co-berlin.org ● S-Bahn et U-Bahn : Zoologischer Garten. Jeu-dim 11h-20h. Entrée : 10 € ; réduc ; gratuit moins de 18 ans et pour les détenteurs de la* Welcome Card all inclusive. Dans les locaux de l'*Amerika Haus,* un lieu d'expo de 2 000 m² consacré à la photographie contemporaine. Les amateurs jetteront un coup d'œil à la programmation renouvelée tous les 3 mois. Du lourd : Cartier-Bresson, Capa, Salgado et les photographes de l'agence Magnum, mais pas seulement.
Café et librairie bien fournie sur le sujet.

Museum für Fotografie *(Fondation Helmut et June Newton ; zoom 1, C3)* **:** *Jebensstr 2. ☎ 266-424-242. ● smb.museum/ ● S-Bahn et U-Bahn : Zoologischer Garten. Jeu-dim 11h-20h. Entrée : 10 € ; réduc et 2 € de réduc avec une entrée pour The Gallery C/O Berlin.*
C'est par un pied de nez à l'histoire, qui n'était pas pour lui déplaire, que Helmut Newton a conclu son existence. Son œuvre est en effet exposée dans sa ville natale, qu'il avait dû fuir en 1938 parce qu'il était juif, et de plus dans une ancienne caserne d'officiers prussiens qu'il n'avait jamais pu oublier (ce fut le dernier bâtiment qu'il vit depuis le train qui l'emmenait). Après avoir connu le champ de bataille dans... le Pacifique, il devint le photographe attitré des ***beautiful people*** du monde entier, inventeur des icônes érotiques du XXe s, mannequins dénudés aux corps fascinants, actrices se prêtant au jeu de la séduction trouble, gravures de mode décalées ou dérangeantes. Agaçant en raison d'une certaine complaisance, attachant par son humour et son ironie, fascinant par sa maîtrise du noir et blanc, il était sans conteste un des maîtres de son art.
Cette fondation, qui porte son nom et celui de son épouse ***June*** (Alice Springs), son modèle, photographe talentueuse elle-même, abrite des expositions temporaires thématiques issues de la donation du couple.
On peut également visiter au rez-de-chaussée une petite section permanente de grande qualité où on entre totalement dans son intimité : *Private Property.* La vie de Newton mise en scène de façon brillante, à l'image du personnage avec de nombreux objets personnels. Pittoresque reconstitution de son salon. Puis ses appareils photo, sacs de voyage et toutes les affiches de ses expos. Intéressantes vidéos de l'artiste au travail. Au-delà du dandy et du mondain, ses portraits d'écrivains révèlent l'immense portraitiste qu'il était. Le dernier étage de ce bâtiment intelligemment rénové est dédié à des expositions d'artistes contemporains, faisant de ce musée pour la photographie un lieu vivant.
Agréable cafétéria et librairie particulièrement bien fournie.

Zoologischer Garten *(Jardin zoologique ; plan centre et zoom 1, C3)* **:** *☎ 25-40-10. ● zoo-berlin.de ● U-Bahn et S-Bahn : Zoologischer Garten. L'entrée principale est située au n° 8 de la Hardenbergplatz (par la porte des Lions) ; les visiteurs intéressés seulement par l'aquarium entrent par la porte aux statues éléphantesques (Budapester Str 34). Tlj 9h-18h (16h30 oct-fév). Entrée : 16 € pour le zoo (22 € avec l'aquarium) ; 8 € enfant (11 € avec l'aquarium). Réduc avec la* Welcome Card.
Plus de 2,5 millions de visiteurs par an pour ce zoo qui compte parmi les plus grands et les plus intéressants d'Europe. 14 000 animaux, dont quelques espèces rares. Une salle faiblement éclairée permet d'observer les

BERLIN, QUARTIER PAR QUARTIER

animaux vivant la nuit. La partie consacrée aux singes est très complète. Ne pas rater la porte des Éléphants et la salle des crocodiles. Les enfants téméraires peuvent nourrir les petits ; à partir de 10h30 avec les ours polaires. Autre tuyau : après 16h, les animaux ont mangé et digèrent souvent dans leur coin.

LES LIONS FILENT À L'ANGLAISE

Le 1er raid massif de la RAF sur Berlin eut lieu en 1943. Une bombe tomba sur le zoo, tuant le seul éléphant. Le souffle de l'explosion détruisit des clôtures et libéra des lions affamés qui s'échappèrent dans les rues.

Olympiastadion *(stade olympique ; plan d'ensemble, B2 et hors plan centre par A3,* ***338****)* **:** *Olympischer Platz 3. ☎ 25-00-23-33. • olympiastadion-berlin.de • U-Bahn : Olympiastadion. Visite avr-oct tlj 9h-19h (20h juin-sept), 10h-16h nov-mars. Entrée : 11 € ; réduc, notamment avec la* Welcome Card. *Visite avec une appli en français 3 €.* En pénétrant par le sud dans ce stade, où semblent rôder les fantômes du nazisme de 1936 malgré d'importants travaux de modernisation, on est presque attiré dans le gouffre : l'architecte Werner March, utilisant la dépression du site, a pu masquer de l'extérieur ce gigantesque antre diabolique de 120 000 places... Il a été totalement rénové entre 2000 et 2004, et sa capacité d'accueil est aujourd'hui de 80 000 places. La visite individuelle permet de découvrir l'essentiel de ce site hors norme, jalonné de panneaux explicatifs qui relatent les grands événements du stade : les J.O. de 1936 surtout, mais aussi la Coupe du monde de football en 2006. Différentes formules de visites guidées permettent en plus d'accéder à des secteurs fermés au public, comme les vestiaires ou les loges, et de profiter d'une vue époustouflante sur le site et la ville depuis la plate-forme d'observation de la *Glockenturm* (une tour qui s'élève tout de même à près de 80 m !).

LES QUARTIERS DE TIERGARTEN ET SCHÖNEBERG *(plan centre, C-D2-4)*

Immense parc de 200 ha et véritable poumon vert de Berlin, le *Tiergarten* a donné son nom à tout le quartier environnant. La majestueuse *Straße des 17. Juni* le traverse d'ouest en est. À mi-chemin entre la gare de *Zoologischer Garten* et la porte de Brandebourg se dresse la *Siegessäule* (colonne de la Victoire), où se retrouvent les anges de Wim Wenders dans son film *Les Ailes du désir.* Difficile de la manquer. Que vous preniez le bus no 100 en direction du *Reichstag* ou le bus no 200 vers la *Potsdamer Platz,* votre promenade prendra l'aspect d'un cours d'histoire plutôt reposant où défileront les éléments du décor berlinois. D'un côté, l'appareil politique et son cortège de bâtiments officiels ; de l'autre, une place complètement rénovée aux allures futuristes avec commerces, restaurants et cinémas pour tous les goûts et toutes les bourses. Difficile d'imaginer maintenant l'ancien no man's land qui marqua la césure de la ville durant 40 ans, tant il est agréable d'y flâner à vélo aujourd'hui, entre *Biergarten* et musées.

Plus loin, au sud, c'est à *Schöneberg* que le cours d'histoire peut reprendre : « *Ich bin ein Berliner* », avait déclaré J. F. Kennedy en 1963 sur le perron de la mairie qui était alors le QG politique de Berlin-Ouest. Aujourd'hui, le quartier n'a gardé que les bons côtés de l'époque de la scission de la ville, le cosmopolitisme (faute de place ailleurs), les nombreux magasins de vin, de livres et les boutiques de mode ont fleuri partout autour de la *Winterfeldtplatz* ou du *Heinrich-von-Kleist-Park,* en même temps que la rénovation des immeubles anciens du quartier... Autour de *Motzstraße,* c'est aussi le quartier le plus gay de Berlin.

Où dormir ?

Bon marché

Jugendherberge Berlin International *(plan centre, D3-4,* ***44****) : Kluckstr 3, 10785. ☎ 747-687-910. • jh-berlin-international.de • U-Bahn : Kurfürstenstr ; bus nº M29. Réception 24h/24. En dortoir 4-12 lits, nuitée 20,50-32 €/pers, 16-28 € moins de 27 ans ; doubles sans ou avec sdb privée 18,50-46 €/pers (34-37 €/pers pour les plus de 27 ans), petit déj compris. Repas du soir (jusqu'à 19h30 seulement) 8 €.* Carte Hostelling International *demandée (voir « Berlin utile ») Parking gratuit.* L'AJ la plus proche du centre, et certainement la plus pratique avec ses 395 lits. Bien située, près d'un canal, entre la Neue Nationalgalerie et le Bauhaus-Archiv. En revanche, pas de cuisine à dispo. Dortoirs et chambres propres mais basiques, certaines avec douches et w-c privés. La déco n'est pas le fort de la maison, mais on y trouve tout de même une salle de jeux (billard, ping-pong, baby-foot) et une grande terrasse. L'ambiance est plutôt animée le soir en été, entre groupes scolaires, jeunes *backpackers* en tour d'Europe et quelques familles. Location de vélos.

De prix moyens à très chic

Hotel-Pension Nürnberger Eck *(plan centre, C4,* ***45****) : Nürnberger Str 24a, 10789. ☎ 235-17-80. • nuernberger-eck.de • U-Bahn : Augsburger Str ou Wittenbergplatz. À 2 mn de l'Europa-Center. Au 1er étage. Attention, après 22h, il n'y a pas toujours quelqu'un à la réception ! Doubles sans ou avec sdb 80-92 €, petit déj compris.* Une relique que ces 8 chambres ! Les bombes ont épargné le vaste appartement, autrefois refuge d'artistes et aujourd'hui reconverti en pension. Les moulures et le mobilier désuet confèrent aux chambres spacieuses une délicieuse atmosphère berlinoise d'avant-guerre. Propreté irréprochable. Excellent accueil, tout sourire et plein de bons conseils, et petit déj quasi à la carte.

Pension Fischer *(plan centre, C4,* ***45****) : Nürnberger Str 24a, 10789. ☎ 21-91-55-66. • hotel-pension-fischer.de • U-Bahn : Augsburger Str ou Wittenbergplatz. Au 2e étage. Fermé à Noël. Doubles avec douche et w-c sur le palier 60-90 €, avec douche et w-c 80-125 €, petit déj compris. Parking payant.* Idéal pour se loger à prix doux dans le centre. Grand immeuble bourgeois, avec stucs à l'entrée. Spacieuses et lumineuses, les 9 chambres aux couleurs fraîches sont toutes différentes. Certaines (les familiales) sont aménagées avec un coin salon (le canapé-lit peut accueillir les enfants).

Meininger Hotel Berlin Hauptbahnhof *(plan centre, D2,* ***42****) : Ella-Trebe-Str 9, 10557. ☎ 98-32-12-73. • meininger-hotels.com • S-Bahn et U-Bahn : Hauptbahnhof. Doubles à partir de 41 € selon saison.* Sur 8 étages, près de 300 chambres fonctionnelles et colorées mais sans surprise, bien dans le style de cette chaîne qui se développe dans toutes les grandes villes européennes, à l'usage tant des routards que des familles. Situation bien pratique lorsque l'on arrive ou quitte la ville par le train. *Rooftop* au dernier étage.

Arco City Hotel *(plan centre, C4,* ***47****) : Geisbergstr 30, 10777. ☎ 235-14-80. • arco-hotel.de • U-Bahn : Wittenbergplatz. À seulement 10 mn du Ku'damm. Doubles 70-160 € selon taille et période. Petit déj 11 €. Parking 3 €.* Petit hôtel convivial avec une trentaine de chambres, situé dans un secteur tranquille. Doubles impeccables, qui donnent pour la plupart sur un petit jardin où l'on peut prendre son petit déj jusqu'à 11h. Style moderne et légèrement kitsch, élégants escaliers en bois. L'adresse est tenue par un couple aux petits soins... Excellent rapport qualité-prix. Location de vélos.

Motel One Tiergarten *(plan centre, C4,* ***22****) : An der Urania 12-14, 10787. ☎ 23-63-12-90. • motel-one.com • U-Bahn : Wittenbergplatz. Doubles 88-120 € selon confort. Buffet bio au petit déj 11,50 €.* Même concept, même confort que son homologue de

Charlottenburg (voir « Où dormir ? » à Charlottenburg). L'avantage, ici, c'est la situation centrale (à 2 pas du métro), son énorme capacité (avec plus de 400 chambres petites mais impeccables, on a peu de chance de faire chou blanc) et son petit carré de gazon avec transats pour lézarder au calme entre 2 balades. *Également un* ***Motel One*** *à côté de la Hauptbahnhof, Invalidenstr 54.* ☎ *36-41-00-50-63-12-90.* Mêmes prestations.

25 Hours Hotel Bikini *(plan centre, C3,* ***37****) : Budapester Str 40, 10787.* ☎ *120-22-10. • 25hours-hotel.com • S-Bahn et U-Bahn : Zoologischer Garten ; bus n° 100, arrêt Breitscheidplatz. Doubles 100-250 € selon taille et saison. Petit déj 17-21 €. Promos fréquentes.* L'atout n° 1 de cet hôtel original et branché est son emplacement, tout à côté du zoo. Lobby avec tuyaux apparents et plantes grimpantes, où l'on s'affale sur des poufs aux couleurs acidulées. Parmi les 150 chambres au design réussi et confort irréprochable, les « Jungle » donnent directement sur les enclos des singes et des éléphants, avec des hamacs pour mieux en profiter. Superbe vue sur le zoo également depuis la terrasse du *Monkey Bar* (voir « Où manger ? Où boire un verre ? ») au 10e étage. Ambiance décontractée et service impeccable. Prêt de vélos.

Ellington Hotel *(plan centre, C4,* ***40****) : Nürnberger Str 50-55, 10789.* ☎ *68-31-50. • ellington-hotel.com • U-Bahn : Augsburger Str ou Wittenbergplatz. Doubles 90-260 € selon le standing. Prix variables selon sem et disponibilités. Petit déj-buffet copieux mais cher (20 €).* Derrière une longue façade qui se pare de mauve la nuit, un ancien théâtre et club de jazz, créé en 1929, pour amateurs de design minimaliste. 285 chambres claires, avec de belles salles de bains ouvertes, quelques balcons côté rue, une décoration épurée et toujours un portrait de Duke Ellington ! Le jazz est sur les murs, au bar et jusque dans la salle du petit déjeuner. Personnel efficace et accueillant.

Où manger ? Où boire un verre ?

Dans un *Biergarten*, de bon marché à prix moyens

Café am Neuen See *(plan centre, C3,* ***127****) : Lichtensteinallee 2.* ☎ *254-49-321. Juste derrière le zoo, dans le Tiergarten, au bord du lac. S-Bahn et U-Bahn : Zoologischer Garten. Restaurant, tlj à partir de 9h,* Biergarten *lun-ven 10h-24h w-e dès 10h (en hiver, seulement dim 10h-20h). Plats 10-25 €.* Immense *Biergarten* très populaire, ouvert dès les 1ers rayons du soleil : un endroit chaleureux, style chalet avec boiseries et poêles à bois dans la salle. Aux beaux jours on profite des transats au bord de l'eau, d'une aire de jeux pour les enfants, et même de barques à louer. Côté cuisine, on a le choix entre un resto, bien sympa s'il fait froid, ou un snack proposant pizzas, grillades en tout genre. Sympa, animé, d'autant que rien ne vous empêche de prendre une bière et une tranche de *Leberkäse* sur un bout de pain. Une superbe pause pour se détendre en pleine nature.

Schleusenkrug *(zoom 1, C3,* ***140****) : Müller-Breslau-Str 14b.* ☎ *313-99-09. À l'écluse de Tiergarten, de la station de métro du zoo, longer la clôture du zoo à droite. Lun-sam dès 12h, dim dès 11h. Cuisine jusqu'à 21h30. Plats 10-20 €.* Pas bien loin du précédent, un autre *Biergarten* en self-service que les Berlinois de tous âges fréquentent assidûment, même si la qualité est inversement proportionnelle à la quantité de bières et de saucisses qui y circulent. La nuit, on le repère à ses petits lampions, qui lui donnent un air de guinguette. Vastes terrasses, dont une en surplomb de l'écluse pour regarder passer les bateaux. Stand de grillades ou cuisine traditionnelle pour caler un gros creux, le tout en libre-service. Très animé les vendredi et samedi soir.

De prix moyens à chic

Rocket + Basil (plan centre, D4, **125**) : Lutzowstr 22. ☎ 61-76-78-45. U-Bahn : Gleisdreieck, Mendelssohn-Bartholdy-Park. Tlj (sauf lun) 11h-21h, sam-dim 9h-21h ; brunch w-e. Plats 10-15 €. Ce petit restaurant a tout l'air d'un *Imbiss* comme les autres, mais propose en réalité des plats d'une qualité irréprochable pour son prix. Majoritairement végétariennes, les assiettes associent les saveurs iraniennes et occidentales avec finesse et fraîcheur. Dans une petite rue calme, en terrasse aux beaux jours, on peut déguster des salades généreuses, avec pois chiches, feta, légumes de saison et pain pita maison. Délicieux brunch. Le tout est servi avec dynamisme par une équipe internationale, un vrai coup de cœur dans le quartier !

Maultaschen Manufaktur (plan centre, D4, **132**) : Yorckstr 45, angle Goebenstr. ☎ 76-72-46-66. U-Bahn : Yorckstr. Tlj sauf w-e 17h-23h (plats chauds jusqu'à 22h30). Plat env 13 €. Tout le monde connaît les raviolis, mais c'est moins vrai des *Maultaschen* ! Même principe, sauf que ces derniers sont énormes, fourrés à la viande ou végétariens, accommodés avec des oignons ou des champignons, et servis avec patates et salade verte. Pas vraiment diététique mais simple et délicieux ! Avec une bière pression brassée en Forêt-Noire, ça passe mieux. Il serait dommage de passer à côté de cette spécialité badoise, d'autant qu'ici ils sont frais du jour et servis avec le sourire.

Kalus (plan centre, C4, **120**) : Ansbacherstr 8. ☎ 54-83-64-22. U-Bahn : Wittenbergplatz. Tlj 10h-21h30 sauf dim. Plats 8-15 €, formule déj 7,50 €. Des lumières tamisées, de longues tables en enfilade qui donnent sur une cuisine ouverte, ici les ouvriers et les employés de bureau ont trouvé leur cantine de quartier. Pâtes, steaks, burgers, la carte n'est pas des plus originale, mais tout est accompagné de produits méditerranéens frais, servis avec rapidité et bonne humeur. Un bon refuge à petits prix pour faire une pause à 2 pas des grands magasins et sites touristiques.

Les stands du KaDeWe (plan centre, C4, **406**) : voir plus loin la rubrique « Achats ». Oubliez le traiteur perché au 7e étage, et arrêtez-vous au 6e étage, où plus d'une trentaine de *food corners* vous permettront de vous faire plaisir en mangeant un morceau sur le pouce ou tout simplement avec un café au comptoir. On y trouve des stands pour toutes les envies, du spécialiste de la *Currywurst* aux pâtes fraîches préparées en direct avec les produits piochés sur l'étal, en passant par les pommes de terre fourrées, les stands de fruits de mer, poissons fumés et autres sushis. On trouve même un bar à huîtres. Pour les becs sucrés, il y a des pâtisseries, et des bons choix de vin pour l'apéritif. Un peu cher tout de même.

Très chic

Heising (zoom 1, C4, **134**) : Rankestr 32. ☎ 213-39-52. U-Bahn : Kurfürstendamm ou Wittenbergplatz. Tlj dès 18h-22h. Menus 3 plats 52 € et 4 plats 60 €. Derrière une façade qui ne paie pas de mine, un très bon établissement où rien ne semble avoir changé depuis plus de 30 ans. Dans une atmosphère feutrée néorococo (rideaux, tapis, mobilier ancien et lumières tamisées), on sert une cuisine gastronomique soignée d'inspiration française. Accueil courtois, d'un autre temps.

Où faire une pause sucrée ?

Konditorei Buchwald (plan centre, C2, **215**) : Bartningallee 29. ☎ 391-59-31. U-Bahn : Hansaplatz et S-Bahn : Bellevue. Tlj 9h-19h. Petit déj jusqu'à 12h, à partir de 8 €. Cette petite pâtisserie le long de la Spree, très appréciée des Berlinois depuis 160 ans, est l'endroit idéal pour une pause gourmande l'après-midi. Excellent *Käsekuchen*, même si la spécialité maison est le *Baumkuchen*, un gâteau cuit traditionnellement au feu de cheminée, en versant une pâte liquide sur une broche. Un délice.

Où boire un verre ? Où danser ?

Kumpelnest 3000 *(plan centre, D4,* ***223****)* **:** *Lützowstr 23. ☎ 261-69-18. • kumpelnest3000.com • U-Bahn : Kurfürstenstr. Tlj 17h-5h (7h jeu-sam, 2h dim). Entrée gratuite mais seulement plus de 18 ans admis. CB refusées.* Le « nid des potes », un ancien bordel au décor kitsch (tentures des *Mille et Une Nuits,* dessins de Walt Disney...) et à l'ambiance trash, surnommé longtemps « le bar le plus décadent de Berlin », est aujourd'hui le point de chute des oiseaux de nuit, bien après avoir fait la tournée des boîtes. Vers 4h du mat, l'ambiance bat son plein sur la petite piste de danse. Musique variée car, ici, les clients peuvent proposer leur choix de programmation.

Monkey Bar *(plan centre, C3,* ***37****)* **:** *Budapester Str 40. ☎ 120-221-210. S-Bahn et U-Bahn : Zoologischer Garten. Tlj 12h-1h.* Au 10ᵉ étage (au-dessus du *25 Hours Hotel Bikini,* ascenseur direct). Sur le toit de l'immeuble, un bar avec terrasse extérieure d'où on peut contempler la *skyline* berlinoise et une vue imprenable sur les frondaisons du zoo, en particulier sur la cage aux primates (d'où le nom). Cocktails originaux et snacks sans que la musique jungle n'assourdisse les conversations. *DJ set* tous les soirs de l'été, qui attirent nombreux *backpackers* et touristes. Souvent bondé.

Achats

Europa-Center *(plan centre, C3,* ***402****)* **:** *Tauentzienstr 9-12. Lun-sam 10h-20h.* Autrefois, ce centre commercial surmonté de l'emblème de Mercedes qui narguait l'Est était le temple du capitalisme berlinois. Boutiques de mode, restos, cabaret, cinéma. Dans le hall, une fascinante clepsydre de 13 m de haut, « l'Horloge du temps qui coule » *(Uhr der fließenden Zeit)* est l'œuvre d'un Français, Bernard Gitton. Hormis cette attraction, la galerie marchande est d'un intérêt assez limité.

KaDeWe *(plan centre, C4,* ***406****)* **:** *Tauentzienstr 21-24. • kadewe.de • U-Bahn : Wittenbergplatz. Lun-jeu 10h-20h, ven 10h-21h, sam 9h30-20h.* Situé près du Ku'damm, le ***Kaufhaus des Westens,*** plus que centenaire, est le plus grand *Magasin de l'Ouest*) : c'est un palais de la consommation et de la découverte, des rayons de parfumerie du rez-de-chaussée jusqu'au légendaire 6ᵉ étage, le royaume de la gastronomie et des épiceries fines (voir plus haut « Où manger ? Où boire un verre ? »), tandis que le 7ᵉ et dernier étage accueille un traiteur haut de gamme organisé en self-service et où l'on paie au poids les mets que l'on a choisis. Centre commercial labyrinthique sur plus de 60 000 m², on y trouve tout ce que l'on cherche, et même si on ne cherche rien, on trouve.

– ***Marché en plein air de Winterfeldt-Platz*** *(plan centre, D4)* **:** *U-Bahn : Nollendorfplatz. Mer 8h-14h, sam 8h-16h.* Entre Wilmersdorf et Kreuzberg, sur la place de l'église, un marché typique bordé de bars, cafés et restos pour se plonger dans l'ambiance berlinoise. Flâner ensuite dans les rues autour de la place, par exemple de la *Goltzstraße* à la *Grunewaldstraße*.

– ***Marchés aux puces :*** *w-e 10h-17h. Le plus célèbre, le* ***Berliner Trödel-und-Kunstmarkt,*** *se tient à 2 pas du Tiergarten sur la Straße des 17. Juni (plan centre, C3 ; S-Bahn : Tiergarten).*

À voir

Autour du Reichstag (plan centre et zoom 2, E2-3)

Reichstag : *Platz der Republik. U-Bahn : Bundestag. Coupole tlj 8h-minuit en principe ; accès fermé après 22h. Fermé 24 déc et 31 déc ap-m. GRATUIT.*

*– **Accès sur résa préalable uniquement.** Le plus simple : par Internet, à faire minimum une semaine à l'avance, voire plus en très hte saison, • bundestag.de/fr/visite • (formulaire en français).*
– Possibilité de réserver sur place : il faut présenter son passeport (ou carte d'identité) et faire la queue au guichet du Service d'accueil des visiteurs situé non loin du Reichstag (à côté du Berlin-Pavillon, Scheidemannstraße, le long du Tiergarten ; 8h-20h avr-oct, 18h l'hiver). On obtient une place pour au mieux 2h plus tard ou pour les 3 j. suivants.
*– Attention, quelle que soit la formule choisie, **la présentation d'une pièce d'identité est obligatoire** pour avoir accès au Reichstag avec **la confirmation** de la résa, validée par mail auparavant. Arriver à l'accueil 15-30 mn avt l'heure prévue. Entrée sur la droite réservée aux pers à mobilité réduite et aux familles avec jeunes enfants (résa également nécessaire). Pour les groupes, résa en ligne uniquement.*
– Le site permet également de réserver une visite guidée (90 mn, de 4 à 6 sem à l'avance). Nombre de participants : 25 max. Visite en français, en principe mar à 13h s'il n'y a pas de session parlementaire. Brochures en français à l'accueil. Audioguide (en français) gratuit et bien utile.

C'est devenu un must parmi les visites incontournables à Berlin : depuis sa réouverture, 40 millions de curieux ont déjà gravi la rampe de la coupole. La réalisation de l'Anglais ***Norman Foster*** intègre à la fois une architecture moderne de verre et d'acier, le respect du bâtiment originel de 1894, signé Paul Wallot, et l'introduction de technologies modernes permettant de limiter la consommation énergétique.

Construit à la fin du XIXᵉ s avec les indemnités de guerre versées par la France après la défaite de 1870 et dédié, depuis 1916, au peuple allemand (voir fronton), le siège du Parlement fut partiellement détruit en février 1933 par le fameux incendie qui déclencha la chasse aux communistes menée par Hitler, à peine 1 mois après son accession au pouvoir. L'image des soldats russes accrochant le drapeau soviétique sur les ruines de la coupole en 1945 a fait le tour du monde. Après avoir été emballé par ***Christo*** et Jeanne-Claude en 1995, il a été rénové pour accueillir le Parlement fédéral qui y a siégé pour la 1ʳᵉ fois le 19 avril 1999, jour de l'inauguration. Les visiteurs peuvent d'ailleurs assister, depuis un balcon, aux débats des députés.

LA 2DE PRISE DU REICHSTAG

La photo de l'événement est restée célèbre. Le 1er mai 1945, des soldats soviétiques hissent le drapeau de l'URSS sur le toit du Reichstag encore en flammes ; malheureusement, aucun reporter n'est présent. C'est donc le lendemain, le 2 mai, que la scène est recréée sous l'objectif des photographes officiels. Ce qu'on sait moins, c'est que la photo choisie a été retouchée pour effacer une des 2 montres au poignet de l'officier soutenant le soldat portant le drapeau. La montre en trop résultait manifestement d'un pillage.

Désormais symbole bien visible de la république fédérale à Berlin, la coupole en verre fait l'unanimité. C'est effectivement une réussite : sa légèreté aérienne fait oublier la lourdeur de la façade. Le dôme transparent (8 t d'acier, 3 000 m² de verre) est transpercé par un cône central, sorte d'entonnoir dont les 360 miroirs renvoient la lumière dans la salle plénière. Une galerie-promenade hélicoïdale permet d'atteindre le haut de la coupole, à 23,50 m au-dessus de la plate-forme. Magnifique vue sur la chancellerie, le *Tiergarten,* la porte de Brandebourg et la *Potsdamer Platz.* Sachez enfin que ce nouveau Reichstag est devenu un modèle en matière de fonctionnement écologique.

À la sortie, côté gauche, jeter un coup d'œil côté Tiergarten sur les ***dalles noires*** fichées debout et correspondant chacune à un des 96 députés de gauche ou du centre éliminés par les nazis après leur prise du pouvoir en 1933.

Sur la terrasse, resto ***Käfer :*** *résa conseillée au ☎ 226-29-90. Tlj 9h-17h, 19h-minuit. Compter 45 €/pers.* Pour le restaurant, il faut réserver et il n'y a pas d'attente. Il faudra juste donner vos nom, prénom et date de naissance, et vous munir de vos papiers d'identité.

Band des Bunde *(ruban fédéral)* **:** au cœur de Berlin, les bâtiments du quartier gouvernemental forment une bande le long de la Spree. Ils relient symboliquement l'Est et l'Ouest. Les immeubles de bureaux du *Bundestag* et la chancellerie ont été bâtis lors de la décision de transférer à Berlin le siège du pouvoir fédéral. La promotion de la démocratie était le mot d'ordre du projet architectural. Commencée en 1995, la construction a fait l'objet du plus important appel d'offres jamais vu au niveau mondial pour des bâtiments publics : 835 architectes ont été mis en concurrence pour concevoir le nouveau siège du gouvernement de l'Allemagne et les bureaux des députés du Parlement.
La *Paul-Löbe-Haus (bureaux des députés)* et la *bibliothèque Marie-Elisabeth-Lüders-Haus* reliés par une passerelle suspendue au dessus de la Spree ont été conçus par l'architecte ***Stefan Braunfels.*** Aujourd'hui, les bâtiments fédéraux ne sont pas seulement le centre de Berlin du point de vue géographique, mais ils constituent depuis 2006 l'entrée de la ville pour les visiteurs de Berlin arrivant via la *Hauptbahnhof.* Ils peuvent emprunter le pont sur la Spree pour être immédiatement au cœur de la ville.

Bundeskanzleramt *(chancellerie ; zoom 2, E2)* **:** *Otto-von-Bismarck-Allee, Tiergarten. U-Bahn : Bundestag.* Ce bâtiment signé des architectes ***Axel Schultes*** et Charlotte Frank abrite les bureaux de la chancellerie, et donc, pour son 4e et dernier mandat, de la chancelière ***Angela Merkel.*** Son architecture très moderne est discutée (comme l'est toute chose à Berlin !). Ses détracteurs l'appellent la « Machine à laver ». Pour certains Berlinois, l'édifice semble flotter au milieu d'un environnement dénudé, alors que l'idée des bâtisseurs était d'ériger vers le Reichstag un *forum des citoyens* qui aurait symbolisé le dialogue entre l'exécutif et le législatif et, pourquoi pas, le rapprochement entre l'Est et l'Ouest.
– Au nord de la chancellerie, dans la boucle de la Spree, l'***ambassade de Suisse*** *(plan centre, D2,* ***3****),* qui date de 1871, est le seul bâtiment qui a résisté à la mégalomanie de Hitler et de son architecte Albert Speer.

LE NOM DE LA CHANCELIÈRE

Fille du pasteur Kasner, Angela Merkel a passé son enfance en RDA. Elle a toujours voulu garder le nom de son 1er mari, le physicien Ulrich Merkel. En effet, son 2e mari s'appelle Sauer, ce qui signifie en allemand... « aigre », un nom pas vraiment adéquat pour réussir une carrière politique !

Schloss Bellevue *(château Bellevue ; plan centre, D3,* ***343****)* **:** *Spreeweg, Tiergarten.* Construit en 1785 pour le prince Ferdinand, frère de Frédéric II. Sous les nazis, on y accueillait les visiteurs de marque. C'est la résidence officielle du président de la République fédérale. (***Frank-Walter Steinmeier,*** depuis 2017). Juste à côté du château, le curieux bâtiment ovale, surnommé « l'Œuf » par les Berlinois, abrite les bureaux de la présidence.

Siegessäule *(colonne de la Victoire ; plan centre, C-D3)* **:** *au croisement des 5 avenues qui traversent le parc de Tiergarten. S-Bahn : Bellevue ou Tiergarten ; bus no 100. Avr-oct tlj 9h30-18h30 (19h w-e) ; nov-mars tlj 10h-17h (17h30 w-e). Accès au sommet : 3 € ; réduc.* Ce vague sosie du Génie de la Bastille) culmine à 67 m. Elle commémore les victoires militaires remportées par la Prusse sur l'Autriche, le Danemark et la France entre 1864 et 1871. Érigée en 1869 sur la *Königsplatz* (place Royale), elle fut transportée en 1938 à son emplacement actuel ! Le fût doré est décoré de canons pris à l'ennemi et de scènes martiales. Haute de 8,30 m, la statue du sommet représente à la fois la déesse de la Victoire et **Borussia,** une allégorie du nom latin de la Prusse. Son visage est inspiré de la fille du sculpteur et connu dans la tradition berlinoise comme la *Goldelse* (Else d'or). C'est de là que Barak Obama s'adressa aux Berlinois en juillet 2008.

Les routards courageux (et sans sac à dos) graviront les 285 marches intérieures pour admirer la vue sur Berlin.

UNE ICÔNE GAY

La colonne de la Victoire est un de ces monuments berlinois qui s'est réinventé au fil du temps. De symbole militariste, elle est devenue l'étendard de la florissante communauté gay de Berlin. D'ailleurs, le city magazine *gay de Berlin s'appelle* Siegessäule *et les défilés des manifestations telles que le* Christopher Street Day *et la* Techno Love Parade *se terminent à cet endroit.*

Le carillon *(plan centre, D3,* ***345****)* **:** *haute tour moderne de granit noir, à proximité de la Kongresshalle, à l'angle de John-Foster-Dulles-Allee et de Große Querallee.* Avec ses 42 m de haut et sa plus grosse cloche de 8 t, ce carillon est l'un des plus imposants d'Europe : petit concert de cloches tous les jours à 12h et 18h. Pour les amateurs, écouter aussi ceux du Französischer Dom et de Saint-Nicolas (détails plus loin dans « Le quartier de Mitte »).

Le mémorial en l'honneur des soldats soviétiques tombés lors de la Seconde Guerre mondiale *(plan centre, D-E3,* ***346****)* **:** *sur la Straße des 17. Juni.* Sa construction débuta quelques jours seulement après la fin de la guerre pour rendre hommage aux 80 000 morts (et 280 000 blessés) russes de la bataille de Berlin d'avril 1945. On utilisa le granit et le marbre des ruines de la chancellerie de Hitler toute proche. Les 2 chars T-34 seraient les 1ers à être entrés dans la ville.

LES JOIES DE L'OCCUPATION

Avant la chute du Mur, Berlin-Ouest était l'un des rares endroits au monde où les gens étaient, paraît-il, reconnaissants d'être occupés par des puissances étrangères. Il est vrai qu'ils étaient du bon côté.

– Pour ceux qui sont intéressés par le sujet, il existe aussi un mémorial dans le *Treptower Park (plan d'ensemble, C2)* au sud-est de la ville. Il abrite la sépulture de 5 000 soldats soviétiques tombés lors des derniers combats.

Hauptbahnhof *(gare principale ; plan centre, D2)* **:** *Invalidenstr, Friedrich-List-Ufer.* Inaugurée en 2006, à proximité du quartier gouvernemental, la *Hauptbahnhof,* la plus grande gare ferroviaire d'Europe, est l'un des symboles forts (et horriblement coûteux : 700 millions d'euros et 11 ans de travaux) de la réunification allemande. À la fois une prouesse architecturale et un modèle d'ingénierie, elle a été conçue pour assurer les besoins du trafic ferroviaire et interurbain du XXIe s. Elle a été bâtie au sud du quartier de **Moabit,** au nord de la Spree, sur l'emplacement de l'ancienne *Lehter Bahnhof.* ***Carrefour des voies européennes*** entre l'axe est-ouest Moscou-Paris et nord-sud Copenhague-Rome, elle voit passer quelque 1 300 trains et 300 000 passagers par jour ! Sous la halle centrale, 54 escalators et 34 ascenseurs relient les voies les unes aux autres. Comme pour toutes les gares berlinoises, les trains ne font que s'y arrêter quelques minutes avant de poursuivre leur route. Y circulent à la fois les trains du réseau Grandes Lignes et des liaisons régionales de la *Deutsche Bahn* et ceux des S-Bahn et U-Bahn locaux, qui se croisent sur plusieurs niveaux, sans interconnections entre les voies.

The Cube *(plan centre, D2,* ***328****)* **:** situé au sein du quartier émergent d'Europa City sur un immense parvis qui fait face à la ville, le Cube Berlin s'insère entre la Hauptbahnhof et la rive nord de la Spree. La façade du cube à facettes est biseautée de formes triangulaires et attire immédiatement le regard, pour le jeu des multiples reflets dont les nuances kaléidoscopiques évoluent en fonction de l'angle de vision de l'observateur, de la météo et du moment de la journée ou de la nuit. Conçu par le cabinet d'architecture 3XN, c'est aussi un ensemble de 19 500 m² de bureaux sur 10 étages, accompagnés de balcons et d'un toit-terrasse. Flexibles et pouvant être réservés par différentes entreprises, les espaces proposent un environnement modulable pour les usagers.

Hamburger Bahnhof, Museum für Gegenwart *(gare de Hambourg, musée d'Art contemporain ; plan centre et zoom 2, E2)* **:** *Invalidenstr 50-51. ☎ 266-42-42-42. • smb.museum • S-Bahn et U-Bahn : Hauptbahnhof ; bus nos M41, M85, 120 et 147. Tlj sauf lun 10h-18h (11h w-e et jeu jusqu'à 20h). Entrée : 14 € avec l'expo temporaire, 8 € expo temporaire uniquement, gratuit moins de 18 ans ; réduc. Entrée gratuite le 1er jeu du mois à partir de 16h. Consultez le site pour vérifier si la programmation en cours vous intéresse.*

Attention, une gare peut en cacher une autre. Celle-ci, construite en 1847 par Neuhaus, reliait autrefois Berlin à Hambourg. Elle a été reconvertie en musée d'Art contemporain. Comme pour le musée d'Orsay à Paris, son architecture de gare a été préservée au profit de lignes épurées. Dans l'immense galerie aux voûtes métalliques et verrières, on retrouve, selon les rotations des collections **Andy Warhol, Rauschenberg, Lichtenstein, Twombly,** ou encore **Kiefer** ; des recherches picturales variées forment l'essentiel des œuvres issues de la collection privée d'Erich Marx, riche homme d'affaires berlinois. Y sont en principe présents : la trans-avant-garde italienne, le *Minimal Art* et les représentants des plus récents courants américains : **Keith Haring, Julian Schnabel, Jean-Michel Basquiat...** Mais c'est à l'artiste allemand **Joseph Beuys** que le musée consacre de façon permanente un grand nombre de ses œuvres. Mais il faut avoir certaines clés pour comprendre l'œuvre de Beuys...

Vous verrez donc quelques-unes des 2 500 œuvres (tableaux, sculptures, photos, vidéos et installations) de 150 artistes. Parmi ceux-ci, on retrouve **Marcel Duchamp, Marcel Broodthaers, Gerhard Richter, Richard Serra, Bruce Nauman...** Et puis retenez aussi ces noms : Urs Fischer, Martin Kippenberger et Dieter Roth (et ses drôles d'assemblages).

Ces artistes laissent parfois leur place à des expositions temporaires de niveau international comme une partie de la collection Flick (jusqu'en 2021) dans les *Rieck-Hallen* adjacentes, une longue galerie de hangars en éléments préfabriqués.

Autour de la Potsdamer Platz *(zoom 2, E3)*

Potsdamer Platz *(zoom 2, E3)* **:** du temps de la division de la ville (avant 1989), cette grande place n'était qu'un no man's land entre Berlin-Est et Ouest. Une double rangée de pavés au sol matérialise encore le tracé du Mur dont on a conservé quelques portions devant la gare ainsi qu'un mirador dans l'*Erna-Berger-Straße*. Après 15 années de travaux (ce fut le plus grand chantier d'Europe entre 1990 et 2005), la Potsdamer Platz est redevenue le centre névralgique de la capitale, comme c'était le cas avant-guerre lorsqu'elle était le carrefour trépidant de la circulation avec ses lignes de tram, et ses centres du divertissement et du commerce.

Seul vestige : la réplique du 1er feu de circulation d'Europe (1924) coiffé d'une horloge. 3 ensembles ultramodernes de verre et d'acier symbolisent ce renouveau :

UN HÔTEL HISTORIQUE

Construit en 1907, l'hôtel Esplanade, *dont quelques vestiges ont été intégrés dans le* Sony Center, *était fréquenté par l'aristocratie de la Belle Époque. Il connut son heure de gloire dans les années 1920 lorsque Charlie Chaplin, Greta Garbo et Billy Wilder y logeaient. Les conjurés de juillet 1944 y préparèrent l'attentat contre Hitler.*

la tour de la ***Deutsche Bahn,*** la tour ***Kollhoff,*** connue pour son panorama (voir plus loin), et le ***Sony Center,*** imaginé par ***Helmut Jahn,*** dont l'énorme forum accueille sur son pourtour bureaux, appartements, cinémas, *Imax* et le musée du Cinéma allemand. Impression de gigantisme garantie et pari audacieux sur la juxtaposition de l'ancien et du moderne avec l'intégration surréaliste, sous verre, des salons de l'ancien ***hôtel Esplanade*** de style historiciste dans l'ensemble *Sony* ! Le toit de forme conique évoque le Fuji Yama (splendide le soir quand il change de couleur).
Orchestré par l'architecte ***Renzo Piano*** (celui-là même qui a créé, avec Richard Rogers, le Centre Pompidou à Paris), le secteur *Daimler-Benz* regroupe à lui seul 17 immeubles abritant 50 % de bureaux, 20 % de logements et 30 % de commerces. Belle harmonie de couleur terra-cotta pour habiller les immeubles aux angles aigus saillants.

Deutsche Kinemathek – Museum für Film und Fernsehen *(cinémathèque – musée du Cinéma et de la Télévision ; zoom 2, E3)* **:** *Potsdamer Str 2. ☎ 300-90-30. • deutsche-kinemathek.de • S-Bahn : Potsdamer Platz ; bus nos M48, 200 et 347. En principe, tlj sauf mar 10h-18h (20h jeu). Entrée : 8 € ; réduc ; entrée gratuite le jeu à partir de 16h. Audioguide 3 €.*
Installée dans le complexe du *Sony Center,* la Maison du cinéma regroupe au sous-sol le cinéma d'art et d'essai *Arsenal,* une école de cinéma et le musée du Cinéma. En février s'y déroule le Festival international du cinéma de Berlin, où sont attribués les Ours d'or et d'argent.
Superbe réalisation multimédia à ne pas rater : parcours lumineux au milieu des miroirs (clin d'œil à *La Dame de Shanghai*) et des 1ers effets spéciaux inventés par les pionniers de l'expressionnisme allemand. Vidéo avec les 1ers films, 1ers projecteurs, 1res affiches, etc. On y voit la genèse des grands classiques expressionnistes du cinéma muet que sont le *Cabinet du Dr Caligari* (1920) de Robert Wiene (gouaches de préparation des décors), *Nosferatu le vampire* (1922) de Murnau, et surtout *L'Ange bleu* (1930) de ***Josef von Sternberg,*** avec la divine Marlene Dietrich. Le cinéma sous la république de Weimar (*M le Maudit* et le *Docteur Mabuse*), les dessins de *Metropolis* et des photos du tournage (tous de l'Autrichien Fritz Lang), le fameux baiser de Louise Brooks dans *Loulou* de G. W. Pabst. De Murnau, des scénarios, des dessins, des lettres... Souvenirs d'Ernst Lubitsch et d'Eric von Stroheim.
Une rotonde entière est consacrée à ***Marlene Dietrich,*** avec quelques-uns de ses costumes de tournage où elle incarne un érotisme éthéré et inaccessible... sauf pour ses nombreux partenaires, apparemment, tel ce sacré Gabin qui eut avec elle ce qu'on nomme pudiquement une idylle à Hollywood (voir dans une vitrine la jolie dédicace faite à Dietrich en accompagnement d'un bracelet : « Je n'ai que 2 amours, toi et encore toi. »). Un lieu magique rythmé par ses chansons. Souvenirs particulièrement émouvants de son engagement contre les nazis (sa carte de cantine à Hollywood).
Plus loin, la technique époustouflante de Leni Riefenstahl aux J.O. de 1936, un peu trop au service des théories de l'*Übermensch* ; dans le même registre,

MARLENE ET BERLIN

Malgré ses rapports difficiles avec l'Allemagne, Marlene Dietrich resta toujours berlinoise dans l'âme. Antinazie déclarée et exilée à Hollywood, elle devint citoyenne américaine en 1939 après avoir répondu « nein », et peut-être pire, à Hitler qui lui avait demandé de revenir. Pendant la guerre, elle parcourut les bases américaines pour doper le moral des G.I. Restée l'illustre interprète de « Lili Marleen », elle demeura populaire tant auprès des soldats allemands que parmi les Alliés. Elle retourna dans son pays d'origine en 1960, mais y reçut un accueil mitigé. À sa mort à Paris, Berlin (où elle est enterrée) la fit citoyenne d'honneur et une place porte son nom.

la propagande antisémite du *Juif éternel.* Le climat malsain, qui exila les plus grands réalisateurs juifs allemands et autrichiens, fut tout bénéfice pour Hollywood. L'après-guerre sera moins flamboyant : *Sissi* avec la belle ***Romy Schneider,*** des westerns, des séries TV (*Derrick* !) ; mais aussi quelques grandes réussites : *L'Honneur perdu de Katharina Blum* et *Le Tambour* de Völker Schlöndorff, ou la personnalité hors pair de ***Hannah Schygulla.*** Galerie de portraits de grands acteurs et actrices de l'époque : *Gert Fröbe, Hildegard Knef, Heinz Rühmann, Hardy Krüger, Curd Jürgens...* Évocation des succès plus récents : *Das Boot* de Wolfgang Petersen, *Les Ailes du désir* de Wim Wenders, *Good bye Lenin !* de Wolfgang Becker, *La Chute,* d'Oliver Hirschbiegel ou *La Vie des autres* de Florian Henckel von Donnersmarck. Dans une annexe, en fin de visite, une maquette du bateau amazonien de *Fitzcarraldo* de Werner Herzog. Un musée passionnant.

Legoland Discovery Centre *(plan centre et zoom 2, E3) : Potsdamerstr 4, dans le* Sony Center. *☎ 301-04-00. • legolanddiscoverycentre.de • Tlj 10h-1h (dernière entrée à 17h). Entrée : 19,50 € accompagné obligatoirement d'un enfant ; et à partir de 15 € sur Internet. Gratuit moins de 3 ans ! Résa sur Internet conseillée l'été. Réduc avec la* Welcome Card. Le prix est vraiment prohibitif, on en convient, mais c'est là l'une des plus grandes boîtes de Lego au monde avec plus de 4 millions de pièces, répartie sur 3 000 m² (compter une bonne demi-journée). Au programme, monuments de Berlin et autres figurines en briques Lego, secrets de fabrication, jeux interactifs et voyage dans une jungle... en Lego.

Panoramapunkt, *vue depuis le haut de la tour Kollhoff (zoom 2, E3) : tour Kollhoff, Potsdamer Platz 1. ☎ 25-93-70-80. • panoramapunkt.de • Tlj 11h-19h (10h-18h en hiver). Billet : 7,50 € ; réduc avec la* Welcome Card. *Dernière entrée 30 mn avt fermeture.* C'est la tour de bureaux en briques marron, située à l'angle de la Potsdamer Straße et de l'Alte Potsdamer Straße. En 20 secondes, l'ascenseur le plus rapide d'Europe propulse les visiteurs au dernier étage de la tour. De la terrasse au sommet (100 m de haut), superbe vue sur Berlin, tant à l'est qu'à l'ouest. Vous croiserez là-haut un étrange visiteur : une sculpture en résine de l'ours rouge de Berlin. Sur place, panneaux informatifs sur l'histoire de la *Potsdamer Platz,* ainsi qu'un ***café*** accessible de 11h à 19h (17h en hiver, sans billet d'entrée).

Urban Nation Museum for Urban Contemporary Art *(plan centre, D4, 347) : Bülowstr 7. ☎ 32-29-59-89. • urban-nation.com • U-Bahn : Nollendorf Platz. Mar-mer 10h-18h ; jeu-dim 12h-20h. GRATUIT.* Le musée de l'association *Urban Nation,* qui se charge de promouvoir toutes les manifestations de la culture urbaine, a ouvert ses portes en septembre 2017. Sa façade humoristique et colorée est l'œuvre d'un spécialiste du *street art* berlinois. Artistes locaux émergents ou mondialement reconnus proposent peintures, dessins, graffitis, sculptures, photos et créations en tout genre dans un bel espace en perpétuel mouvement, mais toujours entièrement dévoué au *street art.* Consultez le site internet pour voir la programmation et les artistes en résidence.

Autour du Kulturforum *(plan centre, D3)*

Dans la continuation de la Potsdamer Platz. Vaste complexe culturel comprenant la ***Bibliothèque nationale,*** le ***Kunstgewerbemuseum*** (musée des Arts décoratifs), la ***Gemäldegalerie*** (pinacothèque), le ***Kupferstichkabinett*** (cabinet des Estampes), la ***Neue Nationalgalerie*** (Nouvelle Galerie nationale), la *Philharmonie* et, un peu plus loin, le *Bauhaus-Archiv* (archives du Bauhaus).
La salle de concerts de la ***Philharmonie,*** Herbert-von-Karajan-Str 1 • berliner-philharmoniker.de • reconnaissable à son curieux chapiteau, est appelée ironiquement « Circus Karajani » en l'honneur du grand chef d'orchestre qui y régna... Construite en 1960 par l'architecte Hans Scharoun, elle révolutionna le genre : l'orchestre y joue au centre du public, de manière à donner une ampleur plus importante à la musique ! Des miniconcerts sont organisés gratuitement tous les

mardis à 13h, sur l'heure du déjeuner, de septembre à juin. L'occasion d'écouter certains des musiciens les plus reconnus au monde. Programme sur le site internet de la Philharmonie.

– Noter que le Museumspass à 29 € (tarif réduit 14,50 €), valable 3 j., donne droit à l'entrée des 30 musées d'État (en allemand : Staatliche Museen zu Berlin). Pour les musées du Kulturforum : ticket combiné 16 € ; réduc. Rens : Kulturforum, ☎ 266-42-42-42. • visitberlin.de/fr/museum-pass-berlin •

Neue Nationalgalerie *(Nouvelle Galerie nationale ; plan centre, D3)* **:** *Potsdamer Str 50. ☎ 266-42-45-10. • smb.museum •* ***En 2015, le musée a fermé ses portes et devrait rouvrir en 2021.***

Gemäldegalerie *(pinacothèque ; plan centre, D3)* **:** *Matthäikirchplatz. ☎ 266-42-42-42. • smb.museum • S-Bahn et U-Bahn : Potsdamer Platz ; bus n^os^ M41, 148 et 200. Tlj sauf lun 10h (11h w-e)-18h (20h jeu). Entrée : 10 € ; réduc. Audioguide gratuit en français.*

Ce musée possède une collection de plus de 2 700 œuvres (dont près de 1 200 sont présentées) du XIIIe au XVIIIe s. Tous ces chefs-d'œuvre ici réunis ont connu bien des aventures : avant la guerre, la plupart étaient exposés au *Kaiser-Friedrich-Museum* (rebaptisé *Bode-Museum* en 1956). Pendant celle-ci, les œuvres ont été emportées, disparues ou évacuées. Regroupées, après la chute du Mur, elles sont exposées à la *Gemäldegalerie,* reconstruite en 1996. C'est l'une des plus fabuleuses collections du monde. Un incontournable à Berlin. Vous y retrouverez tous les grands classiques de la peinture allemande, italienne, espagnole, néerlandaise, française, anglaise classés chronologiquement et par école ***Van Eyck, Bosch, Botticelli, Raphaël, La Tour, Poussin, Watteau, Velázquez...*** Prévoir 3h pour avoir un aperçu consistant des 53 salles qui portent alternativement des chiffres romains et arabes.

Bien entendu, hors de question de présenter toutes les salles, et encore moins toutes les œuvres ; voici cependant nos coups de cœur. Prendre par la gauche du hall d'entrée. La visite débute à partir de la droite de la rotonde, à tout seigneur, tout honneur, par l'école allemande.

Les peintures allemande, autrichienne et des Pays-Bas du XIIIe au XVIe s

– Salle 1 : de Hans Multscher, le prodigieux *Retable de la Passion du Christ* en 8 tableaux, dont les personnages sont en costumes médiévaux. Ne pas rater (salle 1 bis) *Le Marchand Georg Gisze* de **Hans Holbein le Jeune** – on y notera l'apparition des lettres de change. Tous les objets de la scène possèdent une symbolique. Portrait de Charles Quint prognathe par Christoph Amberger. On remarquera que l'empereur n'a ganté qu'une seule main.

– Salle 2 : ***Albrecht Dürer,*** *Hieronymus Holzschuher,* l'un de ses plus beaux portraits (noter le regard un peu sévère, teinté pourtant de sympathie pour le spectateur).

– Salle III : ***Lucas Cranach*** avec *Vénus et l'Amour aux abeilles* et la *Fontaine de Jouvence,* à interpréter de gauche à droite comme l'aspiration de l'homme à l'éternité et un hymne à la puissance de l'amour comme source de l'éternelle jeunesse. Quant au superbe *Retable du Jugement dernier,* on dirait du Jérôme Bosch, mais c'est une copie de celui de Vienne.

– Salle 4 : au hasard, ***Petrus Christus,*** énigmatique *Portrait d'une jeune dame.* De ***Rogier Van der Weyden,*** une très belle *Nativité* (retable de Middelburg) et le sublime retable de saint Jean-Baptiste.

– Salle IV : de Van der Weyden, encore, 2 portraits : celui de Charles le Téméraire, duc de Bourgogne, et celui d'une jeune femme (sans doute la sienne) qui porte une coiffe à rabats.

– Salle V : une des salles les plus fascinantes avec ***Hans Memling*** *(Vierge à l'Enfant),* Gérard David, Dirk Bouts et, surtout, ***Hugo Van der Goes*** dont on admirera une *Adoration des Rois mages* (richesse des drapés) et celle *des Bergers.*

– *Salle VI :* fabuleux *Jugement dernier* de Jean Bellegambe (le doué de Douai). Ahurissant rendu de l'Enfer, visages horrifiés, tortures multiples, rendu des nuances de rouges, descente aux enfers... Quelle pédagogie !
– *Salle 6 :* de beaux triptyques comme celui de ***Jacob Claesz van Utrecht*** (perfection du détail et des teintes), ***Lucas Van Leyden*** *(La Partie d'échecs)*... et un ***Joachim Patinir*** *(Repos durant la fuite en Égypte)* dans un décor montagneux panoramique donnant une vision cosmique de la nature.
– *Salle 7 :* on y découvre l'extraordinaire *Chemin de Croix* de ***Pieter Bruegel le Jeune,*** aux couleurs hallucinantes. De son père, ***Pieter Bruegel l'Ancien,*** les *Proverbes flamands.* Essayez de déchiffrer les quelque 120 proverbes qui s'y nichent...
– *Salle 8 :* de ***Roelandt Savery,*** *Le Paradis.*

La peinture flamande et hollandaise du XVIIe s
– *Salle VII :* ***Van Dyck,*** le plus important peintre baroque après Rubens, y présente 2 portraits de la haute bourgeoisie génoise. Expression sévère de personnages sûrs de leur rang. Altière marquise de Spinola.
– *Salle VIII :* ***Cornelis de Vos*** (spécialiste des portraits de famille et d'enfants) et surtout ***Rubens*** avec *Saint Sébastien, Persée délivrant Andromède.*
– *Salle IX :* ***Gerrit Van Honthorst*** dont on remarque la *Délivrance de saint Pierre.* Ici, si le coup de pinceau se révèle assez académique, le travail sur la lumière reste prodigieux.
– *Salle 12 :* paysage d'hiver de ***Barent Avercamp*** et marines comme celle de ***Vroom*** avec un trois-mâts hollandais devant le château d'Elseneur au Danemark.
– *Salle 13 :* nombreux ***Frans Hals.***
– *Salle 15 :* les grands paysagistes comme ***Van Ruysdael*** *(La place du Dam à Amsterdam)...*
– *Salles 16 et X :* ***Rembrandt*** et son école, avalanche de chefs-d'œuvre. En particulier, le sublime *Prédicateur mennonite et sa femme.* Ici, Rembrandt distribue sa lumière uniquement sur les mains, les visages et la Bible. Il réussit un portrait non conventionnel pour l'époque, tout en mettant en valeur le message des protestants : la parole l'emporte sur l'image ! Suivent *Samson et Dalila, Suzanne et les vieillards, Portrait de Saskia* (sa femme)...
– *Salle 17 :* ***Pieter de Hooch*** *(La Mère)* et son magnifique instantané de la vie quotidienne qui n'est pas sans rappeler Vermeer.
– *Salle 18 :* le choc de 2 ***Johannes Vermeer*** majeurs (sur 45 seulement de par le monde). Dans le *Verre de vin,* la lumière jaillit du vitrail de façon extraordinairement fluide et énergique Dans la *Jeune femme au collier de perles,* la lumière inonde la pièce de façon encore plus subtile. Et puis citons encore ***Gabriel Metsu,*** et ***Jan Steen*** qui nous donne le spectacle d'une rixe aux cartes...

La peinture anglaise, française et allemande du XVIIIe s
– *Salle 20 :* avec plusieurs portraits dans un décor de nature de l'aristocratie anglaise par **Gainsborough.** Également, la sévère *Lady Sunderlin* de sir **Joshua Reynolds...**
– *Salle 21 :* **Nattier, Watteau** *(Comédie française ; La Danse),* **Chardin.**
– *Salle 22 :* **Antoine Pesne,** peintre de la cour prussienne, avec un portrait de Fréderic le Grand encore prince héritier et un intéressant *Autoportrait avec ses deux filles.*

La peinture italienne du XIIIe au XVIe s (revenir à la rotonde de l'entrée)
– *Salle XVIII :* démarrage en flèche avec la *Vierge à l'Enfant et les Anges chanteurs* de ***Sandro Botticelli.*** On trouve aussi du même peintre, une autre sublime *Vierge avec les deux Jean,* une de ses œuvres les plus achevées. De ***Piero di Cosimo,*** *Vénus, Mars et Amour.* L'amour est symbolisé par 2 pigeons qui se bécotent.
– *Salle 41 :* avalanche de superbes primitifs religieux, dont *La Mise au tombeau de la Vierge* de **Giotto,** ainsi que des Veneziano, Daddi et des triptyques d'anthologie.

– *Salle 40 : Vierge à l'Enfant sur un trône* de **Gentile da Fabriano,** la plus ancienne œuvre du plus grand maître de cette époque.
– *Salle 39 :* **Andrea del Verrocchio** *(Vierge à l'Enfant),* **Philippo Lippi,** le maître de Botticelli avec l'*Adoration dans la forêt,* mais surtout le triptyque du *Jugement dernier* de **Fra Angelico** (noter le raffinement des supplices des méchants).
– *Salle 37 : La Préparation du tombeau du Christ* de **Carpaccio** avec Job veillant la dépouille au pied d'un arbre et la *Résurrection du Christ* de **Giovanni Bellini.**
– *Salle 32 : Les Adieux du Christ à sa mère* de **Lorenzo Lotto,** *Sainte Famille* de Francia, et 2 portraits de jeunes hommes par **Giorgione** et **Antonello da Messina...**
– *Salle XV : Léda et le cygne* de **le Corrège** (voir encadré).
– *Salle 29 :* magnifique *Madonna Terranuova* avec l'Enfant Jésus et saint Jean-Baptiste enfant, de **Raphaël.**
– *Salle XVI :* célèbre *Vénus et l'organiste* (1550) de **Titien.**

UN LOUIS ICONOCLASTE

Après diverses tribulations dans les cours d'Europe, ce tableau fut acquis par le régent Philippe d'Orléans. Son fils Louis, très pieux, le trouva inconvenant et déchira la toile, abîmant la tête de Léda. Il fallut tout le talent du peintre Coypel pour reconstituer la jolie frimousse de Léda.

La peinture espagnole, française et allemande du XVIIe s, la peinture italienne des XVIIe et XVIIIe s

– *Salle XII : Le Martyre de sainte Agathe* de **Tiepolo** et un festival de **Canaletto,** dont *Campo di Rialto.* Sans oublier son collègue **Guardi**, bien entendu avec *L'Ascension en ballon.*
– *Salle XIII :* splendide *Archange saint Michel* de **Luca Giordano,** avec Satan, dont on ne retient que l'abominable bouche... *Portrait d'une dame* par **Velázquez.** Noter la grande économie de moyens (seul décor : un dossier de chaise).
– *Salle 25 : Autoportrait* de **Nicolas Poussin,** *Paysage du littoral italien à l'aube* de **Claude Lorrain,** cet amoureux fou de la lumière italienne.
– *Salle XIV :* 2 chefs-d'œuvre absolus, *Salomé* de **Bernardo Strozzi** et, surtout, le sublimissime *Amour céleste, vainqueur de l'amour terrestre* du **Caravage.** La métaphore apparaît évidente : à terre, les symboles de la science, des arts, de la gloire et du pouvoir et, triomphant, cet ado au corps parfait et à l'attitude d'un érotisme discret mais réel !...

Kupferstichkabinett *(cabinet des Estampes ; plan centre, D3,* **341***) : Matthäikirchplatz 6. ☎ 266-42-42-42. • smb.museum • À droite de la Gemäldegalerie. Tlj sauf lun 10h (11h w-e)-18h. Entrée : 6 €.* Seulement des expositions temporaires. Très riche fonds de dessins, aquarelles et pastels du XIVe au XXe s. La lumière pouvant abîmer les travaux sur papier, ces merveilles sont rarement présentées au public. L'intérêt du cabinet devient alors limité.

Kunstgewerbemuseum *(musée des Arts décoratifs ; plan centre, D3,* **400***) : le 3e musée du Kulturforum ; entrée principale au n° 10 de la Matthäikirchstr. ☎ 266-42-42-42. • smb.museum • Tlj (sauf lun) 10h (11h w-e)-18h. Entrée : 8 € ; réduc. Cartels en allemand.* ***Provisoirement fermé pour réaménagement.***
Le musée renferme sur 4 niveaux de véritables trésors (céramique, porcelaine, verrerie, mobilier, argenterie, majoliques de la Renaissance, tapisseries), du Moyen Âge à l'art contemporain en passant par la Renaissance, le baroque et le rococo jusqu'au *Jugendstil* (Lalique, Carlo Bugatti) et l'Art déco. Un espace d'exposition du rez-de-chaussée est consacré au ***Trésor des Guelfes*** du XIIe s, avec le font baptismal de l'empereur Barberousse et des chefs-d'œuvre d'orfèvrerie.
Nouveau département consacré à la mode avec costumes et accessoires du XVIIIe au XXe s.

Musikinstrumenten-Museum *(musée des Instruments de musique ; plan centre, D3,* **340***) : Tiergartenstr 1 ; entrée par Ben-Gurion-Str. ☎ 25-48-11-78. • sim.spk-berlin.de • S-Bahn et U-Bahn : Potsdamer Platz ; bus n^os M41, M48,*

M85 et 200. Tlj (sauf lun) 9h (10h w-e)-17h (20h jeu). Entrée : 6 €. Concerts réguliers (voir le site). Audioguide en français et appli pour smartphone pour entendre le son des instruments. Une collection unique pour les yeux et les oreilles où chaque instrument est une œuvre d'art à part entière. Magnifiques instruments, dont un stradivarius du XVIIIe s, amusants piano-girafe ou piano boîte à couture et une vaste collection de clavecins décorés jusqu'aux touches (dont celui de Frédéric le Grand), de harpes et de guitares classiques. On touche à l'époque moderne avec les 1ers instruments électroniques. Chaque samedi, le plus grand « orgue de théâtre et de cinéma » en Europe, blanc et or, fait résonner ses sons d'autrefois.

***Gedenkstätte Deutscher Widerstand** (mémorial de la Résistance allemande ; plan centre, D3, **344**) : Stauffenbergstr 13-14, derrière le Kulturforum. ☎ 26-99-50-00. • gdw-berlin.de • Tlj 9h (10h w-e)-18h (20h jeu). GRATUIT (audioguide en français compris).*

Situé dans le bâtiment de l'ancien état-major des armées, appelé aussi le *Bendlerblock* – un lieu chargé d'histoire –, ce musée très complet est consacré aux différents mouvements clandestins qui résistèrent au pouvoir nazi. C'est là que Hitler prononça son discours sur l'« espace vital » en 1933, mais là aussi que les officiers, qui tentèrent de l'assassiner dans son QG polonais de la *Tanière du Loup* en juillet 1944, avaient organisé leur putsch. Les principaux conjurés militaires furent fusillés dans la cour du bâtiment. La scène de l'exécution se retrouve dans le film *Opération Walkyrie,* avec Tom Cruise dans le rôle du colonel ***Claus von Stauffenberg.***

Les 1res salles sont consacrées au climat d'intense propagande des années 1930 (affiches électorales de tous bords, dont un social-démocrate repoussant des coudes extrémistes de droite et de gauche...). Vient ensuite la répression, qui suit l'arrivée des nazis au pouvoir (internés politiques dans les 1ers camps de concentration...). Puis chaque salle est consacrée à un type particulier de résistance intérieure : étudiante (émouvants panneaux sur la *Rose blanche* de ***Hans*** et ***Sophie Scholl*** à Munich), juive, catholique, et bien sûr militaire, avec la conjuration du colonel von Stauffenberg et du général Ludwig Beck pour ne citer qu'eux. Intéressante section sur les Allemands engagés dans les armées alliées ; parmi eux, une certaine Marlene Dietrich. Rappelons enfin que, malgré leur courage et leur sacrifice, les résistants allemands ont dû affronter l'accusation la plus injuste : celle de trahir leur propre pays en temps de guerre.

– Pour ceux que le sujet intéresse, le ***Plötzensee Memorial Center*** *(Gedenkstätte Plötzensee, plan d'ensemble, B2 ; S-Bahn : Beusselstr),* où près de 3 000 opposants au nazisme furent pendus ou décapités de 1933 à 1945, se trouve au *Hüttigpfad,* à 6 km au nord-ouest de là. Très complet et édifiant. Un lieu de mémoire silencieux, dans la salle de l'ancienne prison, où avaient lieu les fusillades.

Bauhaus-Archiv** (archives du Bauhaus ; plan centre, D3, **384**) : • bauhaus.de • **Le musée est en rénovation, le nouveau bâtiment ne rouvrira pas avt fin 2023.

Bâti d'après les plans de ***Walter Gropius,*** le pape du Bauhaus, l'étonnant ensemble architectural qui tient lieu de musée ne date, lui, que de 1978. Gropius fonda l'école d'art du Bauhaus à Weimar en 1919. Avec des professeurs comme ***Kandinsky, Klee*** ou ***Oskar Schlemmer,*** les fameuses recherches d'esthétique industrielle du Bauhaus inspirèrent ensuite l'art abstrait et l'architecture fonctionnelle. L'existence et l'évolution mêmes de ce courant artistique sont évidemment liées à l'histoire allemande très mouvementée de l'entre-deux-guerres. Après avoir déménagé à Dessau en 1925, puis à Berlin en 1932, l'école du Bauhaus est définitivement démantelée par la pression nazie. Joseph Goebbels, ministre de la Propagande, déclare en 1935 : « J'ai trouvé dans le Bauhaus l'expression la plus parfaite d'un art dégénéré. » En fait, les nazis condamnent les liens étroits qu'entretiennent de nombreux membres du mouvement (souvent juifs) avec le parti communiste. L'école est définitivement fermée. Beaucoup d'artistes fuient alors l'Allemagne, dont Walter Gropius, ou encore ***Ludwig Mies van der Rohe,***

qui se réfugient aux États-Unis. En Allemagne, leurs œuvres sont détruites, mais plusieurs d'entre eux poursuivent alors leur carrière de l'autre côté de l'Atlantique et contribuent ainsi à la diffusion des concepts de la modernité aux États-Unis.
En attendant la fin des travaux, une petite annexe a ouvert à Charlottenburg *(**Temporary Bauhaus Archiv,** Museum für Gestaltung, zoom 1, B3,* ***403****).* Vous pouvez également faire le voyage jusqu'à Dessau (compter une bonne heure de route une fois passé Potsdam) pour en découvrir plus ou poussez jusqu'à *Weimar* en Thuringe. Là s'est ouvert en 2019 un tout nouveau musée consacré au mouvement (voir notre guide *Allemagne*).

La cloche de la Liberté *(hors plan centre par C5,* ***339****)* **:** *John-F.-Kennedy-Platz, Schöneberg. U-Bahn : Rathaus Schöneberg.* Dans le beffroi de l'ancien hôtel de ville de Berlin-Ouest, redevenu la mairie du quartier de Schöneberg. Écoutez donc à midi ce petit air d'Amérique... la cloche offerte par les Américains et inspirée de la « Liberty Bell » de Philadelphie fait allègrement ses 10 t. Vous pouvez aussi, du balcon, jouer à John et Jackie Kennedy : c'est de là que, le 26 juin 1963, J.F.K. lança son célèbre « ***Ich bin ein Berliner*** ». Qu'il aurait dû dire « *Ich bin Berliner* » est au final peu important, puisque, de toute manière, il n'était pas né en Allemagne. Quant à la légende urbaine qui veut qu'involontairement il se soit comparé à une pâtisserie fourrée, c'est démenti par les Berlinois eux-mêmes qui appellent cette gâterie, tout simplement *Pfannkuchen* (beignet).

KENNEDY À BERLIN

Kennedy séjourna seulement 8h à Berlin le 26 juin 1963, mais il y était déjà venu en 1939, quand son père Joseph (admirateur de Hitler) était ambassadeur américain à Londres et partisan d'une position isolationniste de son pays face au nazisme. Le jeune John voyagea plusieurs mois en Europe et au Moyen-Orient pour préparer sa thèse.

LE QUARTIER DE MITTE
(plan centre, E-F2-3, et zoom 2)

Après la chute du Mur, le quartier de *Mitte* s'est retrouvé, comme son nom l'indique, au centre même de la ville, comme il l'était autrefois ! Entre nous, c'est LE quartier incontournable pour toute visite du Berlin d'hier et d'aujourd'hui, quand bien même ses proches voisins, tels *Friedrichshain, Prenzlauer Berg* ou *Kreuzberg-Neukölln,* lui ravissent la primauté en ce qui concerne la vie nocturne. Dynamique, en perpétuelle évolution et grands travaux, il a de quoi remplir 3 journées bien chargées. On visitera ses nombreux musées et monuments historiques, situés de part et d'autre de l'avenue *Unter den Linden* et sur l'île aux Musées *(Museum Inseln),* et on fera halte dans les magasins et centres commerciaux de la *Friedrichstraße* ou d'*Alexanderplatz* ; le soir, on s'égaillera dans les petites rues du *Scheunenviertel* ou dans les cours labyrinthiques près du *Hackescher Markt.*
Toujours en effervescence, c'est aussi un quartier créatif ; on peut s'en assurer en faisant un tour dans les nombreuses boutiques de *Rosenthaler Straße* et *Alte Schönhauser Straße.* Il suffit de tourner les talons quelques semaines pour voir surgir ici de nouveaux restos, bars et magasins. Malgré les efforts du quartier pour limiter les implantations de cafés et restaurants, Mitte compte plus de 700 établissements de ce genre, souvent assez chics et/ou touristiques. Pas facile de dégoter de bonnes adresses pas chères dans *Mitte* !

Où dormir ?

IMPORTANT : réservez impérativement à l'avance pour profiter de la meilleure offre sur les chambres. Les prix des hôtels fluctuent selon les périodes (en principe, le week-end est presque toujours plus cher), et ce n'est pas peu dire, certains grands hôtels du centre proposant pour moins de 70 € une chambre affichée à d'autres dates à 200 €. Vous pourrez vous offrir, en plein été, une belle chambre double autour d'*Alexanderplatz* ou de l'*Orianenburger Straße* à prix cassés. Ceux que nous mentionnons ne sont donnés qu'à titre indicatif.

Bon marché

HOSTELS ET AJ

The Circus Hostel (zoom 2, F2, **62**) : *Weinbergsweg 1a, 10119. ☎ 20-00-39-39. • circus-berlin.de • U-Bahn : Rosenthaler Platz. En dortoir de 4-10 lits, avec douche et w-c à l'étage, compter 19-28 €/pers ; doubles 47-95 € selon catégorie mais sans petit déj ; apparts 4 pers dès 155 €. Draps et serviettes fournis.* Très central et rénové de frais dans un style design contemporain pimpant. Propose des dortoirs, des chambres et, au rez-de-chaussée, un café avec terrasse (sandwichs, salades, et petit déj-buffet à volonté pour seulement 5 €) ainsi qu'une microbrasserie. Location de vélos. Coup de cœur pour la petite douzaine d'appartements de bonne taille, décorés avec personnalité et dotés d'une salle de bains privée, une cuisine et un balcon. Un *hostel* à forte personnalité où l'accueil est vraiment chaleureux qui propose en outre des *walking tours*. Également une annexe de type hôtel sur le carrefour, en face plus confortable mais plus bruyante : en tenir compte lors de la réservation ! Propose aussi, *Choriner Str 84*, à 300 m de là, de beaux apparts bien décorés pour 2-6 personnes *(140-320 € pour une loc de 3 nuits min).*

Hotel Meininger Mitte Humboldthaus (zoom 2, E2, **36**) : *Oranienburger Str 67-68, 10117. ☎ 31-87-98-16. • meininger-hotels.de • S-Bahn : Oranienburger Str. Réception 24h/24. Dortoirs de 4-8 lits 12-20 €/pers ; doubles avec sdb dès 54 € ; petit déj-buffet 7,90 €.* Bien situé, proche des transports. Chambres fonctionnelles et impeccables à l'agréable décor contemporain, avec sanitaires dans chaque chambre et dortoir. Préférer les plus calmes côté cour. Cuisine à dispo, laverie, location de vélos et même une option garage. Fréquenté autant par des familles avec de jeunes enfants que par des couples ou des bandes de copains. Un joyeux mélange qui donne de la vie au lieu. Personnel souriant. Un bon rapport qualité-prix comme la plupart des hôtels de cette chaîne.

St Christopher Hostel (zoom 2, F2, **61**) : *Rosa-Luxemburg-Str 39-41, 10178. ☎ 81-45-39-60. • st-christophers.co.uk • U-Bahn : Rosa-Luxemburg-Platz. Réception 24h/24. Lits en dortoir à partir de 13-19 €/pers ; doubles et apparts pour 2, à partir de 68-125 € ; petit déj payant, draps fournis.* Bien située, face au *Volksbühne* et à quelques encablures d'Alexanderplatz, une grande auberge de jeunesse privée offrant presque le confort d'un hôtel. Intérieur spacieux, moderne et design. Dortoirs impeccables de 4-16 lits superposés (certains sont mixtes, d'autres non). Également une ½ douzaine d'appartements pour 2-4 personnes avec kitchenette, les moins chers avec sanitaires communs. Grand salon et, au rez-de-chaussée, le *Belushi's*, un bar (à burgers) où l'ambiance est souvent à la fête (ferme à minuit). Location de vélos.

Generator Hostel Mitte (zoom 2, E2, **67**) : *Orianenburger Str 65, 10117. ☎ 921-037-680. • generatorhostels.com • U-Bahn : Oranienburger Tor. S-Bahn : Oranienburger Str. Réception 24h/24. Dortoirs de 4-8 lits à partir de 16-18 €/pers. Doubles avec sdb 62-88 €. Petit déj 7,50 €. Fréquentes promos sur leur site.* Dans un quartier animé le soir, le *Generator* de Mitte (un autre à Prenzlauer Berg) fait partie des bonnes AJ privées de Berlin. C'est assez neuf, avec de jolies chambres très tranquilles pour celles qui donnent sur la cour intérieure.

Déco assurée par des artistes français. Les dortoirs – certains réservés aux femmes – sont tous dotés de sanitaires. Ambiance plus paisible que dans d'autres adresses du même genre. Bar et resto à petits prix. Salon-bibliothèque (bouquins dans toutes les langues). Laverie et consigne. Location de vélos. Accueil pro et aimable.

☗ ***Heart of Gold*** *(zoom 2, E2,* ***66****) : Johannisstr 11, 10117. ☎ 29-00-33-00. • heartofgold-hostel.de • U-Bahn : Oranienburger Tor. S-Bahn : Oranienburger Str. Dortoirs 4-8 lits 12-45 €/pers ; également un grand dortoir de 42 lits (le moins cher !) ; doubles env 60-105 €.* À 2 pas de l'*Oranienburger Straße,* un des poumons du Berlin by night, une auberge privée à l'ambiance conviviale au thème inspiré par une œuvre de science-fiction anglo-saxonne. La cour intérieure permet de prendre un verre au calme. Chambres propres et spacieuses avec parquet et larges fenêtres, douche et lavabo, mais les toilettes sont à partager. Dortoirs assez grands au regard de la norme berlinoise, avec sanitaires collectifs. Clé électronique, *lockers,* cuisine, bar avec billard, tout y est pour faire de cet endroit un lieu de villégiature idéal pour petits budgets. Absence d'aliens garantie dans les couloirs.

De prix moyens à chic

☗ ***Mikon Eastgate Hotel*** *(zoom 2, E2,* ***75****) : Hessische Str 10, 10115. ☎ 40-05-40-90. • mikonhotels.com • U-Bahn : Naturkundemuseum. Réception au 5e étage. Doubles avec sdb 80-205 € ; petit déj-buffet payant.* Bien placé, à quelques blocs de l'Oranienburger Straße et à 500 m de la Hauptbahnhof, un hôtel récent, agréable et disposant d'une trentaine de chambres à la déco dépouillée. Sol moquetté, meubles fonctionnels, salles de bains bien conçues. Terrasse donnant sur les toits pour le petit déj. Parking aisé. Consigne pour bagages.

☗ ***Hotel Augustinenhof*** *(zoom 2, E2,* ***46****) : Auguststr 82, 10117. ☎ 30-30-88-60. • hotel-augustinenhof.de • U-Bahn : Oranienburger Tor. S-Bahn : Oranienburger Str. Ouv 24h/24. Doubles 65-145 € (promos sur le site) ; petit déj-buffet payant.* Emplacement central mais tranquille, dans une rue où s'alignent les galeries d'art et les boutiques. Cet immeuble du XIXe s fut converti en hôtel en 1898, c'est dire s'il a du métier. Derrière son élégante façade de briquettes blanches, propose une soixantaine de chambres rénovées dans un style fort classique, dotées d'un bon confort, à des tarifs très abordables pour le quartier. Certaines donnent sur une cour intérieure. Salle de petit déj cossue. Bar, sauna payant. Accueil pro et sympa. Nombreux restos à proximité.

☗ ***Hotel 4 Youth*** *(plan centre, F1,* ***78****) : Bernauer Str 45-46, 10435. ☎ 45-19-88-80. • hotel4youth.de • U-Bahn : Bernauer Str. Prix comme toujours très fluctuants, à découvrir sur le site. Doubles avec sdb 63-130 € ; petit déj-buffet compris. Parking à proximité 25 €.* Un gros cube de brique construit juste sur l'alignement de l'ancien Mur (à la limite de Prenzlauer Berg). Une centaine de chambres (parfois communicantes), dont certaines (celles du 5e), largement vitrées et sans vis-à-vis, donnent sur le Mauer Park. Intérieur moderne et coloré avec mobilier en imitation bois blanc. Tout est clean, lumineux, fonctionnel, et constitue une bonne option pour les familles. Bon accueil. Location de vélos.

☗ |●| ***Parkhotel Midi Inn*** *(plan centre, F2,* ***71****) : Veteranenstr 10, 10119. ☎ 94-04-75-57. • midi-inn.de • U-Bahn : Rosenthaler Platz. Prix fluctuants, doubles 60-115 €. Petit déj 9 €.* Ambiance décontractée et conviviale pour ce charmant hôtel de poche, au bord du Volkspark. Une poignée de chambres (7) tout confort, claires, lumineuses et tranquilles. Également des appartements avec cuisine, souvent pour une durée plus longue, pratiques pour les familles. C'est une adresse où l'on se sent bien. Le petit déj se prend au resto vietnamien du rez-de-chaussée *(repas tlj 12h-minuit)* avec sa terrasse ombragée.

☗ ***Hotel Kastanienhof*** *(plan centre, F1,* ***87****) : Kastanienallee 65, 10119. • kastanienhof.berlin • U-Bahn : Senefelderplatz ou Rosenthaler Platz. Doubles 70-170 € (séjour de 2-3 nuits min en très hte saison) ; petit déj-buffet 11 €. Parking 11 € (à réserver tôt).* Dans la partie basse d'une des rues les plus animées qui se prolonge dans Prenzlauer Berg, un hôtel à la façade jaune et stores rouges très classique proposant une quarantaine de chambres impeccables, divisées en 4 catégories de confort. Accueil souriant et atmosphère paisible. Location de vélos. Sur place, bon resto de cuisine allemande moderne du mardi au samedi. ☎ *44-30-51-99.*

Apartments am Brandenburger Tor *(zoom 2, E3,* ***77****) : Behrenstr 1b, 10117. ☎ 200-75-70. • apartments-mitte.de • U-Bahn : Brandenburger Tor. Réception tlj 9h-18h. Résa conseillée (min 2 j.). Studios 2 pers 80-124 € ; apparts 2 pers 118-150 € ; apparts et duplex 4-8 pers 154-273 €. Pas de petit déj. Parking 10 €.* Une agence qui centralise plus de 200 appartements et studios à proximité de Unter den Linden. Leurs dimensions vont de 45 à 100 m². Tous sont situés *Wilhelmstraße*, entre *Behrensstraße* et *An der Kolonnade*. On a particulièrement aimé les duplex, lumineux et sobrement meublés. Équipement complet, parquet flottant, grands ou petits lits, canapés convertibles, draps et linge de toilette, fer à repasser, lave-linge et tous les ustensiles pour la cuisine que vous n'aurez jamais le temps d'utiliser. Carte des adresses du coin pour s'approvisionner et se restaurer.

Plus chic

Arte Luise Kunsthotel *(zoom 2, E2,* ***72****) : Luisenstr 19, 10117. ☎ 28-44-80. • arte-luise.com • U-Bahn et S-Bahn : Friedrichstr. Doubles avec sdb 100-200 € ; quelques chambres avec sdb à partager, env 55-90 € sans petit déj.* Un rêve d'artiste, à 2 pas de la Spree et du Reichstag. Bel immeuble avec cour intérieure, abritant un hôtel de 50 chambres décorées d'œuvres de 50 artistes différents, amusantes, parfois intrigantes, toujours originales. Faites votre choix sur Internet. Un bémol quand même : pas de clim, et les chambres proches du métro sont bruyantes malgré le double vitrage. Boules *Quies* nécessaires en cas de sommeil léger.

Flower's Boardinghouse Mitte *(zoom 2, F2,* ***48****) : Mulackstr 1, 10119. ☎ 288-82-70. • flowersberlin.de • U-Bahn : Rosa-Luxemburg-Platz. Réception 9h-18h. Studios et apparts de tailles diverses pour 2-5 pers 85-145 €, petit déj café-croissants inclus.* À 5 mn d'Alexander Platz, proche de l'animation, des commerces et des transports, voici un bel appart-hôtel récent, propre et moderne. Une vingtaine de studios lumineux et apparts spacieux avec coin salon et cuisine bien équipée. Déco réussie dans un style à la fois sobre et chaleureux, literie douillette, nuits calmes. Courette à l'arrière. Excellent accueil.

Miniloft Apartment Hotel *(zoom 2, E2,* ***76****) : Hessische Str 5, 10115. ☎ 847-10-90. • miniloft.com • U-Bahn : Naturkundemuseum. Réception lun-ven 9h-18h. Résa conseillée (2-3 nuits min). Apparts 2-5 pers 125-265 €. Parking payant.* Un couple d'architectes propose une quinzaine d'appartements répartis dans 2 bâtiments. Dans le 1er, mariage réussi de l'acier, du verre et du béton lissé. Beaux effets de volumes et de lumière. L'ensemble est équipé avec kitchenette, lit « à la française » pour les amoureux et canapé convertible pour les grincheux. Dans le bâtiment ancien, c'est plus cosy et moins froid, en dépit de l'absence de clim (plus tranquille aussi). *Frühstück* à faire soi-même ou à prendre au coin de la rue. La maison fournit le linge, ainsi qu'un livret gratuit pour se repérer dans la ville. Bon accueil. Annexe à Kreuzberg.

Hotel Honigmond *(zoom 2, E2,* ***69****) : Tieckstr 11, 10115. ☎ 284-45-50. • honigmond-berlin.de • U-Bahn : Oranienburger Tor. Doubles 125-150 €, studios et apparts 159-219 €. Petit déj 13,50 €. Garage 12 €.* Un hôtel de charme qui porte bien son nom. Dans une rue très calme, cette « lune de miel » propose 36 vastes chambres allant du plus classique au design contemporain ; parquet blanc qui résonne sous les pas, immenses couloirs, peintures style Grand Siècle et mobilier bien choisi. Petit jardin à l'arrière. Café-resto à prix doux au coin de la rue. Chambres moins chères au ***Honigmond Garden,*** situé *Invalidenstraße 122,* à 300 m plus au nord, une alternative bien agréable avec son jardin intérieur vraiment enchanteur.

Art'otel Berlin Mitte *(zoom 2, F3,* ***73****) : Wallstr 70-73, 10179. ☎ 24-06-20. • artotels.com • U-Bahn : Märkisches Museum. Doubles 80-225 €. Parking 20 €.* Un hôtel au calme feutré, avec 2 visages. La partie moderne, décorée dans un design contemporain, et à l'arrière un authentique palais rococo. Les 2 parties sont accolées, mais les chambres sont dans la partie moderne côté *Wallstraße.* Toutes identiques, à la déco épurée, elles ne sont pas bien grandes pour le prix. Le projet artistique de l'hôtel est dédié à *Georg Baselitz* (faut aimer !), dont 130 œuvres recouvrent les murs des couloirs et des chambres, rien que ça ! Le petit déj-buffet est servi dans une salle alliant l'ancien et le moderne. Location de vélos. Accueil charmant.

Où manger ?

Le centre de Berlin, c'est grand, très grand, même : pour simplifier, on a repris ici grosso modo la division en sous-quartiers de la rubrique « À voir » des pages suivantes, afin de vous orienter au mieux, là où votre curiosité vous mènera.

Autour d'Unter den Linden et de Gendarmenmarkt

Pas grand-chose d'original et bon marché à se mettre sous la dent, autour de cette avenue qui semble toujours en phase terminale (pour les travaux) et de cette place très classe et touristique.
Le **Café Lebensart** *(Unter den Linden 69A),* quasiment sur le pas de la porte de Brandebourg, n'est pas mal pour prendre l'air du temps, et l'on peut s'y offrir un petit déj, une glace ou un en-cas.

Bon marché

Ursprung – Librairie Dussmann *(zoom 2, E3,* ***184****) : Friedrichstr 90. ☎ 20-25-10-17. S-Bahn et U-Bahn : Friedrichstr. Tlj 9h-21h sauf dim. Plats 6-12 €.* La plus grande librairie de la ville a eu la bonne idée d'ouvrir une cafétéria au sous-sol pour rassasier les lecteurs fatigués par leur promenade dans les rayons. Un lieu zen pour s'offrir, par exemple, une salade sucrée ou salée, un tartare de hareng et une tarte au citron, tout en admirant le superbe mur végétal et le bassin à poissons. Il y a même le chant des oiseaux en fond sonore ! Pour les plus pressés, la maison a ouvert un *Delicatessen* au coin de la rue.

Sabzi *(zoom 2, E2,* ***104****) : Luisenstr 15. S-Bahn et U-Bahn : Friedrichstr. ☎ 671-27-32. Lun-ven 11h30-16h30. Env 6,50 € le bol servi avec du riz.* En sous-sol, un micro-resto désuet avec tabourets pour manger sur le pouce, et parfois sur le trottoir, qui fleure bon la cuisine perse. Petit choix du jour parmi des plats végétariens ou non, à consommer avec un délicieux basmati. Peu copieux : les affamés prendront 2 plats plutôt qu'un seul. Accueil souriant et plein d'épices.

Ständige Vertretung *(zoom 2, E2,* ***116****) : Schiffbauerdamm 8. ☎ 282-29-65. S et U-Bahn : Friedrichstr Str. Tlj 10h-1h. Plats 5-16 €.* Une brasserie historique fondée par des restaurateurs colonais qui servait de « mission permanente » entre les 2 Allemagnes pendant la guerre froide. S'y croisaient nombre de politiciens, artistes, journalistes et sportifs qui furent « initiés » à la gastronomie rhénane. En attestent les innombrables photos aux murs où on reconnaît, entre autres, les chanceliers de la RFA d'Adenauer à Merkel en passant par Helmut Schmidt, Gehrard Schröder, Helmut Kohl et le maire de Berlin Willy Brandt. Plats des bords du Rhin donc, servis sur de grandes tables en portions généreuses à prix plutôt modique arrosée de *Kölsh,* la bière « qui rend joyeux ». Large terrasse au bord de la Spree.

Treffpunkt *(zoom 2, E3,* ***119****) : Mittelstr 55. ☎ 204-18-19. U-Bahn : Französische Str ou Friedrichstr. Tlj (sauf mar) 16h (12h ven-sam)-minuit. Résa conseillée. Plats 9-18 €.* Bistrot *(Kneipe)* discret avec quelques tables dehors. Décor sombre lambrissé, lustres Tiffany et en majesté un Würlitzer rutilant et incongru. On peut se contenter d'y boire un verre, mais ce serait dommage de passer à côté des plats classiques proposés par le cuistot. Ils se font un peu attendre, mais c'est plutôt bon signe. *Schnitzel,* boulettes, demi-jambe de porc *(Eisbein),* roulades aux choux, poivrons farcis et *Currywurst* font honneur à la tradition berlinoise. Le petit blanc de la Réserve Burgunder est une merveille.

Huong Lua *(zoom 2, E3,* ***124****) : Charlottenstr 76 (à l'angle de Schützenstr). U-Bahn : Stadtmitte ou Kochstr. ☎ 20-61-63-93. Lun-sam 11h30-22h30h. Plats 4-10 €.* À 2 pas de Checkpoint Charlie et du musée de la Currywurst (à éviter tous les 2, en cas d'indigestion de faux militaires et de saucisse au curry), un resto vietnamien avec bois, bambou et petites lampes, le tout dans un style épuré. Soupes, salades, buns, plats de tofu, bœuf, poulet, crevettes, canard ou saumon, déclinés dans toutes les variantes de la gastronomie vietnamienne. Accueil souriant.

Die Maultasche *(zoom 2, E3,* ***126****) : Charlottenstr 35-36. U-Bahn : Französische Str. ☎ 310-11-686. Lun-sam 11h-22h. Plat du jour le midi : moins de 9 €.* Salle de resto intime, déco sobre et pimpante avec cuisine ouverte qui est spécialisée dans les plats souabes (du Bade-Wurtemberg) avec son fleuron : les *Maultaschen,* ces gros raviolis goûteux à la viande hachée ou végétariens et faits maison. Autre spécialité : les *Spätzle,* que l'on retrouve aussi en Alsace. Excellents vins du cru et accueil avenant.

Kartoffelkeller *(zoom 2, E2,* ***123****) : Albrechtstr 14B. S et U-Bahn : Friedrichstr Str. ☎ 28-28-548. Tlj 12h-minuit. Plats 10-19 €. Si vous souhaitez bénéficier de la réduction de la* Welcome Card, *indiquez-le AVANT la commande.* Dans une grande maison de brique, précédée d'un jardinet-terrasse grillagé, ce temple assez touristique, dédié au culte de la pomme de terre, occupe une grande salle carrelée décorée de dessins humoristiques et de vielles radios. La patate y est déclinée dans tous ses états : en soupe, salade, robe des champs, gratin, poêlée, frites, rösti, crêpe, gaufre et même en dessert. 100 recettes différentes, rien que ça ! On ne vous garantit pas la finesse de chaque plat, mais c'est copieux et servi sans tarder. Vous n'aurez plus faim en sortant, c'est sûr ! Service parfois au lance-pierres.

Prix moyens à chic

Borchardt *(zoom 2, E3,* ***136****) : Französische Str 47. ☎ 81-88-62-62. U-Bahn : Französische Str. Tlj midi-minuit. Le midi, compter 15-20 €. Env 2 fois plus cher le soir.* Une brasserie historique, prise d'assaut lors de la pause déjeuner par les employés du coin qui apprécient les plats du jour variés et l'ambiance « business-décontracté ». Dans une grande salle au décor classe avec ses chapiteaux dorés et ses plafonds stuqués, agrémentée d'un patio intérieur ombragé par des parasols géants, les serveurs en gilet noir s'affairent pour distribuer salades composées, pâtes, poisson ou encore le fameux *schnitzel* de la maison. Cuisine très honnête sans être ébouriffante, à des tarifs corrects le midi mais beaucoup plus dispendieux le soir. Service inégal, souvent débordé lors du coup de feu. Et vérifiez votre addition, des suppléments de pourboire s'ajoutent parfois tout seuls...

Autour du Nikolaiviertel et de la Fernsehturm

Dans les auberges rénovées du Nikolaiviertel, on a peine à trouver la fameuse *Gemütlichkeit* berlinoise. Peu de Berlinois se rendent dans ce quartier destiné essentiellement aux touristes. Allez quand même jeter un coup d'œil dans ses rues piétonnes agréables, au gré des boutiques de souvenirs, et posez-vous dans l'une de ses *Gaststätte* (auberges) où l'on mange l'*Eisbein,* jarret de porc salé sur son lit de choucroute. Mais ne vous étonnez pas si personne ne s'intéresse à vous. L'accueil indifférent et le service au lance-pierres sont 2 spécialités de ce coin de Berlin qui a retrouvé ses façades mais jamais son âme.

Eden Restaurant *(zoom 2, F2,* ***143****) : Rosenstr. 19. U-Bahn :*

Hackerscher Markt. ☎ *84-71-10-56. Tlj 11h30-22h30. Plats 3-14 €. Le midi : tt à 8,90 €.* Déco exotique, jolies photos noir et blanc du pays, ce resto vietnamien constitue un bon plan pour déjeuner à proximité de l'île des Musées. Saveurs authentiques : soupes, *phô*, salades, nouilles, buns, brochettes et options véganes le tout servi copieusement et avec le sourire.

|●| **Rotisserie Weingrün** (zoom 2, F3, **141**) : *Gertraudenstr 10.* ☎ *20-62-19-00. U-Bahn : Spittelmarkt. Tlj 17h-23h sauf dim. Résa conseillée. Plats 16-30 €.* L'un de nos coups de cœur dans cette partie un peu éloignée de Berlin, à quelques encablures du Nikolaiviertel, en bord d'un canal, cette rôtisserie à la belle façade néo-gothique propose une courte carte qui aligne de succulentes viandes soigneusement sélectionnées : cochon bio « *Apfelschwein* », poulet fermier à la broche, *ribs* moelleuses, que l'on peut accompagner de délicieux légumes grillés pour changer du chou et des patates. Également du saumon au whisky (flambé à table). Très large carte des vins, plutôt chers. On prend un immense plaisir à savourer son repas dans une salle sous plafond de brique, avec sa cuisine ouverte, ses murs gris rehaussés d'œuvres d'art et ses baies vitrées qui donnent sur l'agréable terrasse posée le long du canal. Service charmant.

|●| **Georgbraeu** (zoom 2, F3, **131**) : *Spreeufer 4.* ☎ *242-42-44. U-Bahn : Klosterstr. Tlj midi-22h. Plats 6-15 €.* Au bord de la Spree, devant la statue d'un saint Georges terrassant le dragon, une brasserie avec des salles dans tous les coins, des cuves en cuivre, des tuyaux et des petits hommes verts qui s'affairent... Là une *Bratwurst*, là une *Kartoffelsalat*, ici une grosse *Kohlroulade* (paupiette de chou). Chopes empoignées en batterie, on abreuve son petit monde sur la terrasse verdoyante qui borde la Spree. Une usine à manger, où l'accueil est parfois déplorable : on peut donc se contenter d'une bière sans manquer grand-chose ! Juste en face, la **Zille-Stube** n'est pas mal non plus dans son genre, on y sert de bonnes glaces.

Au nord de la Spree, autour du Scheunenviertel et de l'Alexanderplatz

Bon marché

|●| ***Soup Kultur II*** (zoom 2, F2, **150**) : *Rosa-Luxemburg-Str 7 (angle avec Münzstr). S-Bahn et U-Bahn : Alexanderplatz.* ☎ *35-12-10-71. Lun-sam 11h-16h. Compter 5-6 €.* Petit *corner* écolo, tables et chaises en contreplaqué verni. En ligne de mire, de l'excellente soupe : minestrone, *harira*, goulasch ou bortsch, soupe du Dr Oetker, soupe de Paul Bocuse, soupe au curry, soupe de ceci, soupe de cela, avec ou sans ça ! Allez-y, vous y retrouverez peut-être celle de votre grand-mère !

|●| ***Yarok*** (zoom 2, E2, **108**) : *Torstr 195. S-Bahn : Oranienburger Str.* ☎ *956-28-703. Tlj 12h-23h. Repas 8-10 €. CB refusées.* Plats végétariens. *Halloumi*, *makali*, houmous, falafel et taboulé constituent la base de cet excellent *Imbiss* syrien. Mouton et poulet sont aussi de la partie. À consommer sur les quelques tables qui s'étalent sur le trottoir.

|●| ***Oliv Café*** (zoom 2, F2, **142**) : *Münzstr 8. U-Bahn : Weinmeisterstr.* ☎ *89-20-65-40. Tlj 8h30h (9h30 sam et 12h dim)-18h. Lunchs 7-13 €, petits déj 5-7 €.* Un bistrot d'angle qui a pris les couleurs et les saveurs du temps. Parfait pour un petit déj, un lunch-grignotage avec un bol de quinoa ou un goûter avec café délicieux. La quiche lorraine a des accents exotiques, les salades sont du jour, du moins on le croit car il ne reste plus rien si l'on arrive un peu tard. Les crumbles et autres gâteaux sont à aller chercher au comptoir. Avec ça, on boit un *Lov Tee*, une limonade maison ou un smoothie. Ambiance jeune, détendue.

|●| ***Mogg*** (zoom 2, F2, **105**) : *Auguststr 11-13.* 📱 *330-060-770. S-Bahn : Oranienburger Str. Au rdc de la Jüdische Mädchenschule, en entrant, à droite. Ne vous trompez pas de côté : si vous allez au très chic resto* Pauly Saal, *installé dans l'ancien gymnase, côté cour, vous paierez plus cher ! Tlj 11h 22h. Snacks et plats 8-15 €. CB refusées.* Design épuré,

ambiance Amérique Art déco des années 1930-1940. Un lieu parfait pour goûter, par exemple, un savoureux sandwich au pastrami ou un cheesecake. Ce *deli* est une belle surprise ! Quelques tables dehors.

Dada Falafel *(zoom 2, E2,* ***138****) : Linienstr 132 ; donne sur la Oranienburger Str. ☎ 27-59-69-27. U-Bahn : Oranienburger Tor. Tlj 12h-18h. Falafels 4-8 €. CB refusées.* L'endroit idéal pour se régaler au comptoir d'un *falafel schawarma bronwin,* agrémenté de poulet mariné dans du sirop de grenade. Servi en sandwich ou en assiette. Toujours beaucoup de monde : l'adresse tient à fidéliser sa clientèle !

Amrit *(zoom 2, E2,* ***152****) : Oranienburger Str 45. ☎ 288-848-94-40. U-Bahn : Oranienburger Tor. Tlj 12h-minuit. Plats 3-15 €. Cocktail en happy hour à moins de 5 €* Dans ce quartier en pleine gentrification et face du Tacheles qui fut le plus grand squat historique de « l'après-chute du Mur », une vaste terrasse sous un velum jaune-orange au décor asiatique hétéroclite jusque dans les multiples salles. Cuisine d'allure indienne plutôt correcte à prix plancher remplissant son office mais privée des saveurs subtiles des multiples épices. Bons lassis en dessert et large choix de cocktails. Une étape pas désagréable pour faire une pause en visitant le quartier. Service virevoltant. 4 succursales dans Berlin.

Prix moyens

Gorki Park *(zoom 2, F2,* ***144****) : Weinbergsweg 25. ☎ 448-72-86. U-Bahn : Rosenthaler Platz. Tlj 10h-1h, cuisine jusqu'à 23h. Petit déj jusqu'à 16h. Résa conseillée. Plats 11-16 €.* Un bar-resto qui, on s'en doute, fait référence au Moscou soviétique, côté déco comme côté cuisine : snacks, blinis fourrés, bortsch, burgers Kamtchaka, *pelmenis* sibériens ou bœuf Stroganov. Plats végétariens. Bon rapport qualité-prix. Bien aussi pour boire un verre sur l'agréable terrasse.

Kuchi *(zoom 2, F2,* ***151****) : Gipsstr 3. ☎ 28-38-66-22. U-Bahn : Rosenthaler Platz. Tlj 12h-23h (ouv 18h dim). Résa conseillée. Menus dès 8 € ; formules sushi-sashimi à partager 42 € pour 2 pers ou 74 € pour 4 pers.* Réputé comme le meilleur resto japonais du quartier. Petite salle joliment décorée : design asiatique moderne avec des motifs végétaux au mur et des tons rosés qui invitent à la décontraction. Savoureuse cuisine fusion tout en fraîcheur et en délicatesse : sushis, bien sûr, mais préférez les soupes *ramen* ou *miso,* makis, tempura, yakitoris... Aux beaux jours, agréable terrasse sur l'arrière sous un érable. Service efficace et aimable. Plats à emporter.

Ristorante Garda *(zoom 2, E-F2,* ***130****) : Oranienburger Str 32. ☎ 27-58-11-85. S-Bahn : Oranienburger Str. Prendre le petit passage (Heckmann Höfen) à gauche de la synagogue, c'est tt au fond d'une de ces petites cours dont ce coin de Berlin a le secret. Tlj 12h-23h. Résa conseillée le soir. Spécialités 10-18,50 €. Carte env 20-30 €.* 2 ambiances possibles : dans la salle façon trattoria ou au calme en terrasse l'été, parmi les rosiers et sous la façade couverte de vigne vierge. Cuisine italienne (lombarde comme sicilienne) bien dans la tradition : pizza croustillante, tortellinis frais, raviolis aux épinards, gnocchis ou escalope milanaise. Service rapide et souriant.

Nola's am Weinberg *(plan centre, F2,* ***71****) : Veteranenstr 9. ☎ 44-04-07-66. U-Bahn : Rosenthaler Platz. Tlj 12h-1h (23h pour la cuisine). Menu du jour 9,50 € le midi, plats 13,50-23,50 € le soir. Brunch le w-e dès 10h à 14,50 €.* Un emplacement en or, en haut du Weinbergspark avec vue sur les douces pentes gazonnées et les toits du quartier. Diverses soupes et salades composées mais aussi des spécialités... suisses : rösti, fondues, *pasta* et risotto. Grand choix de cocktails et d'eaux-de-vie ; il y a même de la vodka suisse. Réputé pour son brunch du dimanche, proposant un buffet à volonté bien garni et d'un rapport qualité-prix attractif. Terrasse style alpestre garnie de télécabines.

Keyser Soze *(zoom 2, E2,* ***146****) : Tucholskystr 33. ☎ 28-59-94-89. U-Bahn : Oranienburger Tor. Tlj 8h-2h (4h jeu-sam ; 23h pour la cuisine). Plats 7-20 €. Petit déj servi* *jusqu'à 16h.* Pourquoi ce bistrot plutôt qu'un autre ? Une ambiance bon enfant, une équipe joyeuse, un patron francophile et une cuisine locale, tout simplement sincère à défaut d'être innovante. Spécialités de *Spätzle*. Petite terrasse au coin de la rue, service décontracté. Banquette extérieure.

1840 *(zoom 2, F2, **147**) : Am Zwirnegraben 8-10. ☎ 24-72-74-01. S-Bahn : Hackescher Markt. U-Bahn : Weinmeisterstr. Tlj 11h-minuit. Plats 9-22 €.* Sous les arcades de brique du S-Bahn, vieille brasserie typique aux murs lambrissés et dotée d'une vaste terrasse animée. Voici un endroit tout indiqué pour essayer la spécialité berlinoise du *Eisbein*, un délicieux jarret de porc bouilli, ou sa version grillée, le *Schweinshaxe*, dont la peau est dorée et croustillante. Hyper copieux et à s'en lécher les doigts ! En revanche, le reste de la carte n'est pas transcendant. Pour finir, délicieux *Apfelstrudel*, cher mais qui vaut le coup. Service victime de sa fréquentation touristique : parfois efficace et sympa, parfois grincheux.

Chic

Sucre et Sel *(zoom 2, F2, **137**) : Torstr 132. 0172-853-88-05. U-Bahn : Rosenthaler Platz. Tlj 12h-minuit (11h30 w-e ou parfois 17h). Quiche, soupe, salades ou tarte flambée 8-11 € ; plats 15-30 €.* Atmosphère cosy, sièges de cuir, déco brocante. Une bonne vingtaine de places assises dehors, un peu plus à l'intérieur en compagnie de Delon, Bardot et Belmondo : une adresse tenue par des Français à recommander aux nostalgiques pour retrouver les spécialités nationales ou simplement échanger des tuyaux et des bons conseils. Sympa comme tout. Brunch tardif aussi le week-end en cas d'ouverture à 11h30.

Kopps *(zoom 2, F2, **193**) : Linienstr 94. ☎ 43-20-97-75. U-Bahn : Rosenthaler Platz. Tlj 12h-15h (9h-16h w-e) et 17h30-22h. Le midi, lunch express à 15 €. Le soir, menus 3-5 plats 25-40 €. Brunch à volonté (w-e) 20 €.* L'une des tables véganes les plus réputées d'Allemagne... et même du monde, selon certains spécialistes. Élégante salle décorée à la mode « bobo-chic », avec murs bleu ciel, alcôves et lanternes distillant des éclairages savants. D'accord, ce n'est vraiment pas donné et les portions sont aussi chiches que les pois du même nom. Mais quelle finesse, quel beau travail dans l'assiette ! Tout est savoureux, créatif, des amuse-bouches au dessert. Jus artisanaux, cafés d'origine, chocolat bio... Vins allemands et autrichiens. Aussi quelques tables sur le trottoir, face à un square tranquille. Gentil service.

PeterPaul *(zoom 2, F2, **192**) : Torstr 99. ☎ 43-77-30-43. U-Bahn : Rosenthaler Platz. Tlj 18h-1h (17h-23h30 dim). Tapas 5-11 € ; compter 25-40 € le repas, hors boissons.* Très populaire auprès des Berlinois, ce resto de tapas « à l'allemande » (eh oui, ça existe !) à l'ambiance gastronomique un peu B.C.B.G. est parfait pour un dîner romantique ou entre amis. Dans un décor lounge et *arty*, on picore de petites portions délicates, créatives, pleines de saveurs nouvelles et d'associations de goût étonnantes. Prendre au moins 3 ou 4 tapas par personne ; on peut commander au fur et à mesure du repas, en fonction de sa faim mais aussi de son portefeuille, car l'addition grimpe vite. Bières artisanales et longue liste de vins. Accueil soigné et vraiment sympa.

Vers Prenzlauer Berg

Prix moyens

La Bigoudène *(plan centre, F1, **178**) : Zionskirchstr 28. ☎ 24-72-91-10. U-Bahn : Rosenthaler Platz ou Senefelderplatz. À côté de l'église. Tlj 18h (12h dim)-23h. Carte env 10-15 €.* Une crêpe à la *Currywurst* ? Non, rassurez-vous, ici on fait plutôt dans le traditionnel. Les produits viennent de Bretagne, le chef aussi. Si vous voulez faire une pause galette, salle en briques apparentes, ambiance sympa. Quelques tables dehors, au pied de l'église dont la ruche dans le clocher fournit... le miel de tilleul ! Brunch le dimanche, avec saucisses bretonnes et fromages, français bien entendu !

Chic

Katz Orange *(plan centre, F2, **122**) : Bergstr 22. ☎ 983-208-430. S-Bahn : Invalidentr. U-Bahn : Rosenthaler Platz. Tlj 17h-minuit. Résa plus que conseillée. Plats 17-24 € (sans les garnitures !) ; carte 40-60 €.* Au fond d'une cour, la façade néogothique d'une ancienne brasserie sert de décor à un restaurant très à la mode auprès des expats et des hipsters berlinois. On y parle (bruyamment à l'intérieur) plus l'anglais que l'allemand. On s'installe en terrasse dans la cour (c'est préférable si le temps le permet), à l'étage autour de tables rondes ou au bar. Cuisine de saison soignée, carte réduite et spécialité de viandes longuement mijotées et fondantes, produits rigoureusement bio. Vins choisis mais assez chers. Service aux petits oignons.

Où prendre le *Frühstück* ? Où manger une glace ?

Voir plus haut, dans « Où manger ? » les restos réputés pour leur brunch : parmi les meilleurs, ***Nola's am Weinberg*** (un must le dimanche), ***Oliv Café, Sucre et Sel, Kopps, La Bigoudène...***

Factory Girl *(zoom 2, F2, **149**) : Auguststr 29. ☎ 459-50-405. U-Bahn : Weinmeisterstr. Tlj 9h-16h. Compter 12-20 €.* Un café branché pour bruncher sur un coin de rue comme on en trouve beaucoup dans ce quartier avec grandes tables, fauteuils de récup, et slogans pour afficher sa différence... Mais surtout des petits déj sains, en version salée, sucrée, végane, avec, *power-muesli* et jus frais, le tout en présentation soignée et sur fond musical plein de bonnes ondes. Légendaire *coco angela* en dessert. Accueil souriant.

Napoljonska *(plan centre, F1, **225**) : Kastanienallee 43. ☎ 31-17-09-65. U-Bahn : Senefelderplatz. Tlj 8h-18h. Brunch tardif dim.* Une pâtisserie gourmande qui plaira pour ses gaufres accompagnées d'une boule de glace, les gâteaux (fromage, chocolat), ou encore les sandwichs et les fameux déj salés ou sucrés à la carte et servis sur un plateau comme chez tante Léonie. Muesli aux fruits rouges à tomber, excellents jus frais et service adorable.

Caffè e Gelato *(zoom 2, E3, **135**) : Alte Potsdamer Str 7 ; entrée au bout de la Voxstr. ☎ 216-81-89. S-Bahn et U-Bahn : Potsdamer Platz. Sur la galerie supérieure des Arkaden, la galerie commerciale couverte de Potsdamer Platz. Tlj 11h-22h.* Parmi les meilleures glaces de Berlin, pas vraiment reconnu comme spécialiste en la matière, il faut bien l'avouer. Grandes coupes à la carte. Savoureux mélanges de fruits, de parfums et de couleurs.

Où boire un verre ?

Café Cinéma *(zoom 2, F2, **230**) : Rosenthaler Str 39. ☎ 280-64-15. S-Bahn : Hackescher Markt. Tlj 10h-3h.* Son acte de naissance porte la date du 2 octobre 1990 à 22h, soit 2h avant la disparition officielle de la RDA. Il appartenait d'ailleurs à la Fédération de l'industrie du film et de la télévision de la RDA et en a gardé le décor : le plafond et les murs sont peints en noir, l'éclairage tamisé est constitué de projecteurs de films suspendus et des affiches de films est-allemands ornent les murs en brique. Dans un coin, un piano en bois rappelle l'époque du cinéma muet. Il sert encore l'une des bières les moins chères du quartier. Jeunesse bohème et étudiante, et terrasse côté cour (à l'entrée de la *Haus Schwarzenberg*, un des derniers lieux encore vraiment alternatifs de Mitte).

Strandbad Mitte *(zoom 2, F2, **233**) : Kleine Hamburger Str 16. ☎ 24-62-89-63. S-Bahn :*

Oranienburger Str. Tlj 9h-minuit. Plats env 10-12 € le midi, 15-22 € le soir. Au fond d'une impasse (avec terrasse et chaises longues aux beaux jours), un vrai petit îlot de sérénité. Dès l'arrivée du printemps, on profite des rayons du soleil. En salle, le décor factice de la piscine avec carrelage et plongeoir évoque les souvenirs d'enfance. Bon petit déj jusqu'à 16h (et, pour un quatre-heures, les gâteaux ne sont pas mal non plus !).

Altes Europa *(zoom 2, F2,* ***235****) : Gipsstr 11. ☎ 28-09-38-40. U-Bahn : Weinmeisterstr. Tlj 16h-minuit. Plats 9-18 €.* Mignon bistrot à l'ancienne, avec plancher de bois, et quelques vieilles cartes aux murs. Un îlot de simplicité dans un quartier de plus en plus embourgeoisé. On y sert de bons plats typiquement berlinois confectionnés avec des produits de qualité. En salle ou sur l'une des tables de bistrot sorties dans l'angle du square juste en face, à l'ombre d'un érable. Service aimable.

Kilkenny Irish Pub *(zoom 2, F2,* ***237****) : Am Zwirngraben 17-20. ☎ 283-20-84. Sous la ligne de S-Bahn : Hackescher Markt. Tlj 16h (13h dim)-minuit (1h30 ven-sam). Plats 8-15 €. Musique live 2-4 fois/sem vers 21h30 (entrée gratuite).* Pub irlandais, réplique de ceux de Dublin. Côté cuisine, classiques *fish and chips* ou *Irish stew.* Le bruit du métro n'y couvre en tout cas jamais les conversations des clients.

Zosch *(zoom 2, E-F2,* ***238****) : Tucholskystr 30. ☎ 280-76-64. S-Bahn : Oranienburger Str. Tlj 16h-3h. Plats 5-20 €. Concerts live ven-sam, jazz mer-jeu.* Ce café patiné, au charme d'antan, sert une cuisine du marché, des salades et des burgers. Il est resté en l'état et on l'aime comme ça, avec son vieux bar, ses boiseries, ses miroirs et son sol en damier. Cave voûtée en brique, où viennent se produire de petits groupes locaux. Tables sur le trottoir, pour faire la causette aux voisin(e)s.

Tadschikische Teestube *(zoom 2, F2,* ***242****) : Im Kunsthof, Oranienburger Str 27. ☎ 204-11-12. S-Bahn : Oranienburger Str. Tlj 16h-22h (12h-21h w-e). Compter 6-12 €. CB refusées.* Dans la jolie cour intérieure, à gauche, un salon de thé à l'orientale, de style tadjik. On se déchausse à l'entrée ! Un grand salon, où le client se vautre sur de confortables coussins, autour de tables basses comme dans une *chaikhana.* Diverses sortes de thés mais aussi de petits plats savoureux, des pâtisseries et confiseries orientales. Pour mieux choisir, un livret très détaillé est à disposition.

Newton Bar *(zoom 2, E3,* ***220****) : Charlottenstr 57. ☎ 20-29-54-21. U-Bahn : Französische Str. Tlj 11h-2h (3h jeu-sam).* Un bar lounge et chic aux prix stratosphériques, largement ouvert sur la rue en été et dédié au photographe Helmut Newton. Plus cosy l'hiver, bien calé dans les fauteuils en cuir rouge, le regard perdu sur une série de nus du célèbre chasseur d'images. Dès 21h, un DJ vient réchauffer la salle ; commence alors la grande moisson des *glenns* écossais, des bourbons, des Baileys... il y a plus de 200 étiquettes de whiskies ! Et une tout aussi impressionnante carte de cocktails.

Où danser dans une vieille salle de bal ?

Clärchens Ballhaus *(zoom 2, F2,* ***229****) : Auguststr 24/25. ☎ 827-07-551. S-Bahn : Oranienburger Str. • claerchensball.haus • Rouvert en 2020 après travaux de rénovation et ajout d'un resto chic (lun-jeu 17h-23h ; ven 17h-1h ; sam midi-1h et dim midi-23h).* Un grand immeuble de 1913 au fond d'une cour arborée, une vaste salle au mobilier ancien, et un plancher en bois patiné par les décennies. La salle de l'étage est éclairée à la bougie. Un lieu étonnant, dépaysant, vestige de l'ancienne RDA, pour voir comment les Berlinois de l'Est s'amusaient au bal du samedi soir. C'est presque un décor de film (Tarantino y a tourné quelques scènes d'*Inglourious Basterds*). On y danse toujours le tango, (leçons le jeu 18h30-22h30 pour 15 €), on swingue à l'ancienne, on y boit, on y mange aussi. Une adresse vouée à disparaître mais qui s'adapte, se transforme, et joue au Berlin éternel. On trouve autant de jeunes que de moins jeunes, toutes classes d'âge confondues. Idéal aux beaux jours pour profiter du *Biergarten*.

Où sortir ? Où écouter de la musique ?

Le monde de la nuit et de la techno en particulier, aura beaucoup souffert de la crise sanitaire de 2020. Certaines adresses n'auront pas survécu. Renseignez-vous avant de vous lancer dans votre quête de décibels.

Eschschloraque *(zoom 2, F2,* ***396****) : Rosenthalerstr 39. • eschschloraque.de • S-Bahn : Hackescher Markt. Tlj 14h-2h.* Tout au fond de la *Haus Schwarzenberg* (lire plus loin la rubrique « À voir »), passage aux murs couverts de graffitis étonnants, on se retrouve nez à nez avec des insectes ou une grenouille géante, qui roule des yeux quand on glisse une pièce dans la fente ! L'intérieur est tout aussi *freaky* : aquariums avec fossiles creusés dans le comptoir, gargouilles modernes... Plein d'événements dans ce lieu complètement décalé : concerts live, soirées DJ, électro ou seventies-eighties, diffusion de films japonais... Allez-y, il se passera sûrement quelque chose !

Acud *(plan centre, F1-2,* ***256****) : Veteranenstr 21, 10119. ☎ 98-35-26-13. • acudmachtneu.de • U-Bahn : Rosenthaler Platz. Tlj dès 20h.* Un lieu multiculturel resté alternatif et qui tient le coup, ça devient rare. Abrite le bar-resto *Max Fish* (salades, soupes, snacks), un théâtre, une galerie, un cinéma et un club avec DJ. Voir la programmation des spectacles, concerts, soirées musicales et dansantes sur leur site.

Sage Club *(plan centre, G3,* ***246****) : Köpenicker Str 76 (entrée côté Brückenstr). ☎ 278-98-30. • sage-club.de • U-Bahn : Heinrich-Heine-Str. Seulement jeu 21h-7h. Entrée gratuite jusqu'à 22h, 8 € ensuite.* Un club rock caché à l'intérieur d'une station de U-Bahn désaffectée. Un véritable labyrinthe qui cache une salle avec piscine, avec un public assez éclectique. Groupes live le jeudi (un soir où on se marche sur les pieds !). Le club parraine, via certaines soirées, un hôpital au Sénégal. Menacé de devoir quitter les lieux, le club pourrait avoir définitivement fermé.

Week-End Club *(zoom 2, F2,* ***247****) : Alexanderstr 7, au 12e étage. ☎ 24-29-31-40. • weekendclub.berlin • U-Bahn et S-Bahn : Alexanderplatz. Tlj dès 19h. Événements réguliers. Entrée : 6-12 €.* Les clubs avec vue sont devenus un must à Berlin. Et, à l'instar du *Berghain,* le *Week-End* en est un pour l'électro. Après la sélection de l'entrée, vous y grimperez par l'ascenseur. De la terrasse du 12e étage, on domine la mythique Alexanderplatz. Des baies vitrées, vue panoramique sans égale : on surplombe la Karl-Marx-Allee, le Berliner Dom est presque à vos pieds ! Public branchouille, filles sexy et musique tout ce qu'il y a d'acceptable. Y aller l'été, de préférence quand la terrasse (avec resto) est ouverte.

Tresor *(plan centre, G3,* ***259****) : Köpenicker Str 70. U-Bah : Heinrich-Heine-Str. • tresorberlin.com • Tlj (sauf mer et dim) minuit-10h du mat. Entrée : 7-13 €.* Un temple de la techno et de l'électro dans une usine désaffectée, il suffit de repérer les grandes cheminées et le discret néon rouge en façade ! *Dress code* décontracté. Il faut parfois prendre son mal en patience pour y pénétrer, mais passé la sélection, c'est une expérience surréaliste qui débute. Déco de fin du monde (pylônes, tuyauterie apparente, grilles, lumière minimale et fumée...), la jeunesse se met en transe sur la musique des DJ's à la pointe. Programme affiché sur la grille d'entrée ou sur leur site.

Kaffee Burger & Old CCCP *(zoom 2, F2,* ***251****) : Torstr 58. ☎ 28-04-64-95. U-Bahn : Rosa-Luxemburg-Platz. Tlj 21h-5h sauf lun. Entrée* *payante (le w-e). CB refusées.* En fait, 2 clubs pour le prix d'un, qui partagent la même déco sixties entre fauteuils beigeasses, papier peint orange-marron et animaux naturalisés. Si le *Old CCCP* sert principalement de bar, de fréquents concerts de tous les styles sont donnés au *Kaffee Burger* où il n'y a en revanche ni café ni burgers... Un samedi par mois, soirée *Russendisko* avec des standards rock et électro russes qui valent vraiment le détour. Staff pas spécialement accueillant : c'est ça aussi, l'*Ostalgie* !

♩ 🍸 **B-Flat** (zoom 2, F2, **254**) : *Dircksenstr 40. ☎ 283-31-23. • b-flat-berlin.de • U-Bahn : Weinmeisterstr. Tlj 20h-2h. Entrée : jam session gratuite le mer, sinon 10-15 €. CB refusées.* Un bel espace pour recevoir toutes sortes de formations jazz, du duo au big band. Délicieux cocktails.

♩ **Schlot** (zoom 2, E2, **255**) : *Invalidenstr 117 (entrée par le n° 26 Schlegelstr). ☎ 448-21-60. • kunstfabrik-schlot.de • U-Bahn : Naturkundemuseum ; S-Bahn : Nordbahnhof. Tlj 20h-1h. Entrée souvent gratuite en sem, sinon 5-15 €.* Un passage obligé des amateurs de jazz, avec des concerts quasiment tous les jours. Programme sur le site. Public d'habitués.

Achats et dégustation

🧺 |●| **Galeries Lafayette** (zoom 2, E3, **403**) : *Französische Str 23, 10117. ☎ 030-20-94-80. • lafayette-berlin.de • U-Bahn : Französische Str. Tlj 10h-20h sauf dim.* L'immeuble de verre conçu par l'architecte Jean Nouvel est devenu, dès son ouverture en février 1996, l'une des adresses phares pour le shopping (même Angela M. y fait ses courses !). Au sous-sol, espace « Gourmet » pour saliver devant la multitude de produits alléchants ou grignoter une spécialité irrésistible.

🧺 🍸 **Absinth Depot** (zoom 2, F2, **243**) : *Weinmeisterstr 4. ☎ 281-67-89. U-Bahn : Weinmeisterstr. Tlj (sauf dim) 14h-minuit (13h sam). Verres d'absinthe à partir de 4 €.* Une boutique entièrement consacrée à la « Fée verte ». Incroyable gamme d'absinthes à découvrir, au verre, dans un décor volontairement hors d'âge. Patron (évidemment) passionné par le sujet.

🧺 **Bubbly Berlin** (zoom 2, F3, **404**) : *Propst Str 11. ☎ 23-91-96-90. • bubblyberlin.de • U-Bahn : Klosterstr. Tlj 12h-16h sauf mer-jeu et dim.* Cette petite boutique du Nikolaiviertel vend des objets fabriqués à la main à Berlin : vêtements, jouets, sacs, bijoux et diverses créations originales, autant de cadeaux rigolos introuvables dans les magasins de souvenirs. Également des bières, chocolats et miels artisanaux. Accueil hyper gentil.

🧺 **Berlin Décor** (zoom 2, E-F2, **242**) : *Im Kunsthof, Oranienburger Str 27. ☎ 44-04-85-95. • berlindecor.de • S-Bahn : Oranienburger Str. Lun-sam 11h-18h.* Petite boutique-atelier au fond de la cour à droite. Adorables objets de décoration et d'art de la table, présentés par Katia Wiedemann, qui a appris la peinture sur porcelaine à la fabrique de Meissen. On a beaucoup aimé sa série de peintures et posters intitulés *Café Berlin* inspirés de l'ambiance des Années folles.

À voir

De la porte de Brandebourg à l'île des Musées (Museumsinsel)

★★★ ***Brandenburger Tor*** *(porte de Brandebourg ; zoom 2, E3)* : plantée au bout de l'avenue Unter den Linden, elle est devenue l'icône touristique de Berlin par excellence, le lieu de tous les selfies sur fond de colonnades. Au point d'oublier complètement la signification de ce monument qui fut, il y a plus de 25 ans, le

symbole de la séparation de l'Allemagne et de l'Europe pendant la guerre froide.
Construite en 1791 par *Carl Gotthard Langhans,* sur le modèle des propylées d'Athènes, la porte de Brandebourg s'élève entre l'avenue du 17 Juin et la *Pariser Platz,* ancien centre de la vie politique allemande. À son sommet se dresse le fameux quadrige représentant le char de la déesse de la Paix, volé par ***Napoléon*** (voir encadré). Après les inévitables dommages de 1945, on entreprit à l'Ouest la restauration du quadrige sous sa forme originale, amputé de l'aigle prussien et de la croix de fer...
Le 17 juin 1953, à l'Est, une révolte des ouvriers du bâtiment, réprimée par les Soviétiques, y fit 25 morts, d'où le nom de l'avenue de l'autre côté de la porte, côté ouest. Dernière péripétie : l'ouverture du Mur en 1989, avec l'escalade de la *Brandenburger Tor,* a occasionné de sérieux dégâts au quadrige. Emporté par la déferlante du renouveau, le plus célèbre monument de la ville a profité d'une habile restauration. Juste retour des choses : longtemps considérée comme le symbole de la division de Berlin, la porte cristallise aujourd'hui les aspirations de l'Allemagne nouvelle... figurant même sur les pièces de la monnaie européenne ! Les pavés placés au sol (côté ouest) marquent le tracé de l'ancien Mur.

LES TRIBULATIONS DU QUADRIGE

1806, Napoléon campait à Berlin. Il décida de piller la ville de ses richesses. Le 21 décembre, un bateau rempli de 96 caisses d'œuvres d'art volées partit vers Paris. À son bord, le fameux quadrige de la porte de Brandebourg, conduit par la déesse de la Paix. Pour les Berlinois, le quadrige enlevé par les soldats français devint le symbole de la honte.

Denkmal für die ermordeten Juden Europas ou **Holocaust-Mahnmal** *(mémorial de l'Holocauste ; zoom 2, E3)* **:** *Behrenstr ; à l'angle avec Ebertstr, à 200 m au sud de la porte de Brandebourg. • stiftung-denkmal.de • S-Bahn : Brandenburger Tor ; bus nos 100 et 200. Champ des stèles accessible 24h/24. Centre d'information tlj 10h-18h sauf lun ; dernière entrée 45 mn avt la fermeture. GRATUIT. Textes en français, audioguide en français (4 € ; réduc) ; visite guidée gratuite en anglais sam à 15h.*
Le Mémorial, comme on dit désormais dans presque toutes les langues, est devenu un des passages obligés de toute visite berlinoise. Un succès qui surprend, dépassant toutes les prévisions, au point de laisser volontairement les guides sans voix, afin de laisser chacun interpréter à sa façon ce qu'il traverse durant quelques minutes, en prenant des photos, en interpellant ceux des rangées voisines, en se recueillant en silence aussi parfois, heureusement... malgré les mômes inconscients qui utilisent les lieux pour sauter de stèle en stèle comme sur un terrain de jeu.
Il en aura fallu de la persévérance pour qu'à Berlin s'érige enfin un monument d'importance à la mémoire des juifs exterminés par la barbarie nazie. L'ensemble des stèles (2 711 exactement, de taille et d'inclinaison variées) installées là, d'après les plans de l'architecte américain ***Peter Eisenman,*** sur l'emplacement du bunker de Goebbels, ressemble effectivement à un cimetière monumental, ouvert en permanence et accessible par tous ses côtés. La nuit, quelques allées sont éclairées.
Cela a l'allure d'une grande vague, d'aspect froid comme un cimetière parsemé de sarcophages de béton gris. C'est en fait assez abstrait, on peut se perdre dans ses couloirs, ou s'y retrouver, carrément isolé, désorienté. Le terrain irrégulier et labyrinthique évoque le tourment des destinées individuelles, mais aussi la peur, tout aussi bien celle de la solitude que celle d'une mauvaise rencontre. Quant au centre d'information, au sous-sol, il héberge une exposition sur les victimes, projetant sur les murs, dans une certaine obscurité, le plus de noms possible avec une voix détaillant la biographie de certaines familles. Une banque de données

permet également d'élargir le champ des recherches. L'Allemagne confirme ici, après de longues années de débats douloureux, sa volonté d'accomplir un réel travail de mémoire.

L'ambassade de France (zoom 2, E3, **7**) **:** l'ambassade de France est installée depuis 2002, sur son site historique de la Pariser Platz. Sur cet emplacement, propriété de l'État depuis 1860, se dressait l'ancien bâtiment, totalement détruit en 1945, et resté une friche pendant un demi-siècle. La reconstruction fut confiée à l'architecte français ***Christian de Portzamparc.*** Certains lui reprochent son aspect bunker, avec ses meurtrières qui parcourent sa façade. Cet aspect extérieur est expliqué par l'architecte, qui a souhaité établir un contraste entre le socle fermé et l'étage très ouvert : l'aspect sécuritaire du rez-de-chaussée s'opposant au luxe et au calme de l'étage.

En face de l'ambassade, la façade de la ***DZ Bank*** n'a, a priori, rien de remarquable. À l'intérieur, en revanche, l'architecte ***Frank Gehry*** a dynamité toutes les règles du genre : l'atrium abrite une structure de verre et de métal au-dessus de laquelle flotte une tête de de cheval. Côté *Behrenstraße,* la façade montre un tout autre visage que celui de la *Pariser Platz* : la paroi, percée d'innombrables fenêtres carrées, semble onduler. Le toit se compose d'une structure complexe où s'enchevêtrent le verre et l'acier pour évoquer les rayons d'une ruche.
Juste à côté se trouve le vaisseau tout en verre de l'***Akademie der Künste*** (académie des Arts), construit à la place de l'ancienne qui occupait un palais du XVIIIe s. L'atrium lumineux s'ouvre sur la bibliothèque, la librairie et la cafétéria, par un réseau de passerelles et d'escaliers de verre.

L'***hôtel Adlon,*** palace mythique construit en 1907, a été reconstruit à l'identique sous l'égide du groupe Kempinski après avoir brûlé en 1947 lors de l'occupation russe. Depuis sa réouverture en 1997, c'est un certain parfum de nostalgie et une partie de l'histoire qui ressurgissent. Allez-y pour prendre un café, ne serait-ce que pour admirer la grande salle où le seul élément d'origine est la fontaine de marbre noir garnie d'éléphants. C'est le rendez-vous, autour d'un verre, des fans de Philip Kerr, le créateur du privé *Bernie Gunther,* que l'on retrouve cabossé mais toujours vivant, rôdant ici dans le roman *Hôtel Adlon,* suite de sa fameuse trilogie berlinoise.

L'*ADLON* : UN HÔTEL DE LÉGENDE

Le Kaiser Guillaume II y donnait rendez-vous à la Belle Otero, Auguste Escoffier en fut le chef du restaurant. Caruso, ainsi que Joséphine Baker, y ont dormi. Roosevelt, Greta Garbo et Einstein en avaient fait leur 2de maison à Berlin, Charlie Chaplin s'y est fait déshabiller par ses fans lors d'une avant-première, et Michael Jackson y a suspendu son bébé par-dessus un balcon en 2002 (oui, c'était là !).

– Un peu plus loin, du même côté (n°s 55-65), allez jeter un œil de l'extérieur, sur l'imposante ***ambassade de la Fédération de Russie*** de style stalinien, inaugurée en 1952 pour servir de représentation de l'URSS auprès de la RDA. Des statues de style réalisme socialiste avec des héros de la classe ouvrière y trônent toujours en compagnie de la faucille et du marteau.

Unter den Linden (zoom 2, E-F3) **:** le fameux boulevard « Sous les Tilleuls » a longtemps été considéré comme les Champs-Élysées de Berlin-Est. La perspective, moins ambitieuse, recèle pourtant plus d'édifices historiques que l'avenue parisienne. À l'origine, ce chemin campagnard menait les princes-électeurs à la réserve de chasse de *Tiergarten* ! Grâce aux tilleuls qu'y fit planter le Grand Électeur au XVIIe s, puis aux palais officiels et aux boutiques de luxe qui l'agrémentèrent, cette voie devint le lieu de promenade favori des Berlinois. Aujourd'hui, la *Pariser Platz* et les 2 premiers tronçons du boulevard ont achevé leur restructuration (mais les travaux continuent au-delà, vers la Spree, pour la construction de la ligne de métro, qui reliera la porte de Brandebourg à l'Alexander Platz, et peuvent encore vous priver, momentanément, de la visite de quelques monuments). Vu le prix du mètre carré, n'espérez pas trop trouver de petit café sympa où vous poser.

Staatsbibliothek *(Bibliothèque nationale ; zoom 2, E3,* ***357****) : Unter den Linden 8, 10117. • staatsbibliothek-berlin.de • ☎ 266-433-888. Lun-sam 8h-15h et 16h-22h, mais les horaires varient selon les sections.* N'hésitez pas à faire une halte apaisante dans la cour de cet édifice néobaroque à la façade rénovée : fontaine rafraîchissante, murs parcourus de lierre. Elle héberge aussi régulièrement d'intéressantes expos temporaires.

À côté, au n°6, l'***université Humboldt*** *(zoom 2, E-F3,* ***358****)*, où Karl Marx, Heinrich Heine et Friedrich Engels firent leurs études. Elle s'enorgueillit de près d'une trentaine de Prix Nobel. De grands noms y ont enseigné : Johann Gottlieb Fichte et Georg Wilhelm ***Friedrich Hegel,*** Robert Koch (l'homme du bacille), ainsi que Max Planck et ***Albert Einstein*** (une plaque rappelle qu'il y a travaillé de 1914 à 1932). Les ***frères Humboldt,*** eux, étaient des fils de l'aristocratie prussienne, descendants d'une huguenote française (voir en fin de guide la rubrique « Personnages » dans le chapitre « Hommes, culture, environnement »).
Face aux bâtiments de petits pavés de cuivre incrustés dans le trottoir donnent le nom des étudiants juifs déportés.

En face, au milieu de l'avenue, la gigantesque statue équestre (13 m de haut) de Frédéric II le Grand, roi de Prusse. Pendant la période communiste, elle avait été exilée à Potsdam au château de Sans-Souci.

De l'autre côté de l'avenue, promenez-vous sur la ***Bebelplatz*** *(zoom 2, F3,* ***362****)* pour admirer le magnifique ***Staatsoper*** *(opéra d'État ; zoom 2, F3,* ***360****)*, à la façade palladienne datant du XVIIIe s (le plus ancien du monde) et reconstruit pierre par pierre après la guerre. L'ancienne Opernplatz fut rebaptisée après guerre du nom du scientifique ***August Bebel,*** dont les livres brûlèrent ici aux côtés de ceux d'Einstein et de Freud...

Tout au fond de la place, la ***cathédrale Sainte-Edwige*** *(zoom 2, F3,* ***361*** *; entrée par la Behrenstr ; lun-sam 10h (11h jeu)-17h, dim 13h-17h ;* ***fermée momentanément au public pour travaux****)*, de style romain. S'inspirant du Panthéon de Rome, elle est tout naturellement le siège de l'évêché catholique.

Le musée Karl Friedrich Schinkel *(zoom 2, F3,* ***389****) : Werderscher Markt (et Oberwallstr). Restauré, le bâtiment accueille à présent des expos de l'ancienne Galerie nationale.* Installé dans la *Friedrichswerdersche Kirche,* une élégante église en brique de 1821, œuvre de Schinkel lui-même. Un édifice néogothique d'harmonieuses proportions. Elle abritait un petit musée dédié à Schinkel, l'un des plus grands architectes (peintre et sculpteur également) berlinois. Tout le monde connaît l'œuvre la plus durable de Schinkel sans le savoir : c'est lui qui dessina la célèbre ***Croix de fer*** qui sert toujours d'emblème et de médaille à l'armée allemande.

Le mémorial de l'Autodafé *(zoom 2, F3,* ***362****) :* face à l'ancienne bibliothèque, au niveau de la Bebelplatz, un monument très sobre rappelle l'endroit où les nazis brûlèrent plus de 20 000 livres le 10 mai 1933. C'est une simple plaque de verre, incrustée dans le pavement, à travers laquelle on voit, en dessous, une bibliothèque blanche aux rayons vides. Un projet que l'on doit à ***Micha Ullman,*** né à Tel-Aviv en 1939 et membre de l'Académie des beaux-arts de Berlin.

Plus loin encore, l'austère façade classique du ***Kronprinzenpalais*** *(zoom 2, F3,* ***363****)*, qui servit de résidence aux rejetons impériaux jusqu'à l'abolition de la monarchie, puis aux visiteurs de marque pendant la période communiste (il était truffé de micros). Le traité de réunification de l'Allemagne y a été signé le 31 août 1990. Il sert de nos jours de lieu d'exposition.

En face, à côté du *Deutsches Historisches Museum*, la **Neue Wache** *(Nouvelle Garde ; zoom 2, F3,* ***364****)*, construite par Schinkel, dont c'était la 1re réalisation importante à Berlin. Ce bâtiment classique à l'allure martiale abrite le mémorial aux « victimes de la guerre et de la tyrannie » et l'émouvante statue de ***Käthe Kollwitz,*** *La Mère avec son fils mort,* faiblement éclairé par l'orifice de la coupole. En 1933 déjà, cet édifice, qui abritait au XIXe s la garde royale, fut consacré à la mémoire des soldats tombés lors du 1er conflit mondial. À l'intérieur, le dépouillement extrême invite à la méditation.

Deutsches Historisches Museum *(musée de l'Histoire allemande ; zoom 2, F3,* ***347****)* **:** *Unter den Linden 2. ☎ 20-30-47-51. • dhm.de • U-Bahn : Französische Str. Tlj 10h-18h. GRATUIT pour l'expo permanente. Expos temporaires payantes. Audioguide 3 €. Café-resto agréable et calme avec terrasse sur la Spree ouv 10h-19h.*

– Ce musée est abrité dans le plus ancien bâtiment de l'avenue Unter den Linden, la superbe ***Zeughaus,*** de style baroque, édifiée sous Frédéric Ier, roi de Prusse. Utilisée par l'armée prussienne comme arsenal, la Zeughaus est devenue un musée de l'Armement après 1871, avant de servir de lieu de propagande guerrière sous le régime nazi. Après la disparition d'une grande partie des collections pendant la guerre et de nouvelles reconversions sous l'administration militaire soviétique, la Zeughaus, souvent victime des ruptures de l'histoire allemande, était prédestinée à accueillir ce musée.

Derrière la Zeughaus et sa grande cour recouverte d'un toit translucide, la nouvelle aile, flanquée d'un escalier en colimaçon en forme d'escargot de verre, est l'œuvre de l'architecte sino-américain ***I. M. Pei*** (l'auteur de la pyramide du Louvre à Paris).

– ***Le musée :*** il est consacré à l'histoire allemande du haut Moyen Âge jusqu'à nos jours. Résultat : un musée passionnant, organisé de manière chronologique, pas fastidieux du tout et qui fait le pari d'expliquer, sur 2 niveaux et plus de 10 000 m², le destin agité de ce *Deutsche Volk,* dont la présence géographique au centre du continent l'aura conduit à jouer les 1ers rôles dans l'histoire, on ne peut plus troublée, de la vieille Europe. Rien n'est passé sous silence, rien n'est évité, au contraire tout est clairement illustré avec un degré d'objectivité réellement digne d'éloges.

Visite

On peut se faire une idée de l'importance prédominante de cette position-clé de l'*espace allemand* au cœur du continent en observant au départ de la visite la ***carte lumineuse*** des frontières du territoire allemand qui se modifient au fil des grandes dates de l'histoire.

– ***Moyen Âge :*** l'empire de Charlemagne, 1er souverain européen digne de ce nom. Voir son portrait et sa statue puis admirer le chevalier en armure monté sur un cheval caparaçonné. Vitrines avec de superbes casques, épées, cottes de mailles, et de non moins superbes selles de cheval incrustées d'ivoire... Évocation des cités marchandes de la Hanse, maquette de la ville de Straubing, rôle des abbayes, vie religieuse, antisémitisme (déjà !) avec les 1ers pogroms dès 1349.

– ***Le globe terrestre de Martin Behaim :*** il s'agit d'une copie et non de l'original qui date de 1492. Cette année-là, Christophe Colomb découvre de nouvelles terres à l'ouest du monde connu. D'abord nommées *Indes* par erreur, ces terres s'appelleront plus tard *Amériques,* en souvenir d'Amerigo Vespucci. Néanmoins, le globe terrestre de ***Martin Behaim*** est le 1er de l'histoire : il prouve que son concepteur connaissait la rotondité de la terre, tout comme Christophe Colomb qui avait donné foi à la vieille théorie d'Aristote. Noter la grande tache noire qui représente l'océan Pacifique encore inexploré, et surtout l'absence de l'Amérique qui vient juste d'être découverte et dont Behaim ne sait encore rien ! Tapisserie de Tournai montrant le retour des explorateurs portugais à Lisbonne en 1504 avec girafes et chameaux. Extraordinaire ensemble de 4 tableaux ***(Jörg Breu)*** montrant le cycle des saisons dans la ville d'Augsbourg. On voit nettement (tableau avril-mai-juin) que la nudité des baigneurs dans les étuves a été couverte longtemps après la réalisation de la peinture. Scènes de tournoi.

– ***La Réforme et ses conséquences :*** c'est un des événements majeurs de l'histoire allemande. Portrait de son principal acteur, ***Martin Luther,*** mais aussi du moine Melanchton (tous 2 par ***Cranach le Vieux***). Documents concernant l'expansion du protestantisme en Europe, conciles, manifestes. 1res bibles éditées en allemand, gravures sur le mouvement anabaptiste de Münster, cette minorité radicale persécutée qui pratiquait le partage des terres et la polygamie. En juin 1534, les troupes catholiques prennent Münster et massacrent la population. Contre-Réforme et concile de Trente. Début de la menace ottomane à l'est.

– ***Autres salles :*** Charles Quint (tableau attribué à ***Rubens***) maître du Saint Empire Germanique ; l'Europe avant la guerre de Trente Ans qui oppose princes protestants et souverains catholiques. Chevaliers impériaux et mercenaires (les fameux lansquenets). Traités de Westphalie de 1648.

– ***La bataille pour la suprématie en Europe au XVIIe s :*** on y retrouve *Louis XIV franchissant le Rhin* (superbe tableau du Roi-Soleil en majesté de Testelin, 1685) dont l'objectif est d'étendre le territoire de la France par des conquêtes à l'est et au nord, tout en limitant le pouvoir des Habsbourg. Tableau du *Siège de Valenza del Po* par ***Pieter Snayers.*** Portraits de *Richelieu* et *Mazarin.* Amusante vitrine sur la sorcellerie (enfin, moins drôle quand on découvre le nombre de personnes exécutées sous ce prétexte...). Guerre de Succession d'Espagne.

– ***La tente turque de Vienne :*** un de nos (nombreux) coups de cœur. Tandis que Louis XIV se bat pour l'expansion française, l'Empire ottoman atteint son apogée en absorbant l'Europe du Sud-Est. En 1683, les Ottomans campent aux portes de Vienne (Autriche) où ils sont vaincus par ***Jean Sobieski,*** roi de Pologne. La tente exposée vient de là. Et en 1686, les chrétiens parviennent à reprendre Buda (Hongrie) aux Ottomans. ***Eugène de Savoie*** entre dans la légende. Portrait de la plantureuse princesse Palatine, belle-sœur de Louis XIV.

– ***Ascension du Brandebourg et de la Prusse :*** victoires sur les Suédois, militarisation de la société avec ***Frédéric Ier,*** mais aussi accueil des immigrés protestants de toute l'Europe. Développement de Berlin. Luxe à la cour d'***Auguste le Fort*** en Saxe, guerres de Silésie avec Frédéric II. Siècle des lumières (avec un exemplaire de l'*Encyclopédie* traduit en allemand), absolutisme, faste des cours et classicisme en Allemagne, 1re édition de la *Critique de la raison pure,* de Kant, publiée à... Riga. Déclaration d'indépendance américaine en allemand, et rencontre du pouvoir et de la raison avec les monarques « éclairés ». Choc de la Révolution française.

– ***Napoléon Ier, la fin du Saint Empire et création de la Confédération du Rhin :*** quelle surprise que ces salles napoléoniennes ! Des codes Napoléon, une bannière de l'infanterie autrichienne avec l'aigle bicéphale, constitution de la Confédération du Rhin, arrivée de l'Empereur à Berlin, tableau de la rencontre de 3 empereurs à Leipzig, incendie de Moscou, mais surtout des pièces rares comme le chapeau et l'épée de Napoléon à Waterloo, des reliques retrouvées en juin 1815 par les Prussiens sur le champ de bataille dans un carrosse rempli de bijoux, de pierres précieuses, à côté d'une table en argent. Napoléon les avait abandonnés dans sa fuite. Blücher salue Wellington. Congrès de Vienne, ***Metternich*** fait valser le continent.

– ***Émergence de la bourgeoisie au XIXe s :*** style Biedermeier, bâtiments de Schinkel, poètes et musiciens, ***Goethe, Schiller, Mendelssohn.*** Débuts de l'industrialisation, aspirations nationales et révolution de 1848. Marx publie le *Manifeste du parti communiste.* Grèves, mouvements sociaux, édification des ***Mietskasernen.*** Annexion du Schleswig-Holstein pris au Danemark. Guerre austro-prussienne. Mécanisation du travail. Vagues d'émigration vers le Nouveau Monde : 6 millions d'Allemands quittent leur pays entre 1830 et 1913.

– ***L'empire de Bismarck :*** 1871, après la défaite française, le IIe Reich est proclamé par Guillaume Ier dans la galerie des Glaces de Versailles (tout un symbole !).

Belle brochette de casques à pointe. L'industrie lourde allemande impose son label made in Germany. Foires et expos. Éducation des masses. Place des juifs dans la société. Sous Guillaume II, prestige de l'uniforme : les vêtements des petits garçons copient le style militaire. Inauguration du Reichstag. Hygiénisme et santé. L'Allemagne veut se doter de colonies.

– ***La Première Guerre mondiale :*** Triple Alliance contre Triple Entente, les grandes puissances sont au bord de l'affrontement. L'étincelle de Sarajevo embrase la poudrière Europe. Plongée dans les ténèbres, propagande chauvine. Gueules cassées, chirurgie réparatrice, prothèses. 1918 : l'Allemagne est ruinée, la France exsangue, l'Autriche démantelée et la Russie aux prises avec la révolution de 1917.

Suite au rez-de chaussée

– ***L'entre-deux-guerres :*** 1919, les spartakistes affrontent les *casques de fer* ; erreurs du traité de Versailles, occupation de la Ruhr, les Années folles, la créativité artistique (affiche de *Metropolis*), la ***république de Weimar,*** le Bauhaus et la crise de 1929. Putsch de Hitler à Munich. Clivage des extrêmes : chemises brunes contre faucons rouges.

– ***Le régime national-socialiste :*** 1933, nazification de la société (jusqu'aux maisons de poupées...), ostracisme, persécution et terreur. Autodafés et processions aux flambeaux. Lois de Nuremberg. Persécution des juifs. Négation du genre humain au profit d'une « race supérieure ». Construction des autoroutes et J.O. de 1936. Réarmement massif. Légion Condor en Espagne. Maquette du projet de *Germania*. 1ers camps de concentration. Pacte germano-soviétique.

MEIN KAMPF

Hitler écrivit le texte fondateur du nazisme en prison. Dès 1933, le Reich offrait systématiquement le livre aux jeunes mariés. Au total, il en vendit plus de 10 millions d'exemplaires ! Les substantiels droits d'auteur lui permirent d'acheter son chalet à Berchtesgaden. Plus de 70 ans après la mort de son auteur, l'ouvrage est désormais dans le domaine public et peut être réédité.

– ***La Seconde Guerre mondiale :*** la *Blitzkrieg* en Pologne puis à l'ouest, Hitler au Trocadéro. Guerre des sables en Afrique. Opération *Barbarossa* vers l'URSS. Génocides à l'Est. Défaite de Stalingrad. L'Allemagne sous les bombes, attentat contre Hitler, guerre totale et crépuscule des dieux. La capitulation. Berlin en ruine, et 55 millions de morts à cause de la folie de quelques-uns. L'Allemagne sous occupation alliée.

– ***Les 2 Allemagne, RFA versus RDA :*** rideau de fer, dénazification, blocus de Berlin, grèves à Berlin-Est, prospérité retrouvée à l'Ouest, érection du Mur, fuite des *Ossis,* VW contre Trabant, *Vopos* et Stasi. 1989 : fin du communisme, chute du mur de Berlin. 1990 : réunification de l'Allemagne. Une magistrale leçon d'histoire...

➢ En franchissant le ***Schlossbrücke*** *(pont du Château),* orné de statues, on passe dans l'ancienne ville-sœur, Cölln, sans vraiment se rendre compte que l'on est sur une île.

Museumsinsel *(l'île des Musées)*

Un des plus grands programmes de rénovation de la Ville : recréer sur l'île des Musées, à la pointe de l'île de la Spree, un ensemble de 5 musées renouant avec la prestigieuse tradition culturelle de la capitale allemande. En effet, ce site hébergeait auparavant la quasi-totalité des musées de Berlin, avant d'être détruit partiellement en 1945 ; certaines façades portent encore des traces des combats.

L'île des Musées a été inscrite en 1999 au ***Patrimoine mondial de l'Unesco.***
– Petit tour d'horizon du nord au sud. Pour mieux s'orienter, consulter le *zoom 2.*
– Pour 18 €, un *pass* valable 1 jour vous offre la possibilité de visiter les 5 musées de l'île (au galop ! mais ça vaut le coup). Sinon, pour 29 €, le ***Museumspass Berlin « 3-Tage-Karte »,*** comme son nom l'indique, permet de visiter toutes les expos permanentes des 30 musées de l'État, pendant 3 jours consécutifs. Tous les renseignements sur le site • *sbm.museum* • Entrée réservée à l'intérieur pour les détenteurs du *pass.*
Site de réservation et d'achat de billets en ligne : • *shop-smb.museum* •
Nouveauté : l'île des Musées poursuit un vaste programme de modernisation confié à l'architecte anglais ***David Chipperfield*** et dont le terme est prévu pour 2025. En bordure du Neues Museum, la ***Galerie James-Simon,*** un vaste bâtiment à colonnades sert d'***entrée commune avec la billetterie*** et de multiples zones de services pour 4 des 5 musées, et abrite aussi des expos temporaires. Henri James-Simon (1851-1932) était un riche mécène et philanthrope juif proche de l'empereur Guillaume II, à qui Berlin doit de posséder le buste de Néfertiti.

Bode-Museum *(zoom 2, F2)* **:** *Monbijoubrücke, Museumsinsel. ☎ 20-90-55-77. • smb.museum • U-Bahn : Friedrichstr ; S-Bahn : Hackescher Markt. À la pointe nord de l'île ; entrée par le pont de Monbijoustr.* ***Fermé pour rénovation.***
À la pointe de l'île des Musées, « le Bismarck des Musées » ; on le reconnaît facilement à sa coupole couronnée. Inauguré en 1904 sous le nom de Kaiser-Friedrich-Museum, fortement endommagé pendant la Seconde Guerre mondiale, il a rouvert ses portes en 2006. Un musée d'une grande richesse. Les œuvres couvrent la période du haut Moyen Âge jusqu'à la fin du XVIIIe s.

Collection d'art paléochrétien et byzantin
Couvrant une période qui va de l'Antiquité tardive à l'époque byzantine, ces collections font découvrir l'art de l'Empire romain d'Occident et de l'Empire byzantin, soit du IIIe au XVe s. Ces collections sont si riches qu'elles rivalisent avec celles du musée d'archéologie d'Istanbul, ce n'est pas peu dire !
Les pièces viennent d'Italie, du Proche-Orient, de Russie, de Grèce et d'Égypte. Malgré leur diversité géographique, on peut leur reconnaître une inspiration commune, tirée des modèles de l'Antiquité. Dans la section byzantine, très belle reconstitution d'une mosaïque de Ravenne *(Apsismosaik).*
– Remarquables ***ivoires,*** parmi lesquels figure la *Große Berliner Pyxis* (400 apr. J.-C.) ; le ciboire est orné d'une frise représentant le Christ et les Apôtres, ainsi que le sacrifice d'Abraham.
– La section consacrée à l'***art copte*** éclaire bien les rites de l'art funéraire des chrétiens d'Orient, notamment à l'aide de statues, de sculptures en bois, de textiles et de céramiques.
– La ***collection d'icônes*** possède des pièces d'Égypte datant des VIe et VIIe s. La peinture sacrée russe est représentée par une sélection d'icônes de l'*école de Novgorod* (1400) jusqu'aux réalisations du XIXe s.

Collection de sculptures
La sculpture italienne est particulièrement abondante avec, entre autres, la *Madone du presbytère Martinus,* le *Martyre de Giovanni Pisano,* les terres cuites vernissées de ***Luca della Robbia,*** les *Pazzi-Madonna* de ***Donatello*** et les bustes de Desiderio da Settignano et Mino da Fiesole. De ***Jan Van Eyck,*** une délicate *Vierge à la fontaine* avec profusion de détails végétaux.
L'autre point fort de la visite est la collection de sculptures gothiques tardives allemandes. La Renaissance et le baroque allemands sont représentés par des statuettes en albâtre et ivoire. Remarquer aussi les statues monumentales et martiales de saint Florian et saint Sébastien *(Ritterheilige)* datant de la guerre de Trente Ans.

Les groupes sculptés provenant de monuments sont également à l'honneur avec la *Gröninger Empore,* chef-d'œuvre de l'art roman. Étonnante *Marie de l'Annonciation* d'un artiste siennois, dont la tunique sculptée est peinte d'un orange flashy. Les styles rococo, classique français et allemand sont illustrés par des œuvres d'Ignaz Günther, de Joseph Anton Feuchtmayer, Bouchardon, Pierre Puget et les bustes de Jean-Antoine Houdon. Magnifiques *Ruines de Nîmes* de ***Hubert Robert.***

Cabinet des Médailles
Elles proviennent des collections privées des princes-électeurs de Brandebourg. Avec plus de 500 000 pièces (très bien présentées), c'est un des cabinets les plus riches du monde. On peut ainsi admirer des monnaies grecques du Ve s av. J.-C., des monnaies européennes du Moyen Âge, des deniers français.

***Pergamonmuseum** (musée de Pergame ; zoom 2, F2) **:** Bodestr 1-3 Rens : ☎ 266-42-42-42. • smb.museum • S-Bahn : Hackescher Markt. Accès par la James-Simon Galerie. Tlj 10h-18h (20h jeu). Entrée : 19 € ; réduc ; gratuit moins de 18 ans. Audioguide en français, seulement pour les collections permanentes ; il propose une visite de 30 mn qui ne reprend que les œuvres importantes.*
***Attention :** depuis 2012, le musée le plus célèbre de la ville connaît d'importants travaux en vue de la construction d'une 4e aile. En conséquence, d'ici à la fin de ces aménagements (prévue en 2024-2025), certaines parties (notamment l'aile nord avec les collections hellénistiques et l'autel de Pergame) sont fermées au public. Renseignez-vous au moment de programmer vos visites et sachez que les œuvres les plus significatives des salles fermées pour travaux sont exposées au Altes Museum.*
– ***Antikensammlung** (collection des Antiquités ; fermée pour travaux, une animation vidéo permet de se rendre compte du futur aménagement après ceux-ci)* **:** l'une des plus importantes du monde. Des trésors d'une rareté inestimable, exposés dans l'aile centrale. Parmi eux (dans le hall d'entrée), l'***autel de Pergame** (Pergamonaltar),* reconstitué grandeur nature, donne son nom au musée. Ce gigantesque monument élevé à Zeus et découvert en Asie Mineure fut érigé entre 180 et 160 av. J.-C. La frise de 125 m de long, reconstituée par fragments sur les murs de la salle, est considérée comme un chef-d'œuvre de l'art hellénistique et illustre les thèmes récurrents de la tradition grecque (combat des géants contre les dieux...). La maquette de l'autel donne une idée précise sur son aspect d'origine. Dans la salle de droite, autre splendeur, la ***porte romaine du marché de Milet*** (IIe s apr. J.-C.), haute de 17 m. La ville fut détruite vers l'an 1100 apr. J.-C. C'est une mission archéologique allemande qui dégagea la porte en 1903. Au sol, un carrelage de mosaïques antiques ornait certainement jadis la salle à manger d'une élégante villa romaine d'Ostie. L'aile gauche abrite des sculptures grecques, gréco-romaines et un cabinet de monnaies. Après tant de splendeur, on comprend pourquoi l'Europe de la Renaissance a considéré le retour à l'Antiquité comme un retour à la civilisation !
– ***Vorderasiatisches Museum** (musée du Proche-Orient)* **:** un très riche panorama de 4 000 ans d'art, dû aux recherches archéologiques allemandes menées au début du XXe s en Mésopotamie et en Assyrie. Encore une monumentale reconstitution qui ne passe pas inaperçue : la ***porte d'Ishtar*** (assez peu de recul pour l'admirer) et la *Voie des processions de Babylone* (VIe s av. J.-C.), démesurées et somptueuses avec leurs animaux en émail sur fond de céramique turquoise. Longue ici de 30 m, cette voie des Processions mesurait 250 m de long et 24 m de large, sous le règne de Nabuchodonosor II (604-562 av. J.-C.).
Riches *salles assyriennes* (les nos 10, 11, 12 et 13) où l'on peut admirer les bas-reliefs du ***palais de Ninive*** (704-689 av. J.-C.), des bijoux et vestiges de petits bronzes, outils, poteries, pierres, avec inscriptions cunéiformes. Dans les vitrines, nombreuses jolies statuettes et objets. Au centre, un réservoir d'eau aux parois sculptées (dieux et prêtres portant de petits seaux pour purifier le « dieu Eau »). D'autres bas-reliefs provenant d'un palais assyrien et couverts d'écriture cunéiforme. Statues votives qu'on posait sur de petits autels représentant la demeure du défunt.

Dans les salles en face, vestiges du site de *Habuba Kabira* entre 3000 et 4000 av. J.-C. Maquette du *temple de Marduk* à ***Babylone.*** Là encore, grande richesse des vitrines regorgeant de centaines de statuettes, figurines et de délicats objets, miroirs, petits bronzes de la période sumérienne... Dans la salle du fond, les célèbres lions, une orgie de bas-reliefs et d'impressionnantes bases de colonnes.
– ***Museum für Islamische Kunst*** *(musée d'Art islamique)* **:** *au 1er étage.* Dans la montée, ne pas manquer les magnifiques photos de la fin du XIXe s de la région de l'Irak actuel prises par Friedrich Sarre, l'archéologue qui rassembla les collections d'art islamique et devint directeur de ce département. Belles collections de tapis, miniatures et photos relatant l'histoire de l'art islamique depuis l'empire des ***Sassanides.*** Dès le départ, on découvre de merveilleuses enluminures et de beaux tapis des XVIe et XVIIe s, dont ceux du khan mongol Babur, qui avait fondé une dynastie en Inde. Ce genre de bijou était commandé à des artistes triés sur le volet.
Ravissante *chambre d'Aleppo,* d'influence persane mais trouvée en Syrie, avec ses arabesques, ses médaillons et ses panneaux de bois ciselé... En fait, c'était la salle à manger d'un riche commerçant chrétien.
– *Salle du califat de Damas* (661-750) *:* porcelaines peintes, terres cuites, bas-reliefs de pierre sculptés, cuivres, boîtes ou peignes en os ou ivoire ciselés. Niche de minbar de *Kashan* (Iran), belles portes sculptées d'Anatolie, niche en céramique de *Konya* (XIIIe s). Splendide coupole mongole ciselée.
Magnifique et imposante *façade du château omeyyade de Mschatta* (661-750), découverte près d'Amman (Jordanie). Intéressant décalage entre la monumentalité des murs et la délicatesse du décor. Un dessin reconstitue l'ensemble du site.
Puis de nouveau une riche section d'enluminures, de calligraphies et de miniatures, suivie d'une non moins riche collection de tapis. Notamment, on en découvre un, immense, venant de Lahore (Pakistan) et datant de 1610. Admirer ce remarquable décor floral d'une joyeuse exubérance, agrémenté de panthères dévorant des chèvres. Belles ***faïences d'Iznik*** (1530) en Turquie, plus quelques armures.
Une observation s'impose à la visite de cette section : jusqu'au XIIIe s la figure humaine était fréquemment représentée dans l'art islamique.

*** ***Alte Nationalgalerie*** *(Ancienne Galerie nationale ; zoom 2, F2)* **:** *entrée sur Bodestr 1-3. ☎ 266-42-42-42. • smb.museum • Tlj sauf lun 10h-18h (20h jeu). Entrée : 10 € ; réduc. Audioguide en français.*
Achevé en 1876 dans le dessein de réunir la fine fleur des artistes allemands (en plus de la phrase « À l'art allemand », la date de 1871 inscrite sur la façade rappelle la concrétisation de l'unité politique du pays), l'édifice devait également symboliser, par son architecture, la puissance du Reich. Au-dessus du monumental escalier et de l'imposante façade à colonnes semblable à celle d'un temple grec, trônent les statues des 3 arts : la *Peinture,* la *Sculpture* et l'*Architecture.* Bien sûr, l'Ancienne Galerie nationale a souffert de la Seconde Guerre mondiale, mais les œuvres éparpillées à l'époque de la séparation ont retrouvé leur place initiale.
Pour info, le XXe s est exposé à la ***Neue Nationalgalerie*** *(voir « Les quartiers de Tiergarten et Schöneberg »).*
Les visiteurs découvrent donc avec plaisir les chefs-d'œuvre de la peinture et de la sculpture du XIXe s, comme les portraits de Max Liebermann, Lovis Corinth ou les paysages troublants de ***Caspar David Friedrich...*** Mais la collection comprend également de nombreux impressionnistes français, acquis pour la plupart à la barbe de l'empereur par le directeur du musée Hugo von Tschudi entre 1896 et 1909.

3e étage
Consacré à la peinture classique et romantique allemande du XIXe s.
Quelques coups de cœur : ***Ferdinand Georg Waldmüller,*** peintre « rural », quelque peu académique mais qui, dans le *Retour de la Kermesse,* sait fort bien rendre joie et mouvements des enfants. Eduard Gaertner, un bon peintre urbain qui travaille dans la veine du Canaletto. Puis des naturalistes : Johann

Martin von Rohden, Carl Blechen, Karl Friedrich Schinkel. Ce dernier était non seulement un génial architecte, mais aussi un grand peintre. Pour preuve, ces paysages étonnants habités de cathédrales imaginaires. ***Caspar David Friedrich*** enchante avec ses paysages grandioses pleins de brume et d'une mystérieuse poésie. On adore le *Moine au bord de mer,* pour le malaise qu'il provoque, une sorte d'angoisse devant des espaces vides, fermés et infinis tout à la fois, dont toute vie, malgré quelques mouettes anecdotiques, semble absente... Sans oublier bien sûr une des 5 versions de la fascinante *Île des morts* du Suisse ***Arnold Böcklin,*** une des œuvres majeures du symbolisme. Enfin, aller ensuite admirer les fresques de la Casa Bartholdy.

2e étage
Consacré aux mouvements du réalisme, du symbolisme et de l'impressionnisme.
– *Salle des impressionnistes :* grâce aux ruses de ***Hugo von Tschudi*** (qui combattait au XIXe s le nationalisme étriqué de ses compatriotes), voici quelques chefs-d'œuvre de l'art français. Entre autres, des ***Renoir, Cézanne*** et une étrange *Conversation* de ***Degas*** ; dans cette toile, les 3 femmes se taisent, elles n'ont plus rien à se dire, et les tonalités ternes de la toile renforcent cette impression. Dans les autres salles, on trouve le *Paysage de printemps* de Daubigny et la *Vue de Vétheuil* de ***Monet*** et un des *Moulin de la Galette* peints par ***Van Gogh*** durant son séjour parisien.
De Lovis Corinth, *Portrait de la mère du critique d'art Hans Rosenhagen.* Peinture de la vieillesse sans complaisance. Quelques toiles de ***Max Liebermann*** d'un réalisme remarquable comme *Les Fileuses de lin*. Dans *L'Échoppe du cordonnier,* beau travail sur la lumière également. En revanche, le sombre *Plumeuses d'oies,* 1re œuvre exposée de Liebermann (à 25 ans), n'eut à l'époque aucun succès, à cause, disaient ses critiques, de la « pauvreté » du sujet. Clin d'œil à Renoir dans *Café à Nikolskoe.*

Rez-de-chaussée (1er étage)
Le musée rend un bel hommage à ***Adolph Menzel*** : à ce précurseur de l'impressionnisme, on doit des œuvres innovantes, au moment même où triomphaient, surtout en Europe, l'ultra-classicisme, le style pompier et le romantisme. La *Chambre au balcon,* de 1845, se révèle d'une modernité incroyable pour l'époque. Pièce quasi vide, place désordonnée du mobilier, détails visibles uniquement grâce à la glace de l'armoire. Superbe lumière presque apportée par le coup de vent qui soulève le délicat rideau blanc. Jusqu'à Menzel, le monde industriel n'était pas jugé digne d'être peint. Au milieu du XIXe s, Menzel, en rupture avec l'académisme, visita la plus grande fonderie de Silésie, où il exécuta plus de 150 esquisses, bravant le risque d'être écrasé par le laminoir. Il en résulta une magistrale métaphore du travail humain collectif : *Le Laminoir* (1872). Combat de cyclopes modernes dans les fumées et les lumières vacillantes du métal en fusion. Également quelques sculptures allemandes classiques. Mais l'une des œuvres les plus fascinantes, c'est la *Vague* de ***Courbet,*** d'une force inégalée, et dont Cézanne disait : « On dirait qu'elle arrive sur vous et l'on recule effrayé, toute la salle est remplie d'embruns. » De Courbet également, les *Rochers d'Étretat.* Puis encore *Nu assis* de ***Delacroix, Corot, Pissarro, Jongdkind,*** et un superbe et lugubre *Don Quichotte* par ***Daumier.*** Voir aussi l'autoportrait de ***Fantin-Latour*** et la lascive *Mademoiselle Rose* (1820) de ***Delacroix.***

♥♥♥ ***Neues Museum*** *(Nouveau Musée ; zoom 2, F2)* ***:*** *entrée sur Bodestr 1-3.* ☎ *266-42-42-42. • smb.museum • Tlj 10h-18h (20h jeu). Entrée : 12 € ; réduc. Audioguide en français pour la collection égyptienne seulement, les autres collections étant accessibles en anglais ou en allemand.*
Le bâtiment a rouvert ses portes en 2009 après 6 ans de restauration. L'architecte ***David Chipperfield*** a relevé le défi de conserver le style classique de l'édifice tout en lui donnant une touche de modernité et en gardant visibles les traces de l'histoire agitée de ce musée anéanti par les bombes en 1945 et laissé à l'abandon

par les 40 ans de régime communiste. Résultat : un mélange étonnant où cohabitent d'immenses escaliers et des salles avec des fragments de fresques et des plafonds peints avec des petites pièces voûtées.
Aujourd'hui, le Neues Museum abrite non seulement les collections égyptiennes de Berlin enfin réunies, mais aussi le musée de Préhistoire et Protohistoire ainsi qu'une collection d'antiquités, offrant aux visiteurs un regard croisé sur ces œuvres venues de différents horizons.

Sous-sol (niveau 0)
On y aborde le monde des morts si cher aux Égyptiens : sarcophages de toutes tailles mais pour un seul usage... Un intéressant inventaire sur plus de 1 000 km allant de l'île Éléphantine à Alexandrie permet de se faire une idée sur la représentation du dieu unique. La salle des papyrus (près de 5 000 pièces) recèle un admirable spécimen de plusieurs mètres de long, appelé ***Livre des morts de Neferini.*** Il raconte la transformation de l'homme en créature divine et éternelle. Concrètement, ces hiéroglyphes narrent la confession d'un « Homme juste » devant Osiris, dieu des Morts.
Au fond, sous les arcades, ne passez pas à côté d'une famille romaine décédée en 24 av. J.-C. : on voit l'effigie des visages peinte sur les momies des 3 enfants (portraits peints du Fayoum).

Rez-de-chaussée (niveau 1)
Objets précieux allant de l'âge de la pierre à l'âge du fer, en passant par celui du bronze. Peu de pièces mais de grande valeur : des armes, des bijoux. Plus loin, le buste d'Homère invite à contempler quelques poteries anthropomorphes et objets rituels (idole phallique assez évocatrice). Évoqués dans l'*Iliade,* des objets votifs ou de libation provenant des fouilles dirigées par ***Heinrich Schliemann,*** magouilleur hors-pair, infatigable voyageur et inventeur de Troie, dont l'intérêt pour les choses de l'Art ne cédait en rien à son sens immodéré pour les affaires. Dans la salle, le prétendu ***trésor de Priam*** (en fait, un assemblage d'objets hétéroclites mis en scène par le découvreur lui-même). Ce ne sont d'ailleurs que des copies, les originaux, raflés par les Soviétiques en 1945, se trouvent au musée Pouchkine à Moscou. Dans la salle suivante, quelques belles antiquités chypriotes, notamment une *Mère à l'enfant* du VIe-Ve s av. J.-C. et, juste en dessous, des terres cuites représentant le dieu égyptien Bès.
S'ensuit la ***collection égyptienne*** proprement dite, l'une des plus importantes au monde après celles du musée du Caire, du Louvre à Paris et du Metropolitan à New York. Elle débute par une pièce ornée de murs, bas-reliefs et parois de salles hypostyles ou de chambres funéraires, notamment celle de ***Methen*** (environ 2600 av. J.-C.) dont les hiéroglyphes constituent une des plus vieilles biographies d'Égypte. Dans sa tombe, on a retrouvé le 1er calcul exact de la surface d'un triangle.
La visite de cet étage se poursuit par une salle entièrement consacrée à la représentation humaine, la matière variant du bois peint le plus délicat aux roches les plus dures. À noter, la remarquable figurine de Tadja exécutée en ivoire, découverte dans la tombe d'un enfant de 7 ans et qui renvoie à l'idéal africain de la beauté. Aussi l'une des têtes les plus célèbres du musée, le ***Berliner Grüner Kopf,*** un chef-d'œuvre de l'art égyptien représentant un prêtre chauve d'une étonnante modernité qui sème encore le trouble parmi les experts quant à sa datation exacte (estimée à 400 ans av. J.-C.).
Enfin, la statue en bois d'un homme en marche, représentative de l'art mortuaire (1950-1900 av. J.-C.). Traduisant un « mouvement en devenir », elle est assez évocatrice de l'intention du sculpteur d'insuffler la vie à l'objet pour le rendre immortel.
Après la ***salle du pharaon Amenemhat III,*** la visite de l'étage se termine par un melting-pot d'objets divers : amulettes, boîtes à onguent, notes de voyage, croquis... On y trouve même le précieux système hiéroglyphique de Champollion, ainsi que quelques lithographies originales de l'ouvrage de Richard Lepsius,

l'égyptologue prussien, qui en comptait près d'un millier et qui témoignent de la compétitivité engagée entre les puissances occidentales, consécutivement aux découvertes de Bonaparte en Égypte.

Niveau 2

Pour y accéder, on emprunte le majestueux escalier où l'étonnant travail architectural sur la combinaison des styles, des époques et des matériaux ressort pleinement.

Dans la 1re salle, les conditions d'éclairage sont remarquables et la muséographie a été pensée de telle sorte que les visiteurs se sentent observés de toutes parts. Ici, la typologie de la figuration humaine invite au respect (Giacometti y a puisé son inspiration). Vous remarquerez que certaines statues ont le nez cassé : éminemment représentatif de la pénétration du souffle de vie à travers le corps, il était systématiquement détruit par ceux à qui la tête du défunt ne revenait pas. Ce n'est toutefois pas le cas de celle de ***Petamenophis,*** figurine à posture cubique et au regard vengeur. Plus gracile, la tête en bois d'if de la ***reine Tiyi,*** mère d'Aménophis III, le pharaon qui a imposé la 1re religion monothéiste connue de l'histoire.

Le regard est ensuite irrésistiblement attiré vers le sanctuaire réservé au ***buste de Néfertiti*** (Nofretete, pour les Allemands) la reine dont le nom signifie « la beauté est arrivée » et qui vivait il y a près de 3 000 ans : une salle octogonale où la lumière se focalise uniquement sur le célèbre buste. Un puits de lumière au-dessus d'elle accentue l'impression de lieu sacré, les murs reprennent les teintes du chef-d'œuvre. Cet extraordinaire modèle de travail, utilisé pour la finition des nombreuses représentations de la reine, a été retrouvé en 1912 dans les fouilles de l'atelier de ***Thoutmosis,*** sculpteur de la cour. L'Égypte réclame à cor et à cri sa restitution arguant des conditions douteuses dans lesquelles elle a été acquise en 1912. Hélas, lui tirer le portrait, même avec un smartphone, est formellement interdit.

NÉFERTITI, Y A PAS PHOTO !

Elle était la femme d'Akhenaton. Sa tombe devait se trouver à côté de celle du pharaon, mais aucune momie n'y reposait. Le tombeau ayant été profané, la momie a-t-elle été détruite ? Nul ne le sait. Son célèbre buste en plâtre peint a traversé 3 millénaires pour parvenir jusqu'à nous, intact ! Le plus incroyable, c'est qu'il n'a jamais dû être restauré. Un détail : l'œil droit est incrusté de cire, mais l'œil gauche est vide.

Sans transition, on entre dans l'ère romaine par la voie martiale : ordres militaires, armes, casques. Puis arrivent les Grecs (remarquable statue d'Hélios), les Germains, les Gaulois. Salle 206, très belle collection de bijoux des périodes paléochrétienne et byzantine. Chose rare, on notera un denier à l'effigie de Charlemagne (sacrée pièce !).

Niveau 3

À l'étage supérieur, on remonte le temps pour découvrir les collections du *musée de la Préhistoire et de la Protohistoire.* Belle collection de bifaces et reconstitution d'un visage de néanderthalien découvert au Moustier (Dordogne) en 1908, le Moustérien étant une étape importante de l'industrie lithique humaine. La muséographie est épurée : os, peaux de bêtes. Tableau lumineux montrant l'accroissement démographique de la population humaine depuis 9 milliers d'années... angoissant !

La *Salle des étoiles* est consacrée à la religion et à l'astrologie. Au milieu trône le célèbre « ***chapeau d'or*** » *(Golden Hat),* un étrange couvre-chef conique de chaman de près de 1 m de haut qui devait servir aux cérémonies entre les XIIe et IXe s av. J.-C. C'est l'une des 4 pièces de ce type trouvées à ce jour dans le monde.

La visite s'achève par l'âge du bronze ainsi que par une belle collection d'armes, de parures et de bijoux des cultures celtiques et nordiques (remarquable casque en fer et bronze incrusté de corail). Petite section consacrée à l'archéologie de la période contemporaine avec les objets trouvés dans les ruines de Berlin après 1945.

Altes Museum *(Ancien Musée ; zoom 2, F2-3) : entrée par le Lustgarten, face à la Schlossplatz. ☎ 266-42-42-42. • smb.museum • Tlj sauf lun 10h-18h (20h jeu). Le niveau supérieur n'ouvre qu'à 11h. Entrée : 10 € ; réduc.*
Le plus vieux musée de Berlin, chef-d'œuvre de l'architecte Schinkel, était en 1830 l'un des 1ers d'Europe à avoir été spécialement conçus dans le dessein d'initier le grand public à l'art. Austère façade classique aux colonnes ioniennes, égayée d'une maxime en néon.

Il abrite une collection d'antiquités grecques, étrusques et romaines couvrant principalement la période comprise entre la civilisation cycladique et la fin de l'époque hellénistique. Elle comprend notamment une magnifique série de céramiques attiques, corinthiennes et crétoises. Observez bien les scènes peintes : elles sont le reflet de la vie quotidienne dans l'Antiquité. On découvre ici un athlète occupé à s'enduire le corps d'huile, là une partie de chasse, ailleurs une porteuse d'eau... À l'étage, au centre, l'impressionnante rotonde inspirée du Panthéon de Rome regroupe les statues des anciens dieux. Superbe collection d'argenterie romaine trouvée à *Hildesheim* en Basse-Saxe. Ne manquez pas, salle 5, les bustes voisins de César et Cléopâtre et, dans la salle 6, sous l'appellation « Jardin des délices », une collection de cratères et de terres cuites évoquant l'amour dans l'Antiquité. Le tout est complété par une importante collection numismatique. Et pendant les travaux d'agrandissement du *Pergamonmuseum,* de nombreuses pièces de sa prestigieuse collection gréco-romaine sont exposées ici.

TROP VASTE VASQUE

Devant la colonnade du musée trône une vasque de granit commandée par le roi Frédéric-Guillaume III en 1828. Elle devait prouver les qualités de l'artisanat berlinois capable de tailler un bloc de 70 t d'un seul tenant. Destinée à orner le hall du musée, on s'aperçut qu'elle était trop grande pour passer entre les colonnes. Elle dut donc rester dehors.

De la Schlossplatz au Nikolaiviertel
(quartier Saint-Nicolas)

Berliner Dom *(cathédrale ; zoom 2, F2-3) : Am Lustgarten. • berlinerdom.de • Heures d'ouverture variables, en fonction des événements, mais en principe : lun-sam 9h-19h, dim 12h-19h. Pour la coupole (270 marches), mêmes heures, mais fermé dès 17h en hiver. Dernier accès 1h avt la fermeture.*
Entrée : 7 € (chère !) ; 11 € avec audioguide en français ; réduc avec la Welcome Card. *Pas de visites pdt les services religieux.*
Concerts organisés souvent entre 18h et 21h lun et ven-sam (☎ 20-26-91-36) ; consulter le site pour le programme.
Visites guidées (☎ 20-26-91-19) en allemand 12h30-15h30 (dim 12h15-15h).
Imposant et austère édifice à la gloire de l'Église luthérienne et de la Prusse, construit entre 1894 et 1905, à l'initiative du Kaiser ***Guillaume II*** et de son épouse Augusta. Admirer les lumineuses peintures, la chaire et l'orgue. Sur la droite, juste à l'entrée de la chapelle, imposants tombeaux de la reine *Sophie-Charlotte* et du roi *Frédéric Ier*. La crypte abrite 94 cercueils en marbre, en étain ou en bois, dans lesquels reposent la plupart des ***Hohenzollern.*** Toutes les explications sont en allemand. Attention, si vous grimpez au dôme en 1er, plus possible de revenir dans la nef ; respectez donc le sens imposé de la visite.

Lindenforum : le 2e tronçon de « Sous les Tilleuls » s'étend de la ***Bebelplatz*** à l'ancienne ***Schlossplatz,*** où s'élevait jadis le château de Berlin, un palais baroque du XVIIe s. Plutôt que de le réhabiliter à grands frais, le régime de la RDA avait choisi de détruire ce symbole de l'arrogance prussienne pour y construire son *palais de la République.* Rasé à son tour de 2006 à 2009 pour les mêmes raisons idéologiques (de plus, truffé d'amiante communiste), le ***Berliner Schloss*** *(zoom 2, F3, **359**)* a été entièrement reconstruit sur le modèle de l'ancien palais (excepté l'intérieur, conçu dans un style beaucoup plus moderne et fonctionnel), afin d'y abriter le ***Humboldt Forum.*** Il a été achevé fin 2020 après 7 ans de travaux pharaoniques, mais les collections ne sont accessibles que depuis le début 2021. Une toute nouvelle station de métro permet un accès rapide et pratique à cette nouvelle attraction touristique de 1er ordre.

👁👁 ***Humboldt Forum, Schlossplatz*** *(zoom 2, F3)* **:** ☎ *265-950-0.* ● *humboldtforum.org* ● Grand centre culturel ouvert depuis la mi-décembre 2020, qui réunit les collections du Musée ethnologique et du musée d'Art asiatique de Dahlem et celles de l'université Humboldt. On y trouve aussi la bibliothèque centrale, un auditorium, des salles de cinéma, des restaurants et des boutiques. Les caves baroques, situées au sud-ouest du palais, sont également accessibles au public.

LE PALAIS DE L'EX-RDA DEVIENT UN CENTRE CULTUREL

La reconstruction « à l'identique » du château des Hohenzollern, symbole de la monarchie prussienne, à la place de l'édifice phare de l'ex-RDA, a suscité de vives controverses. Certains y ont vu un geste idéologique, motivé par la nostalgie impériale et, surtout, le souci de liquider les vestiges de l'ère communiste, pourtant partie intégrante de l'histoire du pays. En attendant, il a fallu déblayer les 76 000 t de béton, de fer et de verre. Un peu cher pour convertir un symbole stalinien en une icône néo-prussienne.

👁 Derrière, en longeant la *Ribbeckhaus* et la ***bibliothèque des archives municipales*** *(zoom 2, F3, **368**)*, on peut accéder à l'***île aux Pêcheurs*** *(Fischerinsel)*, qui n'est pas vraiment une île en elle-même, mais qui se trouve être le véritable cœur du vieux Berlin. Quelques façades restaurées et une promenade dans un quartier tranquille.

👁👁 ***Nikolaiviertel*** *(quartier Saint-Nicolas ; zoom 2, F3, **375**)* **:** un quadrilatère de 4 ha délimité par la mairie *(Rathaus)*, le forum Marx-Engels et la Spree. Il faut se pincer pour croire à la réalité de ce quartier du vieux Berlin, entièrement reconstitué, avec ses petites maisons toutes propres, ses tavernes pseudo-typiques, son absence totale de néons, de voitures, de fils électriques... C'est l'une des attractions touristiques de Berlin, alors ne vous étonnez pas d'y croiser pas mal de monde.
Intégralement rasé lors de la dernière guerre, la RDA décida de le reconstruire pierre par pierre à l'occasion du 750e anniversaire de la ville, pour en faire une vitrine de l'Allemagne communiste ! Amusant d'imaginer qu'il sera demain dans le prolongement logique d'une visite au château reconstitué des Hohenzollern, remonté à la place d'un des symboles de la RDA...
Faites un tour dans ce décor pour tournage de film jusqu'à l'***église***

LES FEUX DE L'AMOUR

Le retour des petits bonshommes verts (et rouges) animent les feux de circulation à Berlin. Imaginé en 1961, l'Ampelmann rythmait les passages pour piétons dans Berlin-Est. Ces petites silhouettes lumineuses, reconnaissables de loin avec leur chapeau, avaient été remplacées à la réunification, puis réinstallées, même à l'Ouest. Devenues un symbole culte, elles ont donné le jour à une multitude de produits dérivés. Des boutiques les commercialisent à présent un peu partout.

Saint-Nicolas, reconnaissable de loin à son clocher en forme de bonnet d'âne ! La splendide nef de la plus vieille église de Berlin (les fondations datent de 1230) abrite un musée payant sans grand intérêt *(tlj 10h-18h ; 5 €),* on peut se contenter de jeter un œil dans l'entrée... Juste à côté, sur la placette ombragée, belle fontaine gothique surmontée de l'ours, la mascotte de la ville, qui enserre le blason de Berlin.
Au 7, *Nikolaikirchplatz*, la *maison de l'écrivain Lessing,* de 1765, reconstruite à l'identique.
Ce quartier, au-delà des quais de la Spree et de ses sucreries baroques, constitue, passé le pont Mühlendamm, le cœur historique de l'ancienne sœur jumelle de Berlin : ***Cölln.***

Le palais Ephraim *(zoom 2, F3,* ***376****) :* ☎ *24-00-21-62.* • *stadtmuseum.de/ephraim-palais* • ***Fermé pour reconstruction.*** Un joyau rococo, réputé jadis comme le plus bel endroit de Berlin. Rasé en 1936, il a été reconstruit dans la 2de moitié des années 1980. Le lieu est destiné à accueillir des expositions temporaires et variées : peinture, décoration de théâtre ou costumes historiques. Programme des expos sur le site.

Hanf Museum *(zoom 2, F3,* ***349****) : Mühlendamm 5.* ☎ *242-48-27.* • *hanfmuseum.de* • *U-Bahn : Klosterstr ; bus nº 148. Tlj sauf lun 10h (12h w-e)-20h. Entrée : 4,50 € ; réduc avec la* Welcome Card. C'est certainement un musée unique en son genre (enfin, le 3e avec ceux de Bologne et d'Amsterdam), et que l'on menace de fermeture... depuis son ouverture en 1994 : ce musée traite en effet d'une plante très ancienne, la *Cannabis sativa* ! Modeste, mais original et très instructif. On y découvre l'ensemble des vertus de cette plante. Tous les sujets sont abordés, comme la culture du chanvre dans l'Allemagne d'autrefois, son utilisation pour la fabrication de vêtements et de toiles de bateau dans la Russie et l'Italie du début du XXe s. Collections de shiloms, feuilles à rouler et autres pipes à eau, inévitable section rastafari et affiches anti-marijuana. Petite boutique et café sympa au sous-sol, rythmé soul-reggae. Le musée est par ailleurs le siège social de l'association *Hanfparade,* qui organise chaque été au mois d'août un défilé bon enfant (de type corso fleuri !) dans les rues de Berlin.

Tout près de là, parmi les rares édifices du *Nikolaiviertel* à avoir survécu aux destructions de la guerre, figure la ***Knoblauchhaus,*** construite en 1759. La maison patricienne abrite à présent une *Weinstube* historique (magnifique petite salle au plancher qui craque) ainsi qu'une exposition permanente à l'étage *(mar-dim 10h-18h ; horaires variables en période de vacances, GRATUIT),* consacrée à l'histoire berlinoise du XIXe s et à celle de la famille *Knoblauch,* illustre représentante de la haute bourgeoisie juive de Berlin et propriétaire des lieux jusqu'en 1928. Le musée permet de restituer le cadre de vie de cette famille d'architectes mais aussi de grands brasseurs, qui s'exila aux États-Unis à l'arrivée des nazis. Magnifique plancher en bois aux motifs en losanges, secrétaire en forme de temple antique, jouets d'enfant... Au 2e étage, costumes d'époque et objets de la vie quotidienne. Voir aussi les affiches de publicité de la *Bömisches Brauhaus* familiale, qui produisait la *Berliner Pils* d'après les procédés réputés de la tradition tchèque.
Laissez-vous aller à flâner ensuite dans la *Breite Straße* ou *Brüderstraße* de l'île aux Pêcheurs, au-delà du Mühlendammbrücke...

Märkisches Museum *(musée de la Marche de Brandebourg ; zoom 2, F3,* ***350****) : Am Köllnischen Park 5.* ☎ *24-00-21-62.* • *stadtmuseum.de* • *U-Bahn : Märkisches Museum. Accès par le parc. Tlj 10h-18h sauf lun. Entrée : 7 € ; réduc avec la* Welcome Card *; gratuit 1er mer du mois.* ***Momentanément fermé.*** Dans un édifice néogothique inspiré par l'architecture des monastères, l'histoire de Berlin et de ses environs proches depuis la préhistoire. Au 1er étage, armes et armures (c'est vrai qu'ils étaient plus petits à l'époque, les Allemands !). Au 2e étage, collection de vieux phonographes, d'orgues de Barbarie, de pianos pneumatiques et de Polyphon, dont celui de 1905, avec son disque en fer troué. Démonstrations le dimanche à 15h. Voir aussi la salle de la chapelle gothique, qui présente de belles pièces de l'art religieux (magnifique autel de la Passion de 1520).

De la Potsdamer Platz à Unter den Linden *(zoom 2, E-F3)*

Spy Museum *(musée de l'Espionnage ; zoom 2, E3)* **:** *Leipziger Platz, 9. S-Bahn et U-Bahn : Potsdamer Platz. ☎ 398-200-451. • deutsches-spionagemuseum.de • Tlj 10h-20h. Entrée : 12 € ; réduc.*
Une plongée dans le monde obscur de l'espionnage et des services secrets, depuis l'Antiquité jusqu'à nos jours avec la plus grande partie consacrée à la période de la guerre froide, dont Berlin fut le principal terrain d'affrontement. L'espionnage est vieux comme le monde et a toujours été une activité essentielle au cœur des conflits armés et durant les périodes de paix. Le rôle de l'espion ayant très tôt été celui des « yeux et des oreilles » du chef politique ou militaire. On entre par un sas à rayons-X, avec la recommandation de brûler son ticket après usage : le décor est planté ! Quelques figures légendaires dans l'histoire de cette activité : le ***père Joseph*** (l'espion de Richelieu), le ***chevalier d'Éon,*** le capitaine ***Dreyfus*** (malgré lui), ***Mata-Hari,*** Edith Cavell, ***Joséphine Baker,*** l'***amiral Canaris,*** Cicéron, Sorge et les fameux décrypteurs de *Betchley Park* qui cassèrent le code de la machine *Enigma* des Allemands, sous la direction d'Alan Turing.
Berlin oblige, la période de la guerre froide (1947-1990) constitue le gros morceau de l'exposition avec l'affrontement secret mais féroce entre l'Est et l'Ouest (CIA *vs* KGB et STASI). Les gadgets les plus invraisemblables sont exposés : appareils photo miniaturisés de la taille d'un bouton, Trabant d'observation, redoutable « parapluie bulgare », pipe-revolver, soutien-gorge avec caméra intégrée... Pour finir, l'émergence des technologies nouvelles et la sophistication des moyens d'écoute et d'observation (Internet, satellites, grandes oreilles de la NSA, *big data...*) pour combattre le terrorisme et se livrer à l'espionnage industriel ont considérablement modifié les usages du renseignement. Côté ludique, on peut s'amuser à détecter des micros dissimulés dans un bureau ou (plus sportif !) à parcourir un couloir zébré de rayons laser à éviter, à l'instar de Catherine Zeta-Jones dans *Haute voltige* ou de Vincent Cassel dans *Ocean's Twelve.* Un musée divertissant qui pourra même plaire aux enfants qui auront l'occasion de se déguiser en espions.

Museum für Kommunikation *(zoom 2, E3)* **:** *Leipziger Str 16. ☎ 20-29-40. • mfk-berlin.de • U-Bahn : Stadtmitte ; S-Bahn : Potsdamer Platz. Mar-ven 9h-17h (20h mar), w-e et j. fériés 10h-18h. Fermé lun. Entrée : 6 € ; gratuit moins de 18 ans ; réduc avec la* Welcome Card. *Café.*
Installé dans un superbe édifice, intelligemment rénové, très intéressant musée sur l'histoire de la communication à travers les siècles, dans un cadre particulièrement séduisant. Visite fort recommandée avec des enfants. Impossible de tout décrire, en voici les points forts.
– D'abord, sympathiser et s'amuser avec les robots évoluant dans le *hall principal.* Ensuite, se précipiter au *sous-sol* pour découvrir la « salle aux trésors », un choix d'objets exceptionnels liés à la communication à travers le temps et présentés de façon remarquable, presque mystérieuse. Dans une douce pénombre découvrez le célèbre ***Mauritius bleu*** (le plus vieux timbre du monde, 1847), disparu en 1945 et retrouvé à Philadelphie en 1996, ainsi qu'un autre timbre rare, de 9 kreuzers, mal imprimé et qui vaut actuellement 1,5 million d'euros ! Également le 1er guide de voyage (1796) consacré à la Bavière, des lettres et émouvantes missives (comme une lettre de Samuel Morse, ou celle d'une rescapée de l'incendie du zeppelin en 1937), etc.
– *1er étage :* expo de bornes postales, « télégraphe en valise », antiques boîtes aux lettres, enseignes, vénérables sacoches de facteur, et les timbres, bien sûr. Salle avec accessoires de la poste (tampons, pèse-lettres, sceaux, écritoires...),

maquettes, vieux standards téléphoniques, antiques téléphones, phonographes, matériels électriques divers, tuyaux de pneumatiques etc. Mais aussi une carte lumineuse de la terre qui recense l'activité de Twitter en temps réel. Section intéressante sur la transmission et l'acheminement avec les routes romaines, un codex mixtèque, les *quipu* incas, ces cordelettes à nœuds qui servaient d'informations chiffrées. Puis la mise en place de la poste impériale au XVIe s par la famille ***Thurn und Taxis*** jusqu'à l'entreprise DHL contemporaine.
– *2e étage :* les techniques de communication lors des conflits (guerre des ondes durant la guerre froide, « l'affrontement » des haut-parleurs entre l'Ouest et l'Est). Puis les 1ers postes télé, les 1res caméras, les 1res radios... galerie des ordinateurs, réseaux de radio et télévision de 1920 à 2000, jeux vidéo, réalité virtuelle. Expos temporaires. Et, devant l'entrée, vous remarquerez qu'une curieuse coutume semble s'être instaurée : coller son billet d'entrée sur le mobilier urbain. Un autre moyen de communiquer ?

➢ En empruntant la *Leipziger Straße* puis la *Mauerstraße,* on accède à l'arrière du ***quartier 200,*** appelé ***Philip-Johnson-Haus,*** siège de l'*American Business Center.* L'architecte américain ***Philip Johnson,*** influencé par *Mies van der Rohe*, a réalisé là un complexe à l'architecture rationnelle : derrière une monumentale sculpture contemporaine se dresse une façade imposante, recouverte de granit, qui alterne baies vitrées et piliers percés de fenêtres. Une rotonde en pierre, située au-dessus du 6e étage, couronne les parois de verre et de granit en donnant à l'ensemble sa cohésion esthétique.
Vers le sud, la *Mauerstraße* rejoint la *Friedrichstraße,* juste avant son intersection avec la *Zimmerstraße*. Au carrefour de la *Friedrichstraße* et de la *Kochstraße* se trouve l'ancien point de contrôle *Checkpoint Charlie* (voir plus loin « Les quartiers de Kreuzberg et Neukölln »).

★ Les curieux d'histoire militaire feront un crochet par la ***Zietenplatz*** *(zoom E3,* ***365****)* pour y admirer les statues de bronze fièrement campées de 8 maréchaux et généraux qui ont fait la gloire des armées prussiennes.

★★ ***Gendarmenmarkt*** *(marché des Gendarmes ; zoom 2, E3)* **:** à l'origine la place du marché de la ville de Friedrichstadt, c'est un des ensembles monumentaux les plus harmonieux de Berlin. Elle doit son nom au régiment de gens d'armes qui y avait ses quartiers en 1736.
De part et d'autre des 2 dômes, côté ouest de la place le ***Konzerthaus*** est une réalisation superbe néoclassique due également à Schinkel. Volée monumentale d'escaliers pour accéder à l'entrée sous fronton à colonnades. Sa salle y accueille les prestations du *Konzerthausorcherster Berlin.* Programmation sur • *konzerthaus.de* •

★★ ***Französischer Dom – Hugenottenmuseum*** *(église française et musée des Huguenots ; zoom 2, E3,* ***369****)* **:** ☎ *229-17-60.* • *hugenottenmuseum-berlin.de* • ***L'église et le musée sont fermés pour rénovation.***
Construite en 1701-1705 à l'intention des protestants français, cette église a perdu son dôme pendant la guerre 1939-1945. Reconstruite en 1983, elle a retrouvé sa splendeur d'antan. Si son emplacement face au Deutscher Dom fut décidé pour des raisons esthétiques, il constitue rétrospectivement un beau symbole d'entente franco-allemande ! L'église abrite un intéressant musée consacré à l'histoire des huguenots en France, à Berlin et dans le Brandebourg. Textes explicatifs (sous-titrés en français) évoquant les persécutions subies en France par les protestants, et leur fuite vers Berlin après la ***révocation de l'édit de Nantes*** par Louis XIV en 1685. Accueillis comme réfugiés par les Hohenzollern, les réformés français formèrent une colonie active dans le Brandebourg, qui, avec les années, devint très influente dans tous les domaines (politique, économique, culturel). L'origine du nom qu'on leur a donné – « huguenot » – reste vague.
– ***Le clocher. Actuellement en travaux.*** On y accède par un escalier de 254 marches. De la balustrade, vue sur la ville. À ne pas manquer, sous la

coupole, le magnifique carillon : une grappe de 60 cloches coulées dans 30 t de bronze. Les marteaux mobiles situés à l'intérieur des cloches sont reliés aux touches d'un clavier contrôlable par ordinateur ! Déclenchement automatique à 10h, 12h, 15h et 18h. Concerts d'orgue organisés régulièrement ; voir programme sur le site.

Deutscher Dom *(cathédrale allemande ; zoom 2, E3)* **:** *Gendarmenmarkt ; on entre par la Markgrafenstr. ☎ 22-73-04-31. Tlj sauf lun 10h-19h (18h oct-avr). Visites guidées tlj 11h-17h ; audioguide en français et livret en français également très complet (avec indications bibliographiques !). GRATUIT.*
À côté du Französischer Dom, l'église allemande a été construite pour les protestants en 1708. L'architecte s'est inspiré des églises *Santa Maria in Montesanto* et *Santa Maria dei Miracoli* à Rome. Endommagé pendant la guerre, le *Deutscher Dom* a rouvert ses portes en 1996 après une longue restauration. Mais seules les façades extérieures ont retrouvé leur aspect d'antan. L'intérieur de cette église (qui n'en est plus une !) ressemble plus à un musée contemporain. L'édifice abrite d'ailleurs une exposition permanente (*Wege, Irrwege, Umwege,* « Cours, Contours, Détours ») sur l'histoire du système parlementaire allemand depuis 1848 jusqu'à nos jours.
Au 1er étage, reconstitution (à échelle réduite) de la salle actuelle du Bundestag. Au 3e étage, le IIIe Reich et la fin de l'État de droit. Photos éloquentes, comme ces juristes effectuant le salut nazi. Archives vidéo et audio, dont le célèbre discours de ***Goebbels,*** la « guerre totale », qui, en 1943, annonce le sacrifice à venir de la population berlinoise. Intéressante section sur le régime est-allemand. Au 5e étage, série de maquettes de parlements, et notamment le projet délirant d'***Albert Speer,*** l'architecte de Hitler, qui rêvait d'un Reichstag de style néoclassique, *Germania,* plus grand que tous les parlements existant au monde.

Friedrichstraße *(zoom 2, E2-3)* **:** tracée au XVIIe s, cette artère constituait le principal axe nord-sud de la ville, traversant les faubourgs de *Dorotheenstadt* et de *Friedrichstadt.* Elle reliait sur une longueur de 3,3 km les portes d'*Oranienburger* et de *Hallesches*, aujourd'hui disparues.
Vers la fin du XIXe s, la *Friedrichstraße* voit s'installer de nombreux cafés, restaurants, magasins et autres cabarets, pour devenir lors de la Belle Époque l'un des centres de plaisirs de la capitale. Dans l'entre-deux-guerres, le *Kurfürstendamm* détrône la *Friedrichstraße* comme pôle de la vie nocturne berlinoise. Les derniers combats de rue d'avril 1945 l'ont complètement anéantie.
Après la division de Berlin, la *Friedrichstraße* reste une artère vivante de Berlin-Est, avec ses théâtres et ses cabarets, même si elle bute au sud sur ce qui fut le tristement célèbre ***Checkpoint Charlie.*** Après 1990, le sénat de Berlin décida d'en poursuivre la réhabilitation déjà amorcée par les autorités de RDA. La *Friedrichstraße* a été le 2d grand chantier après celui de la *Potsdamer Platz*, voyant éclore des édifices avant-gardistes, mais c'est surtout devenu une façade du Berlin chic, avec ses magasins, ses hôtels et ses restaurants de luxe. On y trouve aussi ***The Berlin Wall Panorama*** *(tlj 10h-18h ; 10 € ; réduc),* une expo composée de photos et vidéos projetées en format panoramique et accompagnées de témoignages (en allemand et anglais) qui plongent le visiteur dans le Berlin des années 1980. Cher pour ce que c'est !

Friedrichstadtpassagen *(passages de Friedrichstadt ; zoom 2, E3)* **:** *entre Gendarmenmarkt et Friedrichstr.*
Un ensemble d'immeubles conçus au début des années 1980 abrite la galerie marchande des *Friedrichstadtpassagen.* C'était le dernier programme immobilier d'envergure de la RDA. Interrompu à la chute du Mur, le projet fut remanié par la suite, et l'on fit appel à des architectes de renom pour le réaliser. En lieu et place de l'immeuble monolithique et inachevé de l'ex-RDA, 3 blocs d'immeubles distincts furent dessinés, reliés entre eux par une galerie commerçante longue de 300 m. Chaque bloc, appelé « quartier », a été conçu dans un style architectural différent afin d'offrir une diversité urbanistique.

– Le ***quartier 205*** *(Friedrichstr 66-70),* conçu par ***Oswald Mathias Ungers,*** est le plus grand des *Friedrichstadtpassagen.* L'architecte a décliné en la combinant une forme géométrique de base – le carré – sur l'ensemble du volume de l'édifice. Avec 8 étages, il se décompose en 6 blocs de 6 étages qui s'élèvent sur les arcades abritant restaurants et magasins. L'alternance chromatique – blanc, noir, ocre – égaie les façades, tandis que le décrochage des volumes permet d'alléger l'aspect massif de l'ensemble. Au centre de l'atrium : une sorte de compression en tranches napolitaines à la manière de César, faite de pièces métalliques de voitures de 11 m de haut. Son nom est *tour de Klythie* et l'artiste est John Chamberlain.
– Le ***quartier 206*** *(Friedrichstr 71-74),* imaginé par ***I. M. Pei,*** s'inspire du courant expressionniste des années 1920 et de l'Art déco. La façade de l'immeuble est rythmée par des séries de saillies, créant un effet d'ondulation. La nuit, les lamelles de couleur claire recouvrant les parois de l'édifice s'illuminent pour donner un effet similaire à celui produit par un projecteur de cinéma. L'atrium, les escaliers et le carrelage polychrome au sol sont d'inspiration Art déco.
– Le bâtiment emblématique, au ***quartier 207,*** est incontestablement le magasin des ***Galeries Lafayette*** *(zoom 2, E3, **403**),* créé par ***Jean Nouvel*** autour d'un atrium doté d'une sorte de double cône lumineux de verre à la manière d'un sablier. Il se réfère au style berlinois des années 1920, tout en intégrant des nuances résolument contemporaines. L'angle arrondi de l'immeuble met particulièrement en valeur l'édifice dans un quartier où les rues sont toutes perpendiculaires et tirées au cordeau.

Tränenpalast *(zoom 2, E2)* **:** *Reichstagufer 17. Infos : • hdg.de/berlin • Mar-ven 9h-19h, w-e 10h-18h. GRATUIT.*
À l'extrémité nord de la Friedrichstraße, jetez un œil sur le *Tränenpalast,* le « palais des Larmes », l'un des plus célèbres points de passage entre RDA et RFA, tout à côté de la gare centrale de *Friedrichstraße,* autrefois au cœur de l'ancien Berlin-Est.
Au pied des immeubles de bureaux, sous le regard des visiteurs pressés descendus de la gare, ce petit bâtiment à l'architecture de verre et d'acier semble un peu perdu.
Difficile pourtant de ne pas avoir une pensée émue pour tous ceux qui, venant de Berlin-Est, se sont retrouvés bloqués ici, manquant d'air, subissant des contrôles interminables avant de pouvoir revenir à l'Ouest. Comme la grand-mère qu'Angela Merkel raccompagnait jusqu'ici avec ses parents, pour lui dire adieu lorsqu'elle rentrait chez elle, de l'autre côté du Mur.
Sans la volonté de la chancelière, qui a grandi dans l'ex-RDA et a tenu à le sauver, ce lieu aurait pu disparaître, comme tant d'autres. Dans les années 1990, c'était devenu une boîte de nuit, avant qu'un nouvel investisseur ait la bonne idée de le louer à l'État fédéral pour en faire ce musée. Ce lieu emblématique a retrouvé sinon son atmosphère, du moins les habits et couleurs d'époque : cabine de contrôle des visas en plaqué formica, uniformes, photos, publicités...

Autour d'Alexanderplatz et de la Fernsehturm
(tour de Télévision ; zoom 2, F2-3)

Alexanderplatz *(zoom 2, F2)* **:** surnommée « Alex » par les autochtones et immortalisée par le chef-d'œuvre du même nom du romancier ***Alfred Döblin.***
C'est ici qu'a eu lieu la plus grande manifestation antigouvernementale de l'histoire de la RDA. Le 4 novembre 1989, soit 5 jours seulement avant la chute du Mur, alors que des centaines d'Allemands de l'Est fuyaient par la Hongrie vers l'Autriche, pas moins d'un million de manifestants s'étaient massés pour exiger des réformes.
Place historique de Berlin, elle a pour origine un marché aux bestiaux, puis aux laines, l'*Ochsenmarkt.* En 1805, on lui donne le nom du tsar ***Alexandre Ier,*** à l'occasion de la visite de celui-ci au monarque prussien. S'ensuit une série de

transformations durant plus d'un siècle : les immeubles, ateliers et commerces s'établissent autour d'un nœud de communication où convergent plusieurs lignes de métro, tramway et bus, ainsi que 9 rues. Avant-guerre, elle est réputée pour être un lieu de distraction où les ouvriers des quartiers nord et est de Berlin viennent grossir la clientèle des innombrables commerces et bistrots qui l'entourent.
Un projet d'urbanisme adopté en 1929 se concrétise par la construction de 2 immeubles de bureaux. Ensuite la crise économique met rapidement un terme à tout réaménagement.
Les pilonnages d'avril 1945 réduisent l'esplanade à un tas de gravats.
Au cours des années 1960, un malheur n'arrivant jamais seul, sa reconstruction est confiée à des urbanistes alignés sur l'***esthétique stalinienne*** : l'esplanade aux dimensions inhumaines (sa surface multipliée par 3) censée constituer le cœur de la ville socialiste est encerclée de buildings à l'architecture fonctionnaliste tous plus ternes les uns que les autres.
À la réunification, on choisit de remédier dans la mesure du possible aux erreurs urbanistiques de la RDA : mais si la place a été (comme la station de métro) entièrement rénovée, l'impressionnante tour de l'hôtel *Park Inn* dont la démolition était programmée est toujours debout, et sur la quinzaine de gratte-ciel hauts de 150 m qui devaient sortir de terre, seule une poignée figure sur le dernier projet en date.
Pour égayer les lieux, rien de tel que le shopping. C'est ainsi qu'a été inauguré en 2007, dans une architecture sans fenêtre de béton rose et rouge destinée à restituer l'ambiance des années 1920, le centre commercial ***Alexia*** *(tlj 10h-21h sauf dim)*, mais en moins luxueux que le *KaDeWe*, son pendant de l'Ouest. C'est de l'Alexanderplatz que file vers l'est la large perspective stalinienne de la ***Karl-Marx-Allee.*** Rendez-vous plus loin dans « Le quartier de Friedrichshain » pour tout savoir sur ces Champs-Élysées version RDA.
La frise de mosaïques de la ***Maison de l'enseignant*** *(Haus des Lehrers ; plan centre, G2,* ***374****)* de 125 m de long n'arrive même pas à insuffler la moindre étincelle de vie à cet ensemble terne !
Au centre de la place se dressent le grand magasin *Kaufhof* et l'hôtel *Forum*, haut de 123 m.
L'***horloge universelle Urania*** *(Weltzeituhr)* permet de lire les fuseaux horaires des principales villes du monde. Et toujours dans le style socialiste : la *Fontaine de l'amitié entre les peuples.*
Alexanderplatz reste malgré tout un lieu de rendez-vous très fréquenté des Berlinois.

Fernsehturm *(tour de Télévision ; zoom 2, F2)* **:** *Alexanderplatz, Panoramastr 1a, mais est-ce bien utile de donner son adresse ? • tv-turm.de • S-Bahn et U-Bahn : Alexanderplatz. Tlj 10h-22h ; arriver 30 mn avt la fermeture. Fermé 22 mars et 15 nov.*
Entrée sur place : 18,50 € (22,50 € au tarif Fast Track Ticket, *en théorie garanti sans file d'attente) ; résa en ligne ; réduc. Billets disponibles sur place aux guichets ou distributeurs automatiques. Pour le* Fast Track Ticket *on choisit en ligne le jour et l'heure de sa visite, et on se munit d'une copie de sa réservation, imprimée ou électronique. Ne pas se présenter en retard : après 10 mn, la résa est périmée. Reste à passer les contrôles de sécurité avt que l'ascenseur ne vous propulse en 40 s chrono à 200 m un peu plus près des nuages. En revanche, pas d'accès possible en fauteuil roulant.*
Ses 368 m de haut sont visibles de n'importe quel point de la ville. Inaugurée en 1969, cette immense flèche (ou pointe d'asperge, ***Telespargel,*** pour faire dans l'humour berlinois) est vite devenue le monument le plus visité de la capitale (près de 50 millions de visiteurs depuis sa création !).
Commencée en 1991, la rénovation complète du bâtiment a coûté la bagatelle de 50 millions d'euros. Avec la nouvelle antenne, la demoiselle a même gagné 3 m. Quant au resto, également situé dans la boule d'acier de 32 m de diamètre (près de 5 000 t !), il est monté sur une partie mobile effectuant un tour complet le temps

d'un repas (à réserver bien à l'avance par Internet). La vue porte jusqu'à 40 km. Tout autour de la verrière du panorama, panneaux avec commentaires et anecdotes intéressants sur les quartiers de Berlin, dont plusieurs en français. Dans le hall d'entrée, panorama avec les tours de TV du monde entier.

Köperwelten im Menschen Museum *(musée des Corps ; zoom 2, F2,* ***371****) : au pied de la Fernsehturm. ☎ 847-125-523. • bodyworlds.com • S-Bahn et U-Bahn : Alexanderplatz. Tlj 10h-19h (dernière entrée à 18h). Entrée : 14 € ; réduc. Audioguide en allemand ou anglais inclus.* Depuis son lancement en 1997, plus de 45 millions de visiteurs se sont laissés captiver (et instruire) par la fameuse expo itinérante composée de (vrais) corps conservés selon la technique de la ***plastination*** et mis en scène dans diverses postures. Désormais, cette collection dispose d'une base permanente grâce à ce musée d'anatomie qui expose des corps humains mais aussi des animaux, permettant de mieux comprendre la structure du squelette et des muscles, les systèmes nerveux, sanguin... et d'en saisir les interactions. Au final, une visite didactique sans être macabre. Cela dit, elle reste plutôt déconseillée aux jeunes enfants (moins de 10 ans) et aux âmes hypersensibles. Dommage aussi que le billet coûte la peau des fesses !

Marienkirche *(église Sainte-Marie ou Notre-Dame ; zoom 2, F2) : au pied de la tour de Télévision. • marienkirche-berlin.de • Tlj 10h-21h (ouv 12h dim) et fermé 18h en hiver). Orgue jeu-ven à 13h30. Petits fascicules en français. Concerts d'orgue jeu-ven à 13h30 et sam à 16h30 (mai-oct).* Encore un contraste saisissant entre cette petite église gothique en brique rouge, de la 2de moitié du XIIIe s, et le monstre de béton voisin qui semble transpercer les nuages. C'était la 2e église de Berlin après l'église Saint-Nicolas. L'intérieur sobre et clair se pare de nombreuses ogives aux voûtes. À noter : le tombeau en marbre du maréchal ***von Sparr,*** l'orgue baroque, la chaire sculptée dans l'albâtre et les fonts baptismaux en bronze portés par 4 dragons. Mais l'église est surtout connue pour sa *Danse macabre* (1484), une fresque gothique de 22 m de long dont on distingue difficilement les détails des fragments (récemment rafraîchis) derrière les vitres du vestibule.

Rotes Rathaus *(zoom 2, F3,* ***372****) : en accès libre, lun-ven 9h-18h.* Le bel « hôtel de ville rouge » tire son nom autant de la couleur de ses briques que des opinions politiques de ses anciens conseillers municipaux. Construit à la fin du XIXe s dans un style Renaissance qui n'est pas sans rappeler les palais italiens ou anglo-normands, il est orné d'une frise évoquant l'histoire de la cité depuis sa fondation. Devant l'entrée, les statues de la *Déblayeuse de décombres* et du *Volontaire à la reconstruction* (sic) furent érigées à la mémoire des Berlinois qui relevèrent la ville de ses ruines. En travaux depuis plusieurs années, l'esplanade qui lui fait face sera bientôt desservie par la nouvelle ligne de métro. Les récentes fouilles ont permis de mettre au jour les vestiges de l'ancien ***Rathaus*** médiéval, datant du XIIIe s et qui sera à terme visible derrière des vitres. On peut encore, pour quelque temps, admirer la ***fontaine de Neptune*** *(Neptunbrunnen)* de 1891 où le dieu de la Mer est entouré de plantureuses naïades symbolisant les fleuves allemands : Elbe, Rhin, Oder et Vistule (qui n'est plus allemande, bien sûr, mais polonaise depuis 1945). Cette fontaine sera bientôt réinstallée à son emplacement d'origine : la place du château.

Marx-Engels-Forum *(zoom 2, F2-3) :* place spacieuse et joliment arborée, au nord-ouest de laquelle trônent sagement les 2 papys barbus après leur déménagement pour cause de travaux.

PLOMBERIE À CIEL OUVERT

On est intrigué par la multitude de tuyauteries souvent peintes en bleu ou rose qui émergent et replongent de-ci de-là dans le décor urbain berlinois. La raison en est la présence de la nappe phréatique proche de la surface, ce qui nécessite la présence de puissantes pompes pour évacuer l'eau.

Est-ce parce qu'ils œuvrèrent en philosophes qu'ils ne furent pas déboulonnés ? En tout cas, nombre de visiteuses asiatiques se prennent volontiers en selfie sur les genoux de papy Karl.

DDR Museum – musée de la RDA *(zoom 2, F2)* **:** *Spreepromenade an der Liebknechtbrücke, Karl-Liebknecht-Str 1. ☎ 847-123-732. • ddr-museum.de • S-Bahn : Hackescher Markt ; U-Bahn : Alexanderplatz. Tlj 9h-21h. Entrée : 9,80 € ; réduc, notamment avec la Welcome Card. Possibilité d'achat en ligne pour éviter la file d'attente et de résa de visite guidée en français.*
Sur le quai bordant la Spree, en face du Berliner Dom, c'est un musée privé très apprécié des touristes étrangers, consacré à la vie quotidienne en Allemagne de l'Est au temps du communisme. Tous les aspects de l'existence sont abordés : le travail, les loisirs, les vacances, les médias, la politique, la sécurité... Par un système de tiroirs ouvrant dans des blocs qui rappellent l'architecture des cités-dortoirs, comme à Rostock, on revit le quotidien des *Ossis,* on tâte des tissus en synthétique.
Il y a même un appartement-modèle avec son salon (on teste le moelleux des fauteuils), ses toilettes (qu'on peut également essayer...), sa salle de bains, sa cuisine et ses chambres aux placards remplis de vilaines fringues en synthétique, le tout baignant dans des tapisseries aux teintes orange-marronnasse. Des uniformes bleus des Jeunesses socialistes à la ***Trabant*** (10 ans d'attente pour être livré !), du guide de voyage dans les « pays frères » aux boîtes de petits pois *Globus,* remises à la mode par le film *Good Bye Lenin !,* en passant par les médailles olympiques trustées par des athlètes survitaminés, les films naturistes sur les plages de la Baltique, la minuscule cellule d'opposant (avec le bruit des serrures qui claquent) et le cagibi-bureau d'écoute de la ***Stasi*** : rien ne manque pour faire revivre le cadre de vie de la société socialiste disparue à la chute du Mur. Ensuite, à chacun d'interpréter ce qu'il a vu, entendu et éprouvé...

Aquadom & Sea Life *(zoom 2, F2,* ***348****)* **:** *Spandauerstr 3. • visitsealife.com • S-Bahn : Hackescher Markt. Tlj 10h-19h (dernière entrée à 18h). Entrée : 19 € ; réduc moins de 15 ans ; moins cher sur résa en ligne (14 € tarif classique ou 18h € tarif coupe-file).* Ce serait le plus grand aquarium du monde intégré à un hôtel *(Radisson Blu)* et incluant un récif de corail. Constitué d'un cylindre de plexi transparent de 25 m de haut, il domine tout l'intérieur de l'immeuble et abrite 1 500 poissons tropicaux (requins, murènes, méduses, hippocampes et poulpes) qui évoluent dans un million de litres d'eau salée. Accès à la partie supérieure par un ascenseur installé au centre du cylindre. Spectaculaire !

Autour du Scheunenviertel *(zoom 2, E-F2)*

Son vrai nom est le *Spandauer Vorstadt* (faubourg de Spandau), mais on l'appelle communément le *Scheunenviertel,* en fait un triangle compris entre les *Oranienburger Straße, Auguststraße* et *Rosenthaler Straße.*
C'est ici, au cœur de Mitte, qu'après la chute du Mur des artistes s'étaient approprié des bâtiments en ruine pour les transformer en temple de l'inventivité alternative. Jusqu'en 2012, le ***Tacheles*** fut un des « monuments » les plus visités par les touristes (400 000 par an !). Prononcez tâ-reu-less (en yiddish, le mot signifie « parler sans détour »). Ce grand immeuble, un ancien grand magasin en piteux état (euphémisme), tranchait dans le paysage. L'ensemble gardait un look bien destroy, mais ça donnait plutôt à la fin dans le folklore que dans la mouvance rebelle. La loi des promoteurs a fini par l'emporter et la cinquantaine d'artistes qui y vivaient ont été expulsés pour laisser place à un immense chantier : bientôt, des appartements et des magasins enterreront ce symbole de la culture alternative berlinoise.

Neue Synagoge et Centrum Judaïcum *(nouvelle synagogue et Centre judaïque ; zoom 2, F2,* ***378****)* **:** *Oranienburger Str 28-30. ☎ 88-02-83-16.*

• centrumjudaicum.de • S-Bahn : Oranienburger Str ; U-Bahn : Oranienburger Tor. Tlj sauf ven-sam et fêtes juives 10h-14h (dim-lun 11h-19h) ; en hiver dim-ven 10h-18h (fermé à 15h ven) ; dernière admission 30 mn avt la fermeture. Entrée : 7 € ; réduc. Audioguide : 3 € caution demandée. Fouille des sacs à l'entrée et vestiaire obligatoire.

Synagogue typique de l'Europe centrale du XIXe s, ses dimensions monumentales et ses tours octogonales évoquent celles de Pilsen (Bohême) ou de Budapest. La façade rappelle qu'avant 1938 une importante communauté juive vivait là. Les motifs néomauresques sur les arcades donnent une vague idée de la splendeur d'origine de l'édifice. S'il a été rénové, l'intérieur n'est que partiellement conservé. Des policiers montent la garde devant ce lieu qui fut dévasté par les nazis au cours de la Nuit de cristal et servit d'entrepôt de textile pendant la guerre.

Une exposition raconte l'histoire du bâtiment. Au rez-de-chaussée, dans la 1re salle, photos de la vie des juifs berlinois avant-guerre : journaux, clubs de foot (avec une étoile jaune sur le maillot dès 1934 !). Dans la 2e, elles sont plus intimistes et émouvantes.

Vous êtes ici au cœur du quartier juif, le ***Scheunenviertel,*** dont le surnom signifie « quartier des Granges ». On l'appela ainsi à la fin du XIXe s, quand de nombreux juifs d'Europe orientale s'installèrent dans ses logements pauvres. Avant-guerre, 160 000 juifs vivaient à Berlin, et participaient à son rayonnement économique et intellectuel. Si la majeure partie parvint à s'exiler, près de 60 000 furent exterminés par les nazis.

– Dans la *Große Hamburger Straße,* face au no 20, se trouve le ***vieux cimetière juif*** *(Alter Jüdischer Friedhof),* dont il ne reste pratiquement rien. Avant sa destruction par les nazis, ses plus anciennes tombes remontaient jusqu'à 1672. Le philosophe Moses Mendelssohn, père de la *Haskalah* (les Lumières juives), y fut enterré et sa stèle a été reconstruite. *Tlj 7h30 (8h dim)-17h (16h l'hiver).*

– De l'autre côté de la rue (entre les nos 15 et 16), on peut voir l'installation de Christian Boltanski, ***The Missing House.*** Un immeuble bombardé en 1945 laisse un espace vide : sur les parois des immeubles mitoyens (encore criblées d'éclats), des plaques commémoratives indiquent l'identité des personnes (pour la plupart des juifs) qui ont habité ici.

Admirer un peu plus loin le style baroque délirant de la ***Sophienkirche.*** Elle s'élève en retrait de la *Große Hamburger Straße,* derrière un pittoresque portail en fer forgé qui marque le début d'un étroit passage entre de vieux immeubles. Cette église est la seule à n'avoir subi aucun dommage pendant la Seconde Guerre mondiale.

Haus Schwarzenberg *(zoom 2, F2,* ***396****) : Rosenthaler Str 39. • haus-schwarzenberg.org • S-Bahn : Hackescher Markt.* La maison mérite un arrêt prolongé, ne serait-ce que pour les musées qu'elle héberge et pour sa cour impressionnante hébergeant des réalisations de *street art* qu'elle présente en toute liberté, car ici les murs sont « libres ». C'est une association qui gère cet endroit, et c'est, entre un *Starbucks* et des boutiques de luxe, un des derniers endroits à Mitte où la culture alternative a encore droit de cité.

Au milieu du passage, n'hésitez pas à jeter plus qu'un œil sur le ***Museum Blindenwerkstatt*** *(tlj 10h-20h ; GRATUIT).* Il retrace l'histoire d'Otto Weidt : pendant la Seconde Guerre mondiale, son atelier employait principalement des juifs aveugles ou sourds qu'il cherchait à sauver de la déportation. La visite de la cache, comme du reste de l'appartement, ne laisse personne indifférent.

PAVÉS DE MÉMOIRE

Les Stolpersteine *sont des pavés en laiton de 10 cm de côté, incrustés dans le sol et gravés d'une inscription commençant par « Ici habita… » suivi du nom d'un individu ou d'une famille morts en déportation. Il en existe 6 000 à Berlin, mais aucun à Munich, entre autres.*

Au fond du passage se trouve un petit ***Anne Frank Zentrum*** : *au 2e étage. ☎ 288-86-56-00. • annefrank.de • Tlj 10h-18h sauf lun. Entrée : 6 € ; réduc. Commentaires en anglais.* Anne Frank est née à Francfort, avant que sa famille n'émigre à Amsterdam en 1933. Elle fuit ainsi le péril nazi, qui la rattrapera cruellement. L'expo est très bien faite, mais n'est en rien comparable à celle d'Amsterdam. Sont mis ici en perspective et en vis-à-vis, année par année, la vie d'Anne Frank et l'évolution du IIIe Reich. Activités pour les enfants.

Hackesche Höfe *(zoom 2, F2)* **:** c'est l'une des grandes attractions de ce quartier en pleine mutation. Une enfilade de 8 cours construites au début du XXe s avec des façades ***Jugendstil*** décorées de brique vernissée polychrome. Bel exemple de *Mietskasernen* (immeubles collectifs où était logé le prolétariat au XIXe s), leur rénovation très réussie a attiré magasins design, galeries d'art et cinémas, mais aussi bars, restos et une intense vie nocturne. L'entrée principale est située au début de la *Rosenthaler Straße.*

Jüdische Mädchenschule *(zoom 2, F2,* ***390****)* **:** *Auguststr 11-13. S-Bahn : Oranienburger Str.* Une ancienne école pour les jeunes filles juives, longtemps à l'abandon, est devenue aujourd'hui un lieu dédié à l'art, et à l'art de vivre à Berlin. Étrange destin pour ce bâtiment d'architecture très Bauhaus, sauvé de la dérive par un galeriste berlinois, Michael Fuchs. Dans les étages, les anciennes salles de classe se partagent entre galeries d'art contemporain.

Dans le ***Scheunenviertel,*** autres nombreuses cours intérieures où fleurissent les toutes dernières boutiques de design, des ateliers d'artistes, des galeries ou des clubs. N'hésitez pas à franchir l'ensemble des porches pour découvrir tous les aspects de la créativité berlinoise. Quelques adresses : cour des ***Kunstwerke*** (œuvres d'art ; *Auguststr 69*) ; ***Sophie-Gips-Höfe*** *(Sophienstr 21)* ; ***Heckmann-Höfe*** *(Oranienburger Str 32).*

Le mémorial du Mur *(plan centre, E1)* **:** *Bernauer Str 119. ☎ 213-085-166. S-Bahn : Nordbahnhof ; U-Bahn : Bernauer Str. Juste à la limite entre Mitte et Prenzlauer Berg. Centre d'accueil à l'angle de Gartenstr, tlj sauf lun 10h-18h, mais le mémorial est visible de 8h à 22h (bornes audio en allemand et en anglais). Visite guidée en français recommandée avec l'association* Vive Berlin *(voir en début de guide le chapitre « Infos pratiques sur place »).*
Un mémorial incontournable pour comprendre le Berlin d'hier et d'aujourd'hui. À l'entrée de ce vaste site qui s'étend sur plus de 1 km, un petit centre d'accueil et de documentation propose en introduction un 1er film sur le Mur et une sélection d'ouvrages intéressants. Prenez le temps de visionner les extraits des actualités de l'époque, afin que les victimes du mur de Berlin ne soient plus simplement des noms.
L'histoire de la ***Bernauer Straße*** illustre parfaitement l'impact de la construction du Mur : la destruction de l'espace urbain et des lieux de vie et la séparation tragique des familles et amis. Ici, la ligne de démarcation longeait les façades des immeubles situés à Berlin-Est. Les habitants prirent la fuite dès le début du bouclage. Ils descendirent en rappel le long de la façade depuis leurs appartements ou sautèrent dans le vide. Comme, par exemple, cette femme vivant dans les étages, dans la maison juste devant vous, et qui, après avoir raté la toile tendue par les pompiers de Berlin-Ouest, mourut durant le transfert à l'hôpital. Les 1res victimes se comptèrent ici. Quelques semaines après, les immeubles furent vidés, les habitants déplacés, les fenêtres et les portes murées.
On découvre les témoignages des tentatives de fuite pour échapper à la dictature et l'aide apportée aux réfugiés, comme cette photo de légende : 2 jours à peine après le début de la construction, le garde-frontière ***Conrad Schumann*** s'enfuit en sautant par-dessus les barbelés. Jusque dans les années 1990, on ne comptabilisait comme victimes que les fugitifs qui avaient été abattus par des gardes-frontières. Comment considérer le cas du bébé étouffé involontairement

par sa mère qui voulait l'empêcher de pleurer en traversant, ou de l'ultime décès, en mars 1989, de cette femme tombée d'une montgolfière alors que l'ordre de tirer avait été aboli par les autorités de la RDA ?
Plus loin, un « morceau » du Mur, de 300 m de long, a été sauvé par le ***pasteur Fischer,*** qui s'est battu pour faire classer Monument historique, un pan qui longeait son presbytère sur la *Bernauer Straße,* à l'intersection de *Gartenstraße (S-Bahn : Nordbahnhof).*
La construction d'origine avait été tellement endommagée par les « pics-verts » (entendez les collectionneurs de souvenirs qui s'acharnaient à récupérer des morceaux de béton) qu'il a fallu le recouvrir de béton frais, lui donnant un curieux air de neuf.
Une *tour métallique-observatoire* (avec différents films et une salle d'exposition où photos, diaporamas et bandes sonores retracent la genèse du Mur) a été édifiée en face *(tlj 9h30-16h15 sauf lun ; GRATUIT).* Du sommet, on se retrouve un peu dans la position des Berlinois de l'Ouest qui ne pouvaient qu'assister, impuissants, à ce qui se passait sous leurs yeux.
Un panorama qui peut décevoir les amateurs de sensations fortes. Si passionnante soit-elle si on en possède les clés, la vision du paysage peut frustrer ceux qui ne comprennent pas pourquoi, par exemple, sur les 50 000 personnes qui ont tenté la fuite, seulement un dixième a réussi. On se rend difficilement compte à présent de l'importance du dispositif performant qui avait été installé sur le terrain. Aujourd'hui, tout est calme, chiens et barbelés ont disparu, seule subsiste, solitaire, une tour de guet juste en face.
De ce même côté de la rue se trouve l'émouvante *chapelle de la Réconciliation* qui commémore l'histoire de la *Versöhnungskirche.* Cette église qui réunissait des croyants des 2 parties de la ville s'est trouvée sur le tracé du Mur en 1961, condamnée et finalement dynamitée par les autorités de la RDA en 1985. Ses cloches ont toutefois été sauvées et sont désormais posées à même le sol à côté de la chapelle. Ensuite, vers *Eberswalder Straße,* même si le Mur a disparu, il reste le no man's land herbeux entre les 2 quartiers, et on devine le tracé du chemin de ronde. Différents panneaux historiques jalonnent le parcours.
Impressionnant aussi, et surtout très émouvant, le ***cimetière Invalidenfriedhof*** *(Scharnhorststr ; plan centre, D-E2),* traversé par des vestiges du Mur.
– Mais tout cela sera encore plus instructif, bien sûr, si vous avez la possibilité de suivre une visite guidée. En dehors de celles qui concernent le mémorial lui-même, en français ou en allemand, il y a aussi celles que l'association ***Berliner Unterwelten*** organise non loin de la *Bernauer Straße,* à l'entrée d'une ancienne brasserie, et qui permet de voir, en pénétrant dans les caves, comment les Berlinois s'y prenaient pour creuser sous le Mur qui coupait la rue. Pour l'heure, cette visite se déroule sur rendez-vous, le vendredi, au départ d'un des rares bunkers restés dans leur jus, siège de l'association, à la sortie de la station de métro *Gesundbrunnen.* Voir plus haut « Infos pratiques sur place. Adresses et infos utiles », et plus loin « Les quartiers périphériques. Le quartier de Wedding ».

Sur les pas de Brecht, Marcuse... et des grands dinosaures

Brechthaus *(maison de Brecht ; zoom 2, E2)* **:** *Chausseestr 125. ☎ 282-20-03. • lfbrecht.de • U-Bahn : Oranienburger Tor ou Naturkundemuseum ; bus nº 157. Vers le nord, dans le prolongement de la Friedrichstr. Mar et sam 10h-15h30 ; mer et ven 10h-23h30 ; jeu 10h-18h30 ; dim 11h-18h. Fermé lun et j. fériés. Visite guidée ttes les 30 mn (ttes les heures dim). Entrée : 5 € ; réduc.*
Pas prétentieuse pour 4 sous (!), la maison où vécut Brecht jusqu'à sa mort en 1956 abrite désormais un centre culturel où ont lieu des rencontres, lectures et débats littéraires. Les inconditionnels iront visiter (seulement avec guide) les pièces de travail et d'habitation qu'il occupait avec sa femme (voir sa biographie

en fin de guide dans la rubrique « Personnages » du chapitre « Hommes, culture, environnement », plus loin) et verront les archives du dramaturge.

Berliner Ensemble *(zoom 2, E2,* ***381****)* **:** *Bertolt-Brecht-Platz 1. Résa : ☎ 28-40-81-55. • neu.berliner-ensemble.de • S-Bahn et U-Bahn : Friedrichstr. Derrière la gare de Friedrichstraße, le long du fleuve.* Reconnaissable à son enseigne tournante, le théâtre le plus célèbre d'Allemagne, créé en 1949 par Brecht, est encore en activité. On y joue les pièces de l'auteur, évidemment. Sous-titres en anglais pour les non-germanophones.

Dorotheenstädtischer Friedhof *(cimetière de Dorotheenstadt)* ***et Kirchhof der französisch-reformierten Gemeinde zu Berlin*** *(cimetière de la communauté française réformée de Berlin ; zoom 2, E2,* ***382****)* **:** *Chausseestr 126-127. U-Bahn : Oranienburger Tor. Mai-août, 8h-20h ; 1h de moins chaque mois jusqu'en déc-janv, puis 1h de plus fév-avr.*
– ***Cimetière de Dorotheenstadt :*** pour accéder aux tombes des philosophes Hegel (1770-1831) et Fichte (1762-1814 ; promoteur de l'unité allemande) enterrés côte à côte, il faut prendre la 2e petite allée sur la gauche, après le plan détaillé du cimetière (quand on vient de la *Chausseestraße*). Dans la 1re allée transversale, à gauche de l'entrée, un mur de brique rouge abrite la tombe de *Bertolt Brecht* et d'*Hélène Weigel.* Tombe d'une grande sobriété, couverte de végétation. Elle fut profanée en 1990. « Le ventre est encore fécond d'où est sortie la bête immonde ! » écrivait déjà Brecht. Continuer vers la gauche jusqu'au mur du fond, pour la modeste tombe du philosophe *Herbert Marcuse,* l'un des inspirateurs de la grande révolte étudiante de 1968. C'est une histoire insolite d'ailleurs que ce retour au bercail. Marcuse, né à Berlin en 1898, quitta l'Allemagne pour les États-Unis en 1933, fuyant les persécutions nazies contre les juifs. Par un curieux hasard, il mourut d'une crise cardiaque en Allemagne en 1979, lors d'une visite.
– ***Cimetière de la communauté française réformée de Berlin :*** petit et émouvant cimetière où a été enterrée une partie des protestants français de Berlin dont l'histoire est exposée en détail au musée des Huguenots du *Gendarmenmarkt.*

Museum für Naturkunde *(zoom 2, E2)* **:** *Invalidenstr 43, 10115 ; non loin de la Hauptbahnhof, dans une annexe de l'université Humboldt. ☎ 88-9-40-85-91. • naturkundemuseum-berlin.de • U-Bahn : Naturkundemuseum. Tlj (sauf lun) 9h30 (10h w-e)-18h ; dernière visite 30 mn avt la fermeture. Entrée : 8 € ; réduc. Achat des billets en ligne uniquement.* Le musée des Sciences naturelles expose un des plus grands dinosaures retrouvés à ce jour. Le squelette du brachiosaure se déploie dès l'entrée sur 13 m de hauteur et 15 m de longueur. La bestiole pesait 50 t mais elle était dotée d'un grand cœur : environ 400 kg ! Moins grand, mais doté d'une terrifiante mâchoire, c'est *Tristan* le *Tyrannosaurus rex* qui remporte le plus franc succès. On admire aussi le fossile de l'un des plus anciens oiseaux connus : l'*archéoptéryx.* Autre vedette malgré elle, accueillie ces dernières années : Knut, l'ours polaire, qui a fait les beaux jours du zoo pendant 5 ans avant de décéder brutalement dans sa piscine à la suite d'une crise d'épilepsie. L'expo est très bien faite. Des jumelles interactives reconstituent, par images de synthèse, organes et muscles des dinos et les font revivre en direct. On sent même les tremblements du sol ! Enfants et adultes conquis d'avance...

Futurium *(musée du Futur, zoom 2, E2)* **:** *Alexanderufer 2, sur les rives de la Spree face à la chancellerie. ☎ 40-818-97-77. • futurium.de • U-Bahn et S-Bahn : Bundestag ou Hauptbahnhof. Tlj sauf mar 10h-18h (20h jeu). GRATUIT.* Cet immense cube de verre construit dans le quartier gouvernemental n'est pas un musée comme les autres, puisqu'il s'envisage comme un espace de réflexion sur cette question apparemment simple : comment vivre dans le futur ? 5 000 m² pour tenter d'y répondre, avec des ateliers, vidéos et autres installations interactives qui explorent les évolutions de notre monde à travers le travail de chercheurs selon 3 grands thèmes : la technologie, la nature et les relations humaines.

LE QUARTIER DE PRENZLAUER BERG *(plan centre, F-G1-2)*

C'est le quartier le plus en vue de l'ancien Berlin-Est. Longtemps repaire de punks, de babas, d'artistes marginaux, c'est désormais le fief des *Wessis* de la classe moyenne devenus de jeunes parents soucieux de bien-être et adeptes d'une consommation responsable.

Autrefois quartier périphérique campagnard où les brasseries fabriquaient une bière très appréciée dans les *Biergärten,* Prenzlauer Berg fut aussi l'un des symboles de la faillite communiste : plus de 40 000 appartements de *Mietskasernen* vétustes, mais aussi de superbes façades dans un état de total délabrement, des HLM insalubres, des terrains vagues, des squats, des rénovations interrompues, etc. Après 1989, devant un tel abandon, la jeunesse berlinoise en avait fait son terrain de prédilection : on y ouvrait tous les jours un nouveau café, une boîte délirante, un lieu de concerts, un club alternatif...

Eh bien tout ça a drôlement changé ! Le virus de la rénovation a contaminé le quartier, au grand regret des habitants du *Kiez* (entendez par là le quartier auquel on appartient) pour qui la pilule passe mal. Et pour cause, ils ont vu leurs loyers doubler.

Dans cet eldorado bobo, les ravalements aux couleurs flashy ont recouvert les façades balafrées par les blessures du temps. Les petits épiciers du coin ont disparu les uns après les autres pour laisser place à des boutiques, cafés et restos où se retrouvent les « *Latte macchiato* » (le surnom donné aux jeunes parents qui surveillent leur enfant dans sa poussette tout en gardant un œil sur leur smartphone et en faisant la dégustation d'un café au lait).

C'est à présent un quartier avec un taux de natalité parmi les plus élevés d'Allemagne : 80 % de sa population s'y est installée après la chute du Mur. Une ambiance plus conventionnelle a supplanté le côté (jadis) bohème et populo du quartier ; phénomène connu de gentrification galopante que l'on observe dans d'autres grandes villes du monde. Ce sont les Souabes qui font souvent les frais de la vindicte de certains. Les Souabes ? Pas ces gens venant de l'Est, mais des Allemands aisés originaires du Sud et désireux de remettre un peu d'ordre au milieu du laisser-aller de moins en moins généralisé du quartier. Certains lieux ont encore gardé un petit mètre carré significatif de leur ancienne façade ou quelque souvenir à l'intérieur (souvent un morceau d'enseigne de l'activité précédente), comme autant de clins d'œil nostalgiques à un passé à présent bien révolu...

Une virée dans ce quartier se révèle toutefois distrayante, car l'ambiance reste jeune et festive, et c'est l'un des hauts lieux de la vie nocturne à Berlin. On trouvera un large choix de bars, cafés et restaurants autour de la *Kollwitzplatz,* sur la *Schönhauser Allee* et dans les rues perpendiculaires, telles que *Stargarder Straße, Raumerstraße* ou *Pappelallee.* Autour de *Helmholtzplatz* se situe le petit quartier dénommé *L.S.D.* ; pas de crainte, le nom est simplement formé par les initiales des rues *Lychener Straße, Schliemannstraße* et *Dunckerstraße.* Le coin homo se situe le long de la *Greifenhagener Straße* et de la *Gleimstraße.* Prenez également le temps de flâner dans la *Kastanienallee,* que l'on appelle ici la « *Casting Allee* » car fréquentée par les fashionistas de tout poil. Et le soir, allez jeter un œil à la programmation musicale de la *Kulturbrauerei.* Un lieu qui rappelle qu'on trouvait autrefois ici plus de brasseries artisanales que de boutiques tendance.

Où dormir ?

Bon marché

East Seven Berlin Hostel *(plan centre, F1-2, **57**) : Schwedterstr 7, 10119. ☎ 93-62-22-40. • eastseven.de • U-Bahn : Senefelderplatz. Dans une rue calme de Prenzlauer Berg, à 5 mn à pied de Kollwitzplatz. Nuitée en dortoir 20-30 €/pers ; doubles env 50-80 €. Serviettes à louer.* Une AJ privée de 80 lits, presque familiale, avec un lounge cosy et un petit jardin agréable à l'arrière avec barbecue. Dortoirs de 4 à 8 lits, propres et lumineux. Chambres simples et doubles classiques de bonne tenue, avec sanitaires à partager. Cuisine à dispo, casiers et laverie. Une des meilleures adresses dans sa catégorie. D'autant qu'on peut y loger gratos : il suffit de préparer le dîner pour les hôtes (12 personnes minimum) ! Et en plus une excellente ambiance, assurée par le patron chaleureux.

Pfefferbett *(plan centre, F2, **79**) : Christinenstr 18-19, 10119. ☎ 93-93-58-58. • pfefferbett.de • U-Bahn : Senefelderplatz. Env 14-20 €/pers en dortoir sans ou avec sanitaires ; doubles 45-58 €. Petit déj-buffet 7 €.* En retrait de la rue, dans une ancienne brasserie joliment rénovée, cet *hostel* a gardé tout le charme de la brique apparente en se parant d'un design épuré mais pas exempt de confort. La déco du grand hall ne laisse pas indifférent ! Dortoirs de 4-8 lits, dont un réservé aux femmes, et 45 chambres, tous bien entretenus. Bar, billard, et un *Biergarten* où se produisent des musiciens. Toujours beaucoup de monde : l'endroit ne manque pas d'animation ! Laverie et location de vélos.

Anna Banana Hostel *(plan centre, F1, **81**) : Schönhauser Allee 133a, 10437. ☎ 48-49-68-15. • annabananana-hostel.de • U-Bahn : Eberswalder Str. Lits en dortoir 4-8 lits env 12-26 €/pers ; doubles env 32-65 €/pers.* À 2 pas de Kastanienallee, une petite AJ bien située et très conviviale d'une capacité d'environ 60 lits. La cour intérieure est agréable avec ses plantes vertes, ses fresques, sa terrasse et son cabanon abritant un salon TV. Côté hébergement, dortoirs colorés mixtes ou non avec casiers privés et salle de bains communes. Chambres privées joliment décorées avec sanitaires en commun. Service de laverie, cuisine à dispo, location de vélos, etc.

Meininger Hotel Alexanderplatz *(plan centre, F1-2, **68**) : Schönhauser Allee 19, 10435. ☎ 98-32-10-74. • meininger-hotels.com • U-Bahn : Senefelderplatz. Résa vivement conseillée. Nuitée en dortoir 4-6 lits env 18-30 €/pers ; doubles env 58-80 € ; petit déj 8 €. 30 % de réduc pour les enfants 0-12 ans. Résa vivement conseillée.* Ce représentant d'une chaîne en pleine expansion en Europe propose, sur 7 étages, à la fois des dortoirs mais aussi des chambres doubles d'un excellent rapport qualité-prix (sauf période de foires, où les prix s'envolent !). Chambres familiales modulables. Bar, cuisine commune, bar, laverie... Entretien nickel, aménagement moderne et un niveau de confort largement satisfaisant pour un séjour au cœur de la vie berlinoise. Location de vélos.

– 5 autres **Meininger** à Berlin : *près de la Hauptbahnhof (Ella-Trebe-Str 9), dans Mitte (Orianenburger Str 67), à Friedrichshain (Am Post Bahnhof 4), à Kreuzberg (Hallesches Ufer 30) et à l'aéroport de Schönefeld (Alexander-Meißner-Str 1).*

Prix moyens

Schall und Rauch *(plan centre, F1, **80**) : Gleimstr 23, 10437. ☎ 443-39-70. • schall-und-rauch.de • U-Bahn : Eberswalder Str. Doubles 70-90 € (plus cher en période de foires) ; petit déj 5 €.* L'un des 1ers hôtels *gay friendly* de l'Est, dont les chambres sont réparties soit dans à l'arrière de l'immeuble, au calme et donnant sur une cour, soit au-dessus du resto, côté rue. Déco moderne et proprette, tout en blanc et briques apparentes. Chambres rénovées, de bon confort, aux volumes variables. Le bar-resto à connotation italienne est l'un de ses points forts ; petit déj copieux et varié, snacks à toute heure, cocktails, brunch le week-end... Accueil sympathique et vélos à louer. Carton plein.

Chic

Hôtel Oderberger *(plan centre, F1,* ***85****) : Oderberger Str 57, 10439. ☎ 78-00-89-760. • hotel.oderberger.berlin • U-Bahn : Senefelderplatz. Double env 160 € avec petit déj. Promos fréquentes.* Situation idéale pour cet hôtel original au cœur de la partie animée de Prenzlauer Berg. Le bâtiment néo-Renaissance est un ancien bain public datant de 1903. La piscine centrale y est toujours présente (accessible de même que le sauna, sur résa) entourée de vestiaires et peut se vider pour faire place à un socle utilisé pour des défilés ou banquets. Les chambres, certaines avec terrasse, modernes et bien équipées sont de bon confort et décorées des anciennes portes des cabines. Bar élégant au rez-de-chaussée avec âtre et profonds fauteuils. L'hôtel est flanqué à l'arrière d'un restaurant *Die Schule,* qui propose des spécialités brandebourgeoises dans un décor contemporain avec mezzanine. Le tout fait partie d'un ensemble comprenant une école de langues réputée avec hébergement et restauration pour les étudiants (voir le chapitre « Infos pratiques sur place », « Apprendre l'allemand »).

Acksel Haus *(plan centre, G2,* ***88****) : Belforter Str 21, 10437. ☎ 44-33-76-33. • ackselhaus.de • U-Bahn : Senefelderplatz. Seulement 4 chambres 120 € avec petit déj.* Une adresse de charme qui propose des chambres meublées avec beaucoup de goût. L'*Acksel Haus* est un vrai îlot de sérénité, avec son ambiance chic voguant entre Toscane et côte Est américaine. Chacune a sa propre thématique (Chine, mer, Bali, *beach house*) pensée dans le moindre détail ! Un jardinet adorable, où l'on trouve différents coins salon (dont un sur le toit d'une cabane !) pour se relaxer.

Où manger ?

Bon marché

Konnopke's Imbiss *(plan centre, F1,* ***173****) : Schönhauser Allee 44B. ☎ 442-77-65. U-Bahn : Eberswalder Str. Sur le terre-plein, sous le métro aérien. Tlj 9h-20h. Moins de 5 €.* Depuis 1930, c'est l'*Imbiss* culte de Berlin, là où ouvriers, étudiants et employés font la queue en nombre pour dévorer une *Currywurst.* Tellement culte que l'affaire s'est « embourgeoisée », s'offrant un lifting bienvenu et une vraie salle dans un kiosque moderne pour déguster ce plat iconique.

Ziervogel's Kult-Curry *(plan centre, F1-2,* ***68****) : Schönhauser Allee 20. U-Bahn : Senefelderplatz. ☎ 47-37-71-00. Lun-ven 11h-19h30. Fermé le w-e et 2 sem en août. Compter 3-5 €.* Le petit-fils de Max Konnopke, Mario Ziervogel, a ouvert, face à la station de métro suivante, un autre lieu culte mais à son nom, cette fois. Les amateurs de boulettes et saucisses, découragés par la file d'attente de chez *Konnopke,* n'ont plus qu'à reprendre le métro ; suivez-les !

Zum Schusterjungen *(plan centre, F1,* ***177****) : Danziger Str 9. ☎ 442-76-54. U-Bahn : Eberswalder Str. Ⓣ Husemannstr (M10). Tlj 12h-minuit. Plats 10-17 €. CB refusées.* Une des dernières survivantes de ces petites brasseries familiales aux murs crépis de Berlin-Est, flanquée d'un bout de terrasse sur le trottoir. Généreuse cuisine populaire assez bon marché : soupes consistantes, boulettes de viande, filets de hareng à la crème, goulaschs, ou asperges en saison... Large choix de bières. Service gentil.

Kiezkantine *(plan centre, F1,* ***174****) : Oderberger Str 50. ☎ 44-84-484. U-Bahn : Eberswalder Str. Lun-ven 12h-15h30. Plat moins de 7 €.* Un resto d'association qui œuvre pour la réinsertion des handicapés et fait dans le roboratif à prix doux. Une vraie cantine de quartier : on commande son plat du jour à la caisse (on choisit un peu au pif 1 des 3 plats sur le tableau), puis il suffit de se trouver un coin de table, dans une des petites salles à l'ancienne ou en terrasse, où on vous apportera votre assiette avec le sourire.

|●| **Babel** *(plan centre, F1,* ***175****) : Kastanienallee 33. ☎ 44-03-13-18. U-Bahn : Eberswalder Str. Tlj 11h-1h. Sandwichs 4-5 €, plats 10-15 €.* Toujours plein. Une des cantines favorites des étudiants. Cuisine libanaise généreusement servie mais pas d'une colossale finesse : taboulé, houmous, *köfte,* falafels, *shawarma,* etc. Les grosses faims jetteront leur dévolu sur la *Babelplatter (25 € pour 2),* arrosée pourquoi pas d'un *labnan* (lait caillé salé). On va chercher son plat au comptoir, puis on s'installe dehors. Ça tourne assez vite, mais on a quand même le temps de faire connaissance avec ses voisins.

|●| **Metzer Eck** *(plan centre, G2,* ***183****) : Metzer Str 33. ☎ 442-76-56. U-Bahn : Senefelderplatz. Tlj sauf dim 16h (18h sam)-1h. Plats 5-10 €.* Cette auberge rustique est une des plus anciennes de Prenzlauer Berg (1913). Rue tranquille, environnement arboré, intérieur en bois, murs et plafonds jaunis par des décennies de tabac. On se régale avec les *Bratkartoffeln* (pommes de terre sautées), les différentes variétés de *Wurst,* ou les côtes de porc façon *Kasseler* (salées et fumées). Nombre de locaux y ont ici leur *Stammtisch* (table d'habitués). Accueil relax.

|●| **I Due Forni** *(plan centre, F2,* ***191****) : Schönhauser Allee 12. ☎ 44-01-73-33. U-Bahn : Senefelderplatz. Tlj 12h-minuit. Pizzas 6-10 €.* Petit frère de *Il Casolare* de Kreuzberg, c'est la même équipe, qui confectionne ses pizzas avec le même talent : pâte bien croustillante, cuite au feu de bois, comme il se doit. La déco, en revanche, est estampillée *Prenzlauer Berg* ! Graffitis et brouhaha communautaire dans la vaste salle, ou un peu plus de calme sur l'immense terrasse en surplomb de l'avenue. Accueil au lance-pierres.

De prix moyens à chic

|●| **Café November** *(plan centre, G1,* ***180****) : Husemannstr 15. ☎ 442-84-25. U-Bahn : Eberswalder Str. Tlj 18h (10h w-e)-1h. Plats 10-20 €.* Style bistrot et vaste terrasse d'angle appréciée des habitants du quartier. Une des cuisines les plus sérieuses du circuit branché : plats de brasserie bien ficelés. Et le week-end, jusqu'à 16h, un brunch salé-sucré très couru avec de la *Rühreï,* une omelette à la crème fraîche bien consistante.

|●| **Massai** *(plan centre, G1,* ***187****) : Lychener Str 12. ☎ 48-62-55-95. U-Bahn : Eberswalder Str. Tlj 17h (13h sam-dim)-minuit. Plats 9-22 €.* Girafes à l'entrée, déco ethno-chic très réussie et lumières tamisées. Serveuses en costume. Plats variés à partager (ou pas !) de la corne d'Afrique de l'Est et du Sahara. Vins d'Afrique du Sud. Viandes de qualité, avec entre autres du steak d'antilope, d'autruche ou de zèbre : ça vous changera de la *Wurst* habituelle ! Accueil très aimable.

|●| **Otto** *(plan centre, F1,* ***85****) : Oderberger Str 56. ☎ 25-97-71-59. U-Bahn : Eberswalder Str. Lun-ven 12h-14h30 et tlj 17h-22h. Plat principal 15 €. Pas de résa.* Mouchoir de poche de moins de 20 couverts, terrasse sous auvent comprise. Formule à midi, 2 plats, 1 dessert, différente chaque jour. Le soir, choix plus large avec combinaison de miniportions style tapas. Produits sélectionnés, cuissons tip-top, les puristes se régaleront avec le plat-signature : la truite marinée aux herbes sauvages, cuite au charbon de bois.

Chic

|●| **Osman Tötcher** *(plan centre, G1,* ***222****) : Pappelallee 15. ☎ 172-274-46-62. U-Bahn : Senefelderplatz. Tlj 17h30-1h (17h-minuit dim). Résa impérative. Mezze 4-10 €, plats 8-17 €.* Une des adresses les plus courues du quartier. Sorte de hangar de briques et de planches avec cour-terrasse : longues tables, banquettes couvertes de coussins, chaises colorées et guirlandes de lampions. L'occasion de (re)découvrir une cuisine turque modernisée, mitonnée par une équipe de femmes aux fourneaux. Produits super frais : houmous, feuilles de vigne farcies, ceviche de poisson, boulettes au boulgour, kefte, salade de poulpe, kebabs

d'agneau au yaourt... Un festival de saveurs digne des meilleures tavernes stambouliotes, et en plus un accueil adorable. Prix un peu plus élevés que la moyenne du quartier, mais justifiés. *Autre adresse à Charlottenbourg (Wieslandstr 38).*

Plus chic

Pasternak *(plan centre, G1,* ***186****) : Knaackstr 22-24. ☎ 441-33-99. U-Bahn : Senefelderplatz. Tlj 9h-1h. Plats 12-25 € ; à midi en sem,* Moskauer Lunch *9,50 € ; plats 9-24 €.* Frühstück *(9h-16h) 9-13 €.* Du charme rétro : boiseries et plafond stuqué, plancher vénérable, vieux comptoir et piano, mon tout donnant sur l'une des places les plus charmantes du quartier. Choix de classiques russes (*pelmenis,* bœuf Stroganoff) et de la Mitteleuropa juive, comme le bortsch, le *gefilte fisch* ou le *kreplach* (chausson à la viande). Grande terrasse.

Gugelhof *(plan centre, G1,* ***182****) : Kollwitzplatz (et Knaackstr 37). ☎ 442-92-29. U-Bahn : Senefelderplatz. Tlj 17h (12h w-e)-23h. Plats 10-30 €.* Une auberge alsacienne à Berlin. Vaste terrasse ou salle agréable toute rénovée en surplomb de la rue, pour goûter une cuisine traditionnelle copieuse, agrémentée de vins rhénans : choucroute, coq au Riesling et tartes flambées sont le prétexte d'un aller-retour Allemagne-France. Également des plats badois et bavarois.

Où prendre le *Frühstück* ?
Où faire un brunch ? Où goûter ?

Café Butter *(plan centre, F-G1,* ***159****) : Pappelallee 73. ☎ 52-68-59-33. U-Bahn : Eberswalderstr. Tlj 9h-minuit (jusqu'à 17h dim-lun).* Frühstück *tlj 9h-15h ; brunch-buffet le sam jusqu'à 15h et le dim jusqu'à 16h, env 12 €. Cartes de débit seulement.* Malgré sa sympathique terrasse, on préférera le calme de l'intérieur. Bel établissement sur 2 niveaux, haut de plafond, avec ses grandes portes vitrées, ses tables en bois et son bar carrelé de vert. *Frühstück* à prendre à la carte et sans se priver : pancakes, omelettes, salades de fruits, fromages, saucisses et accompagnements chauds, vous ne saurez plus où donner de la tête. C'est frais, c'est copieux et c'est bon. Limonades fraîches. Accueil dynamique.

Kaffeehaus Sowohl Als Auch *(plan centre, G1,* ***282****) : Kollwitzstr 88. ☎ 442-93-11. U-Bahn : Senefelderplatz. Tlj 8h-2h. Petits déj 6-12 €, plats 7-25 €.* Cadre sobre égayé par 2 fresques murales de Klimt. Spécialité de la maison : le *Schweizer Blockschokolade,* avec un morceau de chocolat à peine fondu qu'on déguste à la petite cuillère au fond de la tasse. Divines pâtisseries (strudel, cheesecake) à savourer sur la terrasse ombragée pour un petit déj ou une pause gourmande.

Morgenrot *(plan centre, F1,* ***280****) : Kastanienallee 85. ☎ 44-31-78-44. U-Bahn : Eberswalder Str. Tlj sauf lun 10h-1h (11h-3h ven-sam et 11h-minuit dim). Buffet végétarien 11 € ven-dim (11h-15h) ; également des quiches, plats végans et soupes bio.* À côté d'une librairie anar, ce café des *Matins rouges,* de *L'Aurore,* ce bistrot militant annonce la couleur avec sa façade délabrée. Un peu la dernière caution marginale d'une rue en cours de boboïsation avancée. On donne ce qu'on veut entre 9 et 13 € pour le grand buffet végétarien du week-end. Rapport prix-qualité imbattable. En guise de dessert, sans supplément, tous les bons plans culturels et les manifs affichés aux murs.

Où déguster une bonne glace ?

Il Glaciale *(plan centre, F-G1,* ***210****) : Kollwitzstr 59. U-Bahn : Senefelderplatz. Mars-oct seulement, tlj 11h-23h.* Petite boutique et grand choix de parfums (24 chaque jour !), dont des mélanges fruits et légumes très réussis pour moins de 5,50 €. Si vous voulez un cornet, dites *Waffel* ; pour un pot, ce sera *Becher*.

Kauf Dich Glücklich *(plan centre, F1, **294**)* **:** *Oderberger Str 44. U-Bahn : Eberswalder Str. Tlj 10h-21h30 ; (23h30 ven-sam, 22h30 dim).* Rendez-vous convivial et populaire pour déguster des glaces étonnantes comme celle au chocolat et au piment. Servent aussi des gaufres. Terrasse aux couleurs acidulées. Autre adresse proche : *Kastanienallee 54.*

Où boire un verre ?

Prater Garten *(plan centre, F1, **286**)* **:** *Kastanienallee 7-9. ☎ 448-56-88. U-Bahn : Eberswalder Str.* Biergarten *ouv avr-sept, en cas de météo favorable dès 16h (12h dim), ; repas à partir de 18h (12h dim), cuisine jusqu'à 22h. Plat principal autour de 16 €. CB refusées.* Une bonne entrée en matière pour approcher les racines de la tradition allemande. C'est le *Biergarten* le plus ancien de Berlin (1837) et c'est en ce lieu qu'August Bebel et Rosa Luxemburg ont fait leurs discours. Passé le garage à vélos, vous arrivez sur un grand espace aéré divisé en 2 parties : une vaste terrasse où l'on trouve aussi des jeux pour les enfants, et, à côté, le resto qui sert des plats rustiques mais consistants : boulettes, *Wiener Schnitzel* avec salade de pommes de terre et concombres, goulasch, le tout arrosé de *Schwartbier*... Portions généreuses, on peut se contenter d'une demi-assiette. Concerts fréquents.

Café Nemo *(ou* **Omen ;** *plan centre, F1, **281**)* **:** *Oderberger Str 46. ☎ 448-19-59. U-Bahn : Eberswalder Str. Tlj 18h-5h.* Un rendez-vous de la bohème parmi les plus authentiques de Prenzlauer Berg. Murs couverts de fresques, vénérable plancher patiné, mobilier de bric et de broc, babyfoot, billard. Atmosphère torride en fin de semaine, rock le plus souvent à tue-tête...

Schwarzsauer *(plan centre, F1, **285**)* **:** *Kastanienallee 13. ☎ 448-56-33. U-Bahn : Eberswalder Str. Tlj sauf dim 9h-4h (selon fréquentation).* Attire les Berlinois de tout poil en quête d'une ambiance décontractée. Cadre et décor de bistrot, sans originalité particulière. C'est pourtant un passage obligé du quartier. La nuit, c'est un bar-*Kneipe*.

Das Wohnzimmer *(plan centre, G1, **287**)* **:** *Lettestr 6. ☎ 445-54-58. U-Bahn : Raumerstr. À l'angle avec Helmholtzplatz. Tlj 15h-1h (2h jeu-ven). CB refusées.* Un des 1ers *Wohnzimmer-Bar* (bars-salons), typique du genre à Berlin. Canapés et fauteuils dépareillés, lampes des années 1970, vieux rideaux, bref, un joyeux bric-à-brac digne de l'ancienne RDA. La jeunesse du quartier y vient pour se vautrer sur ses banquettes élimées. Bonne musique le soir. L'après-midi, on vient plutôt s'offrir un café-croissant, ou un snack pas cher.

Tres Tapas *(plan centre, G1, **266**)* **:** *Lychener Str 30. ☎ 41-71-57-18. U-Bahn : Senefelderplatz. Tlj à partir de 17h. Tapas 3-16 € ; assortiment pour 2 15 €.* Au pied d'un bel immeuble, face à la place verdoyante, un bar à tapas variés avec terrasse qui fait le coin, idéale pour un cocktail. Bar carrelé d'azulejos et salle de resto avec photos où les plats sont plutôt chérots.

Scotch und Sofa *(plan centre, F-G2, **290**)* **:** *Kollwitzstr 18. ☎ 440-32-609. U-Bahn : Senefelderplatz. Tlj 17h-1h (plus tard jeu-ven-sam et 16h-23h dim).* Dans le genre *Wohnzimmer-Bar,* déco résolument fifties très bien reconstituée, avec TV noir et blanc et tapisserie bien chargée. Grand choix de whiskies. Clientèle plutôt jeune. DJ les vendredi et samedi. Un des meilleurs bars dans son genre à Berlin. Tout l'esprit du quartier y est résumé !

Café August Fengler *(plan centre, F-G1, **289**)* **:** *Lychener Str 11. U-Bahn : Eberswalder Str. • augustfengler.de • Tlj sauf dim-lun 18h-2h (jusqu'à 3h le w-e). CB refusées.* Un des plus vieux troquets de quartier de Berlin-Est (1936). Ambiance intime et relax, lumières tamisées. Bar en bois sculpté, quelques fresques marrantes. En revanche, changement de registre en 2de partie de soirée (22h-22h30), lorsque les DJ s'activent dans la salle du fond et font monter la température ! C'est alors toujours aussi sympa (d'autant que l'entrée est gratos), mais nettement moins intimiste !

Saphire Bar *(plan centre, G2,* ***296****) : Bötzowstr 31. ☎ 25-56-21-58. Ⓤ Arnswalder Platz (M10). Tlj 20h-2h (3h ven-sam).* Murs en bois, banquettes blanches, déco contemporaine et bar tout en longueur où l'on sert plus de 300 cocktails, dont pas mal de whiskies et de rhums. Un peu excentré, mais une belle adresse.

Où écouter de la musique ? Où faire la fête ?

Kulturbrauerei *(plan centre, F1,* ***299****) : on y accède soit par la Schönhauser Allee 36, soit par la Knaackstr 97. • kulturbrauerei.de • U-Bahn : Eberswalder Str. Infos : ☎ 44-35-21-70 ou tlj sur place 11h-19h.* Ce site industriel gigantesque de 25 000 m² est une ancienne brasserie du XIXe s, désormais classée Monument historique. Sa vingtaine de bâtiments néogothiques et ses 6 cours ont été reconvertis pour accueillir plusieurs lieux culturels et festifs. Tout au long de la semaine, un public tous âges confondus envahit le complexe de cinémas, restaurants, cours de danse, bars et clubs. Gentiment chaotique et très vivant.
Les lieux principaux : **Frannz,** un *Biergarten* musical, *• frannz.de •* ; la **Kesselhaus** concerts rock, pop et blues *• kesselhaus.net •* ; la **Alte Kantine** *et* **Maschinenhaus** : *parties* à l'ambiance « boum » années 1990 tous les jeudis *• alte-kantine.de •* ; le **Soda Club** qui fait aussi resto : musiques actuelles et latino pour une clientèle de 18-25 ans *• soda-berlin.de •*. Le petit ***musée*** *(mar-dim 10h-18h (20h jeu) ; entrée gratuite)* permet de découvrir le quotidien des Berlinois de l'Est avant 1989.

Achats

– ***Marchés aux puces :*** *dim 10h-16h.* Pour les amateurs de design des années 1950 et 1970, on conseille le marché aux puces *Am Arkonaplatz,* en plein quartier de Prenzlauer Berg *(plan centre, F1 ; U-Bahn : Bernauer Str).*
– ***Marché bio :*** *janv-mars jeu 12h-19h et avr-déc sam 12h-19h.* Le plus vieux *Bio-Markt* de la ville se tient sur la Kollwitzplatz. On y trouve aussi bien des produits alimentaires de la région que de l'artisanat.
– ***Street Food Market :*** *de mi-janv à mi-nov, le dim 12h-18h.*
– ***Marché de Noël :*** *en déc.*

À voir

Infos complètes sur le quartier sur le site traduit en français *• tic-berlin.de •*

Une des particularités du quartier de Prenzlauer Berg est d'avoir été relativement épargné pendant la guerre. Certains immeubles (un peu moins chaque année) portent en revanche encore les stigmates de l'époque de la guerre froide, ce qui donne au quartier cette atmosphère si particulière.
Promenez-vous au cours de balades rêveuses et intimistes dans les ***Oderbergerstraße, Kastanienallee, Schönhauser Allee, Husemannstraße*** et sur la ***Kollwitzplatz*** si verte en été, au milieu des terrasses des cafés envahies par les étudiants. Au milieu de la *Kollwitzplatz,* la ***Wasserturm*** *(plan centre, G1-2,* ***393****)* domine un petit parc bien agréable. Les nazis ont utilisé ce site comme prison et salle de torture. Le château d'eau construit au milieu du XIXe s, fut l'une des 1res installations d'approvisionnement en eau de Berlin et est familièrement appelé

Dicker Hermann (gros Hermann) par les Berlinois. Après 1914, la tour fut transformée en logements. Peu avant 1989, le loyer était de 1 DM de la RDA par m^2. Cela a bien changé...

Museum Pankow *(plan centre, G1-2,* ***391****)* **:** *Prenzlauer Allee 227. ☎ 902-953-917. U-Bahn : Senefelderplatz. Mar-dim 10h-18h. GRATUIT. Textes en allemand seulement.* Tout petit musée municipal proposant des expos temporaires sur la vie de ce quartier. Pour les curieux insatiables qui voudraient meubler le temps par un jour de pluie.

La synagogue de la Rykestraße : *à 50 m sur la gauche, en venant de Knaackstr. U-Bahn : Senefelderplatz. Ne se visite pas.* La plus grande synagogue d'Allemagne, construite en 1904. Elle fut endommagée en 1938, pendant la terrible Nuit de cristal et restaurée au temps de la RDA.

UNE MIRACULÉE DU NAZISME

Le 9 novembre 1938, le rabbin et les membres de la communauté juive furent déportés. L'intérieur de la synagogue fut totalement dévasté, les rouleaux de la Torah détruits. Si la façade sobre en brique fut épargnée, c'est à cause du voisinage d'autres immeubles d'habitation. Les nazis redoutaient, s'ils y mettaient le feu, de provoquer la mort de « bons Allemands ». Le bâtiment fut saccagé, transformé en écurie, puis en entrepôt. Après la guerre, des survivants s'y retrouvèrent pour la prière du shabbat, en dépit de l'hostilité du régime communiste.

Jüdischer Friedhof *(cimetière juif ; plan centre, F1,* ***392****)* **:** *Schönhauser Allee 23-25. U-Bahn : Senefelderplatz. Dim-jeu 8h-18h (17h nov-mars), ven 8h-13h. Fermé sam, pour shabbat et aux fêtes juives. Dernière entrée 30 mn avt la fermeture. Kippa obligatoire pour les hommes (distribuée à l'entrée).* L'un des rares qui aient échappé aux destructions de la guerre. À l'entrée, plan avec emplacements des tombes des personnalités et un *lapidarium* ; nombreuses stèles, explications de l'évolution de l'art funéraire et des symboles. Sous les arbres, parmi les tombes, on trouve celles du peintre expressionniste *Max Liebermann* et du compositeur *Giacomo Meyerbeer.* Balade émouvante parmi les carrés encore abandonnés aux herbes et fougères folles, et leurs nombreuses stèles abattues (intempéries, érosion et vandalisme).

Mauer Park *(plan centre, F1)* **:** coupé autrefois par une section du Mur entre les secteurs russe et français. On vous recommande d'y aller de préférence le matin du dimanche pour son ***marché aux puces*** *(Flohmarkt),* où l'on trouve tout et son contraire, d'y prolonger la journée avec des parties de pétanque, et surtout d'assister à son ***karaoké*** qui draine les foules autour de l'amphithéâtre l'après-midi. Un mix de puces, de vide-grenier, d'antiquités, tout cela avec un mélange de bobos, et de babas cool de tout poil... et une offre de restauration sur le pouce qui couvre de nombreux pays !

LES QUARTIERS DE KREUZBERG ET NEUKÖLLN *(plan centre, E-F-G 3-4)*

Kreuzberg, un quartier pour le moins cosmopolite familièrement nommé *X-Berg,* se situe au centre de Berlin et au sud de la Spree. Son nom, *mont de la Croix,* vient d'un monument situé sur la petite colline au milieu du *Viktoriapark,* où se trouve depuis 1821 un monument couronné d'une croix de fer dessinée par *Karl Friedrich Schinkel* pour commémorer les victoires de la Prusse sur les armées napoléoniennes.

Kreuzberg est donc divisé en 2 secteurs très contrastés, mais que les habitants distinguent aisément en faisant référence à leurs anciens codes postaux : le *Kreuzberg 61* à l'ouest et le *Kreuzberg 36* à l'est. Ce large faubourg s'est développé à la fin du XIXe s. Situé dans Berlin-Ouest, Kreuzberg était enclavé par le Mur sur 3 côtés. La Spree constituant sa « frontière nord » avec Mitte et Friedrichshain. Un peu isolé à cette époque, il était considéré comme très pauvre, et accueillait beaucoup d'immigrés et de marginaux. Après la réunification, Kreuzberg s'est retrouvé au centre de la ville. Sa partie ouest est redevenue petit à petit ce quartier assez chic qu'il était au début du XXe s, peuplé de familles bourgeoises respectueuses de l'ordre, à commencer par les officiers du terrain d'exercice qui allait devenir Tempelhof plus tard.

À l'inverse, l'Est et le Sud-Est (notamment le quartier de Neukölln) sont restés très populaires et se démarquent par leur mixité, la population d'origine turque y étant la plus nombreuse. En 2016, 22 % de la population n'avait pas la nationalité allemande. Les loyers accessibles ont attiré à la fois les artistes, les étudiants, les militants et toute l'effervescence de la contre-culture. Mais Berlin bouge, et très vite. Les quartiers alternatifs historiques se sont aussi assagis, grignotés par la hausse des loyers et l'embourgeoisement inéluctable, incitant les bohèmes à chercher un nouvel eldorado à Neukölln. Ce dernier est même en plein bouleversement. Au point que l'on n'hésite pas à comparer Neukölln à Brooklyn ! Le secteur compris entre la *Hermannplatz* et le *Landwehrkanal* est désormais un vivier de galeries d'art, de restos et de bars branchés, dont les terrasses s'étirent langoureusement sur les berges de la Spree. De nouveaux lieux nocturnes y ouvrent chaque mois, à côté des restaurants syriens, tenus par une population réfugiée qui fait désormais vivre Neukölln au même titre que leurs homologues turcs. Pour beaucoup, à présent, c'est ici que cela se passe, même si, au sein du Kreuzberg 61, le secteur de la *Bergmannstraße* à la *Marheinekeplatz* constitue encore un autre îlot où l'animation est garantie de jour comme de nuit.

UN PRIVILÈGE BIEN COMPRIS

Si, à la fin des années 1970, Berlin (Kreuzberg en particulier) a accueilli tant de jeunes marginaux, ce n'est pas seulement pour la modicité des loyers, mais aussi parce qu'un décret dispensait les citoyens de Berlin-Ouest de service militaire ! Dès lors, pacifistes et objecteurs de conscience de tout poil affluèrent par milliers et créèrent de nombreuses organisations militantes.

Kreuzberg est donc toujours en mutation permanente. Le Kreuzberg 36 reste la terre d'accueil de la bohème contestataire et de l'immigration pauvre du Kurdistan. La vie des différentes communautés s'organise autour du *Kotti* et du *Görli :* rencontres exotiques de toutes natures dans les rues adjacentes à *Kottbusser Tor,* une sorte de Belleville turc, alternatif et touristique, ou sur les pelouses élimées du *Görlitzer Park.* Dans tous les cas, Kreuzberg est à découvrir, ne serait-ce que pour jeter un œil à l'improbable parc de Tempelhof, où l'on peut planer mais où l'on n'atterrit plus !

Où dormir ?

Bon marché

☗ ***Riverside Lodge*** *(plan centre, G4, **32**)* **:** *Hobrechtstr 43, 12047. ☎ 23-95-66-29. • riverside-lodge.de • U-Bahn : Schönleinstr. Réception 11h-14h, 18h-20h. Résa pour 2 nuits min. Env 25 €/pers en dortoir de 4-6 lits. Doubles 35-75 € selon période. Draps 3 € pour le séjour. Cuisine à disposition.* Étonnante, cette AJ de poche, si petite qu'on se sent plus à la maison que dans une auberge. Car l'hébergement se résume à 3 doubles, 1 quadruple et

1 dortoir de 6 lits, tous modernes, lumineux et nickel. On enlève ses chaussures à l'entrée ! Côté confort, rien à redire : kitchenette, salle commune et 2 salles d'eau. D'autant plus qu'on est au cœur de l'un des quartiers les plus sympa de Berlin, et à 2 pas des terrasses du canal. Top !

Three Little Pigs *(plan centre, E4, **55**) : Stresemannstr 66, 10963. ☎ 26-39-58-80. • three-little-pigs.de • À 5 mn à pied de la Potsdamer Platz. Selon période, 13-30 €/pers en dortoir de 4-8 lits ; doubles 30-80 €/pers selon confort. Petit déj 7 €.* Bien caché au fond d'une cour (au calme donc), un ancien couvent en brique, aménagé en AJ et animé par une équipe sympa et efficace. Ouverte à tous les routards, sans limite d'âge. Elle accueille d'ailleurs pas mal de groupes scolaires et d'étudiants. Bonne ambiance, notamment dans la cour intérieure couverte de gazon, ou dans le vaste espace commun avec billards, baby-foot et coin salon. Dortoirs basiques, propres, et chambres convenables (certaines équipées de sanitaires). Grande cuisine à disposition, laverie, parking intérieur vélos, location de bicyclettes.

The Cat's Pajamas Hostel *(plan centre, G5, **30**) : Urbanstr 84, 10967. ☎ 61-62-05-34. • thecatspajamashostel.com • 15-50 €/pers en dortoir de 4-8 lits selon saison ; doubles 60-90 € selon saison.* Sympathique AJ toute moderne aux portes de Neukölln. De grands espaces où l'on se prélasse dans de confortables canapés entre 2 parties de ping-pong, une cuisine commune très bien équipée, et une petite terrasse où l'on peut prendre une bière sur des planches de surf. Tous les dortoirs et chambres disposent de salle de bains et w-c privés, le personnel est aux petits soins, le point de chute parfait pour découvrir la vie nocturne du quartier.

De prix moyens à plus chic

Hüttenpalast *(plan centre, G5, **31**) : Hobrechtstr 65-66, 12047. ☎ 37-30-58-06. • huettenpalast.de • U-Bahn : Hermann Platz. Caravanes, huttes et chambres privées pour 2 pers 85-140 € selon période. Petit déj-buffet 10,50 €.* Place à l'insolite ! Ne vous fiez pas à la réception et à son allure de bistrot, au fond de sa coquette cour, cette ancienne usine propose une douzaine de caravanes aménagées par des artistes et de huttes originales réparties dans 2 jardins reconstitués. Il y a même une cabane dans les arbres. Sanitaires non mixtes, neufs et propres. Cadre bohème et convivialité assurée. Pour plus d'intimité, vous trouverez aussi une poignée de chambres privées lumineuses et confortables. Accueil d'une grande disponibilité.

Hotel Transit *(plan centre, E4, **53**) : Hagelberger Str 53-54, 10965. ☎ 789-04-70. • hotel-transit.de • U-Bahn : Mehringdamm ou Hallesches Tor. Au fond d'une 2e cour, au 4e étage. Ouv 24h/24. Doubles 75-90 € avec petit déj.* Dès la réception, le ton est donné : musique rock, bar en guise de bureau d'accueil, mobilier métallique moderne. Les chambres (modulables jusqu'à 6 personnes, parfait pour des familles) sont beaucoup mieux tenues que ne le laisse penser l'accueil : propres, de bon confort et toutes avec douche. Atmosphère routarde et typiquement berlinoise. Copieux petit déj-buffet à déguster au calme face à de grandes baies vitrées. Accueil souriant et arrangeant.

Ludwig Van Beethoven Hotel *(plan centre, G5, **23**) : Hasenheide 14, 10967. ☎ 69-570-00. • hotel-ludwig-van-beethoven.de • U-Bahn : Hermannplatz. Au 1er étage. Doubles 93-160 € selon confort et saison, avec petit déj.* Un hôtel très bien placé pour rayonner sur Kreuzberg et Neukölln avec un minimum de confort. Ne vous fiez pas à la façade un peu vieillie, une équipe charmante s'affaire à l'intérieur pour peaufiner les 57 chambres. Le portrait du compositeur allemand décliné sous toutes ses couleurs vient quelque peu égayer la décoration, et la petite fontaine sur le grand balcon fleuri apaisera vos fins de journées.

Très chic

Hotel Angleterre *(plan centre, E3-4, **39**) : Friedrichstr 31, 10969.*

☎ *43-47-33-00.* • *hotel-angleterre.de* • *U-Bahn : Kochstr. À 2 pas du musée du Mur. Doubles 80-225 € (plus cher le w-e et lors des grands événements).* Cet hôtel de standing largement fréquenté par une clientèle d'affaires, touristes et familles, a comme principal avantage une situation remarquable, très centrale. Les chambres au style contemporain ne déçoivent pas, tout confort et de bon goût. Au final, un bon rapport qualité-prix dans un quartier chic et cher. Salle de sport et spa.

Où manger ?

Bon marché

|●| ***Mustapha's Gemüse Kebap*** *(plan centre, E4,* ***152****) : Mehringdamm 32. U-Bahn : Mehringdamm. Tlj 10h-2h (plus tard le w-e). Plats 3,50-5,10 €.* Devenue une institution à Berlin, cette petite cahute stratégiquement positionnée à la sortie du métro attire la curiosité et donc les foules ! Un kebab savoureux. Une viande tendre de poulet rôtie pour qui veut, un mélange de légumes frais et rissolés, avec des crudités goûteuses relevées de menthe, du pain à la fois croustillant et moelleux, de la feta, des sauces maison accompagné d'un zeste de citron, un régal ! Il vous faudra cependant un peu de patience car il y a souvent une queue interminable. Pour les faims pressées, une *Currywurst* au *Curry 36*, à quelques pas de là.

|●| ***Hamy Café*** *(plan centre, G5,* ***170****) : Hasenheide 10. ☎ 61-62-59-59. U-Bahn : Hermannplatz. Tlj 12h-minuit. Plats 4-7 €.* C'est le vietnamien qui fait fureur dans le quartier. Mouchoir de poche à l'intérieur, quelques tables dehors. Cadre sobre et quelconque, mais qualité des plats du jour parfumés et préparés avec soin. Soupes de nouilles et salades copieuses, pas chères servies rapidement, et savoureuses. Accompagnez votre plat d'un *hamy lassi*, par exemple.

|●| ***Ammazza che Pizza*** *(plan centre, G4,* ***161****) : Maybachuferstr 21. ☎ 896-165-56. U-Bahn : Schönleinstr. Tlj sauf lun 12h-minuit (cuisine 22h30). Pizzas 8-14 €, plats 10-15 €.* On ne compte plus les adresses de pizzas à Berlin, mais à Kreuzberg celle-ci est incontournable ! Avec sa terrasse bien placée au bord du Landwehrkanal, venez tôt pour vous assurer d'avoir une place aux beaux jours. Les grandes pizzas, garnies de produits frais et à petits prix, méritent qu'on s'y arrête, ainsi que les plats italiens soignés et savoureux. À l'intérieur, vous pourrez également profiter du délicieux fumet du four dans une décoration colorée et enfantine. Aux fourneaux, une équipe jeune et dynamique.

|●| ***Café Rix*** *(hors plan centre par G5,* ***165****) : Karl-Marx-Str 141. ☎ 686-90-20. U-Bahn : Karl-Marx-Str. Tlj 10h-minuit (cuisine 23h30). Plats 10-20 €. Brunch-buffet dim jusqu'à 14h30, à un prix imbattable (résa conseillée).* On est encore à Neukölln, non loin de l'emplacement où se trouvait le Mur. Dans une ancienne salle de bal construite en 1876, avec moulures rehaussées par la peinture dorée et l'éclairage doux. Ce café-galerie propose des plats du jour corrects et bien fignolés, d'inspiration allemande ou italienne. *Frühstück (lun-sam 10h-17h !)* en version italienne, anglaise, végétarienne ou 5-fromages. Terrasse dans une cour pavée et arborée paisible.

Prix moyens

|●| ***Markthalle Neun*** *(plan centre, G4,* ***190****) : Eisenbahnstr 42-43, 10997.* • *markthalleneun.de* • *U-Bahn : Görtitzer Bahnhof. Lun-jeu 12h-18h, ven-sam 10h-18h.* Cette splendide halle en fer datant de la fin du XIXᵉ s, longtemps délaissée par la concurrence des supermarchés, a été réhabilitée depuis une quinzaine d'années par les habitants du quartier pour proposer la production locale issue des jardins coopératifs de la région. Marché aux fruits, donc, et légumes le week-end. Mais le jeudi soir, la foule s'y presse pour le *Street Food Thursday*

BERLIN, QUARTIER PAR QUARTIER

(17h-22h), sorte de concours culinaire où l'on peut déguster des spécialités de toutes provenances, concoctées par des chefs amateurs inspirés : tourtes à la viande, hamburgers chinois, raviolis thaïs, sandwichs argentins, *fufu* nigérian... On s'installe là où on trouve une place, aux tables communes, et on accompagne le repas d'un verre de vin ou de bière issue de la brasserie artisanale locale. Venir tôt, le rendez-vous est légèrement victime de son succès. De nombreux événements gastronomiques tout au long de l'année.

Fischtheke *(plan centre, G5, **129**) : Flughafenstr 35. ☎ 55-21-87-82. U-Bahn : Boddinstr ou Rathaus Neukölln. Tlj 10h (13h w-e)-22h. Plats 5-30 €.* Concept original proposé par ce modeste resto-poissonnerie. Accueil détendu digne d'un stand de marché dont on retrouve d'ailleurs l'étal devant lequel on passe commande. Une dizaine de tables au milieu d'une déco sobre de faïence blanc et bleu, aux motifs orientaux. *Fish and chips*, sandwichs, poissons *îla plancha* et fruits de mer. Un des rares lieux à Berlin où l'on trouve du poisson de qualité. Quelques tables dehors.

Molinari and Ko *(plan centre, E4-5, **128**) : Riemannstr 13, au coin de Solmstr. ☎ 691-39-03. U-Bahn : Gneisenaustr. Tlj 8h (9h ven-dim)-minuit, service jusqu'à 22h. Frühstück 9h-16h. Plats 8-19 €.* Jeune, dynamique et fréquenté par une clientèle décontractée, ce bistrot italien est l'une des adresses typiques de ce quartier haut en couleur et en pleine expansion. Ce qui fait la différence ici, c'est la large terrasse sur une rue piétonne. Le soir, à la lueur des chandelles, c'est imparable ! D'autant que les pâtes et risottos se révèlent plutôt bien fichus. Également des pizzas, simples mais à prix doux.

Villa Rixdorf *(hors plan centre par G5, **107**) : Richardplatz 6. ☎ 68-08-60-00. S-Bahn et U-Bahn : Neukölln. Tlj 11h-1h. Plats 6-20 €.* Le quartier est certes excentré, mais on est dans un autre monde : quel bonheur que de retrouver la vieille place du village de Rixdorf, comme il s'appelait autrefois, le *Weingarten* et la belle cour installée dans les écuries... un vrai trip rétro sur le Berlin impérial ! Dans cette ancienne maison de fermier, on aime ce bric-à-brac composé de vieilles affiches et cette carte cuisine locale traditionnelle avec escalopes panées et rösti. Quelques plats italiens également, mais qui ne sont pas le grand fort de la maison. Terrasse pleine de charme.

Max und Moritz *(plan centre, F4, **162**) : Oranienstr 162. U-Bahn : Moritzplatz. ☎ 69-51-59-11. Tlj 17h (18h l'été)-minuit. Résa obligatoire le w-e. Plats 8-20 €. CB refusées.* Installé depuis 1902, l'une des plus anciennes tavernes (autrefois cantine d'ouvriers) au sud de la Spree, dont le décor de charme avec céramiques aux murs, grosses tables en bois et chaises sculptées, s'est refait une jeunesse. Bon accueil et, surtout, une des rares occasions pour déguster les bonnes vieilles recettes berlinoises. Pour les amateurs, le fameux *Berliner Eisbein* et le *Rippenspeer nach Art des Fleischers Cassel* (porc fumé au jus de viande), sans oublier les *Flammkuchen*. Choucroute finement amère et parfumée. *Spätzle* sinon pour les bouches *veggies*. Bon rapport qualité-prix-ambiance avec un accueil en français.

Osteria nº 1 *(plan centre, E5, **171**) : Kreuzbergstr 71. ☎ 57-79-29-99. U-Bahn : Mehringdamm. Tlj-minuit. Menus le midi en sem 11,50-17 € ; pizzas 10-13 €, plats 15-20 €.* Une table italienne fort réputée, prolongée à l'arrière par un ravissant jardin d'été : pavés, arbres et fontaine, rien ne manque. Cadre intérieur sobre, où l'on célèbre, aux murs, Fellini et la Magnani, Egon Schiele et Tina Modotti. Clientèle assez chic mais décontractée, qui se régale de bonnes pizzas et de pâtes de qualité.

Plus chic

Sale e Tabacchi *(plan centre, E3, **163**) : Rudi-Dutschke-Str 25. ☎ 252-11-55. U-Bahn : Kochstr. Proche de la Friedrichstr. Tlj 12h (16h sam)-minuit ; 13h-21h30 dim. Le midi en sem, menus 16-21,50 € ; pâtes 11,50-22,50 €. Carte 30-35 €.* L'ex-cantine du *Taz (Tageszeitung)*, journal alternatif des années 1970, s'est reconvertie en café-restaurant élégant sans être guindé, proposant une cuisine italienne de qualité, élaborée avec de bons produits. Le midi, employés et cadres du quartier forment le gros de la clientèle. Très prisé pour ses menus du déjeuner. Patio couvert derrière, bien agréable en été.

Jolesch Café *(plan centre, G4,* ***169****) : Muskauer Str 1. ☎ 612-35-81. U-Bahn : Görlitzer Bahnhof. Tlj 11h30 (17h sam)-minuit. Plats 15-26 €.* Quartier résidentiel agréable. Cuisine d'inspiration autrichienne, plats bien mitonnés. C'est l'adresse du bon goulasch, du délicieux *schnitzel* et du *Tafelspitz* de tradition. Les menus du midi entre 10 et 30 € sont particulièrement prisés. Avec sa vigne vierge, ses murs vert bouteille et ses lustres, ce resto typiquement viennois attire une clientèle variée à la recherche d'une atmosphère calme et élégante. Service souriant.

Le Saint-Amour *(plan centre, G4,* ***176****) : Maybachufer 2. 175-91-22-609. U-Bahn : Schönleinstr. Mar-sam 18h30-minuit. Plats 8,50-17,50 €. Carte env 30 €. CB refusées.* Posé au bord du canal dans Neukölln la branchée, ce bouchon, tenu par un couple charmant, offre un cadre cosy. On y déguste les spécialités lyonnaises, comme les quenelles de brochet, et les bons vins du Rhône. La carte change à chaque saison. Une adresse attachante et authentique.

Où prendre le *Frühstück* ? Où faire un brunch ?

Hallesches Haus *(plan centre, E4,* ***168****) : Tempelhofer Ufer, 1. • hallescheshaus.com • U-Bahn : Hallesches Tor. Tlj 10h-19h (18h sam, 17h dim). Midi lun-ven 12h-15h. Plats 10-13 €. Brunch sam 10h-16h env 10 €.* Entrez par la jolie cour de cet imposant bâtiment en brique rouge faisant face à la Spree et laissez-vous charmer. Cet ancien hangar se divise en une boutique de design et un lieu de restauration. Côté shopping, vous trouverez de beaux objets du quotidien et des éléments de déco de créateurs (mais pas donnés) et un peu d'alimentaire. Côté salon, c'est la décontraction. Un mélange d'étudiants, de familles et de jeunes travailleurs venus se délasser devant un café, un bagel, un sandwich ou une part de tarte. C'est bio, c'est frais, c'est bon et c'est fait maison. Une très belle adresse.

Südblock *(plan centre, G4,* ***158****) : Admiralstr 1-2. ☎ 60-94-18-53. U-Bahn : Kottbusser Tor. Tlj 10h jusqu'à... la fermeture ! Plats 8-10 €, 6,50 € le midi en sem ; brunchs dim (11h30-15h30) 10-14 €. CB refusées* Un collectif *queer* en plein quartier turc, ça donnait forcément envie d'aller y faire un tour. Même le temps d'un brunch, un des meilleurs qu'on ait pu savourer par ici, sur une terrasse qui joue les guinguettes sous parasols, dans une ambiance à tel point relax qu'on peut y entraîner belle-maman sans souci. Une adresse qui a su préserver son esprit berlinois intact, sans se laisser influencer par les changements du quartier.

Selig *(plan centre, G5,* ***160****) : Herrfurthplatz 14. ☎ 68-05-06-80. Tlj 10h-minuit. Repas 12h-16h, 18h-22h30. Plats 8,50-13 €. Frühstück lun-ven 10h-14h (16h dim).* Attenant à une petite église en brique rouge sur une placette, on dirait la salle des fêtes d'un petit bourg tranquille. À l'intérieur, une sorte de cantine-loft : carrelage blanc, grandes fenêtres, sofas et longues tables en bois entourées de verdure. La carte change tous les jours mais propose invariablement une cuisine fraîche et créative, de la simple salade aux plats de viandes. Glaces véganes et bio pour les gourmands. Le samedi, sur la terrasse, on peut profiter de l'animation du marché qui entoure la place.

Morgenland *(plan centre, G4,* ***166****) : Skalitzer Str 35. ☎ 611-32-91. U-Bahn : Görlitzer Bahnhof. Tlj 9h (10h w-e)-3h. Petits déj 6-10 € (lun-ven 9h30-15h) ; brunch-buffet 9 € le w-e et j. fériés 10h-16h.* Le *Morgenland*, ou « pays de l'Aurore » (tout un programme !), traverse les années, joyeux et coloré d'orange, et le succès de ses brunchs copieux ne se dément pas. Une référence dans le domaine du *Frühstück* à coloration orientale. Le soir, l'adresse s'anime autour du bar à cocktails jusqu'à l'heure décidée par les habitués.

☕ ***Café Strauss*** *(plan centre, F5,* ***218****) : Bergmannstr 42. ☎ 69-56-44-53. U-Bahn : Südstern. Tlj sauf lun 9h-20h (17h nov-fév). Env 5 € pour 1 boisson chaude et 1 pâtisserie.* Un café dans un cimetière ? Ne craignez rien, l'expérience n'a rien de glauque, bien au contraire. Il en existe plusieurs éparpillés dans la ville, et les Berlinois en raffolent. Celui-ci est probablement l'un des plus coquets, niché à l'entrée de ce joli cimetière fleuri qui prend des airs de jardin botanique l'été. De petites arches en brique rouge, quelques tables en marbre, et une grande salle lumineuse à l'intérieur où l'on peut déguster de généreuses pâtisseries. L'adresse parfaite pour une pause goûter !

☕ ***Tee.Salon.Iki*** *(plan centre, G4,* ***262****) : Böckhstr 50. ☎ 54-86-99-69. U-Bahn : Schönleinstr. Tlj 11h-19h sauf lun.* Un salon de thé de poche, où l'on se croirait à la fois chez un brocanteur et un apothicaire. Sur les murs, des dizaines de pots de miel, d'herbes, épices et thés surtout grecs. Ici, tout est bio, local, et servi avec le sourire. Allez au fond de la pièce, enlevez vos chaussures et posez-vous sur les épais coussins, le temps qu'on vous concocte un thé sur mesure, selon vos envies et humeurs. Quelques yaourts, toasts pour compléter.

Où boire un verre ? Où grignoter à toute heure ?

🍷 |●| ***Ankerklause*** *(plan centre, G4,* ***260****) : Kottbusser Damm 104. ☎ 693-56-49. U-Bahn : Schönleinstr. Sur le bord du Landwehrkanal, au niveau du pont. Tlj 10h (16h lun)-3h ou plus.* Café en forme de bateau, avec une terrasse au-dessus de l'eau. À l'intérieur, décor de marine (comptoir à hublots, poissons en plastique, etc.). Salle kitsch avec ses banquettes de moleskine bleue et les tables en formica avec nappes à petits pois. Quelques tables en contrebas le long du canal. Atmosphère de guinguette ou de bar de marché en journée, mais le soir ça déménage lorsque les DJ prennent en main la sono. Petits déj prolongés *(16h)*. Possibilité de grignoter à toute heure sandwichs et snacks divers.

🍷 ***Golgatha*** *(plan centre, E5,* ***265****) : Dudenstr 48. ☎ 785-24-53. U-Bahn : Platz der Luftbrücke. En bordure du parc Viktoria. Entrée par la Katzbachstr. Tlj 9h-6h. Horaires variables fin sept-mars.* Vaste *Biergarten* ouvert depuis 1928, où les familles investissent la terrasse avec les transats, tandis que les couples se réservent les balancelles et que les bandes de copains se réfugient sur le toit. Au programme, bières allemandes, quelques saucisses et salades de pommes de terre devant des matchs de foot. Le soir, en été, changement de registre lorsque les DJ font chauffer les platines et le *dance floor* !

🍷 ***Das Hotel*** *(plan centre, G4,* ***221****) : Mariannenstr 26A. ☎ 84-11-84-33. U-Bahn : Kottbusser Tor. Tlj 16h-5h. CB refusées.* Aller au *Das Hotel*, c'est un peu comme aller à une soirée chez des copains ! Derrière la petite porte anodine, on découvre une charmante enfilade de salles intimistes, décorées de bric et de broc avec toutes sortes d'objets chinés, qui donnent plus l'impression d'être dans un appartement que dans un bar. Quant à la cave, c'est désormais une micro-boîte célèbre pour ses soirées soul, funk, seventies ou eighties du mercredi au samedi ! La pinte à moins de 5 €, ça ne se refuse pas ! Programme sur la page Facebook du bar.

🍷 ♩ ***Madame Claude*** *(plan centre, G4,* ***270****) : Lübbener Str 19. ☎ 84-11-08-59. • madameclaude.de • U-Bahn : Schlesisches Tor. Tlj de 19h jusque très tard. Entrée laissée à votre (immense) générosité (6 € env). CB refusées.* Un bar « pour les gens ordinaires (sic) », tenu par des *Frenchies*, qui contribue au brassage culturel de Kreuzberg. Descendez pour accéder à ce « bar à l'envers » (on vous laisse découvrir par vous-même) installé dans un ancien lupanar (d'où ce nom... en allemand, on appelle ça *pouff*). La communauté francophone de Berlin en a fait son QG nocturne. Ambiance jeune et décalée. À part la programmation des DJ, il y a de la musique live dans une salle à part et un *music quiz* tous les soirs. Scène ouverte le dimanche.

Brauhaus Südstern (plan centre, F5, **216**) : Hasenheide 69. ☎ 69-00-16-24. U-Bahn : Südstern. Lun-ven 16h (14h sam-dim)-1h. Brasserie idéalement située en lisière du parc, avec une belle terrasse noyée dans la végétation, on se dit qu'on tient la perle rare. Belle salle tout en brique et bois avec ses cuves sagement alignées, mais s'il fait beau, plutôt qu'à front de rue, c'est sous les arbres qu'on ira siroter l'une des bonnes bières de la maison.

Bateau Ivre (plan centre, G4, **261**) : Oranienstr 18. ☎ 61-40-36-59. U-Bahn : Kottbusser Tor. Tlj 9h-3h (cuisine jusqu'à 16h). Bar amical, bruyant et survolté. Au mur, le poème de Rimbaud a disparu, laissant place aux tags, les temps changent. Les serveurs slaloment entre les grosses tables de bois rugueux toujours prises d'assaut (surtout le trottoir, aux beaux jours). On peut aussi s'y restaurer de salades, gaspacho, pâtes, fromages, etc. Menu à la craie au tableau noir. La nuit, le bateau est souvent ivre... mort !

Franken (plan centre, G4, **261**) : Oranienstr 19a ; à côté du Bateau Ivre. Ouv de 18h jusque très tard selon l'humeur. CB refusées. Dans ce quartier où les bars pullulent, un petit troquet à bière marginal, plein comme un œuf à 3h du mat, et la terrasse est encore plus fréquentée. Le binôme idéal avec la ***Pizzeria Oregano,*** à côté. Bonnes pizzas à la croûte légère et craquante (nous vous recommandons la *Vegetaria,* aux légumes saisis dans un wok).

Yorckschlösschen (plan centre, E4, **263**) : Yorckstr 15. ☎ 215-80-70. • yorckschloesschen.de • U-Bahn : Mehringdamm. Tlj 17h (10h dim)-3h. Concerts live 4-8 €. Une de nos adresses préférées, pour sa riche programmation. Institution locale, ce bar musical (« maison du jazz et du blues ») des années 1900 et patiné par les ans a marqué l'histoire en sachant s'adapter à la nouveauté et garder son âme. S'il fait froid, on entre dans la salle pleine de trophées, digne d'un musée du jazz tellement elle est remplie de souvenirs et d'objets chers aux musiciens. S'il fait chaud, on s'installe sous les arbres. Un endroit idéal pour siroter un petit blanc, s'adonner à une partie de billard ou de flipper, ou écouter un concert live. Plats bon marché. Brunch en musique le dimanche (11h-15h ; 15,50 €).

– Quelques adresses parmi tant d'autres, côté Kreuzberg, mais le bouche-à-oreille ou la balade insolite que vous pourrez faire en cours de journée vous en fournira bien d'autres, notamment côté Neukölln, où tout bouge très vite.

Ä (plan centre, G5, **226**) : Weserstr 40. ☎ 40-63-837. • ae-neukoelln.de • U-Bahn : Rathaus Neukölln. Tlj 17h-2h ou 3h. L'un des bars cultes de ce quartier très animé : vastes salles, au mobilier de récup, bougies sur les tables où se rassemblent les noctambules du coin autour d'une partie de baby-foot, DJ, concerts... C'est dans tous les cas toujours plein à craquer. S'il n'y a pas de place, vous pouvez toujours vous rabattre sur ***Tier,*** le bar d'en face un peu plus chic. Pour se faire une idée du Neukölln branché !

Klunkerkranich (plan centre, G5, **295**) : Neukölln Arcaden, Parkdeck 6, Karl-Marx-Str 66. U-Bahn : Rathaus Neukölln. Au 6e étage du parking déserté d'un grand magasin. Prendre l'ascenseur sous l'entrée « Bibliothek ». Tlj 12h-2h (16h en basse saison, sauf w-e) ; fermé lun-mar en mars-avr et oct-déc. Congés : janv-fév. Entrée : 3-5 € selon programme. • klunkerkranich.org • CB refusées. Pas de téléphone. Faites comme les habitués, qui se retrouvent au pied de l'ascenseur, montent 5 étages puis traversent un ancien parking pour aller faire la queue à l'entrée... du parking supérieur. Voilà un *rooftop* qui offre une vue imprenable sur les toits, surtout au coucher du soleil. Nombre limité : il faut attendre que d'autres sortent, après avoir bu, dansé, rêvé allongé sur le béton ou dans un coin du jardin aménagé à l'entrée, près du *Limo-bar.* Ambiance très cool, malgré la musique techno qui s'en échappe. Également cinéma de plein air.

Bei Schlawinchen (plan centre, G4, **217**) : Schönleinstr 34. ☎ 693-20-15. U-Bahn : Schönleinstr. Tlj 24h/24 et happy hours 14h-21h. Ouvert depuis maintenant une bonne trentaine d'années, un bistrot (*Kneipe* pour faire couleur locale) à la clientèle aussi hétéroclite que la déco : vieux vélos, animaux de manège, instruments de musique, maquettes de bateaux et de motos, etc., accrochés au plafond (et partout où il y a de la place...). Tout petits prix.

Où écouter de la musique ? Où danser ?

Junction Bar *(plan centre, E-F4,* ***269****) : Gneisenaustr 18. ☎ 698-17-421. • junction-bar.de • U-Bahn : Gneisenaustr. Mer-sam 21h30-5h. Entrée : 3-7 €.* Le saxo qui trône dès l'entrée annonce la couleur : ici, c'est ambiance jazz live au sous-sol, dans une atmosphère presque feutrée. Accueille aussi des concerts de rock, blues, funk. Au-dessus, au café du même nom, des DJ de hip-hop, *black music* et funky, viennent mixer à partir de 22h. Une programmation éclectique réussie qui remporte un franc succès.

Luzia Bar *(plan centre, G4,* ***276****) : Oranienstr 34. ☎ 82-40-96-41. U-Bahn : Kottbusser Tor. Tlj 12h-5h.* Un des bars les plus en vue de l'*Oranienstraße* qui attire un joyeux mélange de locaux et de touristes trentenaires. Un grand écusson doré sur fond noir, voilà le seul indice pour repérer la devanture, si ce ne sont les grandes baies vitrées, aux beaux jours, qui laissent déborder les tables et les bancs sur la rue. Intérieur au style industriel, murs dépouillés, déco vintage et lumière tamisée. Fréquenté en son temps par David Bowie. Large choix de cocktails servis avec peps. À partir de 22h, le son monte et la température avec.

SO 36 *(plan centre, G4,* ***272****) : Oranienstr 190, en face du bar Franken. ☎ 61-40-13-06. • so36.com • U-Bahn : Kottbusser Tor ou Görlitzer Bahnhof. Ouv en principe tlj (selon l'actu). Entrée payante.* Boîte légendaire de Kreuzberg, fréquentée à ses débuts par la scène punk, aujourd'hui par un public LGBT mais pas seulement. Menacé de fermeture, ce mythe de la nuit berlinoise a résisté et attire les nombreux *clubbers* pour ses concerts et ses soirées à thème (électro, gay, reggae, roller disco, café fatal...).

Ritter Butzke *(plan centre, F4,* ***264****) : Ritterstr 26. • club.ritterbutzke.de • U-Bahn : Moritzplatz. De la rue, entrer dans les vastes bâtiments industriels, c'est au fond de la cour à droite. Ven-sam minuit-10h, dim 23h-7h. Entrée payante.* Sans doute le club underground le plus célèbre de Kreuzberg : électro mixée par les meilleurs DJ dans une ambiance de feu. 2 salles, dont 1 à la déco plus rétro.

Achats

Markthalle Neun *(plan centre, G4,* ***190****) : Eisenbahnstr 42-43, 10997. U-Bahn : Görtitzer Bahnhof. Ven-sam 10h-18h.* Marché proposant la production des maraîchers locaux. On peut y déguster une *street food* de qualité et d'une grande variété.

Marché turc en plein air *(plan centre, G4) : sur le quai Maybachufer, le long du côté sud du Landwehrkanal. U-Bahn : Schönleinstr. Mar et ven 11h-18h30.* Excellents fruits et légumes à prix raisonnables, mais aussi tous les étals classiques d'un marché turc (pâtisseries, spécialités salées...). On peut y siroter un thé turc en regardant les bateaux sur le canal. Beaucoup d'ambiance dans ce coin que l'on surnomme « la petite Istanbul ».

À voir

Martin-Gropius-Bau *(plan centre, E3) : Niederkirchnerstr 7. ☎ 25-48-60. • martingropiusbau.de • U-Bahn et S-Bahn : Potsdamer Platz. Tlj sauf mar 10h-19h (21h jeu-ven) Prix d'entrée : 15 €, variable selon expos ; réduc.* Élégant bâtiment en pierre et brique rouge, avec sculptures et superbes mosaïques en façade. Les frises sculptées présentent les arts et les sciences. Sous la corniche, hauts-reliefs en céramique. Ancien musée des Arts décoratifs, construit en 1877 par *Schmieden* et *Martin Gropius* (l'oncle de *Walter Gropius,* pape du Bauhaus), c'est un des seuls rescapés d'un quartier qui, à la fin du XIXe s, vit fleurir de nombreux chefs-d'œuvre architecturaux. Il accueille aujourd'hui des expositions temporaires. *Cafétéria* dans le bâtiment.

Topographie des Terrors *(topographie de la Terreur ; plan centre, E3)* **:** *Niederkirchnerstr 8. ☎ 25-45-09-50. • topographie.de • U-Bahn et S-Bahn : Potsdamer Platz ; S-Bahn : Anhalter Bahnhof. À côté du Martin-Gropius-Bau. Tlj 10h-20h (jusqu'à la tombée de la nuit, pour les parties extérieures). GRATUIT. Visite guidée gratuite en français sur résa (au moins 15 j. à l'avance, min 7 pers, au ☎ 25-45-09-70), sinon dim 15h30 en anglais. Panneaux en allemand et en anglais.*
Cet espace muséal bouleversant est situé à l'emplacement de l'ancien centre nazi de la répression : la Gestapo, la SS, puis la sécurité du Reich *(RSHA)* y avaient installé leurs quartiers généraux. Une 1re section très documentée sur l'histoire tragique de la ville (avec des expos temporaires) a été aménagée en plein air, le long d'une importante section du Mur. De nombreux documents d'archives retracent la genèse du national-socialisme à Berlin (la montée en puissance de Hitler, les 1res intimidations...), son expansion due aux succès de la propagande ou aux effets de la terreur (les dénonciations, les persécutions...), et ses conséquences pour les Berlinois (la ville rasée, les procès après-guerre, puis la réconciliation à travers les mémoriaux, les musées...).
La 2de section, centrée sur l'appareil répressif nazi, occupe un bâtiment austère, qui trône au beau milieu d'un environnement de ballast ferroviaire. Est-ce pour évoquer les trains de la mort ?
Les photos d'archives s'imposent comme autant de témoignages sur la banalisation de la terreur. Là, une femme rasée pour avoir « sympathisé » avec l'ennemi, ici un groupe de SS en goguette pendant le week-end de l'Ascension 1936. Persécutions, humiliations, comme une descente accablante vers l'abjection. À grand renfort d'images et de textes valant preuve, on assiste à la manière dont s'est élaborée la solution finale. Les images sont toujours des ellipses, ici pas de voyeurisme donc pas de compassion, la vérité tranche, assène. Sur la fin, une photo prise par un journaliste de l'armée anglaise le jour de la libération d'un camp ; elle résume à elle seule le musée : l'indifférence, la haine, la folie. Cette exposition choc s'achève avec l'ouverture des grands procès, puis le plus célèbre, celui d'Eichmann, qui se tint en avril 1961 à Jérusalem. Certainement le plus payant des musées gratuits de Berlin.

De l'autre côté de la rue, en face de la portion rescapée du Mur, remarquez l'architecture nazie typique du ***ministère de l'Air du Reich,*** bizarrement toujours debout. C'est l'un des seuls vestiges architecturaux du IIIe Reich quasiment intact après les bombardements de 1945 (voir le quartier de Mitte).
Vers Checkpoint Charlie, une ligne de pavés marque l'emplacement de l'ancien Mur.

Mauermuseum *(musée du Mur ; plan centre, E3)* **:** *Haus Am Checkpoint Charlie, Friedrichstr 43-45. ☎ 253-72-50. • mauermuseum.de • U-Bahn : Kochstr et Stadtmitte ; bus n° M29. Tlj 9h-22h. Entrée : 14,50 € ; réduc avec la* Welcome Card. *Brochure en français ; en outre, ts les panneaux explicatifs sont traduits en français (assez rare pour être signalé). Audioguide en français 5 €. Vestiaire gratuit, mais prévoir une pièce de 2 € pour la consigne. En revanche, w-c payants !*

PARANOÏA SOUS LA RDA

Le régime de l'Allemagne « démocratique » était tombé dans un tel état d'obsession sécuritaire que, sur les miradors jalonnant le tracé du Mur, les gardes-frontières (les Vopos) se trouvaient toujours en service par 3. On partait du principe qu'à 2 on pouvait se mettre d'accord pour favoriser une évasion, mais qu'à 3 la chose était quasiment impossible.

BERLIN, QUARTIER PAR QUARTIER

Quelques considérations sur ce musée datant de 1962, qui n'a plus, de nos jours, l'exclusivité des connaissances sur le Mur (les visites guidées de Berlin, notamment, vous faisant revivre l'histoire autrement) : il est situé dans un immeuble d'habitation et agencé de manière telle que le contenu (affiches, photos, anecdotes), un peu fourre-tout et répétitif, reste très intéressant, mais il n'y a pas de continuité chronologique ni d'ordre logique pour la visite. Une rénovation serait salutaire. Relisez avant, ne serait-ce que le paragraphe sur le mur de Berlin pour vous y retrouver (en fin de guide dans « Hommes, culture, environnement »). Par ailleurs, mieux vaut le visiter aux heures creuses (après 20h par exemple).

Rez-de-chaussée

– *Blocus de Berlin-Ouest :* il dura du 24 juin 1948 au 12 mai 1949. Chaque minute, 2 avions atterrissaient pour apporter le ravitaillement. 70 personnes périrent dans les opérations. Puis explications sur la grande révolte des ouvriers du bâtiment de 1953, écrasée dans le sang. Témoignages exceptionnels sur la guerre froide. Photos et documents ainsi qu'une VW trafiquée qui permettait le transport des clandestins.

1er étage

Tout sur le *Mauer,* depuis la sinistre nuit du 13 août 1961 jusqu'au 9 novembre 1989. L'aspect le plus fou de ce musée est la présentation de tous les moyens imaginés pour s'évader vers l'Ouest : ULM, montgolfière, kayak, égouts, etc. Que de trésors d'imagination pour fuir ! Ici, c'est une voiture blindée avec portières bétonnées contre les balles ; plus loin a été conservé l'appareil à souder qui servit à des passages clandestins. 800 personnes prirent la fuite avec un passeport des Nations unies, passeport qui, en réalité, n'existait pas. Photos vraiment étonnantes. De même, spectaculaires témoignages sur le système de verrouillage du Mur (machines de tirs automatiques), etc. Triste histoire que celle de *Peter Fechter* qui, abattu devant le Mur, perdit tout son sang et agonisa des heures durant sans que les *Vopos* n'interviennent. Dans une autre salle, l'histoire non moins spectaculaire du tunnel « 57 ». Belle histoire de Reinhard Fürrer, « passeur » devenu astronaute, qui permit à 57 personnes de fuir par ce tunnel en 1964. Salle suivante, les œuvres d'art liées au Mur, puis d'autres exemples de moyens ingénieux de fuite. Vidéo sur la chute du Mur (le 9 novembre 1989), dessins d'enfants. Fin de la visite par différentes sections historiques sur la guerre froide, avant de terminer au rez-de-chaussée par une boutique bien pourvue en souvenirs et gadgets divers.

Checkpoint Charlie *(plan centre, E3) : à l'angle de Kochstr et de Friedrichstr. U-Bahn : Kochstr.*

Ce fut le seul lieu de passage entre Berlin-Ouest et Berlin-Est pour les armées d'occupation et les touristes. Tant de romans et de films d'espionnage ont parlé de Checkpoint Charlie ! Et pourquoi *Charlie* ? Tout simplement parce que c'était le 3e sur la liste des checkpoints, selon l'alphabet en vigueur à l'OTAN : Alpha, Bravo, Charlie... Des engins l'ont démantelé, après la chute du Mur, le 22 juin 1990, mais, à la demande générale, on l'a replacé au milieu de la rue. Un poste de contrôle avec sacs de sable a donc été réaménagé devant (à l'angle de la *Friedrichstraße* et de la *Zimmerstraße*). On le mentionne parce que cela reste, malgré tout, un lieu incontournable à Berlin.

À cet emplacement se trouvent aujourd'hui 2 énormes portraits du photographe berlinois ***Frank Thiel*** : celui d'un soldat russe, tourné vers l'Ouest, et celui d'un de ses homologues américains, qui regarde vers l'Est. De faux soldats avec uniformes

LA RÉALITÉ SURPASSE LA FICTION !

Ironie du sort : Checkpoint Charlie, l'ex-poste allié qui symbolisa tant la guerre froide, fut construit à l'emplacement d'un cinéma qui, le 13 août 1961, pendant l'érection du Mur, projetait À l'ouest rien de nouveau...

et drapeaux représentant les 2 camps s'y font photographier, moyennant 3 € pour prendre la pose avec eux. Un vrai attrape-touristes qui crée un malaise certain alors que le reste du quartier essaie de garder les traces d'un passé que nombre de Berlinois auraient aimé effacer.

Berlinische Galerie *(plan centre, F4,* ***398****)* **:** *Alte Jakobstr 124-128. ☎ 78-90-26-00. • berlinischegalerie.de • U-Bahn : Hallesches Tor et Kochstr. Tlj sauf mar 10h-18h (dernière entrée 30 mn avt la fermeture). Entrée : 8 € ; réduc. 5 €.* Les collections permanentes du musée national d'Art moderne et contemporain rassemblent les œuvres de peintres tels *Lovis Corinth, Otto Dix, George Grosz* ou *Georg Baselitz,* des photographes tel *Erich Salomon,* mais aussi quelques figures de proue de l'architecture. L'ambition de ce musée est à la fois internationale et locale : les expositions temporaires présentent particulièrement les artistes et les courants qui ont marqué l'histoire de la création berlinoise de 1870 à nos jours.

Jüdisches Museum *(Musée juif ; plan centre, F4)* **:** *Lindenstr 9-14. ☎ 25-99-33-00. • jmberlin.de • U-Bahn : Hallesches Tor et Kochstr ; bus nos M29 et M41. Tlj 10h-20h ; dernière entrée 1h avt la fermeture. Fermé lors des fêtes religieuses juives. Entrée : 8 € ; réduc. Expos temporaires. Audioguide en français recommandé 2 €. Vestiaire obligatoire. Café Schmus sur place. Prévoir une large plage horaire pour la visite !* ***La muséographie et la disposition des collections sont en passe d'être modifiées.***

Extension du vieux *Berlin Museum,* ce bâtiment, en rupture totale avec le corps primitif de l'édifice néoclassique, adopte, vu du ciel, la forme d'un éclair. L'interprétation de ce zigzag, souvent présenté comme une étoile de David brisée, n'a jamais été revendiquée par l'architecte américain **Daniel Libeskind** (concepteur de *la Freedom Tower* à New York). Nommé *Between the Lines* par l'artiste, il se compose de 2 lignes et joue sur 3 axes : la « route de l'exclusion », qui mène à l'*Holocaust Tower,* une tour vide de 24 m, sombre et glaciale (avec, tout en haut, une petite lumière, signe d'espérance) ; la « route de l'exil », qui conduit au *jardin de l'exil E. T. A. Hoffmann,* 49 colonnes en béton inclinées destinées à désorienter ; et l'axe principal du musée, l'axe de la continuité symbolisant la vie et la relation germano-juive. Ces routes ne cessent de se croiser pour que l'on n'oublie jamais. Tout au long de ces chemins sont égrenés des objets et souvenirs de la vie quotidienne de ces familles détruites par la Shoah. Des pièces vides entourées de murs de béton vierge, appelées *Voids* et placées au croisement des 2 lignes principales, évoquent quant à elles le vide laissé par la destruction de la culture juive.

LES JUIFS BERLINOIS DEPUIS LA GUERRE

Sur les 160 000 juifs de Berlin avant 1939, près de 100 000 se sont exilés, 55 000 ont été déportés et 6 500 ont survécu ; aujourd'hui, ils sont entre 30 000 et 40 000 à vivre dans la capitale allemande. Pendant la guerre froide, les juifs de Berlin-Est habitaient le Spandauer Vorstadt, mais en 1958 les autorités ont dynamité la principale synagogue. En 1989, le nombre de juifs à l'Est était tombé à 200 !

Le bâtiment, à la fois froid et lumineux, est transpercé par 280 fenêtres-meurtrières incisées dans les murs blancs. Son contenu prête toujours à discussion. Encensée par certains critiques, taxée de « non-musée » par ses détracteurs, cette réalisation atypique fascine le public. L'exposition permanente, interactive, souvent ludique et toujours pédagogique, est considérée à juste titre comme la plus grande d'Europe dans son genre. Elle ambitionne de décrypter les rapports entre les communautés juive et allemande depuis 2 000 ans en dévoilant leur histoire. Elle révèle l'héritage culturel juif, du quotidien ordinaire des familles à l'originalité de certains rites.

Elle indique enfin le rôle important joué par les juifs riches de Berlin, qui, comme mécènes, permirent d'étoffer les collections de l'*Alte Nationalgalerie,* ou plus largement de toute l'Allemagne. C'est l'un des seuls musées juifs au monde qui ne soit pas géré par la communauté juive locale, il est en effet destiné aux non-juifs du monde entier. Une véritable invitation à la tolérance. Après tout, ne sommes-nous pas tous fils d'Abraham ?

La visite

Prendre le grand escalier et grimper jusqu'au dernier étage.

– Histoire du peuple juif à travers les livres sacrés ou les enluminures, mais aussi l'architecture, l'écriture, la médecine, le commerce... Documents bouleversants sur les 1res persécutions et les diasporas... Témoignage intéressant de Glickl de Hamelin, la plus ancienne autobiographie rédigée par une femme juive sur son quotidien (entre 1691 et 1719).

– La vie sociale, la vie religieuse, les synagogues, les *success stories* (Lévi-Strauss), évolution de la société, les personnalités juives de l'époque (Mendelssohn), les traditions (qu'est-ce qu'un produit casher, les différentes vaisselles selon les aliments), etc.

– Histoire des familles juives de la moyenne bourgeoisie de 1850 à 1933 et les professions typiques (avocats, banquiers, médecins).

– À l'étage inférieur, les juifs dans la révolution, l'émancipation et la détresse des juifs patriotes (comme *Walter Rathenau*), exprimant leur déception d'être toujours considérés comme des citoyens de 2e classe. Les citoyens juifs furent nombreux à mourir sous le drapeau impérial pendant la Première Guerre mondiale. Il s'agissait, de leur part, d'une volonté de s'intégrer et de prouver leur attachement à l'Allemagne. Origines du sionisme, vidéos, etc.

– Maquettes de synagogues, de l'école, l'éducation, galerie de portraits de gens célèbres (acteurs, journalistes, musiciens, scientifiques, etc.).

– Histoire de l'après-guerre 1914-1918, la république de Weimar, l'antisémitisme. Et puis les années terribles de la montée du nazisme par tranches d'histoire (la Nuit de cristal, les 1res déportations, les camps d'extermination, la Résistance, etc.). La dernière partie évoque la difficile reconstruction en Allemagne après la libération des camps et l'ouverture des grands procès, et s'achève sur une note d'optimisme avec la situation de la communauté juive aujourd'hui (l'apport de l'immigration russe, les portraits de différentes personnalités actuelles...).

En redescendant, expo temporaire et espace de mémoire, au bout duquel on parvient au ***Shalekhet,*** œuvre poignante de l'artiste israélien *Menashe Kadishman.*

Deutsches Technikmuseum Berlin *(musée allemand de la Technique ; plan centre, E4) : Trebbiner Str 9. ☎ 90-25-40. • sdtb.de • U-Bahn : Möckernbrücke, Gleisdreieck ou Anhalter Bahnhof ; bus nº M29. Mar-ven 9h-17h30, w-e 10h-18h. Entrée : 8 € ; réduc avec la* Welcome Card.

Reconnaissable à l'avion C47 qui semble s'élancer depuis la façade (l'un des gros transporteurs héroïques qui forcèrent le blocus de 1948), il occupe des bâtiments répartis sur le site de l'ancienne gare de marchandises d'Anhalt, en bordure du Landwehrkanal, et regroupe sur 14 sections et 25 000 m² l'histoire des transports, de l'imprimerie, de la photo, des machines-outils, de l'informatique, etc.

La visite commence par le hall principal du bâtiment ancien. Au rez-de-chaussée, un métier à tisser Jacquard. Des moteurs, donc, mais aussi la voile, avec un

DES BONBONS TOMBÉS DU CIEL

Lors du blocus en 1948, Gail Halvorsen pilotait l'un des avions américains qui ravitaillaient la ville. Interpellé par des gosses derrière le grillage de la piste, il leur donna des friandises. Au retour, il eut l'idée de bricoler de petits parachutes auxquels il accrocha des paquets de bonbons à larguer depuis son avion. Aux États-Unis, des milliers d'enfants confectionnaient des parachutes que le syndicat des confiseurs garnissait de douceurs. Dès lors, chaque avion (rebaptisé Rosinenbomber, *« bombardier de raisins secs ») arrosait la ville de ces cadeaux appréciés des petits Berlinois.*

gigantesque vraquier vieux de 150 ans repêché en 1987 dans la Spree. À l'étage, après l'entrée, évocation de la radio sous le nazisme Étonnant *Blockade Transmitter* de 1949, mis en service pour « casser » le monopole de la radio soviétique. Allez jeter un coup d'œil au K3, le 1er ordinateur du monde, mis au point par ***Konrad Zuse*** en 1941, détruit par les Alliés en 1944 (ben oui, c'est une copie !).
Au 1er étage du nouveau bâtiment, l'aile la plus vaste, section navigation et aviation, belle concentration de maquettes : caravelles, clippers, goélettes et galions. Les tout-petits apprendront à faire des nœuds. On monte encore, la marine se fait militaire. Ne manquez pas la montre de Humboldt. Au 3e étage, la technique s'attaque à l'air avec les restes d'un Henschel Hs 126, avion de reconnaissance de 1940.
Conquête du ciel par les ballons, puis des hélices, des réacteurs en veux-tu en voilà, des grosses cylindrées qui ne manquent pas d'esthétique, tel ce moteur 7 cylindres en étoile du constructeur suédois *Thulin K.* Quelques essais en soufflerie plus loin, les nostalgiques des vieux coucous de 1914-1918 se recueilleront devant l'uniforme et les photos d'*Oswald Boelcke,* un pionnier, stratège de la Première Guerre mondiale, dont les techniques de chasse sont encore d'actualité. Début de l'aviation commerciale avec un Focke-Wulf de 1920 qui ne prenait que 3 passagers en plus du pilote. Création de la Lufthansa. Junker 52 de transport sous les couleurs du IIIe Reich, légendaire hydravion Dornier sur le lac de Constance, maquette de Tempelhof... Mig-15 russe aux couleurs polonaises.
Cerise sur le gâteau, l'immense et très impressionnante collection de ***matériel roulant*** des chemins de fer aménagée dans les rotondes de l'ancienne gare d'Anhalt. Maquettes de tunnels et ponts métalliques, locomotives à vapeur, Diesel ou électriques, prototypes de trains à grande vitesse, wagon de luxe du Kaiser Guillaume II. Photos des gares après les bombardements et évocation du rôle de la *Reichsbahn* dans la déportation des juifs.
Aux étages, l'expo sur l'industrie pharmaceutique et la chimie ne passionnera que les fondus de molécules. Passez directement à la section photographie : hologrammes, avatars en 3D, incrustations. Juste au-dessus, la section cinéma n'est pas mal non plus. Vous saurez tout sur la lanterne magique.
– À quelques encablures de là, le ***Spectrum,*** annexe du musée, présente 250 expériences, dont le pendule de Foucault. Plaira aux gamins : des démonstrations et des manipulations à faire soi-même ! Pour s'y rendre, aller jusqu'au canal, suivre la rive Tempelhofer et tourner à droite dans la Möckernstraße.

Berlin Story Bunker *(plan centre, E4,* ***385****) : Schönebergerstr 23a. ☎ 26-55-55-46. • berlinstory.de • S-Bahn : Anhalter Banhhof. Tlj 10h-19h. Entrée : musée seul 6 €, expo 12 €, billet combiné : 13,50 € ; audioguide en français 1,50 €. Bunkertour 10 € (visites guidées du bunker par des experts, en anglais 11h-13h-15h) ; réduc avec la* Welcome Card.
Une cour vide, un bâtiment gris, froid, désaffecté. C'est dans ce bunker civil de 1942 que vous allez passer 2-3 bonnes heures pour en apprécier ou en détester le contenu. Le *Berlin Story Bunker* a pris place sur plus de 6 500 m² et accueille notamment l'exposition permanente « *How could it happen ?* » (Comment cela a-t-il pu arriver ?), basée sur des années de recherches concernant le national-socialisme. Elle retrace de manière chronologique et très bien documentée le contexte politique de l'époque, la montée en puissance de Hitler et la façon dont il a progressivement réussi à imposer une dictature basculant dans une barbarie inimaginable. Quelques tableaux peints par Adolf Hitler lorsqu'il tentait d'intégrer l'Académie des beaux-arts de Vienne en 1907 et 1908 sont également reproduits (il rêvait de devenir peintre et a échoué au concours d'entrée aux Beaux-Arts) à côté de quelques photos de famille. L'exposition cherche ainsi à montrer comment un être humain a priori normal a pu devenir le plus grand génocidaire du XXe s. Une quarantaine de pièces austères réparties sur 3 niveaux présentent photos, témoignages, films, panneaux explicatifs et documents historiques retraçant l'horreur du nazisme jusqu'à la fin de la dictature. On parcourt le temps, curieux, captivé et troublé, tant l'atmosphère est oppressante et les images

parfois choquantes. Au 3e niveau, un espace moins lisible abrite une reconstitution du bunker du Führer (le véritable bâtiment a été démantelé en 1947) et notamment son bureau personnel.
Enfin, tout en bas, dans une muséographie plus « légère », le ***Berlin Story Museum*** retrace quant à lui 800 ans d'histoire de la ville, dont le nazisme ne représente qu'une partie.

***Viktoriapark** (plan centre, E5) : S-Bahn : Yorckstr ; U-Bahn : Platz der Luftbrücke.* Petit parc dominé par le Kreuzberg, éminence naturelle la plus élevée de la partie ouest de la ville (66 m). Le monument et la croix de fer surmontant cette colline sont à l'origine du nom du quartier (« mont de la Croix »). De là-haut, jolie vue sur Berlin et, tout près, sur l'ancienne brasserie *Schultheiss,* à l'architecture bizarroïde. Les soirs d'été, au soleil couchant, de nombreux couples viennent danser quelques pas de tango et de valse.

***Bergmannstraße** (plan centre, E-F5) :* beaux immeubles, entre autres au nº 17. Et au long de cette rue commerçante et branchée, entre cafés alternatifs et restos de toutes les cuisines du monde, se nichent plein de petites boutiques : vêtements de 2de main ou de créateurs, librairies spécialisées, antiquaires et brocanteurs. Marché couvert riche en produits fermiers (souvent bio) sur la *Marheinekeplatz.*

Pour découvrir un autre aspect du quartier, belle balade à faire entre la ***Manteuffelstraße,*** la ***Skalitzer Straße*** et la ***Prinzessinnenstraße*** *(plan centre, F-G4 et plan Friedrichshain ; U-Bahn : Kottbusser Tor ou Görlitzer Bahnhof).* Ne pas oublier de visiter les arrière-cours de l'*Oranienstraße.* Nombreux commerces et agences de voyages turcs. Vie nocturne active autour de la *Heinrichplatz.* Juste à côté de la *Moritzplatz,* un endroit idéal pour se mettre au vert, s'il n'a pas été exproprié d'ici votre passage : le ***Prinzessinnengarten,*** un jardin partagé poussé sur une friche de 6 000 m², là où se trouvait avant-guerre, le grand magasin *Wertheim* « aryanisé » par les nazis. Des centaines de plantes qui poussent dans des sacs en toile, des caisses en plastique, de l'inventivité à revendre, des légumes et des fruits aussi, c'est le but de ce potager urbain extraordinaire. Si le terrain est racheté, les centaines de jardiniers qui se relaient ici n'auront plus qu'à transporter leurs caisses remplies de compost et de terre végétale ailleurs. Quoique, même à Berlin, un pareil terrain devient rare...

Après une transformation destinée à faciliter sa compréhension par tous les publics, une petite visite s'impose au ***FHXB – Friedrichshain-Kreuzberg Museum*** *(plan centre, G4, **387** ; Adalbertstr 95a. • fhxb-museum.de • U-Bahn : Kottbusser Tor. Mar-dim 12h-18h (10h-20h w-e) ; GRATUIT).* Histoire et sociologie du quartier bien expliquées et illustrées par des maquettes, des plans en relief et de belles photos.

Et bien sûr vous allez adorer le coin du ***Landwehrkanal,*** à l'intersection avec *Kottbusser Damm,* départ d'une autre belle balade. On y trouve des bistrots flanqués de terrasses irrésistibles et d'intéressantes architectures locales. Juste à côté, départ des bateaux-mouches. Continuer la balade le long du canal vers l'ouest, par *Fraenkelufer.* L'été, on se prélasse au bord du canal, sous les saules, sur des carrés d'herbe. Au passage, au *Fraenkelufer 38-44,* de pittoresques façades aux teintes pimpantes, avec leurs balcons élaborés et lucarnes pointues (édifice de 1987), attirent l'œil.
Tout le quartier s'est nettement embourgeoisé. On s'en aperçoit en redescendant *Grimmstraße,* puis *Dieffenbachstraße.* Nombre d'immeubles de standing et de boutiques tendance. Vers l'ouest, de l'autre côté du canal, on remonte la *Segitzdamm,* oasis verdoyante, jusqu'à la *Wassertorplatz...* En allant vers le sud, en revanche, le paysage urbain se révèle tout différent. On entre dans le quartier « turco-bohème ». Pour finir cette balade sur une note différente, n'hésitez pas à prendre le métro jusqu'à la mairie de Neukölln.

Peut-on parler de village bohémo-turc pour ***Neukölln*** ? C'est un village de Bohême au sens strict, puisque c'est autour de la ***Richardplatz, à Rixdorf,*** que se sont réfugiés les laissés-pour-compte de l'immigration. D'où l'atmosphère encore particulière qui règne dans ce coin de Berlin où certaines rues le soir peuvent être encore peu sûres mais où il fait bon se poser pour boire un verre au milieu du « potager du forgeron » ou dans un *Biergarten* sympathique. Ici se déroule un marché de Noël organisé par les associations de quartier. C'est encore à Neukölln que de nombreux étudiants et artistes prennent désormais leurs marques, délaissant *Kreuzberg* parfois jugé trop embourgeoisé et moins authentique.
Les *Nuits du ramadan* attirent énormément de monde, on peut visiter la plus grande mosquée de Berlin et se retrouver ensuite sur une place pour partager une table avec des gens venant réellement de tous horizons. Quelques restaurants syriens, comme le kebab ***Shaam,*** ont ouvert le long de la *Karl-Marx-Straße,* où la communauté réfugiée a pu s'établir depuis 2011. Petite balade architecturale à faire avec un des habitants du quartier, de préférence, et qui sera ravi de vous montrer aussi bien le ***Museum im Böhmischen Dorf*** *(musée très bohème ouv jeu ap-m et 1er et 3e dim du mois)* que l'***Opéra de Neukölln,*** le ***musée des Marionnettes,*** le ***Körnerpark,*** lieu de détente assez baroque, sans parler de la ***Sudhaus de la Kindl-Brauerei,*** une ancienne brasserie classée Monument historique devenue galerie d'art contemporain. Neukölln est un véritable melting-pot de cultures.

Tempelhof Flughafen *(plan centre, E5)* **:** ☎ *02-00-03-74-41.* • *thf-berlin.de* • *Entrée : 15 € ; réduc. Visite guidée de 2h de l'****aéroport de Tempelhof*** *en anglais : à 13h30 mer-dim.*
Un lieu de légende dans l'histoire de l'aviation. L'emplacement sur lequel il fut construit était un ancien terrain d'exercices. En 1909, ***Orville Wright*** y accomplit plusieurs vols de démonstration et battit plusieurs records.
Cet aéroport, qui fut le 1er aéroport commercial puis le plus grand des années 1920, servit de modèle d'organisation à de nombreux aéroports de par le monde. L'architecte ***Ernst Sagebiel*** (un protégé de Hermann Göring, pour qui il construisit le ministère de l'Air) l'aménagea en 1934 en un aéroport révolutionnaire pour l'époque. Si son architecture extérieure néoclassique, avec son arc de cercle de 1 200 m de long, était caractéristique du style monumental du IIIe Reich, son agencement répondait aux besoins fonctionnels d'un aéroport moderne, avec la distinction des flux de passagers selon les vols à l'arrivée et au départ et l'acheminement du fret et du courrier. Les services ne furent pas oubliés : zone hôtelière, restaurants, centre de congrès et services administratifs de la Lufthansa.
L'architecte anglais ***Norman Foster*** considérait en 2004 Tempelhof comme le père de tous les aéroports modernes. D'abord vitrine de propagande du nazisme, puis camp de travailleurs forcés parqués dans les immenses souterrains, pendant la guerre, il fut récupéré (et pillé) par les Soviétiques en 1945 avant d'être cédé aux Américains, dont c'était la zone d'occupation. Avec les aéroports de *Gatow* et de *Tegel,* il fut, du 26 juin 1948 au 12 mai 1949, le théâtre du ***pont aérien*** pour l'approvisionnement en vivres de Berlin-Ouest lors du blocus soviétique. Entre 1961 et 1989, ce fut le seul lien entre le monde libre et Berlin-Ouest. Avec l'avènement des jets, ses pistes trop courtes ne permirent plus l'atterrissage des avions de ligne modernes. Son activité cessa définitivement en 2008.
Un monument commémoratif du blocus dans le petit parc se dresse entre la station de métro et l'entrée principale de l'aéroport.
La visite guidée permet de visiter l'intérieur de certaines parties : la plate-forme panoramique, la salle d'enregistrement utilisée autrefois par la Panam et les aménagements intérieurs réservés aux Américains dont la piste de bowling et le terrain de basket. Dans les sous-sols, on découvre des traces d'incendie dans des locaux où étaient entreposés des milliers de films d'archives (en Celluloïd) qui s'enflammèrent accidentellement du fait de la maladresse d'un soldat russe en 1945.

Tempelhofer Park *(plan centre, E-F-G5-6)* **:** *accès par Columbiadamm, Tempelhofer Damm et Oderstr. U-Bahn : Tempelhof ou Paradestr. Tlj du lever au coucher du soleil.* En 2008, suite à la fermeture définitive du site, la ville fit le choix inattendu à l'heure des grands investissements immobiliers d'offrir cet espace gigantesque aux Berlinois. Résultat : plus de 380 ha de gazon, sillonnés de 6 km de tarmac, qui sont autant de pistes dévolues aux joggeurs, aux vélos, aux rollers et autres skate-boards. On y entretient des jardins potagers communautaires, on y pique-nique, on y fait voler les cerfs-volants, le tout face aux anciennes infrastructures intactes de la tour de contrôle jusqu'à un ancien Douglas C-47 datant du blocus. C'est aussi le paradis des oiseaux et des abeilles. Un lieu insolite qui reflète bien la douceur de vivre à la berlinoise.

LE QUARTIER DE FRIEDRICHSHAIN
(plan Friedrichshain)

• Plan *p.161*

Ancien faubourg ouvrier de Berlin-Est, réinvesti plus tardivement que Prenzlauer Berg par la marginalité berlinoise, Friedrichshain attire encore les artistes, intellos et plasticiens séduits par la modicité des loyers, mais aussi les fêtards du monde entier qui viennent s'imprégner de décibels dans les usines désaffectées le temps d'un week-end. C'est un quartier encore en friche, où les *Plattenbauten* phagocytés par les herbes folles font écho à la vacuité des espaces. Espaces qui, petit à petit, se comblent devant l'avancée du chantier du mégaprojet immobilier de *Mediaspree,* 1 million de mètres carrés de bureaux sur 180 ha, sur les 2 rives de la rivière. Les immeubles poussent comme des champignons après la pluie autour de la salle de concert et omnisport du *Mercedes-Benz Arena* et le ballet des grues donne le tournis.
Dans ce paysage d'anciennes friches, émergent depuis 10 ans de nouveaux immeubles de bureaux, des logements luxueux, des hôtels chics, autant de constructions modernes destinées aux bourses bien garnies, ce qui a provoqué la grogne des Berlinois. Des entreprises médias mais aussi mode ont ainsi pris leurs quartiers dans d'anciens bâtiments industriels (*MTV* dans l'*Osthafenspeicher, Universal* dans l'*Eierkühlhaus*). Avec le siège rougeoyant de *Coca-Cola,* la tour *Allianz* de 130 m, l'*Outlet Zalando* dans un ancien bâtiment industriel en brique vermillon, la *Mercedes-Benz Arena* ou les *Treptow Towers,* les rives de la Spree ressemblent, sur les 4 km de ce projet de rénovation, à un joyeux foutoir architectural. La partie sud de ce quartier est encore toujours un paradis pour les fans de *street art,* qui découvrent le long de la Spree, la *East Side Gallery* et la friche d'anciens entrepôts du *RAW.* Il faut oser franchir les portes (façon de parler !) de cet espace incroyable, de la taille de 14 terrains de foot, situé en plein cœur du secteur, qui voit désormais défiler les admirateurs de *Jimmy C,* de *Vhils* ou d'*El Bocho*. Un univers qui se met à vivre la nuit quand la musique s'empare de *Cassiopeia,* un de ces bars-clubs « ouverts », musicalement et sociologiquement parlant, et qui y ont investi les hangars désaffectés. Inéluctablement, l'appétit des investisseurs va mettre un terme à cet univers festif complètement fou. Les baux des locataires de ces lieux sont arrivés à expiration autour de 2019-2020, et les pelleteuses puis les grues entrent progressivement en action. Dépêchez-vous d'en profiter pendant qu'il est encore temps.
De jour, dans la partie nord ne pas manquer la célèbre *Karl-Marx-Allee,* modèle de l'architecture stalinienne, aujourd'hui classée Monument historique et postulante au Patrimoine mondial de l'Unesco.

À la nuit tombée, la *Simon-Dach-Straße* (U-Bahn : Warschauer Straße) est toujours à la mode, du moins pour la jeunesse un peu déjantée. Mais attention, les déjantés d'hier sont devenus les pères et mères de famille rangés d'aujourd'hui, qui aimeraient bien profiter un peu plus, la nuit, de la tranquillité retrouvée du quartier.
À la terrasse des bars et des innombrables restos, de vrais Berlinois de l'Est, simples et décontractés, des « prolétoïdes » au look destroy mais dotés d'une imagination créatrice fertile. On les croise le dimanche au marché aux puces de la *Boxhagener Platz*.
IMPORTANT : petite précision pour les inconditionnels de Berlin, qui vont trouver que certaines adresses indiquées ci-après appartiennent en fait à un autre quartier. Pour un habitant de Friedrichshain, tout ce qui est au sud de la Spree, autour de la *Schlesische Straße,* est à KREUZBERG ! On a préféré simplifier, carto aidant, en pensant à celles et ceux qui découvrent Berlin et vont pousser au-delà de la Spree en face de l'East Side Gallery, après avoir sacrifié à une *Ostalgie* qui, déjà, n'est plus ce qu'elle était.

Où dormir à Friedrichshain ?

Pour en savoir plus sur Kreuzberg 36, voir plus haut « Les quartiers de Kreuzberg et Neukölln ».

Bon marché

■ ***Meininger Hotel East Side Gallery*** *(plan Friedrichshain, G3,* ***50****) : Am Postbahnhof 4, 10243. ☎ 31-87-97-67. • meininger-hotels.com • S-Bahn : Ostbahnhof. Nuitée à partir de 15 €/pers en dortoir 3-4 lits, draps fournis ; doubles à partir de 49 € ; petit déj (à volonté) env 8 €.* Le dernier-né de la chaîne. Avec un accès rapide depuis la Hauptbahnhof, même si un peu excentrée, sa situation est idéale pour ceux qui veulent faire la fête ou assister à un concert dans la Mercedes-Benz Arena. Les chambres colorées et modernes (parfois un peu petites) donnent pour certaines sur la East Gallery et ses fresques et la Spree en contrebas. Équipements un peu sommaires mais suffisants pour un court séjour. Cuisine à dispo et bar convivial. Convient autant aux voyageurs individuels qu'aux familles.

■ ***The Sunflower Hostel*** *(plan Friedrichshain, G3,* ***92****) : Helsingforser Str 17, 10243. ☎ 44-04-42-50. • sunflower-hostel.de • U-Bahn : Warschauer Str, coin Pillauer Str. Résa conseillée. Nuitée 9-29 €/pers en dortoir 3-10 lits, draps fournis ; doubles 39-125 € (cher en été !). Appart 4 pers 84-200 €. Petit déj (à volonté) 5 € (jusqu'à 12h !).* Dans un coin très tranquille du quartier, mais proche des lieux nocturnes (le *RAW* est à 5 mn et le *Berghain* à 250 m). Dortoirs et chambres bien tenus, avec sanitaires privés ou collectifs. Bar ouvert jusqu'à 22h et salle commune animés, ornés d'affiches de rock stars emblématiques pour Berlin. Dépôt de livres, machines à laver, location de vélos l'été. Propose un tour guidé du Berlin alternatif tous les jours à 12h15. Comme beaucoup d'adresses dans le coin, plutôt pour les oiseaux de nuit.

■ ***Plus Berlin*** *(plan Friedrichshain, G3,* ***95****) : Warschauer Platz 6, 10245. ☎ 311-698-820. • plushostels.com • U-Bahn : Warschauer Str. Résa uniquement via Internet. Nuitée en dortoir (certains non mixtes) de 4-6 lits 18-30 € ; doubles avec sdb 60-110 €. Petit déj-buffet inclus en principe (7,50). Loc de vélos. Parking 10 €.* Imposant bâtiment industriel joliment réaménagé et proche des endroits festifs, c'est d'ailleurs son principal attrait. Les dortoirs sont de bonne taille, les chambres parfois petites, demander à voir. En tout cas, belle propreté générale. Laverie, billard, bar *(dès 17h)*, resto avec cuisine italo-germanique *(18h-23h)*. Vaste cour intérieure pour prendre du repos. BBQ, sauna et piscine couverte, cours de yoga le jeudi matin. Visites guidées culturelles.

■ ***Eastern et Western Comfort*** *(plan Friedrichshain, G3,* ***94****) : Mühlenstr 73,*

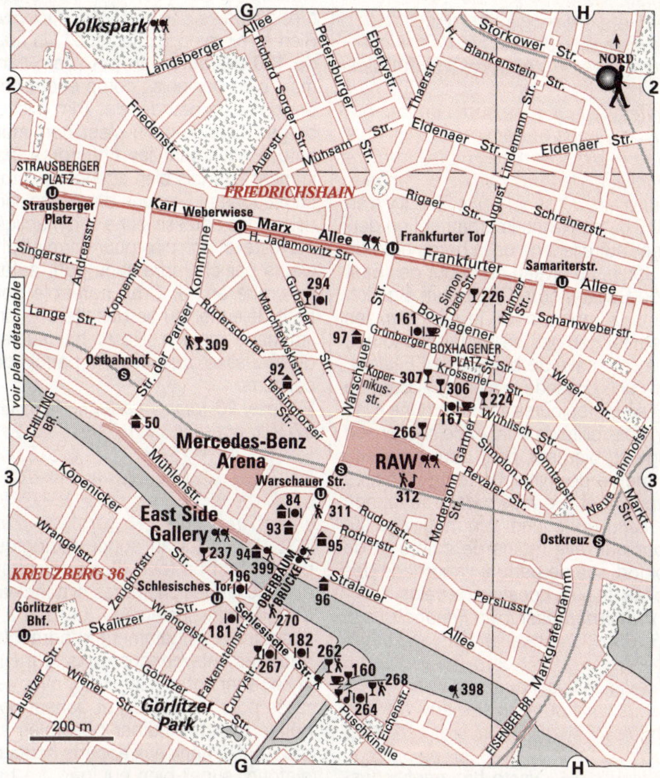

FRIEDRICHSHAIN ET KREUZBERG 36

Où dormir à Friedrichshain ?

- **50** Meininger Hotel East Side Gallery (G3)
- **84** Michelberger Hotel (G3)
- **92** The Sunflower Hostel (G3)
- **93** Industriepalast (G3)
- **94** Eastern Comfort (G3)
- **95** Plus Berlin (G3)
- **96** Nhow Hotel (G3)
- **97** Hotel 26 (G3)

Où manger à Friedrichshain et côté Kreuzberg 36 ?

- **161** Lemongrass et Kuchen Rausch (G3)
- **167** Datscha (G3)
- **181** Umami (G3)
- **182** Schwiliko (G3)
- **196** Burgermeister (G3)
- **267** Faro (G3)

Où faire un brunch ? Où prendre un verre en journée à Kreuzberg 36 ?

- **160** Freischwimmer (G3)

Où boire un verre le soir ? Où sortir à Fridriechshain ?

- **224** Hops & Barley (G-H3)
- **226** Intimes (G3)
- **237** Ramones Museum (G3)
- **262** Birgit & Bier (G3)
- **264** Festsaal Kreuzberg Biergarten (G3)
- **266** Paris (G3)
- **267** Barbie Deinhoff's (G3)
- **268** Bar de la plage de Badeschiff et Club der Visionäre (G3)
- **294** Jäger und Lustig (G3)
- **306** Dachkammer (G3)
- **307** Paule's Metal Eck (G3)

Où danser ? Où faire la fête ?

- **270** Watergate (G3)
- **309** Berghain et Panorama Bar (G3)
- **311** Matrix Club Berlin (G3)
- **312** Cassiopeia (G3)

À voir

- **398** Molecule Man (G3)
- **399** Wall Museum (G3)

10243. ☎ 66-76-38-06. • eastern-comfort.com • U-Bahn : Warschauer Str. Env 19-30 €/pers en cabine de 4-6 lits selon le bateau ; doubles 50-82 € ; nuit sur le pont 15 €/nuit (tente offerte !). 2 nuits min en très hte saison. Draps et serviettes 5 €, mais vous pouvez apporter votre sac de couchage (dans les parties communes seulement). Petit déj-buffet 8 €. Il y a en fait 2 bateaux-hôtels amarrés l'un derrière l'autre le long de la berge nord de la Spree, au niveau du début de l'East Side Gallery, côté Oberbaum Brücke. Dans le moins cher, le *Western,* les (petites) cabines se partagent toutes la même salle de bains. Sur l'*Eastern,* chacune possède la sienne. À bord de l'*Eastern,* toujours salle commune avec TV, possibilité de laver et de sécher son linge et, bien sûr, pont pour bronzer... et même dormir sous tente ! Soirées avec DJ et *live music* dans le lounge et *stand-up* le lundi. Un mouillage sûr pour qui rêve moins de calme et de confort que de partir à l'abordage des boîtes de nuit. Location de vélos.

🏠 ***Industriepalast*** *(plan Friedrichshain, G3,* ***93****)* **:** *Warschauer Str 43, 10243. ☎ 74-07-82-90. • ip-hostel.com • U-Bahn : Warschauer Str. Dortoirs de 3-8 lits sans ou avec sdb env 15-35 €. Doubles 80-105 €. Draps et serviettes payants. Petit déj 6 € ; loc de vélos et parking (10 €).* Vaste bâtiment industriel en brique, posé en face du métro, reconverti en *hostel* accueillant groupes de fêtards, familles et routards de toutes origines. Chambres et dortoirs basiques décorés a minima, mais assez spacieux. Certaines chambres auraient besoin d'une rénovation. Pas de clim et bruyant selon emplacement. Cuisine à dispo et salle de petit déj-buffet, assez frugal. Lobby avec billard et baby-foot, consigne à bagages, local à vélos sécurisé. Parfait pour ceux qui veulent se trouver au cœur de l'animation nocturne.

De prix moyens à plus chic

🏠 🍴 ***Michelberger Hotel*** *(plan Friedrichshain, G3,* ***84****)* **:** *Warschauer Str 39-40, 10243. ☎ 977-85-90. • michelbergerhotel.com • U-Bahn : Warschauer Str. 7 catégories de chambres ; doubles 70-200 €, petit déj inclus.* Rien à voir avec le chanteur... Un hôtel de 120 chambres un peu déroutant, mais bien berlinois : comprendre, très design et un peu décalé. Tom Michelberger (l'architecte !) s'est gentiment amusé en créant les chambres (pas immenses, mais bien agencées...) tout en récupérant l'espace d'une ancienne usine. Une adresse jeune et dynamique qui reste un bon plan pour dormir à plusieurs par chambre sans pour autant se croire en AJ. Cour agréable pour petit-déjeuner ou se désaltérer d'une limonade maison. Resto-bar au rez-de-chaussée, qui accueille parfois des concerts.

🏠 ***Hotel 26*** *(plan Friedrichshain, G3,* ***97****)* **:** *Grünberger Str 26, 10245. ☎ 297-77-80. • hotel26-berlin.de • U-Bahn : Frankfurter Tor. Doubles env 79-109 €, petit déj inclus ; apparts 139-279 € selon capacité (2-8 pers). Parking 10 €.* Un hôtel au souci écologique pointu, tout au fond d'une cour tranquille. Grandes chambres hyper clean, d'un design chaleureux, un peu à la scandinave. Également d'agréables appartements conçus dans le même style, donnant sur le jardin, avec terrasse pour le petit déj et transat pour buller. Lunch et dîner possibles sur résa. Enfin, lumineux apparts hauts de plafond, super bien équipés. Le tout situé à un jet de pierre de l'animation du quartier.

🏠 ⛱ ***Nhow Hotel*** *(plan Friedrichshain, G3,* ***96****)* **:** *Stralauer Allee 3, 10243. ☎ 290-29-90. • nhow-berlin.com • U-Bahn : Warschauer Str. Doubles 100-200 €.* Jouxtant des studios d'enregistrement et les bureaux d'*Universal Music,* des immeubles géants façon briques de Lego, avec un étage comme une vertigineuse excroissance en surplomb de la Spree. Un de ces hôtels atypiques dont Berlin a le secret, à s'offrir sur un coup de tête (ou de cœur), surtout s'il y a des promos. Toute la déco, des dégradés de fuchsia aux canapés ovoïdes, est inspirée par la musique, et pas la plus classique, quartier oblige. Et l'ensemble est sans fausse note (on n'a pas pu s'empêcher...). Chambres de bonne taille d'un irréprochable confort, qui baignent, jusqu'au gel douche, dans le rose (si vous êtes allergique au rose, il y a les mêmes en bleu ou en bleu et noir). Les plus chères ont vue sur la Spree. Des guitares électriques sont accrochées au mur du bar et à votre disposition (avec un casque !) dans les chambres. D'ailleurs, à l'arrivée, on vous prêtera l'instrument de votre choix, histoire de vous exercer. Saunas entièrement fluo, resto et vaste terrasse sur la Spree avec *food truck* et mobilier... rose.

Où manger à Friedrichshain et côté Kreuzberg 36 ?

Dans ce secteur parsemé de bars et de clubs, on trouve une foule de snacks en tout genre et de petits restos du monde entier. Mais il ne faut pas s'attendre à des miracles gastronomiques ! En tout cas, vous n'allez mourir ni de faim ni, surtout, de soif.

De bon marché à prix moyens

Burgermeister *(plan Friedrichshain, G3,* ***196****) : Oberbaumstr 8. ☎ 40-36-45-320. U-Bahn : Schlesisches Tor. Tlj 11h-3h (12h-4h w-e). Env 4-10 €.* L'adresse fast-food culte du secteur. D'abord pour la qualité de ses burgers et aussi pour le caractère insolite de son emplacement. Car la guitoune métallique occupe... d'anciennes toilettes publiques situées sous le métro aérien ! Si cela ne vous fait pas peur, préparez-vous à faire la queue avec les *clubbers* qui se refont une santé entre 2 tours de piste ! Plats à emporter, à moins de dénicher une table en terrasse (on peut toujours rêver !).

Lemongrass *(plan Friedrichshain, G3,* ***161****) : Simon-Dach-Str 2. ☎ 20-05-69-75. U-Bahn : Frankfurter Tor ou Warschauer Str. Tlj 12h-minuit. Plats 6-9 €.* Une petite adresse thaïe très recommandable à prix imbattables. Quelques tables sur le trottoir et une petite salle ouverte sur la cuisine d'où sortent des plats alléchants, généreux et vraiment pas chers. Bières asiatiques. Service qui garde le sourire même en cas d'affluence. Musique parfois envahissante.

Kuchen Rausch *(plan Friedrichshain, G3,* ***161****) : Simon-Dach-Str 1. ☎ 55-95-38-55. U-Bahn : Frankfurter Tor ou Warschauer Str. Tlj 9h-23h. Plats 6-9 €.* Café tradi sur le coin à côté du précédent. Belle variété de plats typiquement germaniques, du boudin noir aux *schnitzels* en passant par les *ribs*. La pomme de terre est préparée de multiples façons pour accompagner les plats avec d'excellentes crudités. Suggestions du jour au tableau noir et excellentes pâtisseries. Petit déj copieux et savoureux. Accueil courtois, prix doux et terrasse agréable sous les tilleuls.

Faro *(plan Friedrichshain, G3,* ***267****) : Schlesische Str 14. ☎ 36-99-23-40. U-Bahn : Schlesische Tor. Tlj dès 11h. Tapas 3-15 €/pièce, assiette pour 2 à 29 €.* Bar à tapas et restaurant espagnol avec une déco très *movida*. Tables et tonneaux sur la rue. Longue carte de tapas et *raciones* à prix abordables. Les calamars pannés fondent en bouche et la tortilla, les pommes de terre sautées ainsi que le chorizo ne sont pas à dédaigner. Savoureux desserts et *vino tinto* qui descend bien. Service souriant et empressé. Flamenco certains soirs.

Umami *(plan Friedrichshain, G3,* ***181****) : Schlesische Str. ☎ 279-82-424. U-Bahn : Schlesiches Tor. Tlj 12h-minuit. Plats 4-13 €. Pensez à réserver.* Restaurant indochinois, déco raffinée boiseries sombres, plantes vertes et lanternes de papier. Alcôves avec coussins au sol. Cuisine plébiscitée par les amateurs de saveurs subtiles de citronnelle, gingembre, menthe et coriandre... depuis les délicats *dim sum*, jusqu'au curry de canard doré en passant par les soupes *phô*, les rouleaux de printemps, le *fish pot* ou les crevettes grillées. Un régal à prix étonnement modiques. Accueil pro et gentil.

Chic

Datscha (plan Friedrichshain, G3, **167**) : *Gabriel-Max Str. 1. ☎ 700-86-735. S-Bahn : Warschauer Str. Tlj 10h-minuit. Petit déj servi 10h-16h. Soupes et zakouskis 6-8 €. Plats 13-16 €. Brunch le dim.* Déco originale, colorée et salles lumineuses. Portraits de Russes au mur, dont une icône, Lénine, trône sur la cheminée. Cuisine typiquement russe, cela va de soi : blinis, bortsch, *pelmenis, solynanka,* boulettes, brochettes, bœuf Stroganoff, crêpes en dessert... Présentation soignée des assiettes. Atmosphère chaleureuse.

Schwiliko (plan Friedrichshain, G3, **182**) : *Schlesische Str. 29 ☎ 61-62-35-88. U-Bahn : Schlesiches Tor. Tlj 12h-minuit. Résa plus que conseillée. Plats 9-17 €.* Une curiosité : un resto de cuisine géorgienne. Petite salle, mobilier de bois, ambiance rustique. La riche cuisine géorgienne est réputée pour ses légumes et les herbes qui agrémentent les plats. On commence, éventuellement, par le *kahchapuri,* un pain fourré au fromage et à la viande de porc, ensuite un *badrijani,* de l'aubergine frite avec, un pesto de noix, ensuite le *shkmeruli,* du poulet rôti avec une sauce crémeuse à l'ail. Le tout arrosé de l'excellent vin géorgien dont la réputation n'est plus à faire. Pour terminer, la glace au vin rouge clôture cette découverte d'une cuisine peu connue. Bémols : service assez rock'n'roll (il faut être patient), prix soutenus et musique intempestive.

Où faire un brunch ?
Où prendre un verre en journée à Kreuzberg 36 ?

Freischwimmer (plan Friedrichshain, G3, **160**) : *Vor dem Schlesischen Tor 2. ☎ 61-07-43-09. U-Bahn : Schlesisches Tor. À l'est de Kreuzberg et au sud de Friedrichshain. Entrée au niveau de la station-service. Tlj sauf lun 12h-5h30 (10h w-e). Buffet-petit déj jusqu'à midi env 11 €, brunch du w-e jusqu'à 14h env 14 €.* On y va pour le cadre : une enfilade de cabanes en bois et de pontons en bordure d'un canal, avec des tables en terrasse ou sous véranda. Un côté guinguette sur l'eau (sauf que dans les boîtes d'en face, c'est plutôt l'électro qui domine). Bons gâteaux, mais la cuisine ne vaut vraiment pas le coup. Pourrait faire sûrement mieux côté service.

Où boire un verre le soir ?
Où sortir à Friedrichshain ?

Au nord de la Spree

Intimes (plan Friedrichshain, G3, **226**) : *Boxhagener Str 107. ☎ 29-66-64-57. U-Bahn : Frankfurter Tor. Resto tlj 10h-minuit. Copieux brunch le w-e.* Une terrasse sur un carrefour devant une façade où surnage, au milieu des graphs, des collages et des pochoirs, l'enseigne du café au look fifties. Il partage l'immeuble avec un vieux cinéma de la DDR, toujours en activité (sauf en été). À l'intérieur, déco *trashy* dans son jus aussi, sous un discret portrait du Che et ambiance plutôt calme. Nourriture quelconque.

Hops & Barley (plan Friedrichshain, G-H3, **224**) : *Wühlisch Str 22-23. ☎ 29-36-75-34. Tlj 17h (15h w-e)-minuit.* Un bistrot incontournable pour les biérophiles. Petite salle avec carrelage aux murs (une ancienne boucherie !) et cuves de fermentation dans un coin. Brassent leurs propres mousses (blondes, brunes, blanches et saisonnières) et fabriquent aussi un excellent cidre maison, brut et non filtré. Des nouveautés viennent régulièrement s'ajouter à la liste déjà bien fournie de nectars houblonnés. Public tous âges.

Paris (plan Friedrichshain, G3, **266**) : *Simon-Dach-Str 22. ☎ 23-13-87-03. U-Bahn : Frankfurter Tor ou Warschauer Str. Tlj sauf lun 19h-3h (minuit dim).* Tout petit bar à l'éclairage intimiste, ambiance France des cartes postales. Pages du *Canard enchaîné* aux murs. On partage un verre de rouge ou de cognac en faisant la conversation au comptoir. Musique entre Gainsbourg et Miles Davis. Quelques tables dehors pour humer l'ambiance de la rue.

Paule's Metal Eck *(plan Friedrichshain, G3,* ***307****) : Krossener Str 15 (angle avec Simon-Dach-Str). ☎ 291-16-24. U-Bahn : Frankfurter Tor. Tlj 19h-4h (17h-5h jeu ; 19h-7h w-e).* Un bar tout en longueur, à l'atmosphère dans l'esprit du fond sonore (rock à fond les décibels, tendance metal). Les habitués tatoués et rigolards aiment ce décor de fausses pierres, épées médiévales, statues religieuses et têtes de monstres. Billard, fléchettes, baby-foot et retransmission de matchs.

Dachkammer *(plan Friedrichshain, G3,* ***306****) : Simon-Dach-Str 39. ☎ 29-61-673. U-Bahn : Frankfurter Tor. Tlj 14h-7h.* Une tranquille terrasse ombragée et un bar presque classique au rez-de-chaussée. Il faut grimper les escaliers pour découvrir un chaleureux décor de bric et de broc(ante) : papiers peints d'un appartement est-allemand des seventies, fauteuils et autres canapés achetés aux puces, un tantinet défoncés, pour siroter de délicieux cocktails. Accueil vraiment cool.

Jäger & Lustig *(plan Friedrichshain, G3,* ***294****) : Grünbergerstr 1. ☎ 29-00-99-12. U-Bahn : Frankfurter Tor ou Weberwiese. Tlj 12h-minuit.* Même s'il n'a été inauguré qu'en 1989 ce *Biergarten* pas trop touristique respecte tous les codes de la tradition. Grands espaces sous les arbres avec leurs longues tablées pour siroter sa mousse à l'ombre, intérieur confortable, aux boiseries avec motifs de chasse. On peut aussi s'y nourrir de solides spécialités berlinoises servies généreusement et à prix raisonnables. Personnel affable disposé à traduire la carte rédigée en allemand.

À Kreuzberg 36

Birgit & Bier *(plan Friedrichshain, G3,* ***262****) : Schleusenufer 3. ☎ 315-80-383. U-Bahn : Schlesisches Tor. Tlj midi-4h (6h w-e).* Niché au fond d'un dédale de canaux et écluses, ce lieu est un compromis idéal entre club et *Biergarten* pour profiter des beaux jours avant d'aller danser jusqu'au bout de la nuit. Vieux carrousel, confortables fauteuils, table de ping-pong et baby-foots agrémentent ainsi ce bric-à-brac à ciel ouvert dans lequel on sirote la bière locale ou on grignote au comptoir de la *street food*. Il accueille autant les *clubbers* que les touristes en goguette, ou les Berlinois à la retraite. Sélection musicale éclectique avec 2 *dance-floors* dont la programmation va du *schlager* à la pop, en passant par le hip-hop et la techno après 22h.

Club der Visionäre *(plan Friedrichshain, G3,* ***268****) : Am Flutgraben 1. ☎ 69-51-89-42. • clubdervisionaere.com • U-Bahn : Schlesisches Tor. Ouv dès 14h (12h w-e), en fonction de la météo. Programmation sur le site.* Encore un de ces bars-clubs improbables made in Berlin ! Celui-ci s'est emparé d'un vieux ponton jeté sur le canal. Il attire les foules de jour comme de nuit pour son ambiance de guinguette électro sur pilots et sous les saules pleureurs (un peu étêtés à la suite d'un incendie). Car, malgré les lampions, ce sont bien les DJ qui sont allumés et assurent le spectacle ! Fiesta non-stop le week-end. En hiver, le club, aux airs de gargote asiatique sur pilotis (un ancien hangar à bateaux), amarre non loin de là, sur la péniche Happetose.

Barbie Deinhoff's *(plan Friedrichshain, G3,* ***267****) : Schlesische Str 16. ☎ 61-07-36-16. U-Bahn : Schlesisches Tor. Tt à l'est de Kreuzberg. Mar-sam 18h-4h (5h w-e). Show certains soirs vers 20h30-21h.* Bar *queer* décoré sur le thème de la poupée Barbie. C'est, bien entendu, tout rose et kitsch à souhait, mais en même temps assez destroy : pas du tout une bonbonnière pour aller prendre le thé avec Ken ! Clientèle gay et *straight*. Salle fumeur. Excellente atmosphère bien que l'accueil pèche parfois.

Bar de la plage de Badeschiff *(plan Friedrichshain, G3,* ***268****) : Eichenstr 4. ☎ 533-20-30. • arena.berlin • U-Bahn : Schlesisches Tor ; S-Bahn : Treptower Park. Sur les bords de la Spree. Horaires tributaires de la* *météo. Avr-sept, tlj 10h-7h30 ; hors saison, à partir de 12h. Résa en ligne uniquement par tranche horaire. • pretix.eu • Entrée : 6,50 € ; réduc.* L'une des plus grandes plages berlinoises, dans un environnement d'usines transformées en ateliers d'artistes, cabinets d'architectes, boîtes de pub, et où l'on produit également des spectacles. Beaucoup de monde en maillot, moins dans la piscine flottante sur la Spree, transformée en sauna en hiver. Massages, bar avec large choix de bières, stand à brochettes. Vue superbe sur la Spree et le *Molecule Man* de l'artiste américain Jonathan Borofsky. Très fréquenté et assez touristique, mais vraiment dépaysant !

Ramones Museum *(plan Friedrichshain, G3,* ***237****) : Oberbaumstr 5. ☎ 61-28-53-99. • ramonesmuseum.com • U-Bahn : Schlesisches Tor. Tlj 10h-22h. Entrée du musée : 4,50 € (6 € avec une boisson).* On aurait pu classer cet étonnant endroit dans la rubrique « À voir » puisque c'est à la fois un bar et un musée entièrement consacrés aux Ramones, véritables pionniers du mouvement punk, groupe fondé à New York en 1974. Passé l'agréable bar, avec son décor de brocante, on découvre la collection de centaines d'objets et souvenirs liés aux *Fast Four,* à découvrir une bière à la main...

Festsaal Kreuzberg Biergarten *(plan Friedrichshain, G3,* ***264****) : Am Flutgraben 2. ☎ 403-655-630. • festsaal-kreuzberg.de • U-Bahn : Schlesisches Tor. Jeu-dim à partir de 17h. Entrée payante lors des concerts.* L'immense terrasse-jardin donne le ton avec sa déco bricolo post-apocalyptique (comme dans *Mad Max,* pour situer). Un bar-resto-club, donc, pour un verre, un apéro ou pour la soirée. Artistes solos, DJ et groupes en live. On peut aussi y manger : barbecue, énormes burgers, ou fondue à la suisse.

Où danser ? Où faire la fête ?

Depuis que la GEMA (la société des auteurs locale) a voulu remettre de l'ordre dans la tarification des redevances, les *clubbers* allemands se sont mobilisés contre la réforme, en publiant des pétitions sur le Web ou en organisant des manifestations. Mais derrière les nuages noirs qui menacent certains clubs avec de la techno à fond les manettes, se cachent surtout des promoteurs avides de récupérer des terrains bien placés au bord de la Spree. Dans les années à venir, on annonce surtout des transferts de foule d'une plage sur l'autre, d'un hangar vers un autre. Chacun aura donc sa préférence entre faire la fête dans un temple de la techno ou s'amuser dans des lieux plus confidentiels. Sans court-circuiter, pour l'instant, des lieux mythiques comme le ***RAW*** (consulter un peu plus loin la rubrique « À voir à Friedrichshain et côté Kreuzberg 36 »).

La tendance au bouleversement du paysage de la nuit va sans aucun doute s'accélérer avec la crise sanitaire de la Covid 19 de 2020. Le secteur a été sinistré, dès le mois de mars, les méga-boîtes ont été contraintes de fermer leurs portes. Certaines survivront, d'autres disparaîtront définitivement. À l'heure de mettre sous presse, les perspectives restent incertaines. Nous avons gardé les plus emblématiques. À vous de vous renseigner sur leurs conditions de fréquentation.

Un conseil : sauf exception, ne vous pointez pas trop tôt ; 2h, c'est la bonne heure pour débuter. De plus, beaucoup d'endroits ferment vers 10-11h le matin, voire plus tard... Et comme souvent à Berlin, la sélection à l'entrée répond à des règles aléatoires et difficilement descriptibles, le refoulement tenant lieu de rite de passage.

Berghain **et** ***Panorama Bar*** *(plan Friedrichshain, G3,* ***309****) : Am Wriezener Bahnhof. ☎ 29-36-02-10. • berghain.de • S-Bahn : Ostbahnhof ; bus n° 240. Jeu-sam à partir de minuit jusqu'à lun mat. Entrée : 12-15 €.* Sans doute le club le plus mythique de Berlin, un ancien club gay devenu un vrai temple de l'électro et de la techno minimale. Les queues interminables devant l'entrée sont légendaires, tout comme la sélection impitoyable par les videurs dont le légendaire tatoué Sven Marquardt. Pour avoir une chance d'entrer, mieux vaut parler l'allemand, être discret, ne pas frimer, être cool plutôt que trop fringué, ne rien porter d'illicite, ne rien photographier (l'objectif des smartphones est masqué par une gommette) et surtout être patient (1h d'attente minimum, souvent plus). Lové dans une cathédrale de béton et d'acier (une ancienne centrale électrique en fait) avec des plafonds de plus de 18 m de haut, le club compte 2 étages et plusieurs bars (dont le célèbre *Panorama Bar* au dernier étage, où la tendance est à la house, et le *Lab Oratory,* réservé à la communauté gay). Ambiance électrique... mais aussi très décadente avec ses recoins intimes où tout peut arriver !

Watergate *(plan Friedrichshain, G3,* ***270****)* **:** *Falckensteinstr 49. ☎ 61-28-03-94 • water-gate.de • U-Bahn : Schlesisches Tor. Mer-jeu (si événements) et ven-sam à partir de minuit. Entrée : env 15 €. Interdit aux moins de 21 ans.* La file d'attente est parfois décourageante et la sélection implacable, jouez-la modeste ; le mieux c'est d'avoir autant de filles que de gars dans votre groupe et surtout de ne pas parler français, ni ricaner. Un club pointu (mais pas underground) aux lignes claires, avec baies vitrées et superbes jeux de lumière avec parois translucides et une plate-forme flottante donnant sur la Spree : tout simplement magique au lever de soleil ! L'un des 3 clubs les plus réputés de Berlin côté électro avec une programmation largement axée sur le *drum and bass,* cette techno minimale typiquement berlinoise. Très grosses soirées avec DJ allemands et internationaux et parties sur la *Sage Beach* en été.

Matrix Club Berlin *(plan Friedrichshain, G3,* ***311****)* **:** *Warschauer Platz 18. ☎ 29-36-99-90. • matrix-berlin.de • U-Bahn ou S-Bahn : Warschauer Str. Sous le métro. Tlj 22h-7h. Entrée : env 7 €.* Boîte « grand public » (moins de sélection à l'entrée) avec 7 salles (donc plusieurs ambiances musicales !), installée sous une station de métro. Musique commerciale avec des DJ qui mixent électro, hip-hop, house ou R'n'B. Clientèle plutôt jeune.

Cassiopeia *(plan Friedrichshain, G3,* ***312****)* **:** *Revaler Str 99, porte 2, 10245. ☎ 47-38-59-49. • cassiopeia-berlin.de • U-Bahn : Warschauer Str. Tlj dès 18h jusqu'au mat. Entrée payante, variable selon programmation.* Au sein de la jungle urbaine du *RAW,* une des boîtes les plus prisées de Friedrichshain qui distille aussi bien du hip-hop, du hard funk, du reggae et de l'électro. Apprécié pour son ambiance décontractée et amicale, Berlinois et touristes mélangés. Consultez le site pour y faire votre marché musical.

À voir à Friedrichshain et côté Kreuzberg 36

Compte tenu de la grande dispersion des centres d'intérêt et de la longueur de certaines artères, le mieux pour se balader à Friedrichshain et de l'autre côté du très photogénique ***Oberbaumbrücke,*** c'est de louer un vélo. Dans tous les cas, c'est parti pour une grande balade dans le monde du *street art,* et un voyage au bout de la nuit berlinoise que chacun suivra ou non jusqu'à son terme. Entre la vision stalinienne d'un monde datant non pas d'avant la chute du Mur, mais de la construction même du Mur, et les immenses boîtes de nuit où règnent des videurs tatoués devenus des mythes vivants, vous allez faire pas mal de kilomètres ! On vous livre quelques pistes.

East Side Gallery *(plan Friedrichshain, G3)* **:** *le long de la Mühlenstr. S-Bahn : Ostbahnhof ; U-Bahn : Warschauer Str.*

Cette fresque extraordinaire, réalisée en 1990 par 118 artistes de 21 nationalités différentes, s'étire sur 3 km de long et fait désormais partie du patrimoine de la ville.

En 2009, la galerie s'est offert un lifting complet pour commémorer les 20 ans de la chute du Mur : les signatures datées témoignent du retour de certains artistes,

19 ans après. Certaines fresques d'origine, très dégradées, ont été repeintes à l'identique par leur auteur, comme le célèbre bisou goulu de *Brejnev* à *Honecker* (Poutine est moins démonstratif !). On voit aussi la fameuse Trabant défonçant le Mur ou cet « autre côté », dépeint avec poulets rôtis et Mercedes à la parade. La centaine de fresques évoque, dans tous les styles possibles, de grands thèmes comme l'aspiration à la liberté et l'amitié entre les peuples.
C'est la Loterie qui a financé cette rénovation. Il faudrait déjà trouver un nouveau gagnant pour aider à la réfection des pans malmenés par des nouveaux venus, voulant exprimer leurs propres états d'âme. En espérant que le véritable vainqueur ne sera pas celui qui en démolira un morceau pour construire ici, sur les bords de la Spree, un de ces immeubles d'affaires fonctionnels et austères qui évoquent, pour certains, un avenir radieux, mais pour d'autres la fin du rêve.

Wall Museum *(musée du Mur ; plan Friedrichshain, G3,* ***399****)* **:** *Mühlenstr 78 (2e étage). ☎ 94-51-29-00. • wallmuseumberlin.com • U-Bahn : Warschauer Str. Tlj 10h-19h. Tarif : 10 € ; réduc. Commentaires en allemand, sous-titres en anglais.*
Un musée ouvert en 2016, dans un entrepôt proche de l'*Oberbaumbrücke* en bordure de la Spree. Un énième musée sur le thème du Mur, vous direz-vous ? Oui, mais celui-ci se démarque par la richesse des documents audiovisuels présentés. Parrainé et annoncé par Mikhaïl Gorbatchev, Prix Nobel de la paix, lors du 25e anniversaire de la chute du Mur, il est le 1er qui relate son histoire complète et établit clairement les raisons de sa construction et les circonstances qui entraînèrent sa chute lors des journées de novembre 1989 qui changèrent la face du monde. Avec la contribution de vidéos diffusées chronologiquement, on se (re) plonge tout au long des 13 salles dans une des périodes les plus excitantes de l'histoire, lorsque la guerre froide a pris fin, et que l'équilibre politique du monde a soudainement basculé.
De la conférence de Potsdam à la fin de la Seconde Guerre mondiale, on assiste à tout le processus de séparation des 2 Allemagnes qui entraîne le départ de 2,5 millions d'habitants de l'Est vers l'Ouest. Hémorragie inacceptable pour le régime communiste qui justifie à ses yeux la nécessité d'ériger le Mur en 1961. La vie des Berlinois en est affectée pour 28 ans ; des familles sont brutalement séparées. 5 000 fugitifs parviendront à s'échapper – témoignages poignants de ceux qui réussirent.

UN HÉROS OUBLIÉ

En 1983, peu après la destruction d'un vol de la Korean Airlines par des chasseurs russes, une alerte fut déclenchée par les satellites de surveillance qui avaient repéré un tir de missile américain. Stanislas Petrov, officier de la force de défense antiaérienne, malgré les ordres de réplique immédiate, prit la décision d'informer sa hiérarchie qu'il pouvait s'agir d'une fausse alerte, et non d'un tir véritable. L'humanité lui doit beaucoup.

On revit intensément toute cette période de la guerre froide où, à plusieurs reprises, le monde risque la destruction et le désert atomique. Jusqu'à cette année 1989, où le nouveau secrétaire du parti communiste d'URSS, ***Michaïl Gorbatchev,*** fait le constat de la quasi-faillite de son économie rendue exsangue par la course aux armements initiée à l'Ouest par ***Ronald Reagan.*** Il annonce aux « pays frères » que son pays n'est plus en mesure de les soutenir financièrement. Dès lors, les choses s'accélèrent : le « rideau de fer » se lézarde, les Hongrois ouvrent la frontière avec l'Autriche, ce qui permet la fuite des vacanciers est-allemands vers l'Ouest, les opposants, de plus en plus nombreux, défilent dans les villes de la RDA jusqu'à ce mois de novembre où tout bascule à la stupéfaction du monde entier... La suite, vous la connaissez...

Oberbaumbrücke *(plan Friedrichshain, G3)* **:** *entre les stations de U-Bahn Warschauer Str et Schlesisches Tor.*

BERLIN, QUARTIER PAR QUARTIER

À notre avis, le plus beau et improbable pont de la ville, édifié en 1894 dans un délicieux style néogothique, avec tours et élégantes arches en brique rouge, contrastant harmonieusement avec le métro jaune canari passant au-dessus. Quand le ciel est d'un bleu démago, que le soleil darde ses rayons et que l'on est sur le sable, sur un transat du bar de la plage d'en face... se croirait-on vraiment à Berlin ? Pourtant, le pont fut détruit sur ordre de Hitler en 1945 pour retarder l'avance de l'Armée rouge, puis reconstruit pour relier les quartiers de Kreuzberg et Friedrichshain. Ancien poste-frontière entre l'Est et l'Ouest, franchissable uniquement à pied, il fut le théâtre, entre 1961 et 1989, de scènes terribles. Nombreux furent ceux qui tentèrent la traversée de la Spree à la nage. Beaucoup se noyèrent : les citoyens de l'Ouest, à Kreuzberg, n'osaient pas intervenir en cas d'urgence, par peur d'essuyer les tirs des *Vopos* !
Moins tragique : depuis 1998, une bataille entre les 2 quartiers (*Gemüseschlacht* en v.o., bataille de légumes) est organisée en septembre, à coups de canons à eau, œufs pourris et autres expédients, et d'où chaque équipe ressort en piteux état ! La raison : chaque quartier affirme être réquisitionné par l'autre de manière illicite !

De ce pont, vers l'est, on aperçoit la monumentale sculpture ***Molecule Man*** *(plan Friedrichshain, G3,* ***398****)*, de ***Jonathan Borofsky,*** plantée dans les eaux de la Spree, près de la rive gauche. Un colosse d'une trentaine de mètres qui symbolise la réunion des 3 districts jadis séparés par le Mur et qui nous autorise ces petits écarts de conduite d'un quartier à l'autre. Cette partie des rives de la Spree est également dans le collimateur du projet ***Mediaspree*** : là encore, les immeubles résidentiels et les tours de bureaux sortent de terre et le quartier se transforme à vue d'œil !

D'ailleurs, puisqu'on vient de passer le pont, petit détour par le quartier de Kreuzberg 36 pour une balade sur la ***Schlesische Straße*** *(plan Friedrichshain, G3).* C'est l'une des rues ayant connu la plus grande métamorphose socioculturelle depuis la chute du Mur. Très vivante dans la journée, elle recèle une kyrielle de petits bars déjantés. Les fans de *street art* peuvent continuer leur balade dans tout le quartier, ils vont se régaler. Même si, avec le projet *Mediaspree,* les lieux risquent de connaître pas mal de changements dans les années à venir...

À partir de l'*Oberbaumbrücke,* empruntez plein nord la *Warschauer Straße* sur quelques centaines de mètres. À votre droite, la friche du ***RAW*** *(plan Friedrichshain, G3)* est devenue une des grandes attractions du quartier, pour les amateurs de *street art* comme pour les oiseaux de nuit. À l'intérieur de ces hangars désaffectés et recouverts de graffitis se trouvent de nombreux bars-clubs, dont le presque cosy (à la berlinoise !) ***Crack Bellmer*** et l'immense ***Cassiopeia*** : un lieu multiple où se déroulent des soirées, des concerts, des compétitions de skate, de l'escalade sur les murs d'un ancien bunker, des expos qui décoiffent... Plusieurs bars en un.

Un peu au nord du RAW, tout au long de la *Wühlischstraße,* on trouve des petits magasins sympa qui vendent des vêtements pour tous les goûts à des prix abordables. Les vendeurs de ces petites boutiques sont toujours accueillants et vous offrent un café au lait si jamais le shopping vous a fatigué. À côté, le dimanche, le marché aux puces de la *Boxhagener Platz* est très tendance. On y trouve non seulement des antiquités, mais aussi les stands de jeunes designers qui ne peuvent pas se payer un magasin et vendent leurs vêtements. Faites comme les locaux en commençant avec un petit déjeuner dans un des nombreux petits cafés et allez jeter un coup d'œil sur le marché aux puces...

En continuant plein nord la *Warschauer Straße* jusqu'à la *Frankfurter Tor,* vous atteignez la monumentale ***Karl-Marx-Allee*** (ex-Stalinallee jusqu'en 1961). Avec plus de 2 km de long et 90 m de large pour 8 voies de circulation, c'est l'artère

BERLIN, QUARTIER PAR QUARTIER

emblématique du Berlin-Est triomphant (voir les bornes d'information en allemand et en anglais tout le long de l'avenue). Staline a imposé là un âpre réalisme, on parle ici de *Plattenbauten* pour qualifier les préfabriqués (un gigantesque jeu de Lego). L'asphalte a été conçu pour résister aux chenilles des chars, à une époque où ses immeubles corsetés dans leur carapace de béton lissé, censé les rendre classe, accueillaient les *Verdiente Werktätige*, les travailleurs méritants du parti. De l'architecture de la fontaine de la *Strausberger Platz* aux 2 tours jumelles de la *Frankfurter Tor (plan Friedrichshain, G3)*, l'ensemble constitue un exemple typique du style en vigueur dans les pays du bloc soviétique. La ville de Berlin a fait plusieurs tentatives pour la faire classer au Patrimoine mondial de l'Unesco.
Chaque été en août s'y déroule le ***Festival international de la bière,*** véritable fête champêtre au cœur de la ville. On assiste alors à une immense beuverie au cours de laquelle plus de 240 brasseries représentant plus de 80 pays viennent s'y faire mousser. *● bierfestival-berlin.de ● Prochaine édition : 23 juil-1er août 2021.*

Volkspark Friedrichshain (plan centre et plan Friedrichshain, G2) : *Friedenstr et Landsberger Allee.* Ⓣ *15 ou M10 ; bus n° 200.* Superbe parc créé en 1840 et ouvert à tous, pour faire le pendant du *Tiergarten* (réservé pour sa majeure partie à la Cour). En bordure du quartier *de Prenzlauer Berg* et à l'entrée ouest du parc, ne pas manquer la pittoresque *Märchenbrunnen* (fontaine des Contes de Grimm), construite en 1902 dans un style néobaroque, avec de magnifiques personnages sculptés, extraits justement des contes des frères Grimm. Festival de films en plein air aux beaux jours.

Une halte s'impose aussi aux terrasses des cafés ***Schönbrunn*** *(☎ 453-056-525 ; tlj 12h-22h)* ou ***Pavillon*** *(☎ 42-08-09-90 ; tlj 11h-23h).* Bières, grillades et tartes flambées y sont farouchement convoitées. En hiver, on peut aussi y déguster de copieux brunchs ou de délicieux gâteaux maison.

LES QUARTIERS PÉRIPHÉRIQUES

LES QUARTIERS DE TREPTOW ET KÖPENICK
(plan d'ensemble, C-D2)

L'ouverture du nouvel aéroport de Berlin profitera à ces quartiers du sud-est de Berlin, ou le trafic aérien les empoisonnera, tout dépend du point de vue. Une bonne raison de commencer ce tour rapide dans une périphérie qui pour l'heure n'est pas encore la priorité des visiteurs.

À voir

Treptower Park *(plan d'ensemble, C2) : S-Bahn : Treptower Park. Avr-oct, départ des vedettes de la compagnie* Stern und Kreis *pour le Müggelsee, Köpenick, Potsdam... Attention, pour la plupart, les départs ont lieu entre 10h et 15h, organisez-vous !* En plus du mémorial *(Sowjetisches Ehrenmal)* dédié aux 5 000 soldats de l'Armée rouge tombés lors de la bataille de Berlin, en 1945 (voir les stèles gravées de citations de Staline en russe et en allemand), faites un tour à la ***Haus Zenner*** (à 1 km du S-Bahn en longeant la Spree). Le week-end, jeunes et moins jeunes, entre copains ou en famille, s'y donnent rendez-vous pour assister à des concerts tout en mangeant des grillades et des salades. Au choix, en fonction des conditions climatiques : l'intérieur et son magnifique cadre tout en bois ou l'extérieur en terrasse au bord de la Spree. Dans les 2 cas, la bière coule à flots !

Britzer Garten *(jardin de Britz ; plan d'ensemble, C2)* **:** *entrée principale sur Mohriner Allee (Neukölln). ☎ 70-09-06-80. U-Bahn : Alt Mariendorf, puis bus nº 181. Tlj de 9h au coucher du soleil. Entrée : 3 €, (réducs) pour la journée puis tarif variable selon manifestations. Se repérer sur le plan à l'entrée.* Parc construit en 1985, à l'occasion de la *Bundesgartenschau,* une exposition florale. Décor idyllique et bucolique, charme hollandais... Nombreux jeux pour les enfants, jardin de roses, vers le sud à la droite du lac, au bout de la *Mohriner Allee.* De l'autre côté du pont aux pics en bois qui enjambe le lac, toute petite plage. Baignade autorisée. Moulin, *Biergarten,* scène en plein air, concerts et spectacles en été.

Schloss Köpenick *(plan d'ensemble, C2)* **:** *entrée Schlossinsel 1. Rens au ☎ 266-42-42-42. S-Bahn : Köpenick, puis bus nº 167 ou Ⓣ nºs 27, 60, 61, 62 et 67 jusqu'au château.* ***Momentanément fermé.*** Un petit bijou de château baroque de la fin du XVIIe s. Stucs et trompe-l'œil à profusion. C'est ici que le père du futur Frédéric II jugea celui-ci pour tentative de désertion avant de décapiter son petit ami qui avait eu la même idée que lui... Les lieux sont consacrés aux arts décoratifs autour du *room art,* balayant les périodes Renaissance, baroque et rococo. Jolie balade ensuite dans les jardins, au bord de la Spree.

Deutsch-Russisches Museum Berlin-Karlshorst *(Musée germano-russe ; plan d'ensemble, C2)* **:** *Zwieseler Str 4, à l'angle de la Rheinsteinstr. ☎ 50-15-08-10. • museum-karlshorst.de • Prendre la ligne S3 jusqu'à Karlshorst, puis continuer à pied (15 mn) ou avec le bus nº 396. Tlj 10h-18h sauf lun. GRATUIT.* La création du musée actuel date de 1991, après la réunification. C'est dans l'ancien bâtiment de l'école des pionniers de la Wehrmacht que fut signée, dans la nuit du 8 au 9 mai 1945, la capitulation sans condition de l'armée allemande. 4 années de guerre mises en scène sobrement, avec des pièces émouvantes. Dans la grande salle, rien n'a changé depuis 60 ans : tables de conférence drapées de vert, carafes d'eau en cristal et drapeaux des 4 puissances victorieuses. L'administration militaire soviétique occupa les lieux (voir le bureau du maréchal **Joukov**) avant de céder la place en 1967 à un musée, à la gloire de l'Armée rouge (de nombreux chars et canons sont encore exposés dans le parc). Les panneaux explicatifs, uniquement en russe et en allemand, peuvent poser des problèmes de compréhension, mais l'atmosphère du lieu permettra à elle seule une sensibilisation à des événements historiques dont les traces marquent encore les murs de Berlin.

LE QUARTIER DE LICHTENBERG *(plan d'ensemble, C2)*

À l'est de la ville, jouxtant Friedrichshain et Treptow, un quartier qui n'a pas vraiment de vocation touristique, mais qui abrita longtemps un des secrets les mieux gardés de l'ancien Berlin-Est.

À voir

Gedenkstätte Berlin-Hohenschönhausen *(maison d'arrêt centrale de la Stasi de Hohenschönhausen ; plan d'ensemble, C2)* **:** *Genslerstr 66. ☎ 98-60-82-30 ou 32. • stiftung-hsh.de • Pour y aller : S-Bahn Alexanderplatz ou Landsberger Allee, puis Ⓣ Freienwalder Str (nº 5) ; ou S-Bahn Hackescher Markt, puis Ⓣ Genslerstr (nº 6), et env 10 mn à pied. De la gare routière Lichtenberg, bus nº 256 jusqu'à Genslerstr. Tlj 9h-18h. Visites guidées pour les groupes sur résa par e-mail. Pour les individuels, sans résa, visite guidée (obligatoire) à heures fixes : mars-oct tlj 10h et 16h ; nov-fév lun-ven 11h, 13h et 15h, w-e 10h et 16h. Visite en anglais tlj à 10h30, 12h30 et 14h30 mars-oct, 11h30 et 14h30 nov-fév. Billet : 6 € ; réduc.* Même si les indications, en allemand, semblent faites pour décourager les meilleures volontés, c'est bien ici qu'il faut se rendre pour compléter le tour du Berlin-Est d'hier. Installée à l'emplacement d'un camp d'internement soviétique du NKVD (près de 20 000 prisonniers furent transférés à pied ou en camion vers les goulags d'URSS), cette prison, qui ne figurait sur aucune carte, était classée *Sperrgebiet* (« zone interdite »). Tout le quartier était bouclé, il fallait montrer patte blanche pour y accéder et les petites maisons que l'on voit tout autour étaient celles des employés de la Stasi.

Elle a fonctionné de 1945 à 1951 comme camp spécial nº 3 pour le compte de l'occupant soviétique, puis jusqu'en 1990 comme principal centre de détention du ministère de la Sécurité d'État, appelé *MfS,* organisme plus connu sous le nom de ***Stasi.*** Près de 91 000 employés travaillaient directement pour la Stasi et 180 000 « civils » étaient utilisés comme « indics ».

Dans cette prison, parmi les plus effrayantes du régime, la Stasi a enfermé des dizaines de milliers d'opposants, des hommes et des femmes qui tentèrent de fuir à l'Ouest et des dissidents politiques comme ***Rudolf Bahro*** ou l'écrivain ***Jürgen Fuchs.*** La détention « provisoire » pour interrogatoire pouvait durer 3 ans ! Les prisonniers y vivaient dans des conditions psychologiques insoutenables, soumis à d'incessantes séances d'interrogatoires. Après 1990, la prison a été fermée et transformée en mémorial. Un des derniers détenus fut ***Erich Mielke,*** l'ancien chef de la Stasi en personne, qui y passa quelques mois avant d'être transféré à l'Ouest après s'être plaint lui-même de ses conditions de détention !

On visite les cellules de prisonniers, l'hôpital, la cantine, le couloir appelé « U-Boot » (sous-marin). Les guides sont pour la plupart d'anciens détenus, ils savent donc de quoi ils parlent ! Et tout comme pour le musée de la RDA à *Mitte,* il est préférable de comprendre l'allemand pour en saisir le contenu (à moins de suivre le tour en anglais).

La visite du ***musée de la Stasi*** permet ensuite de compléter une balade quelque peu oppressante. Ce quartier ne compte pas parmi les plus passionnants ni les plus sûrs de Berlin, surtout dans les environs de la gare de Lichtenberg. Prendre le métro depuis l'Alexanderplatz et s'arrêter à la station *Magdalenenstraße (15 mn de trajet).*

Stasimuseum *(musée de la Stasi – mémorial de la Normannenstraße ; plan d'ensemble, C2) : Ruschestr 103, Haus 1 à Lichtenberg. ☎ 553-68-54. • stasimuseum.de • Pour y aller, U5 depuis l'Alexanderplatz (voir ci-avt), Ⓜ Magdalenenstr, sortie Ruschestr. Tlj 10h-18h (11h w-e et j. fériés). Entrée : 8 € ; réduc. Panneaux explicatifs en allemand et en anglais. Visites guidées (1h30) en anglais lun, jeu et sam à 15h et en français sur résa 2 sem à l'avance.*

Un lieu chargé d'histoire et d'émotion, à déconseiller aux âmes sensibles. Mieux vaut comprendre l'allemand, là encore, pour suivre les explications des guides. C'est dans cet énorme complexe que *Erich Mielke,* le ministre de l'Intérieur de l'époque, avait son bureau. Tout a été laissé en l'état, on peut visiter les locaux entièrement conservés. Il n'y a pas que le formica qui donne froid dans le dos. Les dimensions de cette centrale sont impressionnantes : 22 ha hermétiquement cadenassés, un monde clos où étaient organisées la surveillance et l'intimidation des citoyens de la RDA. Une curiosité à signaler : un *Paternoster,* un curieux ascenseur en continu de plusieurs cabines sans porte et mû par un système de chaînes.

LES SECRETS SOUSTRAITS À LA STASI

Dès l'automne 1989, les fonctionnaires des services secrets est-allemands utilisèrent, jour et nuit, les machines à broyer pour détruire leurs archives. Leur volume était si considérable que les machines tombèrent en panne. Des centaines d'employés continuèrent en déchirant ou en brûlant ces pièces à conviction compromettantes. Bien des turpitudes apparurent quand même au grand jour. C'est ainsi qu'on apprit que la bande à Baader était totalement sous contrôle de la Stasi.

Depuis 2015, une expo qui s'étend sur 3 niveaux fournit des infos sur le développement, la fonction et les méthodes de la sécurité d'État, avec des objets et des documents qui n'avaient jamais été exposés jusqu'à présent.

LE QUARTIER DE WEDDING *(plan centre, A-E1)*

Au nord-ouest de Berlin, Wedding fut l'un des autres hauts lieux du communisme d'avant-guerre (le *Wedding rouge – der Rote Wedding*). À l'époque, le quartier comptait beaucoup d'ouvriers travaillant dans les usines *AEG* ou *Osram.* Aujourd'hui, après avoir été au nombre des quartiers placés sous l'administration de la zone française, *Wedding* vit une renaissance et tente de repousser ses problèmes sociaux loin de la une des quotidiens locaux. Il est proposé aux jeunes créatifs et artistes d'occuper légalement des magasins vides afin de redonner vie au quartier et confiance à ses habitants plutôt chômeurs et déprimés. Et cela semble fonctionner ! En revanche, c'est sous terre qu'il faudra descendre pour découvrir un des aspects les plus surprenants de Berlin, en compagnie des membres de l'association *Berliner Unterwelten,* qui programment les visites de bunkers et autres abris témoins des heures sombres.

À voir

Anti-Kriegs-Museum *(plan centre, C1,* ***335****)* **:** *Brüsseler Str 21. ☎ 45-49-01-10. • anti-kriegs-museum.com • U-Bahn : Amrumer Str. Tlj 16h-20h. GRATUIT.*
Depuis 1925, ce musée est dédié à toutes les formes de pacifisme.

Berliner Unterwelten e.V. *(hors plan centre par E1,* ***342****)* **:** *Brunnenstr 105. Rens : ☎ 49-91-05-17. Site en français • berliner-unterwelten.de • Avr-oct lun-ven 10h-16h ; 9h-16 w-e. Horaires différents en basse saison, consultez le calendrier du site. Tickets en vente, en principe, dans le pavillon à côté de la sortie sud de la station de métro Gesundbrunnen (S-Bahn, U8), en face du centre commercial* Kaufland, *uniquement le jour de la visite. Visite passionnante guidée en français. Compter 12-15 €/pers ; paiement en liquide seulement ; réduc. Parcours pas accessibles au moins de 7 ans et même 14 ou 18 ans pour certains.*
Cette association s'est spécialisée dans la visite guidée des espaces souterrains de Berlin, à l'époque tant de la fin du IIIe Reich que de la guerre froide. Pour les amateurs de visites underground, un must ! 3 tours au choix :
- Le plus couru permet de découvrir l'un des rares bunkers restés intacts, sur les 1 200 construits à Berlin bien avant le début de la Seconde Guerre mondiale. Il fut aménagé en 1941 à plus de 18 m sous terre dans la station de métro *Gesundbrunnen,* par laquelle vous arriverez. On peut y voir un exemplaire de la machine à chiffrer *Enigma.*
- Le 2e tour mène à 2 abris antiatomiques de la guerre froide. Durée : 2h.
- Le petit dernier part toujours du même endroit mais vous conduit jusqu'au pied du Mur, puisque vous allez pénétrer sous terre, en visitant les caves d'une ancienne brasserie, à la limite de Wedding.

Une façon surprenante de découvrir les stratagèmes imaginés, les risques encourus, les réussites spectaculaires, mais aussi les drames des citoyens de la RDA qui prirent la fuite.

LE QUARTIER DE SPANDAU *(plan d'ensemble, A-B2)*

Le mot « Spandau » évoque immédiatement la prison militaire (aujourd'hui disparue) où Rudolf Hess, le lieutenant de Hitler, est mort en 1987 après 41 ans d'emprisonnement. À l'ouest de Berlin, c'est aussi un ancien faubourg industriel spécialisé dans la sidérurgie.

À voir

La vieille ville de Spandau : *à 5 mn de la citadelle, à gauche, de l'autre côté du pont.* Son marché de Noël *(fin nov-fin déc)* est l'un des plus grands et des plus typiques de Berlin. Nombreuses fortifications dans la vieille ville de Spandau (entre la Havel et l'Altstädter Ring). La prison où fut incarcéré Rudolf Hess de 1946 à 1987 a été rasée et transformée en centre commercial de crainte qu'elle ne serve de lieu de pèlerinage aux néonazis.

IGNORER RUDOLF HESS !

Ne pas fixer le célèbre prisonnier nazi, ne pas le regarder dans les yeux surtout : une consigne stricte que les 50 soldats des forces alliées chargés de sa garde avaient reçue. À partir de 1972, l'ancien chef nazi se retrouva seul et dernier pensionnaire (le prisonnier nº 7) de la prison militaire. Les soldats lui tournaient le dos quand il déambulait dans la cour de la prison. Lui-même évitait de regarder ses gardes de face. La raison ? On dit que c'est Hess lui-même qui l'avait demandé. La honte probablement et la déchéance mentale de celui qui fut le dauphin du Führer.

Zitadelle : *Am Juliusturm 64, 13599. ☎ 24-74-98-88. • zitadelle-spandau.de • U-Bahn : Zitadelle. Visite tlj 10h-17h (13h-20h jeu) ; entrée : 4,50 €, réduc. Audioguide en français.* Avec ses 4 bastions, la citadelle fut construite au XVIe s dans le style Renaissance par des ingénieurs italiens à la demande du prince-électeur Joachim II, et ce, à l'emplacement d'une forteresse médiévale dont il ne reste que le donjon construit sous le règne du fameux *Albert l'Ours*. Dans la tour de Julius, exposition sur son histoire qui fut, à partir de 1722, une fabrique de munitions (et qui servit même de laboratoire de gaz de défense durant la Seconde Guerre mondiale). En 1874, cette tour de Julius servit de coffre-fort à l'argent de vos arrière-arrière-grands-parents : les 120 millions de marks or de l'indemnité de guerre (1870-1871) versée par la France à l'Allemagne après la défaite. Impressionnant système de sécurité... La citadelle abrite aujourd'hui une école d'art et des ateliers d'artistes ouverts au public. Elle accueille diverses manifestations culturelles, expositions, concerts, festival de marionnettes... Restaurant sur place.

LE QUARTIER DE DAHLEM
(plan d'ensemble, B2 et plan Dahlem)

• Plan *p. 176-177*

Quartier assez excentré, au sud-ouest de Berlin. D'Alexanderplatz, compter environ 15 mn en U-Bahn (par les lignes U2 et U3). Dahlem était un ancien village fort prisé de la bourgeoisie berlinoise au début du siècle dernier. Il a d'ailleurs conservé un côté bucolique et verdoyant très marqué. La campagne à la ville, en somme. À l'ouest, il est bordé par la *forêt de Grunewald* et le *lac de Wannsee* ; à l'est, par le jardin botanique de Steglitz. On y trouve même une ferme modèle et des champs cultivés. On peut encore y visiter le passionnant ***musée des Cultures européennes.*** Accueil dans la charmante station de métro de Dahlem-Dorf, construite en 1913 dans un style campagnard qui vous met tout de suite dans l'ambiance. Bon, on y va...

Où manger ?

Chalet suisse, restaurant Diekmann *(plan Dahlem)* **:** *Im Jagen 5, Clayallee 99. ☎ 832-63-62. U-Bahn : Dahlem-Dorf. Dans l'allée* *qui mène au pavillon de chasse de Grunewald. Tlj 12h-minuit. Menus 46-54 €.* Ce chalet suisse en bois est planté au beau milieu de la forêt verte de Grunewald. Pour les visiteurs de passage, c'est un dépaysement assez inattendu, mais le lieu est tellement charmant... De la cuisine suisse avec de délicieux rösti (pommes de terre râpées et frites en galettes), en hiver de la fondue, bien sûr, et le dimanche du jazz à 14h.

Ristorante Piaggio : *Königin-Luise-Str 44. ☎ 83-20-22-66. U-Bahn : Dahlem-Dorf. Pile en face du métro. Tlj 11h30-23h. Pizzas 7-10 €.* Une pizzeria sans prétention gastronomique où des serveurs en tablier noir et chemise blanche vous apportent d'honnêtes pizzas cuites au four. Plats de pâtes également. Grande terrasse ombragée sous les parasols. Un lieu où l'on se sent bien même si l'accueil n'est pas toujours au rendez-vous.

À voir

Museum Europäischer Kulturen *(musée des Cultures européennes ; plan Dahlem)* **:** *Arnimallee 25. ☎ 266-42-42-42. • smb.berlin • U-Bahn : Dahlem-Dorf ; bus n°s 110 et 183. Tlj sauf lun 10h-17h (18h w-e). Entrée : 8 € ; réduc.*

Seul rescapé des musées de Dahlem transférés vers le *Humboldt Forum,* au centre de Berlin, cette institution est née de la réunion de l'ancien musée des Arts populaires allemands et de la collection Europe du musée d'Ethnographie. Elle présente de grandes expos temporaires thématiques sur ce qui relie et différencie les grandes cultures européennes.

Des jouets de Noël aux souvenirs des morts, du culte de Napoléon aux fêtes d'Halloween, une mise en lumière (la muséographie est sobre) d'un quotidien oublié ou mal vécu qui, avec le recul du temps, prend ici tout son sens. Le musée conserve dans ses murs et ses archives quelque 275 000 objets issus de la tradition populaire européenne, sur une période allant du XVIIIe au XXe s. Ici, une gondole à Venise n'est pas qu'un élément pour rêver d'opéra ou de voyage, il parle des hommes qui l'ont construite, l'ont utilisée et aimée. On est loin du mot « folklore » qui fut, comme dans d'autres pays d'ailleurs, la 1re dénomination de ce type de musée.

Brücke-Museum *(musée Brücke ; plan Dahlem)* **:** *Bussardsteig 9. ☎ 839-008-60. • bruecke-museum.de • Forêt de Grunewald, après Dahlem. Depuis la gare de Dahlem-Dorf, prendre le bus n° 183 jusqu'à l'arrêt Clayallee, puis le n° 115 jusqu'à la Pücklerstr. Tlj 11h-17h sauf mar. Entrée : 6 € ; réduc. Gratuit moins de 18 ans et avec le* Museum Pass.

ATTENTION : ce petit musée joue l'alternance entre d'intéressantes expositions temporaires (qui risquent de dérouter certains, s'attendant à trouver des œuvres différentes) et la présentation de pièces de sa propre collection. Il rassemble plus de 400 toiles, des milliers de dessins et de nombreux chefs-d'œuvre de bois gravés (mais très peu sont exposés). Une visite qui s'adresse aux inconditionnels.

Petit retour en arrière. Die Brücke constitue, avec le mouvement munichois ***Der Blaue Reiter,*** le creuset de l'expressionnisme allemand. Encore sous l'influence de l'impressionnisme, les 1res œuvres du Brücke sont avant tout graphiques. On distingue une stylisation abrupte, empruntée aux œuvres africaines. Les gravures produites étaient alors publiées chaque année dans un album. Les tableaux de cette même période reprennent les traits anguleux, les couleurs contrastées et juxtaposées en aplat. Parti de Dresde, le groupe rejoint en 1911 le centre de la vie artistique d'alors, Berlin. Die Brücke adopte alors les formes du cubisme ainsi qu'une palette de couleurs plus adoucie. Quelques noms à retenir : *Emil Nolde, Ernst Ludwig Kirchner, Karl Schmidt-Rottluff, Erich Heckel, Otto Mueller, Max Kaus.*

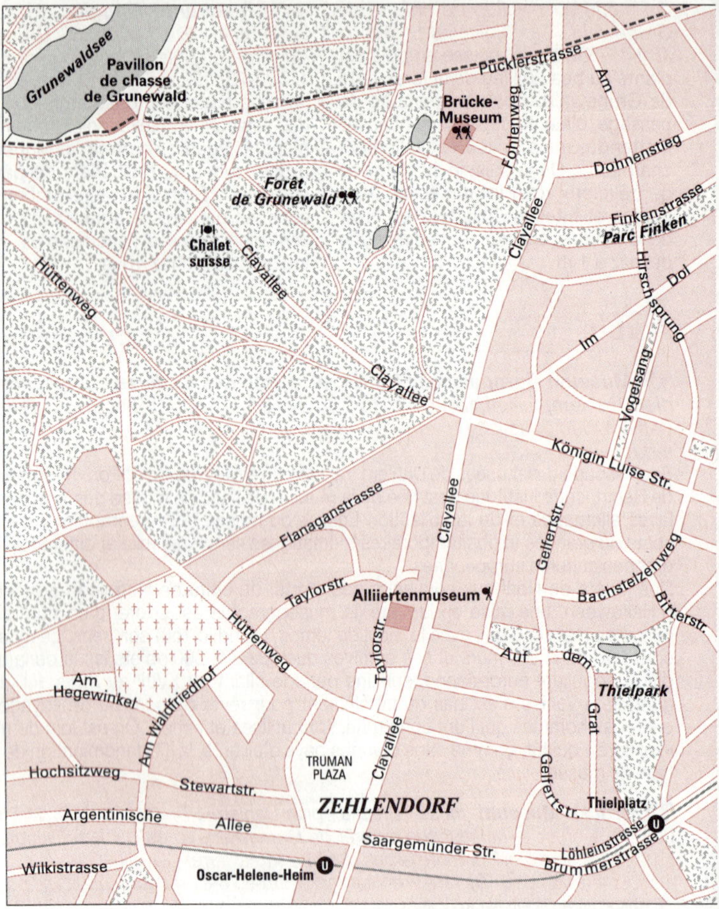

Alliiertenmuseum *(musée des Alliés ; plan Dahlem)* **:** *Clayallee 135. ☎ 818-19-90. • alliiertenmuseum.de • U-Bahn 3 : Oskar-Helene-Heim ; bus n°s 115 et X83. Tlj 10h-18h sauf lun. GRATUIT. Visite guidée sur résa seulement.* Inauguré en 1998, à l'occasion du 50e anniversaire du pont aérien de 1948, suite au blocus soviétique, et constitué principalement de dons de vétérans, ce musée est consacré à la présence et au rôle des Alliés à Berlin de 1945 à leur départ en 1994. Il se situe dans l'ancien cinéma *Ostpost*, 1er bâtiment construit en 1951 par les Américains, et dans la *Nicholson Memorial Library*, au cœur de l'ancien quartier général de l'armée américaine. Dans la cour, quelques imposants souvenirs lourds de symboles : un avion britannique Hastings utilisé pendant le blocus de Berlin, un wagon d'un train militaire français, un morceau du Mur et un mirador, ainsi que la guérite de Checkpoint Charlie, en service de 1986 à juin 1990. Exposition également en français.

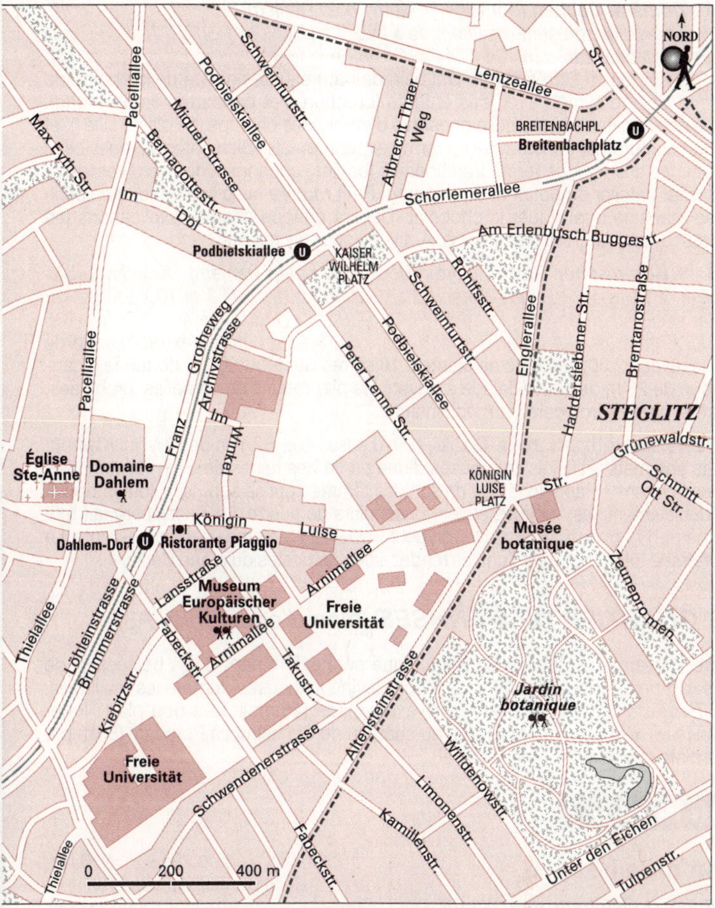

DAHLEM

Les balades

Grunewald *(plan Dahlem)* : *S-Bahn : Grunewald ; bus n° 218. Départ de Theodor-Heuss Platz.* Magnifique forêt, qui permit aux Berlinois de trouver de quoi se chauffer pendant les 1ers hivers rigoureux de l'après-guerre... et qui offre aujourd'hui aux propriétaires de chiens l'occasion de se défouler en tribu. Comme dans un écrin, au bord du 1er lac, admirer le ***Jagdschloss,*** le pavillon de chasse *(Huttenweg 100 ; tlj sauf lun 10h-17h, seulement le w-e nov-déc et mars 10h-16h ; entrée : 6 €, réduc).* À l'intérieur, tableaux de ***Cranach, Rubens*** et Pesne, petits musées de la chasse et de la forêt. Au centre, la *Grunewald Turm* néogothique (sur le Karlsberg) de 56 m de haut érigée à la mémoire de Guillaume Ier. Depuis son sommet, elle permet, d'embrasser une vue au-delà du lac de Wannsee, jusqu'à Potsdam.

Domäne Dahlem (Domaine Dahlem ; plan Dahlem) **:** *Königin-Luise-Str 49. ☎ 666-30-00. • domaene-daelhem.de • U-Bahn : Dahlem-Dorf. Tlj 7h-22h ; boutique du manoir sam-dim 10h-17h ; magasin de la ferme lun-ven 10h-18h et sam 8h-13h. Entrée : 5 € ; réduc.* Un vrai bain de nature juste en face de la station du métro ! Balade sympa avec des enfants (brochures et pancartes en allemand). C'est une ancienne ferme qui a conservé d'immenses champs (en pleine ville !), et qui est aujourd'hui transformée en ferme expérimentale. Bien entendu, possibilité de voir les animaux de ferme traditionnels (bovins, cochons, volailles diverses) et de visiter l'atelier du potier et du forgeron. Petit ***musée*** avec son antique épicerie et sa machine à fabriquer le chocolat. Devant chaque champ, explications (en allemand, toujours) sur les cultures. Activités pour les minots.

Botanischer Garten (Jardin botanique ; plan Dahlem) **:** *Königin-Luise-Str 6-8, à Steglitz. S-Bahn : Botanischer Garten ; bus nos X83 et 101. Entrée sur Unter den Eichen et Königin-Luise-Platz. Tlj 9h-20h (16h nov-janv, 17h fév, 18h mars). Entrée (musée botanique compris) : 6 € ; réduc.* Jardin extraordinaire de 43 ha, avec 22 000 variétés de plantes, 16 serres du début XXe s, dont une gigantesque de 23 m de haut ! Balade à travers les plantations de camélias, orchidées, cactus, plantes tropicales et médicinales.

Teufelsberg (montagne du Diable ; plan d'ensemble, B2) **:** un des 9 *Mont Klamott,* petits sommets artificiels, composés d'une partie des ruines de Berlin accumulées après la guerre ! Rappelons que ce sont les femmes qui se sont tapé tout le boulot du déblaiement, les hommes étaient prisonniers de guerre. Le *Teufelsberg* fait tout de même 114 m de haut ! En hiver, on peut y skier : il y a même un remonte-pente. Le *Teufelssee* tout proche est l'un des rendez-vous naturistes du grand Berlin.

BERLIN, QUARTIER PAR QUARTIER

LE QUARTIER DE WANNSEE (plan d'ensemble, A3)

Entre Dahlem et Potsdam, un magnifique enchevêtrement d'îles boisées et de lacs. Un peu partout, des villas que l'on devine luxueuses derrière les feuillages. Du *Tiergarten,* S-Bahn direct jusqu'à Wannsee (20 mn). Très bon plan : louer ensuite un vélo à la gare pour aller au château de Sanssouci à Potsdam (8 km par une piste cyclable qui longe la forêt).

Où dormir ?

Bon marché

Jugendgästehaus Am Wannsee : *Badeweg 1, 14129 Berlin-Zehlendorf. ☎ 803-20-34. • jugendherbergen-berlin-brandenburg.de • En direction de la ville de Potsdam, au bord du lac. S-Bahn S1 ou S7 jusqu'à Nikolassee ; ensuite, marcher env 15 mn : prendre la passerelle Rosemeyerweg qui enjambe l'autoroute, tourner à gauche dans Kronprinzessinnenweg, puis à droite dans Badeweg (c'est fléché). Plus de liaisons régulières par le bus sauf en nocturne (no N16 jusqu'au S-Bahn Wannsee). Fermé 10h-13h. Check-in jusqu'à minuit (bon accueil). Nuitée 21,50 €, petit déj compris à 33,50 € en pens complète.* Grande auberge de jeunesse de plus de 300 lits, fonctionnelle et pratique, très bien située, au calme. À 15 mn à pied de la plage de Wannsee (voir ci-après la rubrique « À voir. À faire »). Dortoirs de 4 lits, douche à partager entre 2 chambres avec w-c à l'étage et appartements pour familles. Draps fournis. Grand jardin au bord du lac.

À voir. À faire

Museumsdorf Düppel : *Clauertstr 11. ☎ 802-66-71. • dueppel.de • S-Bahn : Zehlendorf, puis bus no 115, arrêt Ludwigsfelder Str ; U-Bahn : Krumme Lanke, puis bus nos 211 ou 629, arrêt Lindenthaler Allee ; ensuite 5 mn de marche,* *c'est fléché. Fin mars-fin oct, seulement w-e 10h-18h ; dernière entrée 1h avt la fermeture. Entrée : 4 € ; réduc ; gratuit jusqu'à 18 ans.* Musée vivant retraçant la vie d'un joli petit village médiéval du XIIIe s. Conseillé avec les enfants.

Au bord du lac Wannsee

Großer Wannsee : *pour s'y rendre, S-Bahn ligne 7 direct jusqu'à Wannsee (depuis le Tiergarten). Compter 20 mn de trajet.* Prolongement de la Havel, un joli lac avec la plus grande plage intérieure d'Europe.

➢ De là, nombreux bateaux pour *Kladow, Potsdam* ou *Pfaueninsel.*

Pfaueninsel (île aux Paons) **:** *Pfaueninselchaussee 100. • spsg.de • S-Bahn : Wannsee, puis bus no 218. En voiture, accès Nikolskoer Weg. On accède à l'île en bac (tlj sauf lun : 4 €). Nov-fév 10h-16h, mars et oct 9h-18h, mai-août 9h-20h, avr et sept 9h-19h.* Site enchanteur constitué d'une réserve naturelle (interdit d'y fumer) et d'un étonnant château du XVIIIe s, d'une maison suisse, d'un jardin de roses *(mai-sept),* et d'une laiterie de style médiéval et des paons, bien sûr ! ***En rénovation, le château sera fermé jusqu'en 2024.***

Strandbad Wannsee : *la plage de Großer Wannsee, avec du véritable sable de la Baltique. S-Bahn : Nikolassee ; bus no 312 début juil-fin août seulement (sinon, il faut marcher !). En été tlj 9h-20h (19h de mi-juil à début sept ; 18h de début sept à mi-sept).* Station balnéaire payante *(5,50 € ; réduc)* et, on s'en doute, ultra-bondée en été. Sur plus de 1 km, installations nautiques et nombreuses animations. Pour ceux qui n'aiment pas trop les bains de foule, d'autres plages sont également accessibles au nord de la *Strandbad,* en longeant la *Havelchaussee (S-Bahn : Nikolassee),* ou au sud *(S-Bahn : Wannsee),* en longeant Am Großen Wannsee.

Schlachtensee : *au sud-ouest de Berlin. S-Bahn ligne 1 : Schlachtensee.* Lac à quelques minutes du S-Bahn, un peu moins fréquenté que le Wannsee.

Haus der Wannsee-Konferenz (Maison de la conférence de Wannsee) **:** *Am Großen Wannsee 56-58. ☎ 805-00-10. Du S-Bahn (Wannsee, of course !), prendre le bus no 114 jusqu'à Haus der Wannsee-Konferenz. Tlj 10h-18h. GRATUIT. Livret en français.* C'est dans cette confortable villa Marlier de 1915, appartenant à la SS, qu'eut lieu la conférence du 20 janvier 1942 traitant de la « solution finale » présidée par ***Reinhard Heydrich,*** devenu par la suite *Reichsprotektor* de Bohême et abattu à Prague par les partisans tchèques. Saisissante exposition sur les ressorts de l'holocauste, avec de nombreux documents, dont le compte rendu de la conférence qui mentionne des objectifs chiffrés... Le secrétaire de cette conférence s'appelait Adolf Eichmann. Rappelons qu'après la guerre Eichmann, responsable de la planification de la Shoah, fut un des seuls hauts dignitaires nazis à s'exiler en Amérique du Sud. Le Mossad le retrouva en Argentine et l'exfiltra en Israël pour le juger. Il fut condamné à mort et exécuté en 1962.

OBJECTIF : 11 MILLIONS DE JUIFS

Au cours de la conférence, Heydrich évalue le nombre de juifs d'Europe à éliminer en totalisant ceux des pays annexés par le Reich, ceux des pays alliés, ceux des pays conquis (en englobant l'empire colonial français), ceux des pays ennemis et même ceux des pays non belligérants comme la Suisse, la Suède, l'Espagne ou le Portugal. Aucun des responsables participants n'a soulevé d'objections.

– Au-delà, de ce côté de Berlin, se trouve Potsdam. Entre les 2, sur la N 1, le fameux ***pont de Glienicke,*** qui figure dans tant de films d'espionnage (voir plus loin « Potsdam. À voir »).

LES ENVIRONS DE BERLIN, LE BRANDEBOURG

Ce plat pays qui est... le Brandebourg : de la nature à perte de vue, « un paysage aux dimensions généreuses et d'une beauté absolue » (Théodore Fontane).
Et que d'eau ! C'est le Land des 1 000 lacs (plus de 3 000), des marais et des canaux. Il faut prendre son temps et flâner dans ce « paradis vert », pédaler sous les innombrables allées arborées, ou s'aventurer en canoë dans la forêt de la *Spreewald,* au milieu d'un paysage sablonneux parsemé de chênes et de pins, pour comprendre que la volonté humaine peut parfois transformer la nature en œuvre d'art.
Leçon comprise par les politiciens actuels qui ont également contribué à protéger le Land sur près d'un tiers de sa surface en créant, à la suite des changements économiques de la réunification, de nombreuses biosphères et réserves naturelles : le Brandebourg est devenu, depuis, le jardin, ou plutôt le potager, du nouveau Berlin, mais c'est bien ce qui l'a sauvé de l'industrialisation.

NOSTALGIE PRUSSIENNE

L'Allemagne fait partie des pays dont les équipes sportives nationales ne portent pas les couleurs du drapeau (noir-rouge-jaune). La tenue traditionnelle est composée d'un maillot blanc, d'un short noir et de chaussettes blanches. En fait, il s'agit des couleurs du drapeau prussien. Sur l'écusson du maillot, on trouve également l'aigle couronné serrant dans ses pattes le sceptre et le globe.

AU SUD-OUEST DE BERLIN

POTSDAM, LE VERSAILLES PRUSSIEN

IND. TÉL. : 0331

• Plan *p. 182-183*

Actuelle capitale du Land de Brandebourg avec près de 180 000 habitants, l'ancienne résidence royale incarne la quintessence de l'élégance prussienne. Grâce à sa rivière (la Havel) et à ses vastes terrains de chasse,

l'emplacement fut choisi au début du XVIIe s par les princes-électeurs prussiens, dont l'incontournable Frédéric le Grand. Malgré les vicissitudes de l'histoire, la ville (plutôt francophile, on peut le constater aux enseignes des commerces) possède un centre très agréable, et le château de Sanssouci et son parc restent un passage obligé pour tous les amateurs d'histoire.

UN PEU D'HISTOIRE

En 1648, perdu au milieu des forêts giboyeuses traversées par la Havel, Potsdam n'est qu'un village de pêcheurs. L'Électeur Frédéric-Guillaume décide alors d'en faire sa résidence. Sous son impulsion, la petite cité bénéficie des 1ers aménagements qui en font une ville soignée : pavage des rues, tracé de nouvelles voies et construction d'un château sur l'emplacement d'une ancienne forteresse. En 1685, l'année de la révocation de l'édit de Nantes par Louis XIV, le Grand Électeur organise l'immigration de 20 000 huguenots pour repeupler le Brandebourg, saigné par la guerre de Trente Ans. Le souverain jura même : « L'îlot de Potsdam deviendra un paradis ! »

Une ville modèle sous Frédéric Ier

Potsdam devient ensuite une ville modèle sous ***Frédéric Ier,*** alliant un pouvoir fort à la tradition humaniste. Sans modifier la ville autant que son père, il en change l'état d'esprit et y attire une cour brillante. Aimant fêtes et parties de chasse, Frédéric Ier ambitionne alors d'étaler aux yeux du monde la puissance de son royaume.
Son fils, ***Frédéric-Guillaume Ier,*** peu enclin aux excès festifs de son père, est surnommé le Roi-Sergent. Son obsession de l'équilibre budgétaire l'amène à vendre le mobilier baroque du château, à transformer l'orangerie en écurie et le château de *Glienicke* en hôpital. Sous son règne, Potsdam devient une ville de garnison, les 2/3 de la population sont des militaires (jusqu'à 8 000 soldats). Il adore y faire défiler ses « grands gars » (*Lange Kerls,* de 1,88 m minimum, le plus grand faisait 2,17 m !), qui constituent la Garde royale. Il fait entourer la ville d'un mur d'enceinte afin de contrôler les entrées et sorties des habitants, et surtout d'empêcher toute tentative de désertion. Il faut néanmoins reconnaître que, sous son règne, Potsdam bénéficie d'aménagements urbanistiques d'envergure : rénovation du vieux centre, construction du quartier hollandais et édification de nombreuses églises.

« Une Athènes resplendissante », selon Voltaire

Outre la construction d'édifices majeurs comme le château de Sanssouci et le *Nouveau Palais,* Frédéric le Grand oblige les propriétaires des demeures

Adresses utiles

- 1 et 3 Tourist Information Potsdam (C2 et C3)
- 4 Centre de visiteurs de Sanssouci (B2)
- 5 Potsdam per Pedales (location de vélos) (C3)

Où dormir ?

- 10 Campingpark Sanssouci/Gaisberg (hors plan par A3)
- 12 Pension Am Tiefen See/Schiffspension Luise (D1)
- 13 Hotel am Großen Waisenhaus (B2)
- 14 Hotel NH Potsdam (C2)

Où manger ?

- 20 Zum Fliegenden Holländer (C2)
- 21 Osteria (C2)
- 22 Garage du Pont (D1)
- 23 Heider (C2)
- 24 Drachenhaus (A2)
- 25 Zu Gutenberg (C2)

Où déguster une bonne glace ?

- 26 Das Eis Café am Brandenburger Tor (B2)

Où boire un verre ?

- 14 Hafthorn (C2)
- 30 Ungarische Spezialitäten (C2)

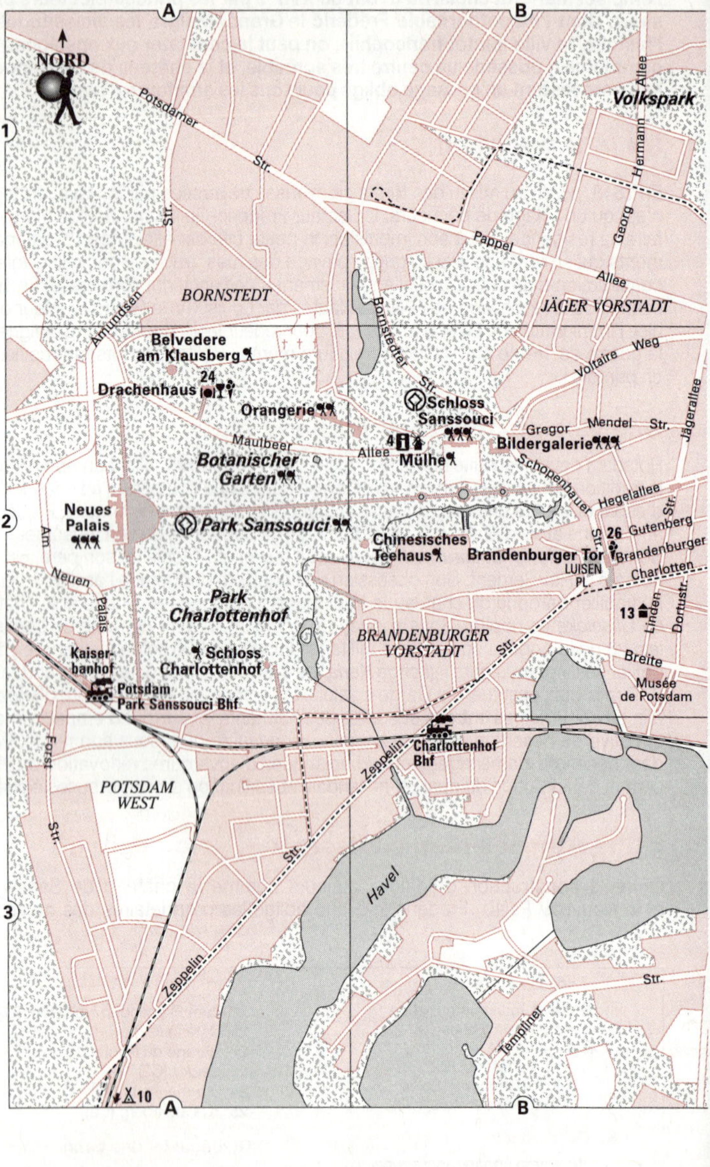
NORD
Volkspark
Potsdamer Str.
Amundsen Str.
Pappel Allee
Hermann Allee
Georg
BORNSTEDT
JÄGER VORSTADT
Bornstedter Str.
Belvedere am Klausberg
24
Drachenhaus
Orangerie
Schloss Sanssouci
Voltaire Weg
Gregor Mendel Str.
Jägerallee
Maulbeer Allee
4
Mühle
Bildergalerie
Botanischer Garten
Schopenhauer Str.
Hegelallee
Neues Palais
Park Sanssouci
Chinesisches Teehaus
Brandenburger Tor
26
Gutenberg Str.
Brandenburger
LUISEN PL.
Charlotten
Am Neuen Palais
Park Charlottenhof
13
Linden
Dortustr.
BRANDENBURGER VORSTADT
Kaiserbanhof
Schloss Charlottenhof
Breite
Musée de Potsdam
Potsdam Park Sanssouci Bhf
Charlottenhof Bhf
Zeppelin Str.
Forst Str.
POTSDAM WEST
Havel
Templiner Str.
10
A
B
1
2
3

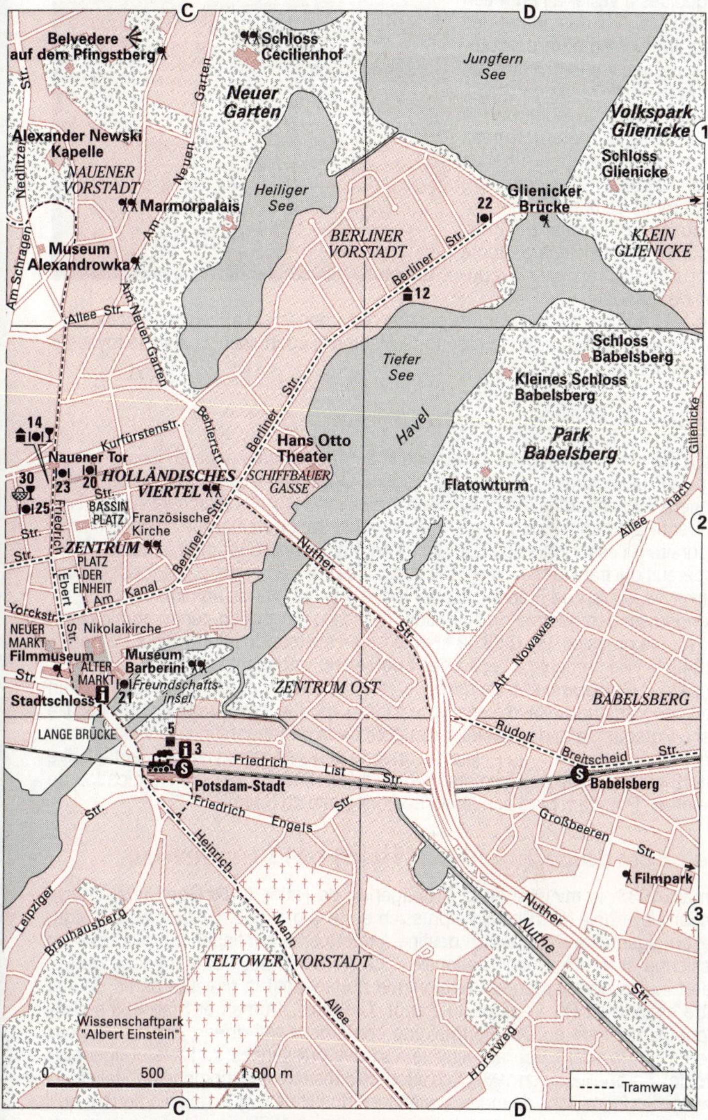
Belvedere auf dem Pfingstberg
Schloss Cecilienhof
Jungfern See
Neuer Garten
Volkspark Glienicke
Alexander Newski Kapelle
NAUENER VORSTADT
Schloss Glienicke
Heiliger See
Marmorpalais
Glienicker Brücke
BERLIN
BERLINER VORSTADT
KLEIN GLIENICKE
Museum Alexandrowka
Berliner Str.
Schloss Babelsberg
Tiefer See
Kleines Schloss Babelsberg
Havel
Park Babelsberg
Hans Otto Theater
SCHIFFBAUERGASSE
Nauener Tor
HOLLÄNDISCHES VIERTEL
Flatowturm
BASSIN PLATZ
Französische Kirche
ZENTRUM
PLATZ DER EINHEIT
Nikolaikirche
NEUER MARKT
Filmmuseum
Museum Barberini
ALTER MARKT
Freundschaftsinsel
ZENTRUM OST
BABELSBERG
Stadtschloss
LANGE BRÜCKE
Potsdam-Stadt
Babelsberg
Filmpark
TELTOWER VORSTADT
Wissenschaftpark "Albert Einstein"
0
500
1 000 m
Tramway

POTSDAM

bourgeoises à veiller à l'entretien des façades. Ami des arts et des lettres, le roi s'entoure de courtisans cultivés s'exprimant en français. Selon le récit de Voltaire, ami du monarque éclairé, « la triste Sparte se métamorphosa sous son règne en une Athènes resplendissante ». Les commandes du roi et de la noblesse attirent aussi architectes, peintres, sculpteurs et musiciens de toute l'Europe, faisant rayonner la réputation de Potsdam.

VOLTAIRE-FRÉDÉRIC II : UN COUPLE FRANCO-ALLEMAND

Rousseau ayant refusé l'invitation de Frédéric II, Voltaire accepta de s'installer à Potsdam, où il devint, pour 3 ans, « philosophe de cour ». Entre Voltaire, philosophe-roi, et Frédéric II, roi-philosophe, ce fut une vraie histoire d'amour ! Ils s'écrivirent près de 800 lettres en 42 ans.

Après le Grand, les petits : par une gestion hasardeuse et l'absence de génie militaire, Frédéric-Guillaume II et Frédéric-Guillaume III conduisent ensuite le royaume à son déclin.

Napoléon, l'invasion et le déclin

C'est à Potsdam, en 1805, qu'est scellée la ***Sainte-Alliance*** entre la Russie, l'Autriche et la Prusse, sous la houlette de Frédéric-Guillaume III et du tsar Alexandre Ier. Victorieux à Auerstedt et Iéna, Napoléon et sa Grande Armée marchent sur Berlin et occupent Potsdam pendant 2 ans. L'occupation française marque un coup d'arrêt temporaire à l'essor prussien. La ville devient alors un dépôt pour la cavalerie de l'Empereur, qui transforme les églises en écuries mais épargne, par respect, la *Garnisonkirche,* où repose Frédéric II, pour lequel il a une grande admiration.
Au lendemain des guerres de libération, Potsdam devient un centre administratif du royaume prussien. En 1838, la 1re voie ferrée allemande relie Berlin à Potsdam. En 1848, la ville demeure à l'écart des troubles qui secouent le trône.
L'empereur ***Guillaume Ier*** transforme le vénérable château de *Babelsberg* en un castel néogothique, style très en vogue à cette époque. ***Guillaume II,*** lui, s'installe aussi à Potsdam, afin de satisfaire son goût de la représentation : la vie luxueuse de la cour dans le *Nouveau Palais* n'empêche cependant pas les habitants d'élire en 1912 un socialiste au Reichstag : *Karl Liebknecht*. En 1918, à l'abdication de l'empereur, Potsdam perd son statut de 2e capitale du Reich.

Les accords de Potsdam (1945) et le renouveau

En mars 1933, le ministre de la Propagande de Hitler, le ***Dr Goebbels,*** choisit Potsdam, symbole du militarisme prussien et de la grandeur passée, pour y organiser un gigantesque show nazi destiné à marquer la continuité entre la tradition prussienne et la « révolution nationale ». Le 14 avril 1945, Potsdam subit un terrible et inutile bombardement britannique qui anéantit la majeure partie de son centre historique. Du 17 juillet au 2 août, Churchill, Truman et Staline, les alliés victorieux, tiennent au ***Cecilienhof*** une conférence qui donne jour aux fameux accords de Potsdam, scellant ainsi le sort des puissances de l'Axe et figeant la carte de l'Europe jusqu'en 1989. Les accords consacrent le triomphe de Staline qui fait valoir les 20 millions de morts soviétiques du fait de la guerre, en omettant qu'il avait auparavant signé un pacte de non-agression en 1939 avec Hitler. Les accords prévoient le désarmement et la dénazification de l'Allemagne. En matière de réparations, on organise des prélèvements en nature (machines, matières premières, etc.) au profit des vainqueurs dans leur zone d'occupation respective, plutôt que des versements monétaires comme après 1919. Les gigantesques transferts de populations (Allemands de Prusse orientale et Polonais chassés de l'Est, Allemands chassés de Silésie, des Sudètes, de Transylvanie...) sont entérinés. La conférence reconnaît à la Pologne le droit d'administrer les provinces allemandes situées à

l'est de la ligne Oder-Neisse. Staline pense de cette façon prévenir toute réconciliation entre la Pologne et l'Allemagne... Lors de la conférence, Harry Truman apprend à ses « alliés » l'explosion de la 1re bombe atomique dans le désert du Nouveau-Mexique.
Sous le régime de la RDA, les dirigeants communistes s'acharnent à faire disparaître les vestiges de l'ancienne Prusse : le château de la ville et la *Garnisonkirche* sont dynamités. Ce n'est qu'à partir de 1975 que la municipalité entreprend de grands programmes de restauration de l'héritage culturel prussien. Efforts d'ailleurs poursuivis et accélérés au lendemain de la réunification allemande. Les derniers à en avoir bénéficié sont les abords de l'*Altmark*t avec le palais Barberini et l'église Saint-Nicolas.

Comment y aller ?

En voiture

Potsdam est accessible par l'Avus (autoroute A 115).

En train ou S-Bahn

➢ Meilleure solution, prendre le S-Bahn (ligne S7) et descendre au terminus, *Potsdam Hauptbahnhof ;* liaisons ttes les 10-20 mn, 24h/24. Compter 40 mn de trajet depuis *Berlin-Hauptbahnhof* (50 mn depuis *Alexanderplatz*). Pensez à acheter un billet pour les zones ABC (ou s'assurer que la *Welcome Card* permet de le faire). Une fois arrivé à la gare de Potsdam, se procurer le plan des transports publics et prendre le tram nº 92, 96 ou 98 pour rejoindre le centre-ville, ou louer un vélo pour aller visiter le parc et le château de Sanssouci. Aux bus touristiques qui vous proposent à prix très élevés le tour des sites de Potsdam, préférez la ligne de bus régulière *Schlösser* (bus nos X15 et 695 ; billet compris dans votre carte de transport ABC) sur le quai nº 4, situé juste à la sortie de la gare.
➢ Depuis Berlin, la *Regionalbahn (RB ou RE)* achemine directement les visiteurs à Sanssouci. Départ depuis *Hauptbahnhof* ou *Alexanderplatz* ttes les 30 mn. Compter 30-35 mn de trajet jusqu'à *Potsdam Park Sanssouci*. On peut mettre son vélo à bord du train (env 2 € en plus).

Adresses et info utiles

– Au téléphone, pour joindre les numéros à Potsdam depuis Berlin composer le préfixe régional 0331.
i ***Tourist Information Potsdam*** *(plan Potsdam, C2,* ***1****) : Am Alter Markt 1. Humboldtstr 1-2. ☎ 27-55-88-89. • potsdamtourismus.de • De la gare de Potsdam Hauptbahnhof, traverser le Lange Brücke puis prendre l'Alter Markt, c'est sur la droite avt le musée Barberini. Tlj 9h30-18h30 (9h30-15h w-e).* Plan de la ville, plan des transports, liste des hébergements. Bon accueil.
i *Autre antenne à la gare ferroviaire : Potsdam Hauptbahnhof (plan Potsdam, C3,* ***3****). Tlj 9h30-18h30 (17h sam, 15h dim).*
■ ***Location de vélos : Potsdam per Pedales*** *(plan Potsdam, C3,* ***5****). Derrière la gare de Hauptbahnhof (sortie Babelsberg Str). ☎ 887-199-17. • potsdam-per-pedales.de • Pâques-31 oct tlj 8h-19h ; l'hiver lun-sam 9h-18h. Compter 12 €/j.* Loue des vélos en très bon état et propose des circuits avec audioguides en allemand, en anglais et en espagnol. Petits plans bien pratiques proposant divers itinéraires. Loue également des kayaks, *paddle*, etc.

Où dormir ?

Pour celles et ceux qui souhaitent se mettre au vert et ne sont pas des fêtards, loger à Potsdam peut être une alternative intéressante pour un long séjour dans la capitale : après tout, les liaisons en S-Bahn sont rapides et très fréquentes.

Camping

⛺ ***Campingpark Sanssouci/Gaisberg*** *(plan d'ensemble, A3 ou hors plan Potsdam par A3,* ***10****) : An der Pirschheide 41, à env 5 km au sud-ouest du centre-ville de Potsdam. ☎ 951-09-88. • camping-potsdam.de • De mi-mars au 2 janv. De Potsdam, prendre la B 1, direction Brandenburg/Werder. De Berlin, A 10, sortie Michendorf/Potsdam Süd, puis direction Potsdam B 2. Accès en bus (n° 695), en train ou* Ⓣ *n°s 94 et 96, jusqu'à la gare Pirschheide, à 2 km du camping, qui propose un transfert gratuit en minibus 9h-11h, 17h30-20h (sur appel téléphonique pour le retour). Liaisons jusqu'à Potsdam ttes les 10 mn jusqu'à 14h ; après, ttes les 15 mn. Forfait pour 2 pers env 36-42 €, 5 de moins en basse saison. Compter 20 € au resto.* Camping de 6 ha au bord du *Templiner See*, sous les arbres. Logement possible dans de grands tonneaux de vin et en appart. Propre, et cadre très agréable. Possibilité de se baigner, de pêcher et de faire du bateau. Location de vélos. Épicerie et resto-snack. Machines à laver. Bon accueil.

De prix moyens à chic

🏠 ***Pension Am Tiefen See/Schiffspension Luise*** *(plan Potsdam, D1,* ***12****) : Berliner Str 58. ☎ 24-02-22. • pension-tiefensee.de • S-Bahn : Potsdam Babelsberg, puis* Ⓣ *Ludwig Richter Str (n° 93). Du centre de Potsdam, prendre Berliner Str ; la péniche est au mouillage sur la droite avt le pont de Glienicke. Résa indispensable, car il n'y a que quelques chambres. Doubles 79-89 €.* Une pension originale qui propose quelques jolies cabines dans un ancien vraquier mis à l'eau pour la 1re fois en 1907, puis réaménagé en 1967. Également un appartement pour 5 personnes. Agréable jardin. Petit déj au mess ou sur le *roof* aux beaux jours. Le romantisme d'un séjour sur un bateau.

🏠 ***Hotel am Großen Waisenhaus*** *(plan Potsdam, B2,* ***13****) : Lindenstr 28-29. ☎ 60-10-780. • hotelwaisenhaus.de • Doubles 90-170 € avec petit buffet plantureux.* Dans une rue calme proche du centre, un bâtiment tout en longueur qui fut autrefois une caserne puis un orphelinat, ce qui explique les interminables couloirs. Chambres d'allure un peu austère mais de très bon confort et d'une tenue irréprochable. Celles de l'étage se trouvent tout au long d'une galerie sous les toits. Véranda donnant sur le jardin pour profiter du buffet gargantuesque du petit déj. Accueil tout en gentillesse.

🏠 |●| ***Hotel NH Potsdam*** *(plan Potsdam, C2,* ***14****) : Friedrich-Ebert-Str 88. ☎ 23-170. • nh-hotels.fr • Doubles env 90-220 € avec petit déj.* Un hôtel de bon petit luxe en plein cœur du centre-ville, en retrait de la rue centrale, offrant des chambres bien léchées avec literie douillette et tout le confort possible. La partie ancienne est un peu plus charmante que la moderne. Accueil fort prévenant et petit déj-buffet somptueux. Resto spécialisé en steaks.

Où manger ?

De prix moyens à chic

|●| ⛱ ***Garage du Pont*** *(plan Potsdam, D1,* ***22****) : Berliner Str 88. ☎ 87-09-32-72. De la gare centrale,* Ⓣ *Glienicker Brücke (n° 93). Jeu-dim 12h-23h (cuisine 22h). Compter 9,50-15 € pour une tarte flambée ou une Currywurst, 19-27 € pour un plat plus consistant.* Impossible de rater ce restaurant niché dans une ancienne station-service des années 1930 à 50 m du *Glienicker Brücke.* Une vieille traction avant et ses copines de l'époque posent près de la pompe à essence. Déco moderne-chic. Rillettes et autres produits maison pour une cuisine française décomplexée. Pas vraiment donné, mais emplacement et cadre intéressants avec terrasse. Petit musée de l'Auto dans l'enceinte de la station, avec une magnifique Simca 8 de 1939 qui fit la course des 24h du Mans. Concerts de jazz.

L'Osteria (plan Potsdam, C2, **21**) : *Otto-Braun Platz 1. ☎ 601-20-800. Proche de l'office de tourisme. Tlj 12h-23h. Plats 10-22 €.* Grande brasserie qui fait d'une chaîne de restos italiens qui a ses fidèles. Décor moderne assez élégant. Toute la gamme du genre mais sans surprise : assiettes d'*antipasti* pour 2, pizza taille XXL à partager, pâtes, salades ou grillades. Le plus, c'est la grande terrasse aux beaux jours, l'occasion de déjeuner au bord de l'eau. Service débordé en cas d'affluence.

Zum Fliegenden Holländer (plan Potsdam, C2, **20**) : *Benkertstr 5. ☎ 27-50-30. En plein quartier hollandais. Tlj 11h-23h. Plats 12-22 €.* Même s'il s'appelle le « Hollandais Volant », ce bar-restaurant à la belle façade de brique propose surtout une solide cuisine typiquement allemande bien servie, en mezzanine au bar ou en terrasse sur la rue. Accueil et service (rapide) aimables.

Heider (plan Potsdam, C2, **23**) : *en plein centre. ☎ 270-55-96. Tlj 10h-22h. Plats 9-20 € ; menu 3 plats 23 €.* Un bel établissement face à la *Nauener Tor* néogothique, fier de faire les beaux jours de Potsdam depuis 1878. Grande variété de pâtisseries qui font la réputation de la maison, mais aussi de fameux *schnitzels* et diverses suggestions du jour. Avec un peu de chance, vous pourrez vous mettre au petit balcon tout en bois, sinon la terrasse est idéale pour prendre l'air du temps et votre *Kuchen* (gâteau) tout à la fois ou déguster une glace. On recommande la tarte florentine au fromage. Accueil sympa.

De chic à plus chic

Zu Gutenberg (plan Potsdam, C2, **25**) : *Jägerstr 10. Dans une rue perpendiculaire à la rue piétonne au coin de la Gutenbergstr. ☎ 740-368-78. Tlj 12h-minuit. Carte env 30-35 €. Résa pas inutile en hte saison.* Une brasserie sans surprise qui a ses fidèles. Boiseries traditionnelles, photos noir et blanc aux murs. Si les propositions d'inspiration française manquent un peu d'originalité, le résultat ne déçoit pas. Portions généreuses, viandes de qualité, légumes de saison ultra-frais et choix de vins tout à fait respectable. Les petites faims pourront se contenter d'une flammekueche bien croustillante. Service un poil rude, mais tout sourire si on n'oublie pas le service. Quelques tables dehors.

Drachenhaus (plan Potsdam, A2, **24**) : *Maulbeerallee 4a. ☎ 505-38-08. Au cœur du parc de Sanssouci, à 3 mn à pied de l'orangerie et du Nouveau Palais. Avr-oct, tlj 11h-19h (cuisine 18h) ; nov-mars, tlj sauf lun 12h-18h (cuisine 17h). Entrées 10-17€, plats env 14-25 € ; menus dîner 42-75 €.* Avec son architecture pagodisante, construite en 1770, c'est la fidèle reproduction d'un semblable restaurant à Canton. Le lieu existe depuis 1800 et doit son nom, « La Maison des Dragons », aux 16 dragons dorés intégrés à l'architecture. On peut profiter de la terrasse et de sa vue magnifique par beau temps, mais manger à l'intérieur sous un plafond étoilé est tout aussi réjouissant ! On vient ici non seulement pour ce décor peu commun, mais aussi pour la qualité de la cuisine (allemande) soignée, à base de produits frais de saison, pour la plupart bio. Bien aussi l'après-midi après la visite du parc pour savourer une part de gâteau avec un thé ou un café ou déguster une glace artisanale...

Où déguster une bonne glace ?

Das Eis Café am Brandenburger Tor (plan Potsdam, B2, **26**) : *Brandenburger Str. 70. ☎ 297-48-29. Tlj 10h30-22h (19h en hiver).* Sur une place très animée, un salon de thé à la déco colorée, qui propose un incroyable assortiment de glaces maison, depuis les simples sorbets jusqu'aux coupes à l'architecture sophistiquée en passant par les glaces en forme de spaghettis. Irrésistibles pâtisseries et gâteaux aussi.

Où boire un verre ?

Dans le centre-ville, nombreux cafés avec terrasse dans la *Brandenburger Straße* (rue piétonne qui part de Luisenplatz), ainsi que dans le quartier hollandais.

Hafthorn *(plan Potsdam, C2,* ***14****)* **:** *Friedrich-Ebert-Str 90 (accès par passage voûté depuis l'avenue).* ☎ *280-08-20. Lun-ven 18h (13h w-e)-1h.* L'un des pubs les plus populaires de la ville, toujours animé en soirée. Entre 2 bières, on peut se caler l'estomac avec quelques plats, notamment d'excellents burgers *(compter 7-10 €). Biergarten* dans la cour et salle sombre pour les soirées fraîches. On y est très gentiment accueilli.

Ungarische Spezialitäten *(plan Potsdam, C2,* ***30****)* **:** *Jägerstr 35.* ☎ *201-69-09. Mar-sam 10h-18h (16h sam).* 2 petites tables dehors, à peine plus à l'intérieur. Dans une épicerie fine spécialisée en produits hongrois, on se fait servir un expresso accompagné d'une lichette de liqueur d'abricot au miel, un *tokaj,* vin blanc liquoreux de vendange tardive botrytisée, ou une *traubisoda,* la limonade mythique du lac Balaton. En prime, Edit vous découpera une tranche de son saucisson de sanglier. Excellent accueil.

À voir

Le centre-ville *(Zentrum ; plan Potsdam, C2)* **:** en reconstruction, pour quelque temps encore. Fascinant de se promener aujourd'hui au milieu d'immeubles construits après-guerre et qui devraient, autour de la ***Nikolaikirche,*** être détruits ou réhabilités pour certains autour du ***Alter Markt*** et du ***Neuer Markt,*** afin de permettre à Potsdam de retrouver sinon son âme, du moins son cœur. Car il ne reste plus grand-chose de ce monument d'art qu'était la cité avant la Seconde Guerre mondiale... Lors de la nuit du 14 au 15 avril 1945, quelques jours avant la reddition de Berlin, un terrible et inutile bombardement britannique détruisit une bonne partie de la vieille ville. Pour la plupart, les palais ont disparu, laissant orphelins la *Nikolaikirche (tlj 10h-18h),* l'*ex-hôtel de ville (mar-dim 10h-18h ; 17h mar, mer et jeu),* de facture néoclassique, et les *anciennes écuries du palais* (transformées depuis en musée du Cinéma). Le ***Museum Barberini,*** voisin du petit musée historique de la ville, a ouvert ses portes en 2017.

Un peu plus haut que la *Nikolaikirche,* perpendiculaire à la ***Friedrich-Ebert-Straße,*** un tronçon de l'ancien canal a déjà été reconstitué (devant la Cour des comptes). Au bout du canal, côté ouest, le ***Brockessches Palais*** a lui aussi été rénové. Promenez-vous dans les rues pavées (talons hauts déconseillés) proches du cœur historique, aujourd'hui bien restaurées mais qui ne donnent qu'une faible idée de la splendeur passée de Potsdam.

Enfin, allez jeter un œil, à l'extrémité de la *Friedrich-Ebert-Straße,* sur l'étonnante ***Nauener Tor,*** sorte d'ouvrage « disneylandien » bâti en 1755 avec ses tourelles grises encadrant un portail de style gothique pour le moins incongru dans le paysage.

Museum Barberini *(plan Potsdam, C2)* **:** *Humboldtstr 5-6. Alter Markt.* ☎ *799-21-85.* • *museum-barberini.com* • *Tlj sauf mar 10h-19h (21h le 1er jeu du mois). Entrée : 14 € ; réduc.* Le musée d'art que Potsdam attendait a vu le jour dans un bâtiment détruit par la guerre. Sa façade

L'ARMÉE DES GÉANTS

Au début du XVIIIe s, Frédéric-Guillaume Ier, roi de Prusse amoureux des uniformes clinquants et amateur de fastes militaires, constitua une armée composée de 2 000 colosses d'au moins 1,88 m. Il adorait commander lui-même ses bataillons sur le champ de manœuvre. Un détail : ces belles unités de parade ne combattirent jamais pour de vrai !

italianisante a été fidèlement reconstituée. À l'intérieur, salles lumineuses aux volumes généreux et éclairage zénithal. Il expose sur 2 étages une infime partie de la collection privée de Hasso Plattner, un grand patron de l'industrie informatique, mécène à ses heures (il a financé la reconstruction), possédant quelques grands noms de l'impressionnisme (Monet, Renoir et Caillebotte, entre autres), de l'expressionnisme (Beckmann, Pechstein) et de l'abstraction (Richter). Une petite salle expose par roulement d'autres œuvres de ce riche fonds, le reste du musée étant consacré à des expos temporaires de grande envergure. Une visite assez chère au final... Cafétéria (quiches, salades) avec terrasse donnant sur la Havel.

Filmmuseum *(plan Potsdam, C2)* **:** *Marstall am Lustgarten. ☎ 271-81-17. • filmmuseum-potsdam.de • Tlj 10h-18h sauf lun. Entrée : 4 € ; réduc.* Ce passionnant musée retrace l'histoire des studios de *Babelsberg* depuis la création de la *UFA (Universum Film Aktiengesellschaft)* en 1917, de ses productions les plus glorieuses (*Metropolis,* de Fritz Lang) à ses heures les plus sombres, avec, notamment, la liste interminable des « *Filmemigranten* », ces réalisateurs qui ont dû s'exiler à l'avènement du régime nazi mais ont fait la gloire de Hollywood. Après la guerre, la société de production *UFA,* qui avait fait le renom du cinéma allemand, s'exila à Munich et devint la *DEFA* à l'Est. Dans le hall d'entrée, très belle collection de caméras.
À gauche de l'entrée, une salle de ciné équipée d'un système sophistiqué de tuyaux capables de reproduire 300 sons différents. Cette technique était utilisée pour accompagner les films du muet. Au rez-de-chaussée, une chronographie des différents tournages, agrémentée de quelques costumes et accessoires. Également des portraits d'actrices allemandes telles *Irene von Meyendorff* ou *Mady Christians*. Et aussi des expositions temporaires et des projections de films *(payants, 6 €).* Cabine pour essayer des costumes et ministudio pour confectionner un minimétrage à diffuser via Internet.

Le quartier hollandais *(Holländisches Viertel ; plan Potsdam, C2)* **:** il doit son nom à l'initiative en 1752 de Frédéric-Guillaume Ier d'attirer des artisans hollandais pour assécher les marécages. Pour les convaincre, il fit construire 134 maisons de style flamand. L'histoire rapporte que ce fut un demi-échec et que ce furent les soldats du roi et les artisans locaux qui en profitèrent. Ce quartier singulier est désormais l'un des plus fréquentés de Potsdam. Ses rues pavées, ourlées de jolies maisonnettes à pignon, sont bordées d'une foule de cafés, restos, galerie et boutiques d'artisanat.

LE PARC DE SANSSOUCI ET SES MONUMENTS

Pour gagner Sanssouci :
➢ ***À pied :*** accès rapide depuis la *Brandenburger Tor* et *la Luisenplatz* par la *Schopenhauerstraße* ; attention, vu l'étendue du parc, il est judicieux de recourir à un vélo ou aux bus pour se déplacer d'un monument à l'autre.
➢ ***À vélo :*** depuis la vieille ville, emprunter la *Brandenburger Straße* (rue piétonne) jusqu'à la porte du même nom, puis l'*Allee nach Sanssouci,* qui vous mène à l'entrée du parc ou la *Schopenhauerstraße,* qui conduit en lisière du parc et permet de le contourner par l'est jusqu'au château (suivre le fléchage). Attention, la plupart des allées secondaires du parc sont interdites aux vélos : il faut emprunter l'axe principal entre le château et le Neues Palais.
➢ ***En bus :*** le nº 695 est inclus dans le ticket de zone C et circule ttes les 20 mn entre la *Hauptbahnhof* et le château de Sanssouci via le centre-ville, avec un arrêt au Neues Palais sur le retour. La ligne 605-606, qui part du même endroit et passe par *Luisenplatz,* y mène également, mais son itinéraire longe le sud du parc.

i *Centres de visiteurs de Sanssouci* *(Besucherzentrum ; plan Potsdam, B2 ;* ***4***) **:** *An der Orangerie, à côté du moulin, près du parking principal.*

☎ *969-42-00.* • *potsdam-park-sanssouci.de* • *Tlj 9h-16h sauf lun. Infos sur le site et vente de billets en ligne. Également au* ***Centre d'accueil du Neues Palais*** *(plan Potsdam, A2 ;* ***5****). Tlj 9h-16h sauf mar.*
Il existe une liste complète de formules valables pour l'ensemble des lieux et édifices du parc de Sanssouci (hors vieux moulin et Jardin botanique) et des sites aux environs de Potsdam. *Liste (en anglais) sur • spsg.de • Les plus utilisés sont le Ticket Sanssouci + individuel à 19 €, et le Ticket Sanssouci + familial pour 2 adultes et 4 enfants de moins de 18 ans à 49 €. Ces 2 formules sont valables une journée, comme leur nom l'indique. Laissez-passer photographique valable pour ts les sites : 3 €.* Il y a tant de choses à visiter qu'il faut plus d'une journée pour tout voir, à vous donc de sélectionner les lieux que vous voulez voir en priorité !
Outre à la chic ***Drachenhaus*** (voir plus haut la rubrique « Où manger ? »), on peut s'arrêter, sur le chemin du château de *Charlottenhof*, à la terrasse (avec ses transats au bord d'une petite pièce d'eau) de l'***Eden Café,*** petite cabane en bois qui, pour une poignée d'euros, propose saucisses (bio), gâteaux maison et bières locales (bio aussi) en toute décontraction.

TRAVAILLER POUR LE ROI DE PRUSSE

Voilà une expression de la langue française bien étrange : elle serait, selon certains, due à l'avarice de Frédéric-Guillaume Ier, roi de 1713 à 1740, grippe-sou notoire, qui retardait le paiement de ses militaires et payait ses fournisseurs au lance-pierres. Au point que travailler pour lui revenait quasiment à trimer, sans guère de rémunération. L'expression est restée, même si la Prusse n'existe plus.

Le parc *(plan Potsdam, A-B2)* **:** *accès gratuit, facile à pied ou à vélo ; ou bus nos 605 et 606 (ttes les 20 mn, env 20 mn de trajet) ou encore le no 695 depuis la Hauptbahnhof. Plan et guide en français, en vente aux centres de visiteurs situés au pied du moulin et au Neues Palais. Une navette électrique gratuite traverse le parc sur l'Ökonomieweg entre le château de Sanssouci et le Neues Palais (tlj 10h-16h30 – 17h30 l'été).*
Portail devant l'obélisque aux hiéroglyphes fantaisistes (exécutés en 1748, soit 74 ans avant leur déchiffrement par Champollion !). Passé les parterres en terrasses qui cascadent depuis le château et le petit jardin à la française qui s'ouvre à leurs pieds, on découvre un vaste jardin de près de 300 ha. Ici, point d'allées tirées au cordeau, de topiaires, le parc est plutôt nu, sauvage. Planté d'essences remarquables, sa sobriété ne cède en rien à quelques délires architecturaux très en vogue à l'époque, comme ce pavillon chinois de style rococo-orientalisant caché parmi les arbres. Plus loin, les bains romains, aménagés dans le style d'une villa toscane, ou le moulin hollandais bâti vers la fin du XVIIIe s et reconstruit de toutes pièces en 1993...
Le parc, c'est aussi près de 400 espèces exotiques, des cours d'eau et des fontaines, mises en service tardivement d'ailleurs, l'hydraulique n'en étant qu'à ses débuts au moment de leur construction... Sans oublier quantité de statues inspirées des dieux du panthéon romain, qui n'avaient d'autre vocation que de prouver que l'art et la nature étaient quelque chose d'indissociable ! Les plus fameuses sont du sculpteur français *Jean-Baptiste Pigalle,* un gars qui avait « sa place » en ces lieux et à qui l'on doit notamment une *Vénus* et un *Mercure.* Louis XV en fit cadeau au « Vieux Fritz » contre quelques chevaux... Un dernier conseil : évitez de sortir des sentiers, les fourrés sont infestés de chenilles très urticantes.

Schloss Sanssouci *(plan Potsdam, B2)* **:** *dans le nord du parc, 2e bâtiment à droite. Tlj sauf lun (hors fériés) 10h-17h30 (16h30 nov-mars). Entrée : 12 € ; réduc.* ***Visite guidée et en groupe obligatoire.*** *Les billets s'achètent au bâtiment d'accueil ou dans le château même ; derrière la vitre, un ordinateur affiche en temps réel la*

LES ENVIRONS DE BERLIN, LE BRANDEBOURG

capacité d'accueil du monument ainsi que le nombre d'entrées encore en vente pour chaque visite. Arriver dès l'ouverture pour réserver ses billets ; il arrive certains j. que la vente s'arrête à 12h faute de place. Audioguide en français inclus. Droit photo 3 € (flash interdit).

Inscrit au Patrimoine mondial de l'Unesco. Avec sa façade à un seul étage, il est considéré comme le joyau du rococo allemand. Croqué par son futur occupant et construit au milieu du XVIIIe s à l'instar des « maisons de plaisance » très en vogue à l'époque, Sanssouci était le lieu de villégiature du roi de Prusse, ***Frédéric II,*** qui y collectionnait les tableaux et y recevait ses amis philosophes. Francophile, Frédéric exigeait que l'on s'y exprime dans la langue de Molière (la bibliothèque du château contient d'ailleurs de nombreux ouvrages en langue française). Son ami ***Voltaire*** y passa 3 ans (de juin 1750 à mars 1753) : sa chambre est superbe... mais il n'y a jamais dormi, ayant quitté le château avant qu'elle ne soit achevée !

GAY PRIDE

Frédéric II de Prusse fut l'un des 1ers rois à afficher son homosexualité. Les historiens ont longtemps caché cette vérité. À 18 ans, il tenta de s'enfuir à Londres avec son amant pour échapper à un père violent. Pour le punir, ce dernier envoya son fils en prison avant de faire exécuter l'amant sous ses yeux. Une fois sur le trône, en 1740, le jeune roi éclairé instaura la liberté du culte et de la presse.

De petite taille et d'un seul niveau, le château est néanmoins représentatif des mouvements artistiques et de l'art de cour en vogue dans l'Europe du XVIIIe s. Côté ville, il est doté d'une magnifique façade dominant le jardin en terrasses et le bassin central. L'abondance du décor, avec sa foule de silènes, angelots, bacchantes et vases, lui confère un style quasi préromantique... Côté intérieur (où se trouve l'entrée), la cour, bordée d'une élégante mais rigide colonnade d'ordre corinthien, tranche avec la légèreté de la façade ouverte sur le jardin.

Quelques temps forts de la visite

– *Le vestibule :* dans la continuité de la cour, il est orné de colonnes corinthiennes et de fresques au plafond, représentant Flora (symbole du printemps), sans doute pour faire écho à la nature luxuriante du parc. Il servait aussi de salle de réception.

– *La Petite Galerie :* début des appartements royaux ornés de stucs dorés et de dieux gréco-romains conférant à l'ensemble un style rococo sans égal (Frédéric confiait lui-même ses préférences aux décorateurs). Épris de peinture française, le monarque collectionnait des œuvres de Nicolas Lancret, Jean-Baptiste Pater, ***Antoine Watteau.***

– *La bibliothèque :* circulaire et ceinte de lambris en bois de cèdre avec stucs dorés. Le plancher est marqueté. Les visiteurs de Frédéric II n'étaient pas autorisés à y pénétrer. On y dénombre plus de 2 000 livres et, bien entendu, les œuvres complètes de Voltaire, l'ami du roi.

– *Chambre et bureau :* on y trouve le fauteuil où mourut le roi en 1786 ainsi que sa table de travail. Également un portrait de Frédéric II à 28 ans, exécuté par le peintre français ***Antoine Pesne,*** très prisé à sa cour.

– *La salle de concert :* là aussi, abondance de rococo. Il y en a partout, sauf sur le plancher ! 5 toiles de *Pesne* illustrant les *Métamorphoses* d'Ovide. La flûte du roi, dont il jouait fort bien (il composait même des sonates).

– *La salle des Audiences :* c'est en fait une vraie galerie de peinture. Aux murs pendent des œuvres signées ***Watteau***, ***de Troy*** *(La Déclaration d'amour),* **Lancret** et *Pater*.

– *La salle de Marbre :* immense salle ovale encadrée de colonnes corinthiennes en stuc blanc surmontées de chapiteaux dorés. Murs et sols en incrustation de marbre. Tout autour de la coupole, les symboles des arts et des sciences (musique, peinture, architecture...). C'est ici que Frédéric II organisait ses fameux soupers philosophiques.

– *Les chambres des hôtes :* la 1re est décorée de chinoiseries ; dans la 2e, nombreux tableaux, dont un délicieux *Banquet italien* de *Lancret,* exécuté à la manière de *Watteau,* et 2 grands portraits de *Pesne*. Dans la 3e, des tableaux démontrant la passion de Frédéric II pour la peinture italienne (2 belles vues de Rome par ***Panini***). Parquet en chêne du XVIIIe s d'origine. Dans la 4e, dite « salle des Fleurs blanches », tous les tissus jaunes ont été retissés en 2001 à l'identique à partir d'un échantillon de l'époque retrouvé. Sur les murs, délicat décor de fruits, fleurs et perroquets. Petit buste de Voltaire (d'après *Houdon*).
La tombe du grand Frédéric II est une simple dalle de pierre dans un carré de gazon à l'est du château. Elle est souvent garnie de... pommes de terre en guise de reconnaissance !

Schlossküche *(cuisine du château)* **:** *1er bâtiment à droite en sortant du château. Avr-oct seulement, mar-dim 10h-17h30. Entrée : 4 €.* Aménagées en 1840, ces cuisines de 115 m² disposent pour l'époque de tout le confort moderne, avec notamment une immense cuisinière dotée d'un système innovant d'absorption de la chaleur, une pompe à eau... Large collection de vaisselle et moules à gâteaux. À côté de la cuisine se trouvait la boulangerie et la pâtisserie, et au sous-sol la cave et la pièce de stockage. On peut y voir une exposition sur le vin autrefois produit au château et les repas qui y étaient servis. Un lieu qui mérite le détour autant pour les amateurs de gastronomie que de technologie !

LA CAMPAGNE DE LA PATATE

Les famines sévissaient au XVIIIe s. Frédéric II se laissa convaincre par ses botanistes que la culture de la pomme de terre pouvait y remédier. La plante est riche de nutriments, peu chère et facile à cultiver. Mais elle avait mauvaise réputation : sa fleur est toxique et la superstition l'assimilait au diable, puisque poussant sous terre. Il fit alors planter des champs de patates qu'il faisait garder militairement. Dès lors, la population vint à penser que ces plantes étaient une richesse convoitée... Un beau coup de marketing !

Damenflügel (aile des Dames) **:** *à gauche en sortant du château. Visite sur résa.* Sur 2 étages s'étendent les appartements des dames d'honneur d'***Élisabeth de Bavière.*** Qui n'étaient pas les plus mal logées du château puisque c'est Frédéric-Guillaume IV, en personne, qui s'était chargé de la déco (voir notamment cette pièce tout en vert et argent, dont il avait « rêvé » l'agencement !). Ces dames avaient même récupéré le mobilier de la chambre de Voltaire (dont un superbe miroir bordé de porcelaine).

Bildergalerie *(galerie de tableaux ; plan Potsdam, B2)* **:** *☎ 969-42-00. Mai-oct, tlj 10h-17h30 sauf lun. Entrée : 6 € ; réduc. Audioguides en anglais et en allemand.* En 1747, on a, pour la 1re fois en Allemagne, construit un bâtiment dans le seul dessein d'abriter une collection de tableaux... On peut donc qualifier cette galerie de tableaux de « musée le plus ancien d'Allemagne » ! Le bâtiment a été conçu pour mettre les œuvres en valeur : en façade, série de sculptures,

QUI ÉTAIT LE VOLEUR ?

Quand l'Armée rouge occupa Potsdam, en 1945, plusieurs peintures (dont un Rubens) disparurent du château de Sanssouci. Ces œuvres ne réapparurent jamais, même pas en URSS. En 2010, 65 ans après, un petit-neveu de la concierge du château rendit les tableaux. Sa grand-tante, profitant du charivari de la fin de la guerre, avait chipé le tout. Les descendants avaient bien essayé d'écouler le trésor, mais les risques étaient trop grands pour les receleurs.

allégories des arts et des techniques et, à l'intérieur, pour exposer les grands formats, une longue salle rectangulaire ponctuée au centre par une rotonde et d'élégantes baies vitrées et arcades donnant sur le parc. Les petits formats seront exposés dans des petits cabinets au bout de la grande salle. Entre 1755 et 1763, 178 tableaux ont été accrochés de façon très serrée, bien dans le style baroque. C'est la 1re fois que l'on va classer les œuvres selon les écoles : flamande et hollandaise sur l'aile ouest, française et italienne sur l'aile est... Quelques peintures majeures de ***Rubens, Van Dyck, Rembrandt, le Corrège*** acquises par Frédéric II, mais aussi des tableaux venant du château de Berlin et du *Neues Palais* (***Caravage...***). On est cependant loin d'y retrouver la collection d'origine. En effet, en 1830, de nombreuses œuvres et sculptures antiques sont données au *Neues Museum* de Berlin. En 1942, certains tableaux sont mis en sécurité, et 3 ans plus tard, 139 d'entre eux sont emportés par les Soviétiques. Seuls 40 seront restitués en 1958. Plus de 2 000 objets et œuvres ont été détruits ou endommagés pendant la guerre. En 2010, 10 tableaux qui semblaient irrémédiablement perdus, dont une œuvre de Rubens, sont revenus à Potsdam... On espère que ce ne seront pas les derniers... Affaire à suivre !

Schloss Neue Kammern *(château des Nouvelles Chambres ; plan Potsdam, B2)* **:** *parallèle à Sanssouci (les jardins des 2 châteaux communiquent). ☎ 969-42-20. Avr-oct seulement, tlj 10h-17h30 sauf lun. Entrée : 6 € ; réduc. Audioguide en français inclus.* Construit d'abord comme orangerie en 1747, puis transformé en hébergement pour les hôtes (7 chambres, salle de concerts et de banquet) en 1771. Ravissant décor rococo, notamment dans la galerie d'Ovide et la salle de jaspe. Moins célèbre que son voisin mais tout aussi intéressant ; son style baroque est plus sobre. Regarder, lorsqu'on est au bas du jardin, l'étonnant mélange que forment le verger, l'édifice et, derrière, le gros moulin qui semble posé sur le château de façon incongrue.

Historische Mühle *(vieux moulin ; plan Potsdam, B2)* **:** *derrière le château de Neue Kammern. Juil-août, tlj 10h-18h ; sept-juin, w-e 10h-16h. Fermé en déc. Entrée : 4 € ; réduc.* Un 1er moulin a été construit sur le site en 1738, un 2d le remplacera en 1787, construit sur le modèle des moulins hollandais. Ce dernier sera utilisé jusqu'en 1858. Détruit en 1945, il sera reconstruit à l'identique de 1983 à 1993 et fonctionne à nouveau, produisant plusieurs sortes de farines bio à acheter sur place. Un cadeau original à ramener (à condition qu'on ne vous soupçonne pas de rapporter autre chose dans vos bagages !).

Orangerieschloss *(château de l'Orangerie ; plan Potsdam, A2)* **:** *un peu plus loin, après le Neue Kammern Schloss. ☎ 969-42-80. Mai-oct, tlj 10h-17h30 sauf lun. Fermé nov-avr. Entrée : 6 € (3 € en sus pour le « mirador ») ; réduc. Visites guidées, textes disponibles en français.* Construit en 1851 dans un style italianisant (inspiré de la Villa Médicis à Rome, dit-on). Au départ, il abritait en hiver les plantes tropicales. On visite aujourd'hui les appartements du tsar ***Nicolas Ier*** et une salle abritant les copies de 47 tableaux de ***Raphaël.*** Conçu comme le refuge de Frédéric-Guillaume IV (celui qui avait un petit grain...), ce rêve italien est assez enchanteur (somptueux décor et mobilier). On peut accéder à la galerie supérieure (supplément à payer) afin de jouir du panorama.

Botanischer Garten *(plan Potsdam, A2)* **:** *en bordure de l'axe principal du parc (au niveau de l'Orangerieschloss). Tlj sauf Noël et Jour de l'an 9h30-17h (16h oct-mar). Entrée : 2 € ; réduc (la caisse se trouve à l'intérieur de la serre) ; une partie du jardin, de l'autre côté de la route, est accessible gratuitement.* Il dépend de l'Université de Potsdam. Outre les belles essences du parc, il ne faut pas se priver des serres. Belle collection d'orchidées, quelques palmiers prestigieux, même si les plus beaux d'entre eux ont migré vers Kiev aux heures chaudes de la guerre froide. Le plus vieux a plus de 140 ans ! Il y a aussi un cactus de plus de

80 ans dans la section des succulentes. Au fond de la serre, quelques tables pour un pique-nique en dehors du monde et du bruit.

Belvedere am Klausberg *(belvédère de Klausberg ; plan Potsdam, A2) : à droite, au fond du parc. Ouv seulement à l'occasion d'événements.* Plusieurs fois modifié, incendié en 1945, ce bâtiment à colonnes et sous coupole a été reconstruit en 2002. Perché (évidemment) sur une petite colline, c'est la dernière construction de l'époque de Frédéric II, qui aimait y profiter de la vue (superbe !) sur le parc.

Neues Palais *(Nouveau Palais ; plan Potsdam, A2) : au fond du parc. ☎ 969-42-00. Mêmes horaires que le château de Sanssouci, mais ouv lun et fermé mar. Entrée : 8 € ; réduc. Ticket délivré par plages horaires pour éviter la trop grande affluence. Audioguide gratuit en français. ATTENTION, provisoirement l'accès est impossible aux fauteuils roulants. De même, les poussettes ne peuvent pas accéder aux salles du château. Renseignez-vous à l'accueil.*
Il fut construit en 1763 pour prouver que la Prusse ne sortait pas ruinée de la guerre de Sept Ans (1756-1763) qu'elle avait gagnée en s'alliant avec la Grande-Bretagne contre l'Autriche et la France... Une « fanfaronnade anglaise », disait-on à l'époque ! 400 pièces, 428 statues et 322 fenêtres sur 213 m de long ! De style baroque (et ce n'est pas peu dire !), il était destiné à recevoir les princes royaux et dignitaires importants. Au XIXe s, ce fut la résidence du ***Kronprinz,*** l'héritier du trône. Jusqu'en 1918, ce fut la préférée du Kaiser Guillaume II et de sa femme Augusta, qui y firent installer un chauffage à vapeur, des salles de bains et l'électrification des lustres. En 1945, le château fut intégralement pillé par l'Armée rouge.
Parmi les curiosités de cet édifice hors norme : une énorme salle en forme de ***grotte marine*** au décor assez époustouflant. Elle a été restaurée entre 2013 et 2015. Décor de bandes de marbre alternées, rehaussées d'incrustations de verre, de divers minéraux de la région, de coraux et de coquillages. Le tout fut enrichi à la fin du XIXe s de pierres semi-précieuses, de fossiles et de coquilles d'escargot provenant du monde entier. Dans des niches, de ravissantes fontaines. On découvre ensuite la ***galerie de marbre,*** dans un style rococo de fin de règne totalement maîtrisé, presque austère comparé à d'autres salles. Au plafond, 3 fresques figurant la Nuit, le Matin et le Midi (métaphore d'Apollon dispersant les ténèbres). Ensuite, visite des appartements de Frédéric II. Impossible de tout décrire, chambres et antichambres rivalisant dans la richesse décorative. On y trouve nombre d'œuvres de ***Rubens, Van Dyck,*** de grands maîtres italiens et un luxueux mobilier. En particulier, la chambre de travail *(salle 7)* est l'une des rares du château à avoir conservé son agencement d'origine. Admirer la commode décorée de marqueterie d'écaille, de nacre et d'ivoire, l'un des plus beaux exemples de meubles prussiens de cette époque. Appartements princiers tout aussi luxueux (salle de concerts, chambres des Dames, etc.). Enfin restauré, on peut découvrir dans l'aile droite un étonnant théâtre de 300 places, de style rococo, encore utilisé aujourd'hui.

Schloss Charlottenhof *(plan Potsdam, A2) : au sud-ouest du parc, à côté des bains romains. ☎ 969-42-00. Mai-oct seulement, tlj 10h-17h30 sauf lun. Visite guidée obligatoire : 6 € ; réduc (textes en français).* Œuvre du grand architecte ***Schinkel*** en 1826, ce château rappelle lui aussi l'Italie. Voir surtout l'intérieur, de style classique. Juste à côté, depuis la terrasse du *Hofgärtnerhaus* des bains romains, la vue sur le château est délicieuse... Ne pas manquer de flâner dans la superbe roseraie.

Chinesisches Teehaus *(Maison de thé chinoise ; plan Potsdam, B2) : mai-oct seulement, tlj 10h-17h30 sauf lun. Entrée : 4 € ; réduc.* Une chinoiserie comme l'époque (ce pavillon a été construit au milieu du XVIIIe s) les aimait. Avec un exubérant décor extérieur finalement plus baroque que vraiment asiatique. Débauche de stucs colorés et jolie coupole peinte à l'intérieur.

À voir encore

La colonie russe d'Alexandrowka *(plan Potsdam, C1)* **:** *à 1 petit km au nord de la Nauener Tor.* Commande de Frédéric-Guillaume III, ce village, paraissant tiré des meilleures pages de Tourgueniev ou de Tchekhov, devait récompenser la fidélité du chœur russe de l'armée impériale. En 1826, 13 confortables demeures en bois furent construites pour eux. Les 26 chanteurs avaient été recrutés en 1812 parmi les soldats russes prisonniers, le tsar n'ayant pas encore rompu avec Napoléon. 2 des maisons sont encore occupées par des familles descendant des habitants d'origine. Menacées par la construction d'une ligne de tramway, ces maisonnettes en bois sculpté ont été sauvées en 1997 grâce à l'intervention de l'Unesco. Un peu plus au nord, cachée dans la forêt, la *chapelle orthodoxe Alexandre-Nevski,* qui ressemble à une grosse meringue rose, tranche avec le style habituel de Schinkel.

Glienicker Brücke *(plan Potsdam, D1)* **:** *tt au bout de Berliner Str. Bus 93 depuis la gare centrale, arrêt Glienicker Brücke.* Ce pont sur la rivière Havel qui relie Potsdam à Berlin est entré dans la mémoire des hommes pour d'autres raisons que ses qualités esthétiques. Bordée de belles demeures, cette grosse structure métallique est devenue un monument historique malgré elle. Situé entre les secteurs américain et soviétique, c'est là qu'avaient lieu les échanges entre les espions de l'Est et de l'Ouest à l'époque de la guerre froide. Entre autres, en 1962, l'américain **_Francis Gary Powers,_** le pilote du fameux U2 (l'avion-espion) abattu au-dessus de la Russie, contre **_William Fischer_** (alias *Rudolf Abel*), l'un des plus grands espions du KGB, et, en 1986, le mathématicien **_Chtcharanski,_** célèbre dissident soviétique contre 4 agents de l'Est. En 2014, il servit de décor à des scènes du film *Le Pont des espions* de *Steven Spielberg* avec, entre autres, *Tom Hanks*. À gauche du pont, encore de belles villas, notamment sur *Menzelstraße*. Nombre de Berlinois rêvent d'y vivre.

Belvedere auf dem Pfingstberg *(belvédère de Pfingstberg ; plan Potsdam, C1)* **:** *depuis la Potsdam Hauptbahnhof, Ⓣ Puschkinallee (n° 92 direction Kirschallee ou n° 96 direction Viereckremise), puis tt droit à pied jusqu'au cimetière juif, puis à droite (compter 10 mn). ☎ 20-05-79-30. Avr-oct tlj 10h-18h, mars et nov w-e seulement 10h-16h. Fermé déc-fév. Entrée : 4,50 € ; réduc ; mais parc gratuit.* Édifié à 76 m d'altitude, sur le mont de la Pentecôte en style néo-Renaissance italienne. Le roi Frédéric-Guillaume IV en commença la construction en 1847. Utilisé à des fins militaires et de surveillance par les Soviétiques de 1945 au début des années 1990, le jardin disparut. Le belvédère tomba aussi en ruine. Ils furent rénovés en 1999 et ont retrouvé aujourd'hui toute leur splendeur. Quant au *temple de Pomona,* ce fut, en 1801, la 1re œuvre de Schinkel.

CITÉ INTERDITE

Après la guerre, un quartier chic de Potsdam, entre Neuer Garten et le Pfingsberg, devint la petite ville du KGB, avec de nombreuses villas confisquées par les Soviétiques. Un mur de 2 m de haut flanqué de 12 tours de guet, défendus par 350 soldats de la Garde en protégeaient l'accès. 150 officiers y vivaient en autarcie avec leurs familles. Depuis 2007, une expo permanente, dans une ancienne prison, informe les visiteurs sur les activités de contre-espionnage et la condition des prisonniers de cette enclave secrète.

Marmorpalais *(palais de Marbre ; plan Potsdam, C1)* **:** *Im Neuen Garten 10. Depuis la Potsdam Hauptbahnhof, Ⓣ Platz der Einheit/West (n° 92 direction Kirschallee ou n° 96 direction Viereckremise), puis bus n° 603 jusqu'à Glumestr. ☎ 969-42-22. Mai-oct tlj 10h-17h30 sauf lun ; nov-mars seulement w-e et j. fériés 10h-16h. Entrée : 6 € (16 € si combiné avec le château de Cecilienhof). Visites guidées le w-e en hiver entre 10h et 16h (17h30 avr) ; tlj sauf lun en été entre*

10h et 17h30. Durée : 1h-1h30. Construit en 1787 sur les bords du *Heiliger See* (le lac Sacré), et remanié en 1843, c'était la résidence préférée du roi Frédéric-Guillaume II. Intérieur richement meublé et magnifiques marqueteries. Depuis sa restauration, le palais est plus coquet que jamais. Pour épargner les parquets, on vous demandera d'enfiler de grosses pantoufles sur vos chaussures. Le marbre se décline sur tous les tons et tous les supports, des commodes (rococo mais superbes !) à la cage d'escalier, le clou de la visite. Placez-vous bien au centre et levez la tête : vous découvrirez alors le belvédère qui surplombe le bâtiment central du palais.

Cecilienhof *(plan Potsdam, C1)* **:** *depuis la Potsdam Hauptbahnhof, T Platz der Einheit/West (nº 92 direction Kirschallee ou nº 96 direction Viereckremise), puis bus nº 603 jusqu'à Schloss Cecilienhof. ☎ 969-42-22. Tlj sauf lun 10h-17h30 (17h nov-déc, 16h30 janv-mars). Entrée : 8 € (16 € si combiné avec le palais de Marbre) ; réduc. Visites guidées mar-dim 9h-16h30. Durée : 45 mn à 1h30. Une partie du château a été transformée en hôtel de luxe.*

C'est dans cet immense cottage que se déroula la grande conférence d'après-guerre des puissances victorieuses. En 2020 une expo a célébré le 75e anniversaire de la conférence. Le choix du lieu s'était porté sur Potsdam parce que les destructions des bombardements y avaient été beaucoup moins importantes qu'à Berlin. Le château, dernier édifice prussien de l'histoire, fut construit en 1917 pour le prince héritier Guillaume. Style Tudor à colombages évoquant les manoirs campagnards anglais.

La conférence s'y tint donc, du 17 juillet au 2 août 1945, en présence de ***Staline, Truman, Churchill*** (remplacé par Clement Attlee) et ***Anthony Eden.*** C'est durant la conférence de Potsdam que Truman apprit la réussite du 1er essai atomique dans le désert du Nouveau-Mexique et en communiqua le résultat à Staline (qui connaissait l'existence du projet *Manhattan* par ses espions). Le président américain obtint la promesse d'une déclaration de guerre de l'URSS contre le Japon. Une phrase de Staline, prononcée lors de la conférence dans un moment d'abandon (ou de distraction), mérite d'être retenue : « Tout gouvernement librement élu sera antisoviétique, et cela, nous ne pouvons le permettre. »

LE VIEUX LION MIS AU RANCART

En juillet 1945, Churchill, incarnation de la résistance face à Hitler, se rendit à la conférence de Potsdam pour savourer sa victoire et surtout contrer les appétits de l'ogre russe, Staline, dont il se méfiait le plus. Son vieux complice Roosevelt était mort 3 mois plus tôt et il ne connaissait pas son successeur, Harry Truman. En plein milieu de la conférence, il dut rentrer à Londres : il fut battu aux élections. Son adversaire travailliste, Clement Attlee, le remplaça au pied levé. Staline en profita pour rouler les 2 débutants dans la farine et asseoir sa mainmise sur la moitié de l'Europe.

La visite commence par l'élégante cour intérieure fleurie. Curieusement, on y trouve encore l'étoile rouge centrale réalisée en fleurs et imposée en juillet 1945 par les Soviétiques (qui souhaitaient montrer ainsi qu'ils étaient bien les organisateurs de la conférence). Explication de la présence de l'étoile : ça fait tout simplement partie de l'histoire. Petite expo sur la conférence : photos, documents, etc. Puis visite de certaines salles (parmi les 176 pièces du château), comme le *salon de la Princesse* en forme de cabine de bateau, la *salle de concert* où débutèrent les chefs d'orchestre *Karajan* et *Kempff,* le bureau de Staline ou *Salon rouge,* ancien salon de la Princesse. Les meubles furent choisis personnellement par Staline... À noter que tout avait été fait pour que les délégations ne se rencontrent jamais en dehors de la salle de conférence. Chacune d'elles avait son entrée indépendante. La conférence s'est tenue dans l'immense salle de séjour, pièce centrale du château (longue de 26 m sur 12 m de haut). Typique toujours du style campagnard anglais. Noter le superbe escalier baroque en bois sculpté (cadeau de la ville de Dantzig). La table fut fabriquée à Moscou, et on avait agrémenté les chaises à accoudoirs des 3 chefs d'État... d'adorables putti dorés. L'ancien fumoir servit de bureau pour la délégation américaine et la délégation anglaise s'installa dans la bibliothèque du Prince. Chambre à coucher du couple princier également ouverte au public.

DANS LES ENVIRONS DE POTSDAM

BABELSBERG

Babelsberg *(plan Potsdam, D2)* est un faubourg à l'est de Potsdam, essentiellement résidentiel. Avec le plan de la ville fourni par l'office de tourisme, il peut être intéressant de s'y balader à vélo et de repérer les belles villas le long du *Griebnitzsee* où logèrent Churchill, Staline et Truman lors de la conférence de 1945. Devant celle du président américain, un mémorial offert par le Japon rappelle les bombardements de Hiroshima et Nagasaki au début août 1945.

Filmpark Babelsberg *(studios de cinéma ; hors plan Postdam par D3) : entrée au Großbeerenstr 200, Potsdam. ☎ 721-27-50. • filmpark-babelsberg.de • S-Bahn : ligne 7 jusqu'à Griebnitzsee Bhf/Süd, puis bus nº 696 direction Stern-Center/Gerlachstr, arrêt Studio Babelsberg ; à vélo, sortir à l'arrêt de S-Bahn Babelsberg (ligne S7), puis prendre la piste cyclable entre la route en sens unique et la voie ferrée, puis à droite sous le 2e pont, puis tt droit jusqu'à la Großbeerenstr, enfin à gauche, c'est à 800 m (compter 5-10 mn).*
De Potsdam Hauptbahnhof, bus nº 601 direction Teltow, arrêt Bhf Medienstadt Babelsberg.
Fin mars-fin oct tlj 10h-18h (17h en oct). Entrée : 22 € (4 € de parking) ; carte familiale (2 adultes, 3 enfants max) 45 € (dim 49 €) ; réduc. Prix réduit (15 €) 3h avt la fermeture du site.
Avec une superficie de 46 ha, ce sont les plus vastes studios d'Europe et les plus anciens. Avant de devenir un outil de propagande aux ordres de Goebbels, puis à la gloire du socialisme, les studios ont abrité la *UFA,* centre névralgique du cinéma allemand triomphant de l'entre-deux-guerres. ***Murnau*** y tourna *Nosferatu le vampire* en 1922, ***Fritz Lang*** *Metropolis* en 1927, ***Sternberg*** y dirigea Marlene Dietrich dans *L'Ange bleu* en 1930... Aujourd'hui, sous l'impulsion de ***Volker Schlöndorff*** et d'un groupe français, Babelsberg redevient la capitale européenne de l'image. ***Roman Polanski*** loua les studios pour tourner des scènes de ses films *Ghost Writer* et *Le Pianiste,* dont l'action se déroule à Varsovie pendant l'occupation nazie. Citons encore *Inglourious Basterds* de ***Quentin Tarantino,*** *Walkyrie* et *Le Pont des espions* de ***Stephen Spielberg,*** *Anonymous* de ***Roland Emmerich,*** *Monument Men* de ***George Clooney*** et *Grand Budapest Hotel* de ***Wes Anderson.***
Malheureusement, les cinéphiles ne sont pas vraiment à la fête ! En réalité, il y a 2 *Babelsberg* : celui des artistes, retranché derrière une muraille inexpugnable, et celui des touristes, un parc d'attractions « cheap » qui risque de laisser les plus jeunes sur leur faim. Après une file d'attente interminable, seule une courte balade en petit train à travers quelques décors, notamment ceux du *Pianiste,* évoque le fastueux passé du studio. Pour le reste, il s'agit surtout de références aux séries télévisées allemandes du petit écran. Néanmoins, on trouvera quelques références cinématographiques comme les maquettes d'*Alien,* de Maître Yoda, ainsi que la salle de spectacle de *Beyond the Sea,* le film où Kevin Spacey, réalisateur, se met lui-même en scène. Enfin, un atelier mettant en évidence les incrustations vidéo amusera les tout-petits, mais globalement, ni le cinéma 4D ni les quelques attractions ne parviennent à faire oublier le prix de l'entrée...

BRANDENBURG

(14776) 71 000 hab. IND. TÉL. : 03381

Peuplée à l'origine par des tribus slaves, cernée par les méandres de la Havel, Brandenburg fut, au Moyen Âge, une cité riche et libre : la statue de Roland devant le vénérable Rathaus, en guerrier protecteur, y témoigne toujours de ce passé glorieux. Brandenburg a donné par la suite son nom au Land tout entier, ce qui prête encore et toujours à confusion. À seulement 1h en train de Berlin, c'est à présent un peu une ville dortoir, la majorité de ses habitants faisant la navette quotidienne pour travailler dans la capitale. Elle tente de se reconvertir vers le tourisme en développant les activités aquatiques sur la rivière Havel et les innombrables lacs et voies navigables des environs.

Comment y aller ?

➢ ***En train :*** liaisons régulières avec les gares de Berlin (Alexanderplatz ou Hauptbahnhof) et Potsdam (compter 1h).

➢ ***En voiture :*** entre Berlin (60 km) et Magdeburg (90 km), sur l'autoroute A 2 Hannover-Berlin : sortie Brandenburg.

Adresse utile

Touristinformation : *Neustädtischer Markt 3. ☎ 79-63-60. • stadt-brandenburg.de • Mai-sept lun-ven 9h30-18h, sam 10h-15h. Nov-avr lun-sam 9h30-18h30 seulement.* Accueil agréable, n'hésitez pas à demander le plan de la ville *(audioguide seulement en allemand et en anglais, gratuit contre caution)* et les cartes des randonnées à vélo qu'on peut aussi louer à la gare ou en canoë.

Où manger ?

Ristorante Totò : *Ritterstr 69. ☎ 79-41-39. Quasi sur le Jahrtausend-Brücke, en surplomb de la rivière. Tlj 12h-22h. Plats 13-25 €.* Un petit escalier donne sur une belle salle attenante à une galerie-terrasse avec vue sur la rivière. Cuisine italienne vraie de vraie, avec toute la litanie d'*antipasti, zuppe, insalate, pasta, pizze, carne e pesce* en v.o... C'est goûteux, copieux et le *pinot grigio* descend tout seul. Alors pas d'hésitation : *avanti !*

À voir

Dom Sankt Peter und Paul : *Burghof 7, un peu isolée sur son île. ☎ 211-22-23. • dom-brandenburg.de • Tlj 10h-17h (16h en hiver). GRATUIT.* Cette cathédrale fut le siège du 1er diocèse de la région en 948. À retenir : les différents retables, la chapelle colorée et ses voûtes peintes, ou encore les chapiteaux sculptés de la crypte.
Le ***trésor du Dom*** *(dans l'enceinte du cloître ; mêmes horaires que le Dom ; entrée : env 6 € ; réduc)* **:** superbe collection de livres liturgiques, de mobilier et d'objets sacrés provenant du Dom ou des églises de la région.

Face à la cour du Dom, à l'angle de la *Petristraße,* se dresse la ***Petrikapelle,*** qui accueille essentiellement des expositions temporaires : l'entrée de cette petite chapelle est libre et il faut en profiter pour admirer le plafond en encorbellements, une rareté architecturale.

Sankt Katharinenkirche : *Katharinenplatz au centre-ville. Tlj 11h-15h, dim 13h-16h.* Beaucoup de trésors encore dans cet imposant édifice de brique du XIVe s : l'autel de toute beauté, l'orgue, créé par Wagner (malheureusement, ce n'est plus l'original), les fonts baptismaux de bronze, les peintures sur les voûtes, joliment appelées *Le Pré du ciel...*

Sankt Gotthardtkirche : *Gotthardtkirchplatz. Tlj 11h30-15h30.* Quand il fait froid, le gardien de l'église se réfugie dans la sacristie (juste à côté sur la gauche, quand on est face à l'église). Allez y frapper, on viendra vous ouvrir. L'église fut offerte aux colons chrétiens par le chef slave. À l'intérieur, admirez la chaire et son escalier sculpté, les figures en style gothique flamboyant dans la galerie du chœur, la croix de triomphe, la tapisserie flamande à la Licorne, le retable d'autel dédié à sainte Hedwige et la chapelle du Baptême.

À faire

➢ Si le ciel est dégagé, une balade s'impose jusqu'au plus haut point de la ville, le ***Friedenswarte,*** sur le ***Marienberg*** (à l'est de la ville, au-dessus d'Altstadt). Au bout de la *Ritterstraße,* prendre à gauche dans la *Plauer Straße.* Le Marienberg se trouve sur la droite. De là, vous découvrirez un joli point de vue sur la ville, jusqu'à Berlin, dit-on ! Les passionnés de littérature allemande feront un petit détour par le ***Theaterpark,*** derrière le mur de la ville, entre *Wollenweberstraße* et *Grabenstraße.* Les bustes de Goethe et de Schiller s'y affrontent de chaque côté de la *Havelstraße.*

Pour voir la ville autrement et découvrir les petits lacs environnants, un petit ***tour en bateau*** s'impose : rendez-vous au pied de la Sankt Johanniskirche, vous avez le choix entre les bateaux *Pegasus, Sirius* et *Havelfee* ***(Nordstern Reederei,*** *Jahrtausendbrücke ; ☎ 22-69-60 ; ● nordstern-reederei.de ● ; tlj à partir de 11h ; compter 12,50-16,50 €/pers pour différentes balades au fil de l'eau).*

➢ Après la pause-café au ***Cafébar,*** il est possible de ***louer sur place de petits canoës*** *(3 places ; 15 € pour 2h)* et d'emporter un petit pique-nique *(5 €/pers).* Résa conseillée : *☎ 22-90-48.*

AU SUD DU BRANDEBOURG

Plantée au sud-est de Berlin, la forêt de la Spree *(Spreewald)* doit sa renommée à plus de 300 canaux réunis dans un réseau extraordinairement dense de voies d'eau. Cousine germaine du Marais poitevin, elle constitue une réserve naturelle originale qu'affectionnent tout particulièrement les cigognes noires, les loutres... et les touristes de tous âges !

LÜBBENAU (03226) 17 800 hab. IND. TÉL. : 03542

À 97 km de Berlin et 70 km de Dresde, la capitale de la Spreewald est une ville agréable, repliée autour de quelques ruelles croquignolettes et de son château pimpant du XIXe s (possibilité d'y dormir et excellent restaurant). Située au cœur d'un labyrinthe de canaux de plus de 1 000 km et d'autant de chemins de randonnée, la petite ville – assez fréquentée du temps de la

RDA – est devenue archi-touristique, avec tous les excès que cela suppose... Attention aux grenouilles qui traversent les routes !

Comment y aller ?

➢ ***En train :*** des gares de Berlin, liaisons régulières (compter 1h-1h30 de trajet selon les trains). En quittant la gare, prenez la *Poststraße* face à vous pour rejoindre la ville (5 mn).

➢ ***En voiture :*** entre Berlin et Dresde. Prendre l'autoroute A 13 Berlin-Dresde : sortie Lübbenau.

Adresses utiles

ℹ ***Tourismusverband Spreewald*** *(office de tourisme de la Spreewald)* **:** *Raddusch Lindenstr 1 ☎ 72-299. • spreewald.de • Lun-ven 8h-17h.*

ℹ ***Office de tourisme de Lübbenau :*** *Ehm-Welk-Str 15. ☎ 88-70-40. • luebbenau-spreewald.com • Face à l'église. Mai-sept, lun-ven 9h30-18h (10h-16h w-e), horaires restreints en hiver.* Accueil cordial mais seulement en allemand, dommage ! Catalogue des restos, hôtels et chambres chez l'habitant, de la ville et des patelins environnants. Classique carte de la ville, mais aussi plans des canaux et sentiers vers *Lehde, Leipe* et *Wotschofska*.

■ ***Fahrradverleih*** *(location de vélos)* **:** *sur Poststr en venant de la gare ou près de l'embarcadère principal. Compter 9 €/j.* Alternative sportive aux promenades en barque, en pédalant à son rythme le long des canaux pour rejoindre les villages avoisinants.

Où dormir ? Où manger ?

⛺ ***Camping am Schlosspark Lübbenau :*** *Schlossbezirk 20. Traverser le village en direction de Lehde (env 2 km à partir de la gare). ☎ 542-35-33. • spreewaldcamping.de • Tte l'année. Emplacement env 25 € pour 2. Loc de cabanes pour 2 (30 €), vélos (8 €/j.) et canoës (18 €/j.).* Ce camping, d'une propreté exemplaire, bénéficie d'un cadre avantageux : pour la plupart, les emplacements sont arborés et situés au bord de l'eau (attention aux enfants !). Également quelques bungalows. Baptêmes de montgolfière par beau temps.

🏠 ***Spreewaldpension Petrick :*** *Hauptstr 12. ☎ 542-32-32. • spreewaldpension-petrick.de • Entre la sortie de l'autoroute et la gare de Lübbenau, dans le petit village de Zerkwitz (à 2,5 km de Lübbenau). Fermé nov-mars. Résa impérative. Double avec douche et w-c env 55 €. Tarif dégressif à partir de 4 nuits. Loc de vélos. Parking.* Dans une ancienne ferme bien rénovée. Les bâtiments autour de la cour pavée (parking) n'accueillent plus de bestiaux mais des routards ! Chambres et apparts impeccables, parfois mansardés. Certains donnent directement sur le jardin. Excellent accueil.

🏠 |●| ***Spreewaldhaus an der Dolzke :*** *An der Dolzke 4. ☎ 403-661. • holzgraben.de • Cette pension se trouve à l'entrée du village de Lehde, peu après Lübbenau, en bordure du petit canal Dolzke. Doubles 85-120 €, spacieuses et confortables, avec douche et w-c, petit déj inclus. Resto env 11-12 €. Loc de vélos et canoës. Parking gratuit.* Spécialités de poisson (brochets, sandres...). Belle terrasse.

|●| ***Fontane Café :*** *Ehm-Welk-Str 42. Après l'église, sur la droite. ☎ 435-94. Avr-oct, mar-sam 11h30 (15h mar, 18h dim)-22h. Fermé lun. Compter 12-15 €.* Derrière une jolie façade donnant sur la rue principale pavée, ce resto chaleureux (touche rustique dans la déco) propose des salades, sandwichs et des pâtisseries maison vraiment délicieuses. Faites votre choix directement dans la vitrine. Également quelques spécialités de poisson. Terrasse dans la ruelle, très agréable en été.

À voir. À faire

Les excursions en barque à fond plat : *seulement avr-oct, à partir de 12 €. Départ de Großer Hafen (embarcadère principal) ou de Kleiner Hafen (barques de 14 pers, avec des tables, des coussins sur les bancs, un peu plus chic…). Pour se rendre au départ des barques depuis la gare centrale, emprunter la rue principale, toujours tt droit, sur 800 m. Une fois arrivé à l'église, encore 200 m et on y est !* Accueil très convivial de la part de ceux qui sont là pour vous mener en bateau. 3 promenades intéressantes sont proposées : vers *Lehde* (2h30), vers *Leipe* (6-7h) ou vers *Wotschofska* (4h). Restos de poisson pittoresques à ***Kaupen*** et surtout à ***Lehde.***

– **Les excursions en canoë-kayak :** *possibilité de loc à l'heure (en principe 4 €) ou à la journée. Rens au camping ou à l'office de tourisme.* La meilleure façon d'éviter la foule et d'organiser votre promenade en toute liberté, sans être importuné par les vendeurs de cornichons ou les photographes postés au bord des canaux !

➢ **Les promenades à pied dans la forêt :** *prendre le pont derrière l'embarcadère ; assez bien fléché. Lehde est à 2 km, Leipe à 6 km.* Des pancartes expliquent la faune et la flore. Vous pouvez aussi vous procurer la carte des chemins de randonnée *(Spree Forest)* à l'office de tourisme. Quelques restos-étapes jalonnent les parcours ; se renseigner.

Lehde : *accessible par la rivière ou par la route.* Une ville lagune en miniature, une Venise comme celle-ci a pu l'être il y a 1 500 ans. Selon ***Theodor Fontane,*** écrivain allemand du XIXe s : « Il n'existe rien de plus charmant que ce Lehde formé d'autant d'îles qu'il y a de maisons. » Voir la conserverie, la fabrique de barques, l'école abandonnée, les fermes, etc. Également le ***Freilandmuseum*** *(An der Giglitza 1 ; visite l'été 10h-18h et 10h-17h oct ; 5 €),* un intéressant écomusée, avec maisons et fermes traditionnelles du XIXe s conservées en l'état, qui nous replonge dans la vie quotidienne d'il y a 200 ans. Si vous êtes venu en bateau, précisez que vous rentrerez à pied (c'est plus rapide), vous aurez alors tout loisir de vous promener au lieu de ne rester que 3 quarts d'heure.

AU NORD DE BERLIN

Le Brandebourg recèle un patrimoine architectural religieux et militaire encore méconnu et pourtant digne d'intérêt. Sans oublier les nombreux parcs (réalisés d'après les admirables « dessins » de l'architecte-jardinier *Peter Joseph Lenné,* dans la tradition du jardin anglais) : il ne reste bien souvent que les arbres après que les constructions ont été laissées à l'abandon pendant les 40 ans de régime communiste, les pierres des châteaux furent même utilisées pour combler les douves ou assécher les étangs des parcs. Pour ceux qui auraient envie de continuer sur les chemins de mémoire de la dernière guerre, détour en revenant sur Berlin pour visiter le camp de *Sachsenhausen,* de triste mémoire.

À voir

Zisterzienserkloster Chorin *(abbaye cistercienne de Chorin)* **:** *sur la nationale B 2, à 70 km au nord-est de Berlin. ☎ (033366) 703-77. ● kloster-chorin.org ● Tlj avr-oct 9h-18h, nov-mars 10h-16h. Entrée : 6 € ; réduc.* La 1re impression est forte lorsqu'on découvre les vestiges de l'abbaye de Chorin : l'église, qui surprend avec sa majestueuse façade ouest, chef-d'œuvre d'art gothique de brique rouge, le bâtiment d'entrée du cloître et quelques autres maisons basses, dont l'ancienne brasserie, sont rassemblés dans un écrin de verdure, en bordure du petit lac d'*Amtsee.* Construite de 1273 à 1334 avec patience par les moines cisterciens de l'abbaye de *Lehnin,* elle décline pourtant au XVIe s et ne sera restaurée que 300 ans plus tard par l'architecte et enfant du pays ***Karl Friedrich Schinkel.*** Cet admirable site perd chaque été de sa sérénité lors du festival annuel de Musique classique (de juin à octobre) et des innombrables activités théâtrales, projections de films et expositions, mais on le découvre en nocturne à cette occasion.

👓👓 ***Schiffshebewerk Niederfinow*** *(ascenseur à bateaux)* **:** *à 54 km au nord-est de Berlin en bordure de la B 2 ou prendre l'autoroute A 11, sortie Finowfurt. ☎ (33362) 61-91-26. • schiffshebewerk-niederfinow.info • Tlj : avr-oct 9h-17h30, nov-mars 10h-16h. Entrée : 3 € (brochure en français payante).*
Depuis 1934 se dresse à cet endroit une gigantesque cathédrale de métal, au point d'intersection des canaux de navigation et des rivières Elbe, Havel et Oder. Cet ascenseur hydraulique est tout simplement une prouesse technique qui permet aux bateaux de poursuivre leur route 36 m plus bas (ou plus haut selon leur sens de navigation).
2 possibilités de visite : on découvre par le bas les entrailles du colosse fait d'acier et de câbles et on rejoint le haut par les escaliers, essoufflement garanti. On peut préférer la promenade en bateau et prendre l'ascenseur à la vitesse de 12 cm/s *(visite guidée 1-3h : 7 € ; ☎ (3334) 244-05).* Le spectacle est complet dans tous les cas et le panorama sur toute la région récompense les efforts.

👓👓 ***Gedenkstätte und Museum Sachsenhausen*** *(mémorial de Sachsenhausen)* **:** *Straße der Nationen 22 à Orianenburg à 35 km au nord-ouest de Berlin. • stiftung-bg.de • De Berlin, S-Bahn ligne 1 jusqu'au terminus ; ensuite, à droite en sortant de la gare (env 15 mn de marche). Tlj sauf lun 8h30-18h (16h30 de mi-oct à mi-mars). GRATUIT. Centre d'information des visiteurs : 8h30-17h. Brochures en français à l'entrée et audioguide en français (3 €).*
À la différence de beaucoup d'autres camps nazis, *Sachsenhausen* fut un camp où peu de juifs furent déportés. On y internait essentiellement des prisonniers dits « politiques ». Des ressortissants de nombreuses nationalités y séjournèrent, y compris des hommes politiques et résistants français : ***Léon Blum, Paul Raynaud, Georges Mandel,*** et même ***Iakov Djougachvili,*** le fils de Staline, que les nazis voulaient échanger contre le maréchal Paulus, le vaincu de Stalingrad. C'est à *Sachsenhausen* qu'était installé l'état-major de Himmler et que l'inspection centrale de la SS fit expérimenter ses nouvelles méthodes d'extermination avant de les faire appliquer dans les autres camps.
Dans l'ancienne cuisine des détenus (bâtiment 12), exposition sur la vie quotidienne dans le camp. Mémorial depuis 1961, *Sachsenhausen* a d'abord servi de camp de concentration (204 000 détenus en 1944 et près de 100 000 morts entre 1936 et 1945). En août 1941, un massacre de masse y fut perpétré avec l'exécution de plus de 13 000 soldats soviétiques prisonniers de guerre. Puis il fut utilisé comme camp d'internement par les Soviétiques de 1945 à 1950.
On peut encore y voir l'« infirmerie » (bâtiment 20), la « pathologie », où étaient menées les pires expériences (bâtiment 21), les fondations de la « station Z », dernière étape avant le four crématoire, ou la piste d'essai des chaussures destinées à la Wehrmacht : les détenus devaient parcourir 40 km par jour en portant une charge de 15 kg, sur différents terrains (cailloux, sable, eau...).
Dans la « baraque 38 », exposition sur les prisonniers juifs du camp de 1936 à 1945. Les baraques 38 et 39 accueillirent jusqu'à 400 juifs ; elles étaient prévues pour 140. En 1992, peu après la visite du 1er ministre israélien Yitzhak Rabin, elles furent incendiées par un groupe d'extrême droite.

HOMMES, CULTURE, ENVIRONNEMENT

BERLIN MODE D'EMPLOI

Berlin aujourd'hui, c'est un grand brassage des genres : celui de l'Est et de l'Ouest, celui de l'architecture baroque et des bâtiments « avant-garde », celui de la grande culture classique et de la *Subkultur* libertaire, mélangeant les *Wessis* (les Allemands friqués de l'Ouest) et des quadras bobos estampillés UE qui se partagent les territoires de cette énorme métropole avec les étudiants, les artistes et autres « alternatifs ». La ville étant très étendue et les prix de l'immobilier de moins en moins abordables, les Berlinois (les plus jeunes surtout) ont trouvé une solution à la raréfaction des offres de logement dans le centre : la colocation. Car ils ne peuvent plus s'offrir le luxe de changer de domicile, comme avant, au gré des évolutions des quartiers montants. Pour les visiteurs du même âge, le côté éphémère et mutant de Berlin est une véritable aubaine : à l'est ou à l'ouest, d'un côté ou de l'autre de la Spree, il se trouvera toujours un nouveau lieu à découvrir.

Dans ce climat de renouveau, ce cœur d'Allemagne du XXIe s reste encore imprégné d'une vague d'***Ostalgie,*** jeu de mots entre nostalgie et *Ost* (« Est » au sens large) qui prend un sens d'autant plus profond que s'éloigne, 30 ans après la chute du Mur, la compréhension de ce qu'il a réellement signifié. La vie quotidienne dans l'ex-RDA (DDR en v.o.) se retrouve, plus ou moins déformée, dans les films comme *Good Bye Lenin !* ou *La Vie des autres,* le musée de la DDR, les visites guidées de la ville avec un guide français enthousiaste ou au volant de la cultissime (et polluante) ***Trabant,*** les bars-restos à thème décorés d'objets de l'effrayante ***Stasi,*** font le plein chaque jour. Le tout oscillant entre le glauque et le ludique, jouant sur la fascination des années noires et la nostalgie d'une époque où la vie communautaire avait aussi ses bons côtés, mais seulement pour toute une classe d'âge qui a immanquablement vieilli...

Un art de vivre unique en son genre

La composante socialo-chic de la population berlinoise, désormais trop galvaudée pour être *trendy,* occupe toujours son fief de ***Prenzlauer Berg,*** ex-quartier populo de l'Est avec ses boutiques de design et de produits bio à la densité record au mètre carré. Les alternatifs, eux, se sont déplacés vers des coins moins prétentieux comme ***Friedrichshain*** ou ***Neukölln,*** au sud-est de Kreuzberg, quartiers ouvriers de l'ex-zone charnière et à forte implantation turque. Mais là aussi, les loyers ont doublé ces 10 dernières années... À Berlin-Est subsistent bien des témoignages d'avant la chute du Mur, et qu'il faut voir avant qu'ils ne disparaissent totalement, comme les curieux monuments emblématiques de l'ancien régime : la ***Karl-Marx-Allee*** – l'équivalent des Champs-Élysées communistes – ou des quartiers de HLM dans la plus pure tradition socialiste.

On le répète, la vraie richesse de Berlin, c'est le mélange des cultures, constat présent dans ses musées, certes, mais surtout dans la rue. Avant 1989, la ville servait de vitrine idéologique pour les 2 systèmes qui se faisaient face, mieux que nulle part ailleurs. L'Ouest capitaliste bénéficiait alors d'importantes subventions de la RFA destinées notamment à son rayonnement culturel et l'Est communiste n'était pas en reste.

De nos jours, dans un Berlin réunifié, on recense 150 théâtres, 400 galeries et quelque 180 musées ! Il subsiste de ces années un ***dynamisme artistique***

et culturel qui ne se tarit pas, même si de nombreuses salles de spectacle doivent aujourd'hui faire face à une diminution des aides de l'État. Grâce à des investissements considérables, les musées officiels berlinois ont été rénovés de fond en comble pour offrir un visage culturel digne de la modernité du XXIe s. Sans oublier la ***Szene*** diurne et nocturne, où toutes les tendances musicales sont représentées (un plus pour l'électro et le jazz) et où, contrairement à Londres ou à New York, les lieux de la nuit ne connaissent pas d'heure de fermeture !

Des lieux qui attirent par milliers aussi bien des gays israéliens que des étudiantes suisses en rupture de ban, au milieu de jeunes Français toujours plus nombreux au fil des ans ou des Espagnols fraîchement diplômés venus trouver le travail bien rémunéré que le taux de chômage de leur pays leur refusait. Sans compter les innombrables réfugiés des conflits du Proche-Orient.

Sexués, oui... sexy, non !

Affichant sa différence sexuelle, qui ne posait aucun problème à ses concitoyens, l'ancien maire avait lancé dans les années 2000 le slogan de *Pauvre mais sexy* pour qualifier sa ville. Il avait quelque peu transformé la réalité comme le disaient les Berlinois d'adoption : ils sont devenus si nombreux par la suite qu'ils ont compensé largement les départs de tous ceux qui ne croyaient plus au rêve berlinois ! Lisez *Une vie de pintade à Berlin* (Le Livre de Poche) pour découvrir comment les jeunes femmes allemandes voient leur vie, leurs hommes... ou leurs compagnes. Sexués mais pas sexy, les Berlinois. Inutile de se mettre en frais niveau fringues, avant de venir à Berlin : le bon look est tout simplement celui que vous aurez choisi... Inutile également d'appeler sa famille parce que personne ne semble tomber sous votre charme, dans les parcs, dans les boîtes, dans les bars. On peut se promener tranquille, seul ou à 2, avec ou sans enfants, à toute heure ou presque. La règle première est de laisser chacun vivre et faire ce qui lui plaît.

Enfin, si les Berlinois éprouvent de la fierté pour leur ville, c'est davantage pour sa vitalité et sa topographie (ses parcs, ses lacs, les quartiers aérés) que pour son passé impérial. Loin de faire l'unanimité, le colossal chantier achevé à l'emplacement de l'ancien palais de la RDA concerne la reconstruction du château des Hohenzollern, un geste politique fort autant que touristique puisque certains se plaignent de ne pas avoir assez de monuments à photographier !

Malgré les cicatrices encore vives de sa tragique histoire au XXe s, voilà tout ce que l'on ira chercher derrière les derniers vestiges du Mur, ce qui, pour tous ceux qui se bousculent pour la photo-souvenir, au bras de faux militaires attendant le pourboire, semble déjà bien loin.

Le ***Kiez*** ? Kesako ? Pour les Berlinois, ce terme désigne le quartier de cœur, celui où l'on a grandi, qu'on a quitté, où l'on est revenu, celui dont on est fier. Chaque *Kiez* possède sa propre identité, tous ont leur attrait. Dès votre arrivée, mettez-vous en quête des bons *Kiez,* ceux qui correspondent à vos attentes et à l'ambiance recherchée.

CUISINE ET BOISSONS

Commencer une présentation de Berlin par un chapitre consacré à une cuisine qui joue rarement dans le registre gastronomique peut passer pour de la provocation, tant celle-ci ne semble pas être le souci primordial d'une population qui n'arrête pourtant pas de manger et de servir à manger. L'important à Berlin, c'est de se nourrir, à moindre coût, le plus rapidement possible... et de cultiver la convivialité avec le brunch dominical. En vivant loin du centre et/ou en colocation, le Berlinois mange sur le pouce à midi, en terrasse dès les 1ers rayons de soleil, vite parce qu'il n'a pas plus de 30 mn à consacrer à la pause déjeuner, et souvent tôt le soir parce qu'il a mieux

à faire que de passer son temps à cuisiner. Dans les lieux alternatifs, on vous proposera une ***Volksküche*** (ou *VoKü*), la « cuisine du peuple » bien entendu peu chère.
– Quoi de neuf côté cuisine à Berlin, allez-vous nous demander ? L'*Ostalgie* ! On redécouvre les plats de la période communiste, tous marqués par les difficultés de l'époque. Pas de veau, ni gras ni maigre, mais du porc ou de la volaille. Goulasch et ragoûts de toutes sortes. Ce qui compte surtout, ce n'est pas ce qu'il y a dans l'assiette, mais le contexte. On n'en est pas encore à refaire la déco, mais ça viendra...
– L'important ici, quand on vient pour visiter Berlin, c'est de ne pas sauter le petit déjeuner. Toujours copieux, avec pain blanc ou noir aux graines, viennoiseries en tout genre, œufs mollets ou brouillés, yaourts aux fruits et muesli, harengs marinés, salade de pommes de terre ou charcuterie, fruits de saison ou non... On en oublie ou on en rajoute, car tout cela varie selon l'hôtel ou la pension qu'on a choisi, mais ensuite on peut aisément se contenter d'un déjeuner tardif sur le pouce. Nombreux sont les cafés qui proposent à leur carte le petit déjeuner jusque tard dans l'après-midi.
– Pour se restaurer rapidement ou pour les petits budgets, les nombreux ***Imbiss*** (fast-foods où l'on mange debout, sur le pouce, au sens strict) proposent, parfois 24h/24, des saucisses grillées, des ***Buletten*** (boulettes de viande hachée avec des épices et des oignons, dont le nom a été donné par les huguenots arrivés à la fin du XVIIIe s), mais aussi la non moins célèbre ***Currywurst.*** Et bien sûr des *Döner Kebabs* (viande de mouton grillée présentée dans un pain pita), popularisés par la communauté turque du quartier de *Kreuzberg.* Pour qui n'aimerait pas le mouton, il y a souvent du poulet à l'ardoise *(chicken döner).*

LE KEBAB, UNE INVENTION BERLINOISE

Le kebab est sans conteste une spécialité turque mais elle est inventée à Berlin au début des années 1970. Un immigrant turc a eu l'idée de mettre dans un pain pita de la viande d'agneau découpée en lamelles. Il s'agit tout simplement d'une version à emporter de l'iskender, *un plat inventé par les soldats ottomans, utilisant leur sabre pour cuire la viande au-dessus du feu.*

– En plus des restaurants, les ***Kneipen*** (voir plus loin « Les cafés berlinois *(Kneipen)* ») ont la particularité de servir les mêmes petites choses à grignoter sur le pouce – histoire de ne pas succomber trop rapidement aux 1res tournées de bière. Inversement, dans les restos, on peut aussi ne boire qu'un verre, surtout si l'on arrive entre 2 services.
Quelques particularités à noter, pour vous éviter de rester sur votre faim :
– en Allemagne, l'eau en carafe n'est pas une habitude que l'on encourage, à la maison comme au restaurant. On boit de la ***Mineralwasser,*** en bouteille, pétillante *(Sprudel)* ou plate *(still),* précision à formuler au moment de la commande ;
– que ceux qui font attention à leur ligne se réjouissent : il n'y a pratiquement jamais de pain à table. En effet, on ne mélange pas ici le pain et les pommes de terre qui accompagnent la plupart des plats. C'est plus sain comme cela, vous affirmera-t-on ; mais, en insistant un peu, on peut avoir quelques tranches de pain pour saucer.

Jamais sans ma saucisse

On en trouve partout dans les rues, dans de petites baraques commerçantes, les ***Imbissstuben,*** à des prix autrefois dérisoires. Tâchons de distinguer les grandes tendances.
– La *Currywurst* est une véritable institution pour nos voisins germaniques. Ils en mangent ainsi 800 millions par an, dont 70 millions rien qu'à Berlin. Née en 1949, dans le quartier de *Charlottenburg,* elle plaisait beaucoup aux G.I. en poste à Berlin.

En fait, c'est une banale saucisse coupée en petits morceaux. Longtemps, elle fut servie sans peau (après la guerre, il n'y avait pas assez de boyaux !) et aujourd'hui encore, on vous demandera souvent si vous la préférez avec ou sans la peau *(Darm)*. Son originalité ? Sa sauce ! Un savant mélange à base de concentré de tomate, *Worcestershire sauce*, curry, poivre de Cayenne, piment, huile d'olive, moutarde, oignons finement hachés, poivre et sel. Chaque quartier, chaque maison s'enorgueillissait de proposer la meilleure. Idéalement, elle se doit être arrosée d'une bière blanche.
– La ***Weißwurst,*** sorte de boudin blanc originaire de Bavière, est de loin celle que l'on s'offrira le plus volontiers, question de goût et de légèreté. Mais on ne la trouve pas partout.
– La ***Bratwurst,*** originaire de Nuremberg, servie grillée, a fait son entrée dans le club très sélect des AOP (appellations d'origine protégée).
– La ***Bockwurst,*** petite saucisse de porc à la peau un peu dure, que les habitués mangent dans un petit pain.
– La ***Plockwurst*** contient aussi du bœuf. Pour le reste, on ne s'avancera pas.
– La ***Bierwurst,*** sorte de cervelas, accompagne la bière, comme son nom l'indique.
– La ***Schinkenwurst,*** sorte de mortadelle fumée à grains épais, pas d'une grande finesse.
– La ***Leberwurst,*** au foie, peut être tartinée, et la *Knackwurst* est la moins passionnante de toutes !
– La ***Jagdwurst :*** une saucisse panée, préparée avec de la viande de bœuf et de porc maigre, épicée et assaisonnée avec sauce tomate et champignons et dégustée sur un pain beurré frais orné de moutarde. Coupée en cubes, elle est cuite avec des oignons et des champignons et servie couverte de fromage, sur une purée de pommes de terre.
– Nous ne nous étendrons pas sur leurs consœurs : *Wiener, Brägen, Zungen* et autres *Würste* plus rares.
Cela dit, on vous laissera vous faire une opinion par vous-même. Si le temps est à la pluie, vous en trouverez près de 2 000 au ***KaDeWe,*** de quoi vous occuper le temps d'une longue dégustation.

Spécialités berlinoises

– ***Pellkartoffel :*** la pomme de terre prussienne, typique, en remplacement du pain. Pas très glamour, comme spécialité, mais incontournable.
– ***Kartoffelpuffer :*** des galettes de pommes de terre à grignoter sur l'un des marchés de Berlin. Les sucrées sont servies avec une sauce à la pomme ou compote de prunes, tandis que les versions salées incluent du saumon fumé ou de la saucisse.
– ***Bollenfleisch :*** un ragoût d'agneau avec des haricots verts et accompagné d'une salade de chou rouge vinaigré.
– ***Eisbein mit Erbspüree und Sauerkraut :*** le classique jarret de porc bouilli accompagné de purée de pois et de choucroute. Il existe aussi en version rôtie (avec sa peau bien croustillante, miam !) sous le nom de *Schweinshaxe*.
– ***Würzfleisch :*** un ragoût au porc ou à la volaille. La viande est rôtie et épicée, puis nappée de sauce et de fromage. On peut l'accompagner de pain.
– ***Schlachtplatte :*** boudin noir et saucisse de foie, pied et viande de porc.
– ***Kasseler Rippenspeer :*** côtes de porc fumées.

POUR ÉVITER DE TOMBER SUR UN OS !

*Difficile de séjourner à Berlin sans manger l'*Eisbein*, jarret de porc confit, bouilli et salé servi sur son lit de choucroute. Littéralement « jambe de glace », cette spécialité vieille de 600 ans s'est vu attribuer le nom donné autrefois aux patins à glace des enfants, confectionnés dans une mâchoire de porc ! Que cela ne vous coupe pas l'appétit pour autant...*

- ***Hering in Dillsauce :*** hareng à l'aneth.
- ***Aal grün :*** anguille non fumée assaisonnée d'une sauce au chou.
- ***Boulette :*** croquette de viande de pot-au-feu hachée, mélangée à de la mie de pain. Se mange chaude ou froide avec de la salade de pommes de terre.
- ***Rinderbrust auf Berliner Art :*** poitrine de bœuf à la berlinoise.
- ***Hackepeter :*** hachis de porc assaisonné, à tartiner. Un tartare de porc, en fait !
- ***Rollmops :*** un filet de hareng mariné, puis enroulé autour d'un oignon ou d'un cornichon vinaigré, le tout tenu ensemble par un bâtonnet en bois.
- ***Häckerle :*** une salade de harengs salés, hachés très finement, avec des oignons, des cornichons, des œufs durs, des câpres, parfois des pommes et servie avec des pommes de terre sautées.
- ***Senfeier :*** littéralement, œufs à la moutarde. Cet accompagnement traditionnel est souvent servi autour de Pâques et se compose d'***œufs durs dans une sorte de sauce hollandaise moutardée*** et servis avec des pommes de terre.
- ***Teltower Rübchen :*** les navets de *Teltow* introduits par Frédéric le Grand, dont Goethe, Heine et Kant ont fait l'éloge.
- ***Käsekuchen :*** gâteau de fromage blanc (l'équivalent du cheese-cake anglo-saxon). Un de ceux que vous trouverez le plus souvent, généralement très réussi.
- ***Rote Grütze mit Vanillesauce :*** compote de fruits rouges nappée de crème vanillée.
- ***Pfannkuchen ou Berliner :*** gros beignet à la confiture, connues chez nous sous l'appellation de *boules de Berlin*.
- ***Apfelstrudel :*** un dessert particulièrement populaire en provenance de l'Autriche voisine. Le strudel aux pommes est une ***fine pâte garnie de pommes, cannelle, sucre et raisins secs.*** Le tout relevé d'une cuillerée de crème glacée à la vanille.

Cuisines du monde

- Avec la présence de 200 000 Turcs dans la ville, on peut sans hésitation, ranger le ***Döner Kebab*** au rayon des spécialités régionales. Ce sandwich fourré à la viande de mouton ou de poulet accompagnée d'oignons et de sauce piquante se déguste à chaque coin de rue.
- On peut aussi parler de ***certains plats d'origine italienne ou asiatique*** : les Allemands sont de grands voyageurs et leur sol a accueilli des immigrés de toutes origines. Ne comptez pas trop sur nous pour multiplier les adresses où l'on vous sert des pizzas et des pâtes, car ce serait faire injure à toutes nos adresses préférées en Italie que de les comparer. 1 ou 2 par quartier, ça suffira amplement.

En revanche, les restos asiatiques jouant la carte diététique sont plus que jamais tendance. Et les restos bio (et/ou végétariens, voire végans) avec une pointe d'ethnique sont des plus recherchés, à défaut d'être les meilleures adresses bon marché. L'offre culinaire s'est énormément diversifiée, et les Allemands ont appris à tenir compte des aspects diététiques de l'alimentation pour se trouver, l'été venu, à leur avantage sur les plages de Majorque ou des îles grecques. Le hic, c'est que la bière, elle, s'ingurgite toujours à coup de chopes d'un demi-litre et qu'elle reste la boisson alcoolisée avec le plus fort taux de sucre !

Bières et boissons fraîches

Les marques *Kindl* et *Schultheiss* se partagent le marché de la bière. Avec la grande chope, on sert parfois une eau-de-vie de grain *(Molle mit Korn)*.

- ***Berliner Weiße :*** bière blanche brassée à partir de froment, légèrement pétillante et acidulée. Elle rafraîchit agréablement les gosiers en été et on la complète traditionnellement de fruits frais mixés. Dans la pratique, les fruits sont souvent remplacés par une dose de sirop ***(mit Schuß)*** : *rote,* avec du sirop de framboise *(Himbeer)*, et *grüne,* avec du sirop d'aspérule *(Waldmeister)*.
- ***Hefe :*** bière légère à la levure.

Bon à savoir : la plupart des bars et restos proposent un *happy hour* – généralement entre 17h et 20h – qui dépasse largement les 60 mn...
– Quant aux nouvelles boissons énergisantes, c'est à Berlin qu'on les teste souvent en 1er. On craque pour le ***Club-Mate,*** un soda développé à partir de la *yerba mate,* une infusion argentine que l'on boit partout et notamment dans les clubs, avec ou sans vodka selon l'heure. Plus excitant que le café, ça sert à tenir le coup.
– Le ***Schorle*** est un mélange de jus de pomme *(Apfelschorle)* ou de cerise *(Kirschschorle)* avec de l'eau gazeuse. Très rafraîchissant en été et parmi les boissons les moins chères.

Le brunch

C'est l'un des plaisirs berlinois du week-end. En terrasse l'été ou dans un café à l'ambiance chaleureuse quand la température est plus fraîche, on ne se lasse jamais de ces copieux buffets, à prix raisonnables, servis à volonté, généralement de 10h à 16h. La formule étant appliquée dans la quasi-totalité des établissements, il suffit de choisir son style. Nous mentionnons plus haut dans nos adresses les lieux les plus recommandés pour un brunch.

Les cafés berlinois (Kneipen)

Les ***Kneipen*** font partie intégrante de l'art de vivre berlinois. Il y a ici une véritable culture du « café », presque un rituel. À croire que les Berlinois passent plus de temps dans les bistrots que dans leur appartement (le syndrome de l'étudiant attardé est très répandu ici), phénomène que la crise a accentué avec la multiplication des colocations... Ici, on peut encore fumer quand personne ne mange à côté, sinon respect !
– Pour la plupart, les bars restent ouverts jusqu'à ce qu'il n'y ait plus personne... donc jusque très tard dans la nuit. Pour trouver des lieux qui bougent, il faut mettre le cap sur *Kreuzberg, Friedrichshain, Neukölln, Mitte* ou encore *Prenzlauer Berg*. *Charlottenburg* attire une clientèle d'un standing plus élevé, quoique, là aussi, tout soit en train de changer : 30 ans après la chute du Mur, la balle revient dans le camp de l'Ouest.
– Afin d'éviter tout malentendu, lorsqu'on commande un café, il convient toujours de préciser ce qu'on souhaite exactement : expresso, cappuccino, *latte macchiato,* ce qui n'est pas très difficile, c'est de l'italien de cuisine ! Faute de quoi, on servira une grande tasse de café filtre allongé, généralement imbuvable. On peut aussi demander un *Café au lait* ou *Milchkaffee,* et il n'est pas rare qu'il soit servi dans une sorte de bol. Il vaut mieux demander ici une petite tasse ! Et surprise, en revanche, lorsqu'on demande un café-crème : ici, c'est un café noir avec une belle mousse au-dessus, mais sans crème !
– Même chose avec la bière, ici pas de galopin ni de demi-pression, ou plutôt si : ce sont de véritables demi-litres, pression *(vom Faß)* ou bouteille *(Flasche)*. À essayer : les bières *Weizen, Kristall* (idéale l'été, avec une rondelle de citron), *Hefe* (blonde mais trouble *because* levure de blé !) ou *Dunkel* (bière sombre, arrière-goût de girofle). Et la ***Berliner Weiße mit Schuß,*** servie dans un drôle de verre avec du sirop (rouge ou vert), bière amère mais rafraîchissante, à boire l'été, donc... mais à l'aide d'une paille !
– Tous les cafés proposent des en-cas ou des gâteaux faits maison qui accompagneront le café ou la bière (!) et permettront de grignoter sur le pouce de façon très économique.

CURIEUX, NON ?

– FKK, la *Freikörperkultur,* ou l'art de ***se balader à poil.*** Les ex-Allemands de l'Est n'ont aucune réticence à se promener en toute décontraction au bord d'un lac en tenue d'Ève. Vous croiserez des panneaux du genre *FKK Strand,* ce qui signifie qu'on vous regardera d'un air réprobateur si vous gardez vos vêtements sur ce bout de plage.

– Parmi les traits principaux des Berlinois (ce n'est pas vraiment surprenant, vu l'héritage prussien), il y a la ***ponctualité.*** Ils ne sont jamais en retard pour un rendez-vous ou pour la visite d'un ami. Puis le sens civique : ils ne traversent la route que dans les lieux autorisés (sauf si personne ne les regarde !). Ensuite la sincérité : ils sont très ouverts dans les relations, mais incapables de dissimuler (à la différence des Latins).

– Les Berlinois sont à la pointe en matière de respect de l'environnement, que ce soit avec la nourriture bio, végane, mais aussi avec le tri des déchets ! Le local à poubelles d'un immeuble ne compte pas moins de 9 bacs différents ! Si quelqu'un vous voit vous tromper, soyez sûr qu'il va tout de suite venir vous montrer comment sélectionner vos ordures.

Pour les bouteilles de bière qu'on boit dans la rue : il faut les laisser par terre car elles sont consignées et les gens qui ont peu de moyens les ramassent pour se faire un peu d'argent.

– Le rituel du dimanche consiste à prendre un ***brunch en famille*** ou entre amis.

– Quand on pratique un peu l'allemand, on remarque que les Berlinois ponctuent leurs phrases de « na », interjection qui ne veut pas dire grand-chose mais qui sert en toutes occasions. On voit un ami, on lui adresse un « na » interrogatif, il comprendra alors qu'on lui demande s'il va bien. Il y a aussi le « na ja », le « na und », le « na klar », et encore un tas de variantes.

– À part certains étrangers... personne ne fraude dans le métro. Il n'y a pas ou peu de vols, et si on perd quelque chose dans un lieu public il y a de grandes chances pour qu'on le retrouve.

– Les Françaises qui vivent à Berlin savent que la drague est une pratique qui n'a jamais franchi le Rhin. Les rapports sont amicaux mais les mecs sont incapables de tourner un compliment ou de simplement faire tourner les têtes, certains disent à cause d'un mouvement féministe plus radical... Heureusement avec la crise économique, les Espagnols, Portugais et autres *Italian lovers* sont de plus en plus nombreux à venir conter fleurette aux Berlinoises.

– Ne vous ruez pas sur la 1re Allemande qu'on vous présente en l'embrassant sur les 2 joues comme si vous la connaissiez depuis toujours. Calmez vos ardeurs et serrez-lui la main (sans la broyer, de préférence). En Allemagne, on n'embrasse que les personnes que l'on connaît bien. Mais après quelques bières, tout le monde se tape dans le dos un peu à la manière américaine. La Covid-19 aura sans doute imposé de nouvelles habitudes.

ÉCONOMIE

Au cours des 30 dernières années, l'économie berlinoise a connu de profondes mutations structurelles. Les Berlinois attendaient peut-être trop de la réunification des 2 Allemagnes. La chute du Mur, en 1989, a mis un terme aux généreuses subventions fédérales (la RFA prenant en charge la moitié du budget municipal). Les primes de 8 % généreusement accordées aux salariés pour indemnité d'exil ont été supprimées (normal !). Le secteur immobilier n'a pas connu le boom escompté suite au déménagement des institutions fédérales. En dépit de nombreuses suppressions d'emploi, le Land a conservé un noyau industriel fort. Ce n'est que depuis les années 2000 que l'essor berlinois s'intensifie avec de très nombreuses PME. Plus de 50 % des personnes actives (720 000 emplois) travaillent à Berlin dans le secteur privé des services, y compris dans les domaines du commerce, des banques et des assurances, ainsi que celui des transports et médias. La part de l'industrie et du BTP a nettement baissé tandis que la place du secteur tertiaire augmentait. Aujourd'hui, Berlin et sa région sont caractérisés par un parc d'entreprises performantes, créé avec le soutien de moyens financiers considérables accordés par le Fonds structurel européen en vue du renforcement de l'économie et des infrastructures.

L'immobilier, autrefois très accessible, est en train de monter en flèche, les secteurs liés à la construction battant actuellement record sur record. Son prix a augmenté de 17 % pour la seule année 2017, tandis que les loyers ont grimpé de 74 % entre 2010 et 2018. Le Sénat de Berlin a voté en 2019 une loi pour les plafonner.

LE PRIX DES LOYERS, UN SUJET SENSIBLE

81 % des logements berlinois sont des locations. Sur ces locations, 40 % appartiennent à des particuliers (parfois des copropriétés) et 60 % à des sociétés qui ont fait de l'immobilier, leur activité principale.

Un décollage qui connaît quelques ratés

Avant la crise de la Covid-19, seul le secteur touristique avait réellement tiré son épingle du jeu, et la création du nouvel aéroport aurait dû compléter l'offre, si tout s'était passé comme prévu. Berlin est devenu la ville la plus attractive du pays avec plus de 13 millions de visiteurs par an (dont 3 pour le seul tourisme de la techno), un chiffre qui a plus que doublé en 10 ans. Ce qui la place en 3e position en Europe, derrière Londres et Paris, mais devant Rome ! Sur *Unter den Linden,* la célèbre avenue des musées, les façades se peaufinent et retrouvent leur prestance d'autrefois. Près de 30 ans après la réunification, Berlin continue de travailler à son embellissement en perdant au passage un peu de ce caractère bien trempé, un rien dérangeant, qui en faisait l'originalité.

Le secteur du tourisme concerne 400 000 emplois, pour un chiffre d'affaires brut de plus de 11 milliards d'euros. Sans encore souffrir d'un sur-tourisme qui frappe d'autres villes européennes, cet afflux a commencé à poser problème à la municipalité : engorgement d'autocars à la porte de Brandebourg et à Checkpoint Charlie, hôtels qui poussent comme des champignons et les prix de l'immobilier qui s'envolent dans certains quartiers. On a même vu des slogans apparaître pour se plaindre du bruit des valises à roulettes...

La ville possède aussi le potentiel pour améliorer sa capacité en matière d'innovation économique et pour devenir une « ville de production scientifique » en disposant d'une main-d'œuvre hautement qualifiée. Les chances et les potentialités de la région de Berlin se trouvent en particulier dans les domaines de la biotechnologie, de la communication, des techniques de systèmes de transport, de la production de matériel médical ou optique, des techniques de microsystèmes et de la science des matériaux. Le nombre croissant de visiteurs nationaux et internationaux et l'importance grandissante de la ville de Berlin au niveau des salons et des congrès sont également des vecteurs de croissance économique.

La construction du nouvel aéroport, planifiée depuis 1996, a débuté en 2007 pour une mise en service véritable repoussée d'année en année à la suite de difficultés multiples, les dernières tenant aux mises aux normes incendie, ou simplement au fait que sa capacité était déjà jugée insuffisante pour faire face au futur trafic. Il a donc fallu construire une extension (avant même que le bâtiment principal ne soit achevé !) et revoir tout le projet. À la fin de l'été 2014, le fiasco absolu qu'était devenu le chantier a carrément abouti à la démission du maire de Berlin, Klaus Wowereit...

Après tous ces rebondissements, l'aéroport a été finalement inauguré fin 2020, mais ce retard restera néanmoins gravé dans les mémoires comme l'***un des plus beaux ratages économiques*** de ce début de siècle... De grands espoirs de développement reposent sur la mise en service de l'aéroport. Les 1res retombées devraient toucher ses alentours avec l'installation de bureaux, de services et de centres de logistique, puis le sud de la ville, dont la production industrielle serait dynamisée. Enfin, tout cela devrait doper le tourisme : avec une capacité estimée à terme à 45 millions de passagers, l'aéroport international entend jouer la carte du low-cost, qui devrait représenter près de 50 % de son activité. De plus, avec sa position géographique particulière et sa nombreuse population en provenance de l'Est, Berlin devrait devenir la porte d'entrée vers les marchés de l'Est européen.

Économie parallèle

Au début 2020, le taux de chômage à Berlin se situait à 8,2 % pour une moyenne nationale de 5,3 %. Berlin est une ville alternative, pop, underground... mais relativement pauvre. On compte encore 40 % des Berlinois qui vivent grâce aux aides publiques, et plus de 500 000 personnes au-dessous du seuil de pauvreté. Une situation difficile, qui a généré une nouvelle forme de mode de vie, à la fois économe mais branché. Face au constat selon lequel les riches Berlinois sont de plus en plus riches et les pauvres de plus en plus pauvres, ces derniers ont développé des astuces pour consommer à moindre coût, comme, par exemple, faire les fins de marché ou s'habiller dans des friperies.

La création d'un salaire minimum en Allemagne, mesure phare du programme électoral du SPD, mais surtout condition nécessaire à tout accord de coalition, a finalement été obtenue. C'est un pas en avant pour la capitale allemande où les minijobs payés à 1 € de l'heure et autres emplois précaires dont la rémunération est inférieure à 400 €/mois sont monnaie courante.

En marge, donc, de l'économie officielle, s'est développée à Berlin une forme d'économie qui est loin d'être marginale, comme on pourrait l'imaginer. On le constate vite, ce sont les créatifs qui donnent le ton. S'offrir une nouvelle vie, dans une nouvelle ville : le rêve peut encore devenir réalité. Les loyers étant encore relativement modérés dans certains quartiers, la ville agit comme un pôle magnétique et attire tous les acteurs d'une nouvelle contre-culture.

S'il fallait cerner une tendance de fond qui s'est développée chez les jeunes et les artistes, ce serait assurément celle de la ***décroissance.*** Cette évolution sociologique a pris ses racines dans la capitale allemande. On peut la définir par un retour à une économie de moyens, en contestation d'une société dominée par le mercantilisme. L'idée consiste à vivre avec un minimum d'objets, en posséder le moins possible et faire de sa vie une création perpétuelle. Les adeptes les plus radicaux de la décroissance, les ***objecteurs de croissance,*** se déplacent à vélo, ne possèdent pas de frigo, achètent leurs produits et les cuisinent au jour le jour. Ils recyclent, fréquentent les friperies, procèdent par troc. Il faut assister à une *Kleidertausch-Party* (une soirée où l'on se contente d'échanger ses vêtements, précisons-le) pour mieux comprendre. Les nouveaux Berlinois ont créé une famille, un cercle d'amis et partagent le maximum de services collectifs. Jeans, parka, *low-boots seventies* ou vieilles baskets de l'armée allemande, les Berlinois s'habillent de façon cool et stylée à la fois. Internet a largement contribué à favoriser ce modèle de vie en facilitant l'accès gratuit (parfois de façon illégale) aux contenus culturels. L'idée dominante est de passer du champ de la consommation à celui de la création.

ENVIRONNEMENT

On peut vraiment parler de ***qualité de vie.*** Les Berlinois y tiennent, d'autant plus qu'ils possèdent un environnement exceptionnel sur une surface 8 fois plus étendue que celle de Paris : près de 40 % de la superficie de la ville est couverte par des espaces verts (plus de 400 000 arbres) et par des plans d'eau. La campagne se révèle tellement présente à Berlin que certains quartiers (comme *Zehlendorf, Grunewald, Spandau, Wilmersdorf...*) doivent faire face à de nouveaux et peu ordinaires locataires : les ***sangliers*** (attirés par le contenu des poubelles et le radoucissement climatique) et les ***renards*** (on en a vu en longeant le Tiergarten, mais aussi dans la *Köpenicker Straße,* en plein centre !).

Bien entendu, sérieuse bataille contre la pollution automobile et pour la qualité de l'air... en donnant l'exemple : des centaines de milliers d'habitants roulent à vélo (on parle de 250 000 !) sur 700 km de pistes cyclables. En outre, possibilité

d'embarquer son vélo dans le métro et le S-Bahn. Les Berlinois ont l'habitude de se plaindre des embouteillages du matin et de fin de journée, mais rien à voir avec les nôtres. Le fait que tant de gens aillent au boulot à vélo a bien entendu considérablement contenu la pollution atmosphérique.
Enfin, dès que le soleil recommence à chauffer, on se précipite pour se relaxer et bronzer sur le moindre carré de verdure (et Dieu sait combien il y en a !) et sur les nombreuses plages de sable artificielles qui parsèment la ville, jusqu'aux quartiers les plus centraux.
Le respect de l'environnement et de la qualité de vie : des préoccupations majeures pour les Berlinois. D'ailleurs, le poids politique des ***Grünen,*** les écolos locaux, est là pour le démontrer. Avec 4 poubelles différentes de tri des déchets sur les quais des gares et des métros, on a donc l'embarras du choix : nul ne songerait à jeter son papier par terre dans ces conditions, n'est-ce pas ?
Pour réduire les nuisances de la circulation routière, le Land de Berlin favorise l'utilisation de ***gaz naturel,*** non polluant, comme carburant. *Vattenfall,* une entreprise de production et de distribution d'énergie, exploite en plein centre une des centrales thermiques parmi les plus performantes au monde. En cas de constructions neuves pour le gouvernement fédéral à Berlin, *Vattenfall* est partenaire pour couvrir le besoin en énergie en recourant de plus en plus à l'énergie solaire. Outre une qualité de l'air améliorée par la réduction des émissions de CO_2, l'utilisation de technologies innovantes crée aussi de nouveaux emplois.
La plupart des bouteilles en plastique sont consignées. Pour le verre, seules les bouteilles de bière et de lait le sont, pas les bouteilles de vin et de jus de fruits. Allez savoir pourquoi.

FRANÇAIS À BERLIN

Les huguenots et les Buletten

Même si vous venez à Berlin pour la 1re fois, vous pensez bien ne pas être les 1ers Français ! Les traces laissées par vos prédécesseurs sont partout présentes et parfaitement lisibles, bien que souvent incompréhensibles. Cela s'explique par l'Histoire : les ***protestants français*** accueillis par Frédéric-Guillaume à la fin du XVIIe s après la révocation de l'édit de Nantes, et la cour francophile de Frédéric II au XVIIIe s. Ces Français exercèrent une forte influence, économique et culturelle, par l'apport de produits et de techniques nouvelles, la création de bâtiments et de monuments importants (Collège français, *Französischer Dom,* le village de *Friedrichstadt,* aujourd'hui quartier autour de la *Französische Straße*).
Moins spectaculaire est l'assimilation dans le vocabulaire berlinois (et allemand) de nombreux mots français, dans la gastronomie ou la mode par exemple : on peut commander des ***Buletten mit Pommes*** (prononcez « bouletten mit pommeusses » – boulettes de viande hachée avec des pommes frites) ou prendre un ***Bulljong*** ou ***Ragoufeng*** (bouillon ou ragoût fin), un *Muckefuck* (« moka-faux », un café trop clair), aller chez le *Frisör* (dites « friseur ») pour essayer une nouvelle *Perücke* et, peut-être, *in die Bredulje kommen* (rentrer bredouille) en longeant les *trottoirs,* en prenant soin d'éviter les *pissoirs...* Et aussi *Karotte, Delikatessen...*

Les Français fous de Berlin

Les autorités estiment que la communauté française à Berlin représenterait 1 % de la population totale de la ville, dont des résidents installés de longue date ou effectuant de plus courts séjours. La majorité concerne la tranche d'âge des 20-40 ans en provenance essentiellement de la région parisienne. Explication : les prix des logements sont encore attractifs par rapport à Paris. Mais cela ne suffit pas pour expliquer la motivation des Français à s'installer à Berlin. Paradoxalement, la possibilité de carrières est mince et les salaires peu motivants.

Ce que recherchent les jeunes Français qui s'y installent, c'est avant tout un ***cadre de vie*** plus attractif. Alors que Paris souffre d'un coût de la vie exorbitant, Berlin recèle les avantages à la fois d'une capitale et d'une ville de province : la vie est moins stressante et plus conviviale. Les espaces verts sont nombreux et la ville est propre. Les jeunes artistes, on l'a dit, peuvent se loger à l'économie et trouver l'espace nécessaire à la création. Les ***jeunes pousses de l'Internet*** disposent facilement de bureaux pour lancer leur business et, en plus, on s'y amuse : la vie nocturne est impulsive et sans limite. Bref, Berlin a gardé un visage bohème et alternatif que Paris a définitivement perdu...

HISTOIRE... DE RÉVISER SES CLASSIQUES

L'histoire de Berlin est complexe, et l'on ne peut que conseiller de se pencher quelques minutes sur le sujet avant d'explorer la ville actuelle. On garde les chiffres et les dates pour la rubrique suivante : voilà juste de quoi raviver quelques souvenirs, dans un 1er temps.
2 villages de pêcheurs sont à l'origine de la ville : ***Berlin et Cölln,*** habités depuis le XIIe s par la tribu slave des *Wendes*. Au XIVe s, Berlin est la ville principale de la Marche de Brandebourg. La croissance de Berlin s'accompagne d'une envie d'indépendance et, pour résister aux princes allemands, la ville s'allie à la ***Hanse*** en 1430. Les thèses de ***Martin Luther*** au XVIe s y connaissent une forte résonance, et Berlin devient alors essentiellement protestant. La guerre de Trente Ans (1618-1648) laisse Berlin exsangue ; la population, décimée, est inférieure à 6 000 habitants !
Les souverains de ***Brandebourg*** en font une cité importante, en particulier le Grand Électeur qui offre, en 1685 (après la révocation de l'édit de Nantes), l'asile à plus de 6 000 protestants français. Leur influence sera prépondérante.
Le 1er roi de Prusse, ***Frédéric Ier*** (qui règne de 1701 à 1713), réunit les 5 communes de la ville et fait de Berlin sa résidence et la capitale de la Prusse (construction de Charlottenburg, de l'arsenal ou du Palais royal).
Frédéric II (monarque de 1740 à 1786) entreprend, quant à lui, la construction de fastueux monuments (opéra, bibliothèque royale, université, cathédrale, etc.), et la porte de Brandebourg est érigée peu de temps après sa mort. Berlin attire les étrangers et les intellectuels : Frédéric II règne en despote éclairé et invite Voltaire à sa cour. C'est à Berlin qu'est ouverte la 1re école française à l'étranger. De 1650 à 1789, la population passe de 10 000 à 150 000 habitants.

La capitale du Reich

Avec le XIXe s, Berlin s'industrialise et accueille des usines textiles et sidérurgiques. En 1871, Berlin devient capitale du Reich allemand avec ***Bismarck*** (déjà 2 millions d'habitants en 1905). Après la réforme territoriale de 1920, le « Grand Berlin » voit le jour avec la fusion de ses arrondissements, des 7 villes environnantes et des 59 villages. Les 860 km^2 et les 4 millions d'habitants de la métropole en font ainsi la plus grande ville industrielle du continent !
Les Années folles d'après la Grande Guerre voient Berlin se transformer en capitale des plaisirs et du sexe en Europe, où

UN PYROMANE BIEN ALLUMÉ

Le 27 février 1933, le Reichstag prend feu. Sur place, la police arrête Marinus Van der Lubbe, un communiste hollandais à moitié fou. Il est accusé de l'incendie et exécuté. Un sérieux doute demeure. On sait que, ce soir-là, un groupe de SA a emprunté un passage souterrain depuis la demeure de Göring jusqu'au Reichstag et y a répandu des produits inflammables. La présence du Hollandais ne serait que fortuite. Hitler tire parti de la situation. Le lendemain, il attribue le crime aux communistes et en fait arrêter 4 000. Le même jour, il fait signer par von Hindenburg un décret qui suspend toutes les libertés. Le 23 mars, on inaugure Dachau.

homos des 2 bords s'affichent sans contrainte. Les cabarets ne désemplissent pas. Sa célèbre ***université Humboldt,*** les architectes du Bauhaus et le dramaturge Bertolt Brecht (voir plus loin la rubrique « Personnages ») participent alors à son rayonnement culturel, interrompu par la crise économique de 1929 (plus de 600 000 chômeurs à Berlin), ce qui favorise l'accession d'Adolf Hitler au pouvoir en 1933, nommé chancelier par le vieux président Hindenburg... même si son parti n'est pas majoritaire. Après l'***incendie du Reichstag*** qui lui fournit un prétexte pour éliminer les communistes et les sociaux-démocrates, la répression nazie s'abat sur les intellectuels, les opposants, les artistes « dégénérés », les Roms et les minorités sexuelles.
Tout s'enchaîne rapidement : mai 1933, sur l'ancienne *Opernplatz* (actuelle *Bebelplatz*), ***autodafé*** de 20 000 livres d'auteurs allemands, juifs, marxistes ou pacifistes considérés comme opposés à l'« esprit allemand » ; juin 1933, « semaine sanglante de Köpenick » ; fin 1933, l'Allemagne est complètement nazifiée. En 1935, c'est la promulgation des ***lois raciales de Nuremberg*** ; en 1938, la « ***Nuit de cristal*** » et l'incendie des synagogues. De 1941 à 1945, 60 000 juifs berlinois sont assassinés ou déportés.
Au-delà des projets de conquête, la mégalomanie de Hitler s'exprime aussi dans ses plans architecturaux délirants. C'est au jeune et ambitieux architecte ***Albert Speer*** que revient la charge d'élaborer les plans de la future capitale du Reich millénaire, ***Germania,*** qui devra être achevée en 1950 et livrée à l'admiration du monde entier à l'occasion d'une grandiose Exposition universelle. Le programme prévoit de raser une grande partie du cœur historique de la ville pour libérer l'espace nécessaire aux réalisations pharaoniques qui plaisent au Führer. Pour reloger les habitants expulsés des quartiers ainsi remodelés, on confisque les logements des juifs, et pour mener à bien les projets, on puise dans les réserves de travailleurs forcés et de prisonniers des camps. Entravés par les attaques de l'aviation alliée, ces travaux seront totalement interrompus en mars 1945.

Des ruines s'éleva... un mur

Durant la ***Seconde Guerre mondiale,*** Berlin est un des objectifs prioritaires des bombardiers alliés. Cependant, la ville n'est pas, contrairement à une idée reçue, la plus détruite d'Allemagne : en 1945, 43 % des logements sont déclarés inhabitables, ce qui est un taux relativement faible par rapport à d'autres cibles de l'aviation alliée. Les bombardements se sont concentrés sur les quartiers centraux, mais ils ont épargné volontairement des zones proches des aéroports, que les vainqueurs souhaitaient utiliser après la fin des hostilités. De plus, la faible densité de Berlin, la largeur des avenues, les nombreux espaces verts les ont empêchés d'être vraiment efficaces.
La prise de Berlin, au printemps 1945, par les forces soviétiques a été, elle, destructrice en vies humaines : de 1939 à 1945, la population chute de 4,3 à 2,8 millions d'habitants. Berlin-centre n'est plus que ruines : on évacue ***75 millions de mètres cubes*** de décombres... Ce sont en majorité des femmes qui s'en chargent, les fameuses ***Trümmerfrauen*** (« femmes des ruines »), les hommes étant morts ou captifs !
En juin 1945, l'ancienne capitale devient le siège du Conseil de contrôle allié. On partage la ville en 4 secteurs d'occupation : soviétique pour la zone orientale (près de la moitié de la superficie totale), américain, français et britannique pour le reste. Berlin est enclavé dans la zone d'occupation soviétique. Mais des dissensions apparaissent entre les Alliés : en 1948, les Soviétiques coupent les voies d'accès à Berlin-Ouest. C'est le fameux ***blocus.*** Les Américains organisent alors un ***pont aérien*** qui permet de ravitailler la population pendant près de 1 an, transportant près de 1 900 000 t de ravitaillement (dont 80 % de charbon) et une centrale électrique en pièces détachées.

Les liaisons téléphoniques entre les 2 Berlin sont interrompues en 1952 par décision de l'Est. Un mouvement de mécontentement se propage dans toute la RDA (fondée en 1949) ; il culmine en juin 1953 avec la ***grève des ouvriers du bâtiment,*** réprimée par les troupes soviétiques pour rétablir le calme. 2 millions et demi d'Allemands de l'Est passent alors à l'Ouest, fuyant le « paradis socialiste ». Pour mettre fin à cette hémorragie, le Mur est érigé en 1961. Il ne tombera que le 9 novembre 1989. Et comment ? Grâce à ***Mikhaïl Gorbatchev*** qui est rentré dans l'histoire en ne faisant rien pour l'éviter. Ses prédécesseurs avaient maté Budapest en 1956 et Prague en 1968 avec leurs chars. Lui, il laissa faire et les 2 Allemagnes se réunirent enfin. On lui donna même le prix Nobel de la paix, mais il perdit son boulot.

UN TUNNEL SI PEU SECRET

En 1954, la CIA entreprit de creuser une galerie longue de 450 m pour atteindre le central téléphonique des troupes russes et intercepter leurs messages. Ces derniers eurent très tôt vent de l'opération et déménagèrent leur central stratégique. Au total, les Américains dépensèrent 6 millions de dollars pour creuser puis pour traduire des conversations de bidasses sans aucun intérêt.

De nouveau ville capitale

Avant la réunification en 1990, Bonn est la capitale provisoire de la République fédérale d'Allemagne (RFA) et Berlin-Est (officiellement « Berlin » tout court) celle de la République démocratique allemande (RDA). Le transfert des institutions fédérales de Bonn à Berlin suscite bien des polémiques... Berlin, capitale de l'Allemagne, pour certains opposants c'est une relégation trop vers l'Est et l'éloignement de son ancrage occidental... C'est aussi le rappel de Berlin capitale de la dictature nazie ou du Reich de 1871, et, plus loin encore dans l'histoire, la Prusse et son autoritarisme...

Le traité de 1990 rend à Berlin son statut de capitale, mais la question du siège du gouvernement reste en suspens jusqu'à ce que, à l'issue d'un débat passionné, le Bundestag décide, le 20 juin 1991 (par 338 voix contre 320), que Berlin, capitale historique, sera le ***siège des institutions de l'Allemagne*** réunifiée. Alors que la résidence officielle du président de la République (fonction largement honorifique) a toujours été le château de Bellevue, à Berlin, le transfert du gouvernement et de la ***chancellerie*** à Berlin n'est effectif que depuis 2000.

Pour accueillir le nouveau ***Bundestag,*** l'ancien Reichstag voit son toit doté d'une coupole en verre devenue depuis l'attraction nº 1 des visiteurs, et symbole très visible de ce renouveau politique de Berlin.

Pour des raisons de coût, la plupart des ministères se sont installés dans des bâtiments datant du IIIe Reich ou de la RDA, même si certains ministres auraient préféré intégrer des bâtiments moins plombés par l'histoire, exemple : le ministère des Finances qui occupe les anciens bureaux de Göring !

Et vint la nostalgie des ex-camarades

À l'Est, les attraits de la société occidentale perdent vite de leur éclat et le culte du bon vieux temps – où tout était pris en charge par l'État – fait son apparition sous le joli nom d'***Ostalgie.*** On recherche les bistrots au look d'autrefois, les sodas de l'enfance, le café *Gold,* les savons *Florena,* les pâtes à tartiner *Nudossi,* le chocolat *Schlager* qui colle toujours au palais et ce subtil mélange de cornichons et tomates des temps difficiles, définitivement remplacé par un zeste d'orange...

Les célèbres *Ostalgie-Parties* sont un exemple typique de l'*Ostalgie,* pendant lesquelles s'affichent des sosies d'Erich Honecker, se jouent des airs de musique de la RDA *(DDR-Musiktitel)* et se consomment des produits alimentaires typiques

(DDR-typisch), comme le « Club Cola ». Le fin du fin est de se rendre à ces fêtes à bord d'une Trabi dans des vêtements exhibant les anciens insignes de la RDA. Retour à l'enfance, pour beaucoup, tout simplement... mais aussi souvenir du temps révolu où les crèches et les soins de santé étaient gratuits, où l'emploi à vie (même à ne presque rien faire) était quasi garanti et où la solidarité informelle dans les HLM sordides n'était pas un vain mot... même sous l'œil vigilant des indics de la Stasi et cela d'autant plus que le passage brutal au capitalisme et à la responsabilité individuelle a fait beaucoup de dégâts.

Malgré l'absence de libertés et les crimes commis par le régime, les sondages ont révélé qu'une majorité d'Allemands de l'Est estimait que l'ex-RDA avait davantage d'aspects positifs que négatifs...

La sortie du film ***Good Bye Lenin !*** (6 millions de spectateurs en France) puis celle de ***La Vie des autres*** (pourtant critique pour le régime) ajoutées au succès de la société *Ossiversand,* qui vend par correspondance des produits de l'Est (recréés) comme les cornichons sucrés de la Spreewald et l'infâme mousseux made in RDA, ont contribué à conforter cette tendance qui au fil du temps a malgré tout baissé depuis quelques années.

Berlin après la réunification

Berlin a vu grand, trop grand peut-être : la ville a frôlé la faillite. De son côté, le gouvernement fédéral ne l'a pas aidé à sortir de ce gouffre financier. Résultat : des immeubles et bureaux vides se sont vendus pour 1 € symbolique, des postes de fonctionnaires ont été supprimés, et les budgets alloués à la culture ont subi des coupes sombres.

Les autres faits marquants des années 1990 ont été, sans conteste, le départ des forces militaires alliées le 8 septembre 1994, l'« emballage » très symbolique du Reichstag par ***Christo*** en 1995, puis sa rénovation achevée en beauté par la construction d'une coupole de verre. Ces 3 événements ont en effet profondément modifié la perception que les Berlinois avaient de leur ville. Berlin capitale, ce n'est pas seulement un nouveau rendez-vous des Allemands avec eux-mêmes, c'est aussi, depuis le déplacement du centre de gravité de l'UE vers l'est après l'élargissement à 28 pays (avant le Brexit), un rendez-vous de l'Europe avec son avenir.

Berlin aujourd'hui

La fin de la 1re décennie du nouveau siècle a vu la crise déferler sur l'Europe en touchant le secteur financier suivi par celui de l'industrie automobile, l'un des piliers de l'économie allemande.

En 2019, les Berlinois ont commémoré les 30 ans de la chute du Mur, montrant au monde que la malédiction d'une ville peut se conjurer par la volonté de ses habitants. Ce qui n'empêche pas certains nuages sombres de voiler la vision trop optimiste que l'on aimerait déceler une fois le charme de la ville résorbé. Au cours d'une balade dans ***Friedrichshain,*** où le mélange des populations semble une valeur acquise, vous verrez peut-être la reprise d'une petite phrase rendue célèbre par Kennedy, avec cette fois un ajout plus inquiétant : « *Ich bin ein Berliner... du nicht.* » En v.f. : « Je suis un Berlinois... toi pas. » Une phrase qui s'adresse non seulement aux touristes, trop nombreux pour certains, mais surtout aux Souabes, ces Allemands du Sud plus traditionalistes, plus riches aussi, dont la présence ne fait pas que des heureux... Il est vrai qu'en 2016, aux dernières élections berlinoises, l'AfD, le parti xénophobe, a fait une percée en emportant 25 sièges sur 160 (soit 14 %).

HISTOIRE EXPRESS DE BERLIN

S'il est bien une ville au monde qui exige que l'on prenne ses repères avant de la découvrir sous son jour actuel, c'est Berlin. Ici, l'histoire est partout, invisible ou juste perceptible à l'œil exercé. À chacun sa façon de conter Berlin. Voici quelques dates essentielles, pour compléter la leçon d'histoire (en grande partie contemporaine) précédente.

Il était une fois... le Brandebourg

– ***VIe et VIIIe s :*** les territoires du Brandebourg sont colonisés par les Slaves.
– ***X^{e} s :*** les princes germaniques convoitent ces terres. La région entre l'Elbe et l'Oder est christianisée puis intégrée au Saint Empire romain germanique sous la dénomination de *Marche du Nord (Nordmark).*
– ***De 1220 à 1244 :*** vague de colonisation germanique avec l'arrivée des Templiers à Tempelhof.
– ***1307 :*** Berlin et Cölln s'unissent et décident d'organiser leur propre défense contre les chevaliers brigands en créant leur propre armée territoriale, la *Landwehr.*
– ***1402 :*** la Nouvelle Marche *(Neumark)* est attribuée à l'Ordre teutonique qui pacifie les territoires sous son autorité.
– ***1411 :*** Frédéric IV de Hohenzollern, burgrave de Nuremberg, qui a aidé Sigismond à conquérir la couronne impériale, devient Frédéric Ier de Brandebourg.
– ***1448 :*** Berlin se soulève contre Frédéric II de Brandebourg, dit « aux Dents de Fer ». Lors du siège, privé du secours des villes de la Hanse, Berlin capitule et abandonne ses espoirs d'autonomie. Frédéric II unit le Brandebourg en rachetant ses terres à l'Ordre teutonique. L'installation de la cour à Berlin permet de créer de nouveaux emplois et métiers.
– ***1539 :*** Joachim II se convertit au protestantisme, qui a aussi l'adhésion du peuple. Les finances de l'Électorat profitent de la sécularisation des biens du clergé catholique qui sont confiés à l'État. Ceux appartenant aux juifs expulsés sont confisqués.
– ***Fin du XVIe s :*** Joachim II fait venir à sa cour des artistes et des savants, il fait agrandir le château de Cölln et reconstruire les châteaux de Köpenick et de Grunewald.
– ***XVIIe s :*** lors de la guerre de Trente Ans, les princes protestants s'allient à la France catholique et à la Suède de Gustave-Adolphe contre l'Autriche qui veut rétablir l'autorité de l'Église catholique dans le Saint Empire romain germanique.
– ***1648 :*** la paix de Westphalie, signée à Münster, scelle l'émiettement de l'Allemagne.
– ***1650 :*** Frédéric-Guillaume de Brandebourg s'attache à reconstruire et transformer son électorat en un puissant État centralisé. Il fait appel à de nombreux étrangers – artisans et commerçants hollandais, juifs et calvinistes français – et lance un vaste plan de redressement économique.
– ***1685 :*** l'édit de Nantes est révoqué par Louis XIV. Les huguenots arrivent en nombre en Brandebourg.
– ***1701 :*** le duché de Prusse est érigé en royaume. Frédéric Ier, roi de Prusse, est couronné le 18 janvier.

Berlin au XVIIIe et au XIXe s

– ***1713-1740 :*** Frédéric-Guillaume Ier, le Roi-Sergent, s'emploie à redresser les finances de son royaume ; les protestants de Bohême fournissent une main-d'œuvre qualifiée aux manufactures textiles.
– ***1740-1748 :*** Frédéric II utilise le potentiel militaire mis en place par son père pour mettre à mal la suprématie autrichienne en Allemagne.
– ***1748-1756 :*** Frédéric II règne en despote éclairé. Il place la relation de l'individu à l'État sous le signe de la raison. Et attire à sa cour de beaux esprits français, dont Voltaire, qui se font les chantres du régime, néanmoins absolutiste.
– ***1756-1763 :*** la France, la Saxe et l'Autriche décident de contrer le rayonnement de la Prusse, qui trouve avec l'Angleterre un allié inattendu. La guerre de Sept Ans éclate lorsque Frédéric et ses troupes envahissent la Saxe.
– ***1760 :*** Berlin est occupé par les troupes de la tsarine Élisabeth Petrovna, fille de Pierre le Grand. La mort subite de l'impératrice russe sauve Frédéric II.
– ***1792 :*** la Prusse affronte la France révolutionnaire et essuie une sévère défaite à Valmy.

– ***1806 :*** après avoir rejoint la coalition antinapoléonienne, la Prusse est sévèrement battue à Iéna et Auerstedt. Napoléon fait son entrée triomphale à Berlin le 27 octobre 1806. L'occupation française dure près de 3 ans : le quadrige de la porte de Brandebourg est saisi, de lourdes contributions accablent les Berlinois, mais le servage est définitivement aboli.
– ***1813 :*** les troupes du tsar arrivent à Berlin et mettent en déroute l'arrière-garde de la Grande Armée.
– ***1815 :*** les troupes de Blücher participent à l'écrasement de Napoléon à Waterloo. La Prusse fait partie des grandes puissances européennes.
– ***1848 :*** la révolution berlinoise engendre le processus d'unification des États allemands.
– ***1848-1870 :*** la Prusse rattrape son retard économique sur la France. Près de 2 tiers des Berlinois travaillent dans l'industrie.
– ***1862 :*** Otto von Bismarck est nommé chancelier. L'unité allemande passionne l'opinion publique.
– ***1866 :*** Bismarck décide d'en découdre avec l'Autriche et l'écrase à Sadowa.
– ***1870-1871 :*** influencé par son état-major, Napoléon III se lance avec légèreté dans un conflit avec la Prusse et en paie le prix fort à Sedan, où son armée est anéantie. C'est la chute de l'Empire français, tandis que l'Empire allemand est proclamé le 18 janvier 1871 dans la galerie des Glaces du château de Versailles. La France perd l'Alsace et la Lorraine, qui deviennent terres d'Empire.
– ***1890 :*** Bismarck se retire en raison de ses profonds désaccords avec l'empereur Guillaume II. L'Allemagne se lance dans les conquêtes coloniales et se heurte aux zones d'influence française (Maroc) et aux intérêts britanniques.

Entre deux guerres

– ***1914-1918 :*** la mobilisation générale déclenche l'enthousiasme, mais retombe très vite lorsque le conflit commence à s'enliser.
– ***1918 :*** après l'échec de l'offensive générale de Ludendorff au printemps, l'espoir d'une victoire sur les Alliés s'estompe. L'entrée en guerre des États-Unis en 1917 a renversé le cours de la guerre. En novembre 1918, les marins de la Baltique se mutinent à Kiel et sonnent le glas de l'Empire. L'armistice est signé le 11 novembre, 2 jours après l'abdication de Guillaume II, qui s'exile aux Pays-Bas.
– ***1919 :*** l'Assemblée nationale, nouvellement élue, siège à Weimar, à l'écart des troubles sévissant à Berlin. Signature du traité de Versailles.
– ***1920 :*** putsch des « corps francs ». Grève générale des ouvriers berlinois, qui paralyse toutes les fonctions vitales de la capitale. Échec du coup d'État.
– ***1923 :*** la Ruhr est occupée par les troupes françaises et belges. L'inflation sévit dès juillet. Le plan Dawes et les capitaux américains permettent à l'économie allemande de se stabiliser. Le prix à payer est la restructuration et les licenciements massifs, qui provoquent un chômage endémique.
– ***1929 :*** entrée du parti nazi à l'assemblée municipale avec 5,8 % des suffrages. Le krach de Wall Street touche l'Allemagne. L'effondrement de l'économie est imputé aux sociaux-démocrates.
– ***1930-1932 :*** la crise s'accentue et les partis extrémistes en profitent pour recruter les chômeurs au sein de leurs organisations paramilitaires. Aux élections législatives de 1930, le parti nazi (NSDAP) progresse encore, avec 107 députés.
– ***30 janvier 1933 :*** Hitler est désigné chancelier par Hindenburg.
– ***27 février 1933 :*** les nazis incendient le Reichstag et accusent les communistes. Les partis de gauche sont interdits, Hitler obtient les pleins pouvoirs de l'Assemblée. Aussitôt l'appareil dictatorial se met en place : création de la Gestapo. Le camp de concentration de *Sachsenhausen* est aménagé à 30 km au nord de Berlin.
– ***1934 :*** nuit des Longs Couteaux. Hitler fait liquider son ancien compagnon de route, Ernst Röhm, chef des SA.

– ***1935 :*** lois antisémites de Nuremberg.
– ***1936 :*** Berlin accueille les J.O. Le régime nazi est en quête de respectabilité.
– ***9 novembre 1938 :*** Nuit de Cristal. Pogrom généralisé dans le pays.
– ***1940 :*** défaite de la France. La RAF lance son 1er raid en représailles aux bombardements de villes anglaises.
– ***1941-1942 :*** les bombardements alliés se multiplient. La population civile se terre dans les abris antiaériens ou dans les caves des immeubles. 1res difficultés d'approvisionnement.
– ***20 janvier 1942 :*** conférence de Wannsee. Décision de la « solution finale » pour exterminer les juifs.
– ***1944 :*** échec de l'attentat visant Hitler. Claus von Stauffenberg et les autres conjurés sont immédiatement arrêtés et exécutés. Près de 10 000 officiers convaincus de tiédeur envers le régime sont passés par les armes ou emprisonnés dans des camps.
– ***20 avril 1945 :*** assaut final des armées soviétiques de Joukov et Koniev. La ville est pilonnée, puis investie quartier par quartier.
– ***30 avril 1945 :*** le drapeau rouge est hissé sur le Reichstag. Hitler se suicide. La Wehrmacht capitule sans condition le 7 mai 1945. L'Armée rouge a perdu près de 100 000 hommes et Berlin, capitale fantôme, déplore 50 000 victimes.

Berlin occupé

– ***1945 :*** la conférence de Potsdam entérine le plan d'occupation de l'Allemagne et de Berlin en 4 secteurs. Un Conseil de contrôle interallié a la charge de gouverner l'Allemagne occupée ainsi que l'ancienne capitale du Reich.
– ***1946 :*** procès des crimes de guerre nazis à Nuremberg.
– ***1948 :*** la réforme monétaire adoptée dans les secteurs occidentaux de l'Allemagne introduit le Deutsche Mark et lie l'économie ouest-allemande au système économique occidental.
– ***4 juin 1948-12 mai 1949 :*** blocus de Berlin par les Soviétiques. Pont aérien occidental. Création de la RFA puis de la RDA.
– ***13 août 1961 :*** Walter Ulbricht ordonne la fermeture des points de passage vers l'Ouest et décide de construire un mur pour stopper l'hémorragie des Allemands de l'Est.
– ***1989 :*** 65 000 d'entre eux profitent de l'ouverture de la frontière entre la Hongrie et l'Autriche pour trouver refuge au sein des ambassades de la RFA. 1res grandes manifestations organisées par les mouvements d'opposition à Leipzig et dans les villes de RDA. Pour le 40e anniversaire de la RDA, Erich Honecker invite Gorbatchev à assister aux festivités.
– ***4 novembre 1989 :*** 1 million de personnes défilent à Berlin-Est. Le 7 novembre, le gouvernement de la RDA démissionne. 2 jours plus tard, un porte-parole du gouvernement de Berlin-Est annonce par erreur l'ouverture immédiate des postes-frontières. La foule se presse aux abords du Mur ; les officiers de la *Vopo,* désemparés, finissent par laisser passer les Berlinois de l'Est. Dans l'allégresse générale, les Berlinois des 2 côtés se retrouvent et célèbrent la chute du Mur au pied de la porte de Brandebourg.

Berlin réunifié

– ***1990 :*** destruction complète du Mur. Le 3 octobre, l'Allemagne est officiellement réunifiée.
– ***1991 :*** Berlin est désigné comme nouvelle capitale de l'Allemagne unie.
– ***1992-1993 :*** la difficile reconversion de l'économie est-allemande provoque un profond malaise qui se traduit par la percée des partis de l'extrême droite.
– ***1994 :*** les troupes d'occupation quittent Berlin.
– ***1998 :*** défaite de la CDU aux élections législatives. Gerhard Schröder succède à Helmut Kohl, le chancelier de la réunification.

– ***1999-2001 :*** déménagement du gouvernement à Berlin.
– ***2003 :*** la municipalité est virtuellement en faillite.
– ***2005 :*** après les élections de septembre, Angela Merkel, issue de la CDU, devient la 1re chancelière allemande.
– ***Juillet 2006 :*** finale historique de la Coupe du monde au stade olympique. Des centaines de milliers de touristes découvrent une capitale allemande accueillante pour tous.
– ***Septembre 2013 :*** réélection d'Angela Merkel pour son 3e mandat.
– ***Août 2014 :*** le maire de Berlin, Klaus Wowereit, présente sa démission suite au fiasco du chantier du nouvel aéroport.
– ***Novembre 2014 :*** célébration des 25 ans de la chute du Mur.
– ***2015 :*** afflux de réfugiés du Moyen-Orient. La chancelière subit de vives critiques pour avoir déclaré courageusement que l'Allemagne était prête à en accueillir 1 million.
– ***Décembre 2016 :*** un camion fonce dans la foule du marché de Noël au pied de l'église du Souvenir à Charlottenbourg. Bilan : 12 morts et 50 blessés. L'attentat est revendiqué par Daesh.
– ***Septembre 2017 :*** Angela Merkel décroche son 4e mandat, mais avec le parti AfD (Alternative pour l'Allemagne), l'extrême droite fait une entrée en force au Bundestag. La chancelière reconstitue en février 2018 une nouvelle grande coalition entre la CDU-CSU et le SPD. Malgré ce 4e mandat qui s'achève en 2021, la position de Mme Merkel s'est retrouvée affaiblie.
– ***2020 :*** la crise de la Covid-19, bien que bien gérée comme dans le reste du pays par les autorités sur le plan sanitaire, voit la fréquentation touristique s'effondrer comme dans la plupart des grandes capitales européennes.
– ***Octobre 2020 :*** inauguration (enfin) du grand aéroport Willy-Brandt (BER) de Berlin-Brandebourg.
– ***Décembre 2020 :*** inauguration du *Humboldt Forum* à l'emplacement de l'ancien château.

MÉDIAS

Votre TV en français : TV5MONDE, la 1re chaîne culturelle francophone mondiale

Avec ses 11 chaînes, ses 14 langues de sous-titrage, TV5MONDE s'adresse à 370 millions de foyers dans 198 pays par câble, satellite et sur IPTV, et est présent dans plus de 3 millions de chambres d'hôtels. Vous y retrouverez de l'information, du cinéma, du divertissement, du sport, du documentaire...
Préparez votre séjour grâce à son site voyage ● *voyage.tv5monde.com* ● et, sur place, restez connecté avec les applications et le site ● *tv5monde.com* ● Demandez à votre hôtel le canal de diffusion de TV5MONDE et contactez ● *tv5monde.com/contact* ● pour toutes remarques.

TV et radio

Berlin héberge de nombreuses stations de télévision et de radio internationales et régionales. La chaîne publique internationale en langue allemande ***Deutsche Welle*** (DW) a son unité de production de télévision à Berlin, et les principaux diffuseurs nationaux y ont un studio, y compris ***ZDF*** et ***RTL.*** La chaîne publique ***RBB*** y a son siège ainsi que les chaînes commerciales ***MTV Europe, VIVA,*** et ***N24.***
– ***Radios FM :*** les plus écoutées sont certainement *Radio Eins* (95,8) et *Fritz* (102,6), du rock eighties aux électro-pop et techno actuelles, concerts en direct, interviews, reportages et surtout peu de publicité bruyante ! Musiques du monde et programmes en différentes langues sur *Radio Multikulti* (88,4), sans oublier

Klassik-Radio (101,3) et *Jazzradio* (96,7). *Radio France International* est également présente, sur 106,0 : en bonus berlinois, plusieurs décrochages quotidiens en allemand... pour les infos françaises !

Presse écrite

Berlin possède le plus grand nombre de quotidiens en Allemagne, avec de nombreux journaux grand format : *Berliner Morgenpost, Berliner Zeitung, Die Tagesspiegel,* 3 grands tabloïds, ainsi que des quotidiens nationaux de différentes appartenances politiques comme *Die Welt, Neues Deutschland* et *Die Tageszeitung (Taz).* Le *Exberliner,* un magazine mensuel de langue anglaise, se concentre sur les arts et spectacles. Berlin est également le siège des 2 grandes maisons d'édition *Walter de Gruyter* et *Axel Springer,* chacune publiant des livres, des périodiques et des produits multimédias.

Production cinématographique

Avec des sociétés produisant chaque année plus de 1 000 films et séries pour la télévision, et autour de 300 coproductions nationales et internationales filmées et 270 salles de cinéma, Berlin est un centre important de l'industrie européenne du film. Les studios historiques de ***Babelsberg*** et la société de production ***UFA*** sont situés en dehors de Berlin, à Potsdam. La ville héberge aussi la *Maison de l'Académie européenne du cinéma* et l'*Académie du cinéma allemand.* Tous les ans, en février, se déroule la ***Berlinale,*** le *Festival international du film de Berlin.* Avec près de 500 000 entrées, c'est, avec Cannes et Venise, un des plus grands festivals internationaux de cinéma. Un important marché de films, des rétrospectives et des sections parallèles complètent la manifestation, portée par la compétition internationale de longs métrages qui récompense les meilleurs films par les fameux ***Ours d'or*** et ***d'argent.***

MUR DE BERLIN

Au matin du 13 août 1961, les Berlinois se réveillent en se frottant les yeux d'incrédulité : un réseau de barbelés et chevaux de frise séparent dorénavant les secteurs occidentaux du secteur soviétique. L'opération ***Muraille de Chine,*** décidée par Walter Ulbricht et Erich Honecker, a pour but principal d'endiguer l'exode des habitants de la RDA vers la RFA. Dès l'aube, 25 000 miliciens se postent sur la ligne de démarcation, les chars de l'Armée rouge contrôlent les axes stratégiques, les transports en commun sont interrompus : la nasse vient de se refermer sur les Berlinois, l'Ouest se retrouve isolé.
La tension monte entre l'OTAN et le pacte de Varsovie. Les Alliés mobilisent leurs forces le long du no man's land. Chacun s'observe en chien de faïence, mais les Occidentaux assistent impuissants à l'érection du dernier maillon de ce rideau de fer annoncé par Churchill.

La tragédie !

En 1961, la situation est devenue dramatique pour l'Allemagne de l'Est et la crédibilité du régime bat de l'aile. Des centaines d'Allemands de l'Est se réfugient à Berlin-Ouest chaque jour (30 000 pour le seul mois de juin 1961). On estime que plus de 2 500 000 personnes sont passées à l'Ouest de 1949 à 1961.
Le 13 août 1961 au matin, Berlin-Ouest se retrouve totalement encerclée par la police et les miliciens. Les 1ers éléments du Mur en dur sont érigés dans les jours qui suivent. Il fera 43 km de long sur la ligne de démarcation qui coupe la ville et 112 km entre Berlin-Ouest et l'Allemagne de l'Est. Mur de 3,60 m de haut, ponctué de 302 miradors, avec plus 15 000 *Vopos* (policiers) affectés à sa surveillance. Certains immeubles donnant sur la « frontière » sont totalement murés, les

demeures individuelles progressivement démolies pour laisser place à un véritable ***no man's land*** qui va permettre une meilleure surveillance et servir de champ de tir. Quand John Kennedy se rend à Berlin le 27 juin 1963, il ne peut que constater la fracture. En 28 ans, 5 075 personnes réussissent cependant à fuir à l'ouest et 136 périssent lors de tentatives. L'imagination des candidats à la liberté est infinie, et les moyens les plus incroyables sont utilisés.
Certaines tentatives de fuite se transforment cependant en drames épouvantables, comme celle du jeune Peter Fechter, le 17 août 1962, blessé à mort par balles et que les *Vopos* laissent se vider de son sang au pied du Mur.
À partir de 1972, le Mur devient infranchissable : l'ouvrage principal est rehaussé et recouvert d'un socle arrondi, un 2[d] mur est édifié à l'arrière, renforcé par des pièges et surveillé par des rondes incessantes de *Vopos* et de chiens.
Les seuls points de passage entre l'Est et l'Ouest se résument à ceux du ***Checkpoint Charlie*** et celui situé à proximité de la gare de *Friedrichstraße.* À cette époque, à l'Ouest, le Mur est recouvert de tags, de graffitis et autres messages de révolte, tandis qu'à l'Est il reste uniformément gris pour faciliter le boulot des *Vopos,* en cas de tentative d'évasion.

AU PIED DU MUR À 21 ANS !

Jeune officier cartographe incorporé dans la Stasi, Hagen Koch fut convoqué le 13 août 1961 par son supérieur, qui lui donna un pot de peinture blanche et un pinceau. Mission : délimiter au sol le tracé du futur Mur à travers la ville. Penché sur son plan, un pied à l'est, l'autre à l'ouest, il s'acquitta consciencieusement de sa tâche sur près de 43 km. De nos jours, il garde dans son appartement des archives inédites sur la construction du Mur.

La chute !

La 1re faille dans le Mur se produit en 1987 : des milliers de jeunes Allemands de l'Est venus écouter un concert de rock se déroulant de l'autre côté du Mur hurlent : « Le Mur doit tomber ! » En 1989, la population de la RDA réclame davantage de libertés et de réformes, mais se heurte à la rigidité d'un régime poststalinien sur la défensive. Le 9 novembre 1989, le conseil des ministres de la RDA rend public, un peu maladroitement, un projet de loi sur la ***liberté de voyager.*** La confusion est totale et les Allemands de l'Est y voient une autorisation de franchir la frontière et se pressent en masse vers les points de passage. Sans instructions claires, les gardes-frontières n'osent s'y opposer. Dans l'euphorie générale, des milliers de Berlinois de l'Est et de l'Ouest se retrouvent sur le Mur pour fêter la fin de 28 années de séparation.
Les télévisions du monde entier retransmettent ce moment historique qui marque la fin de l'après-guerre. Les scènes de joie et de fraternisation et l'image de ***Mstislav Rostropovitch*** jouant du violoncelle au pied du Mur restent dans toutes les mémoires. Dans les 6 mois qui suivent, le Mur disparaît presque totalement sous les marteaux-piqueurs des démolisseurs et des marchands de souvenirs. Une section de 300 m est pourtant sauvée par le pasteur ***Manfred Fischer,*** qui se bat pour faire classer

UNE BOULETTE CAUSE LA FIN DU MUR

Le 9 novembre 1989, Günter Schabowski, porte-parole du gouvernement de la RDA, est interrogé par la presse. On lui demande quand le décret autorisant les Berlinois de l'Est à se rendre à l'étranger prendra effet. Ne connaissant pas la réponse, l'apparatchik bredouille : « Pour autant que je sache, immédiatement. » Cette annonce provoque la ruée vers le Mur et les gardes-frontières, débordés, ouvrent alors les barrières mais pas le feu...

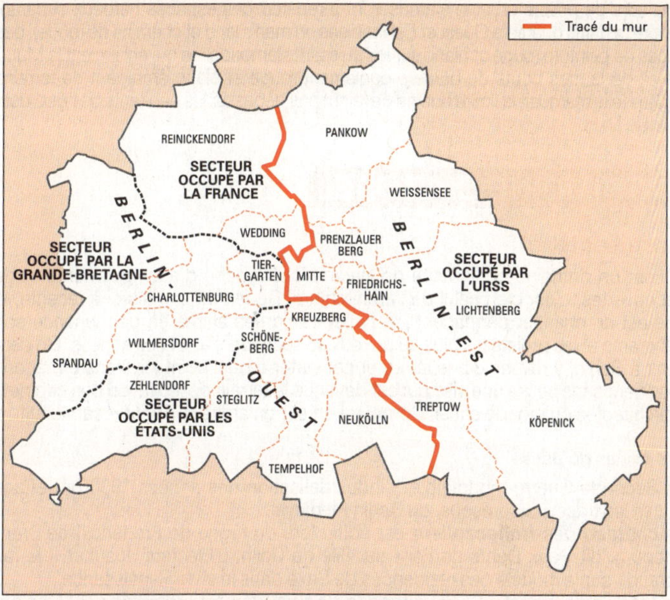

LE MUR DE BERLIN PENDANT LA GUERRE FROIDE

Monument historique le pan longeant son presbytère, sur la ***Bernauer Straße*** (S-Bahn : Nordbahnhof), où débute un circuit balisé.

À l'emplacement « historique » de la porte de Brandebourg, plus rien ! Quelques rares vestiges significatifs subsistent encore : le plus long vestige, de 1,3 km (sur la berge nord de la Spree, côté *Friedrichshain* ; S-Bahn : Ostbahnhof), a été peint par des artistes venus de 21 pays. Cette ***East Side Gallery*** (voir plus haut à Friedrichshain) fait partie des visites incontournables. Mais pour combien de temps ? Un énorme projet immobilier lorgne cette surface stratégique située près du centre de Berlin.

Un autre morceau du mur est à voir sur ***Niederkirchnerstraße,*** longeant la *Topographie des Terrors* (U-Bahn : *Kochstraße*).

Le tracé du mur de Berlin est de nos jours matérialisé au sol par une double rangée de pavés et des plaques en fonte portant l'inscription *Berliner Mauer 1961-1989.*

Un *parcours historique du Mur* de 29 étapes est publié avec des illustrations et des explications en 4 langues sur les événements qui s'y sont déroulés. Il est bon de préciser que le tracé gravé sur les chaussées ignore en revanche la zone interdite, la ligne de barbelés et le 2^d mur parallèle, un dispositif dressé contre les citoyens de la RDA pour les emprisonner.

Malgré sa disparition, en dehors des tracés au sol, il reste d'autres traces indirectes du Mur, que les

LE MUR DE BERLIN EN CHIFFRES

Longueur totale de la ceinture autour de Berlin-Ouest : 155 km.
Hauteur : 3,60 m.
Nombre de tours d'observation : 302.
Nombre de bunkers : 20.
Évasions réussies : 5 075.
Victimes du rideau de fer (1948-1989) entre la RDA et la RFA : 1 008 morts.

amateurs de poésie urbaine s'amuseront à repérer : des espaces herbeux séparant encore certains quartiers Ouest et Est (anciens no man's land et chemins de ronde), des traces de peinture rouge et blanc sur les puissants lampadaires qui éclairaient le Mur. De-ci, de-là, des bouts de barrière également rouge et blanc émergent de terrains vagues (elle marquait la limite que ne devaient pas dépasser les habitants de l'Est, juste avant le Mur).

PATRIMOINE CULTUREL

Architecture

S'il est un domaine où la visite de Berlin s'avère riche d'enseignements et de découvertes, c'est bien celui de l'architecture. Du fait de son histoire récente, la ville est un chantier permanent ; le ballet des grues anime en permanence son panorama et les projets les plus audacieux se succèdent au fil des années. On peut venir à Berlin, y revenir 3 ans après et constater à quel point les transformations modifient sans cesse une ville qui est devenue le terrain de jeu favori des cabinets d'architectes du monde entier. Comment en est-on arrivé là ? Petit récapitulatif...

Les traces du passé

La Seconde Guerre mondiale et l'industrialisation des années 1930 ont effacé toutes les traces, ou presque, du Berlin médiéval.
Le ***château des Hohenzollern*** est édifié lors du règne de Frédéric II de Brandebourg, dit « aux Dents de Fer » sur l'île de Cölln. L'Électeur Joachim II le fait agrandir sur le modèle des résidences de Saxe dans le style Renaissance.
En 1559, la construction de la ***citadelle de Spandau*** est ordonnée par l'Électeur Joachim II qui appelle un architecte vénitien.
Au lendemain de la guerre de Trente Ans, le Grand Électeur fait ériger des fortifications à l'italienne. Aujourd'hui encore, on reconnaît le tracé des remparts dans la configuration irrégulière du *Spittelmarkt.*

Frédéric III et le baroque

Frédéric III fait édifier le château de la ville dans le style baroque ; il participe à la construction du *Zeughaus* (Arsenal).
Le petit château de Lietzenburg prend le nom de ***Charlottenburg*** en 1695.
Le château de *Köpenick* est un bel exemple d'architecture baroque construit à la place d'un pavillon de chasse commandé par Joachim II.

L'urbanisation sous Frédéric-Guillaume II

Le Roi-Sergent, Frédéric-Guillaume Ier, avait interrompu les projets urbanistiques pour préserver les finances du royaume.
Son fils, Frédéric-Guillaume II, va insuffler un nouvel élan à l'architecture prussienne en favorisant à la fois des constructions d'apparat et des bâtiments d'utilité publique, comme l'***Opéra*** *(Staatsoper Unter den Linden).*
La fin de son règne marque le retour à l'antique. Le ***Gendarmenmarkt*** est le plus bel ensemble néoclassique de Berlin. Pour édifier une nouvelle cathédrale, l'architecte a procédé à un remaniement des 2 églises (*Französischer Dom* et *Deutscher Dom*) en les dotant d'une coupole inspirée de celles de la *piazza del Popolo* à Rome.
Le néoclassicisme s'exprime aussi dans la sculpture. Un quadrige vient coiffer la porte de Brandebourg.

L'empreinte de Karl Friedrich Schinkel

La Prusse, victorieuse de Napoléon, réaffirme son identité dans le style néoclassique. Frédéric-Guillaume III fait appel à l'architecte ***Schinkel*** pour concrétiser ses

ambitieux projets. Doté d'une prodigieuse force de travail, Schinkel bâtit en un quart de siècle d'innombrables édifices qui façonneront durablement l'image de Berlin : palais, châteaux, églises, théâtres, musées, ponts et écoles autour d'***Unter den Linden,*** dans les faubourgs et à Potsdam. Schinkel n'hésite pas à explorer de nouveaux styles. Il exerce une influence durable sur les arts décoratifs et l'architecture intérieure. Les matériaux utilisés sont rarement nobles et se prêtent à une fabrication industrielle.
À partir de 1871, le néogrec et le néogothique se succèdent pour laisser la place à un style Beaux-Arts privilégiant la pompe au fonctionnel.

L'éclectisme architectural à la fin du XIXe s

Au cours de l'industrialisation, l'exil rural draine de nouvelles populations dans les faubourgs en cours d'aménagement. Cet afflux massif entraîne une spéculation immobilière et la construction de logements insalubres et surpeuplés.
Après l'ouverture de la ligne de chemin de fer Berlin-Potsdam en 1838, les gares de Potsdam et de Hambourg sont construites à la limite du mur d'octroi.
En 1862, le plan d'aménagement prévoit une restructuration, à l'exemple du baron Haussmann à Paris. On organise l'aménagement des quartiers selon un principe commun : places dessinées autour d'un square ou d'une église, ceinture de boulevards, quadrillage des rues. Les 1ers parcs populaires ont pour but d'aérer ces nouveaux quartiers.
Les années 1880 sont propices à l'apparition de façades cossues aux ornements de stuc. Derrière cette pompe se cachent bien souvent les logements pauvres de ces casernes locatives, habitat du prolétariat. Les **Mietskasernen** hébergent parfois jusqu'à 1 000 personnes.
Guillaume II est un souverain orgueilleux, les édifices construits sous son règne brillent par leur style pompeux. Parmi les plus marquants de cette période : la nouvelle cathédrale ***(Berliner Dom),*** l'église du Souvenir de Guillaume Ier *(Kaiser-Wilhelm-Gedächtniskirche)* et le **Reichstag.**
Le dernier grand projet de l'empire, le musée de Pergame *(Pergamonmuseum),* n'est achevé qu'au lendemain de la Première Guerre mondiale.

La période moderne : un XXe s qui débute bien

La 1re césure de Berlin s'affirme au début du XXe s, avec la constitution de 2 centres-ville distincts : d'une part, le centre ancien autour des *Linden* et de la *Friedrichstraße* ; de l'autre, le pôle du ***Ku'damm*** *(Kurfürstendamm),* qui s'affiche avec ses cafés à la mode fréquentés par les artistes.
Le ***Jugendstil*** ouvre une nouvelle ère et prône une étroite collaboration entre créateurs et ingénieurs, où le fonctionnalisme l'emporte sur l'apparat. Par la suite, les programmes sociaux des années 1920 coïncident avec la mouvance expressionniste.
Se développe alors une architecture fonctionnelle et moderne qui annonce le ***Bauhaus.*** Les salles de machines de la société *AEG* en témoignent. Les efforts se concentrent alors sur des réalisations à dimension sociale.
Au lendemain de la crise économique et de la grande inflation, Berlin adopte une architecture inspirée des États-Unis. On voit apparaître les 1res tours d'Europe, à l'image de celles de la société *Borsig* dans le quartier de Tegel-Reinickendorf.
Le 1er tronçon d'autoroute est tracé dans la forêt de Grunewald en 1921 ; il s'agit de l'***AVUS,*** qui sert aux courses automobiles et de piste d'essai pour les records de vitesse. Les courses cyclistes et le marathon des J.O. de 1936 s'y déroulent.
Dans le courant des années 1920, une autre tendance architecturale voit le jour : la ***Nouvelle Objectivité*** *(Neue Sachlichkeit).* Les architectes préfèrent l'abstraction des formes planes et nettes, créant une architecture « à reflet » employant notamment le verre.
L'essor de l'automobile oblige les urbanistes à épouser les mouvements circulaires du trafic dans la configuration des édifices.

Le Bauhaus

Fondé en 1919 à Weimar par ***Walter Gropius,*** le Bauhaus vise à intégrer l'ensemble des disciplines conduisant à la construction du bâtiment. De cette collaboration entre les ingénieurs, les architectes et les artisans naît le design moderne. Il s'agit de créer des objets destinés à être manufacturés à grande échelle tout en alliant une double fonction : esthétique et fonctionnalisme.

Les peintres ***Wassily Kandinsky, Paul Klee*** y enseignent, ainsi que les architectes Mies van der Rohe et Walter Gropius, qui en prendront la direction.

Ne pouvant supporter cette innovation, les conservateurs font pression sur les dirigeants de l'école, qui s'installe en 1932 avec ses élèves à *Steglitz,* dans une usine désaffectée. L'expérience berlinoise tourne court avec l'arrivée des nazis au pouvoir en 1933. L'établissement est définitivement fermé, et les membres de l'équipe dispersés. Certains partent aux États-Unis, où ils peuvent y mettre en œuvre leur savoir-faire, comme ***Mies van der Rohe,*** qui participe à l'essor de Chicago. Il faut attendre la chute du IIIe Reich pour voir enfin une application des préceptes du Bauhaus. Belle revanche, les archives du Bauhaus sont réunies à Berlin depuis 1979. En 2019, commémorations multiples pour les 100 ans du Bauhaus.

Les délires du Führer

Hitler n'aime pas Berlin, mais il projette de lui donner une physionomie à la mesure de ses ambitions politiques : elle s'appellera ***Germania.*** La vitrine du régime passe d'abord par une démolition systématique des bâtiments qui peuvent entraver les projets de son comparse favori, l'architecte ***Albert Speer.***

Au centre du dispositif, une *Salle du peuple* surmontée d'une coupole de 270 m de haut, susceptible d'accueillir 180 000 personnes et qui devait se trouver au croisement des 2 grands axes traversant la ville. Seule la guerre retarde la construction de cette nouvelle capitale destinée à briller 1 000 ans, et dont l'inauguration est prévue pour 1950.

Les seules réalisations de cette époque encore visibles sont les installations olympiques pour les ***Jeux d'été de 1936,*** l'aéroport de Tempelhof, l'ancien ministère de l'Air (aujourd'hui attribué au ministère des Finances) et les casernes de l'ancien quartier Napoléon (occupé après 1945 par les forces françaises), proche de l'aéroport de Tegel.

La reconstruction après 1945

Le tribut payé par Berlin lors des bombardements est particulièrement lourd : près de 43 % des immeubles sont détruits.

La plupart des hommes valides se retrouvent dans les camps de prisonniers alliés. Berlin doit son salut aux ***Trümmerfrauen*** (« les femmes des ruines »), qui entreprennent courageusement les déblaiements et les 1res reconstructions à l'aide de simples pelles et de brouettes en échange d'un doublement de leurs cartes de rationnement. Dans la topographie actuelle de Berlin, on dénombre 14 de ces collines artificielles constituées de gravats, dont le célèbre ***Teufelsberg,*** constitué de 26 millions de tonnes de débris.

La reconstruction de Berlin revêt d'emblée un caractère idéologique avec la confrontation de 2 blocs antagonistes. À l'ouest, on élabore la vitrine du capitalisme autour de l'***Europa-Center.***

UN TEMPLE DE L'AÉRONAUTIQUE

Créé dès 1923, Tempelhof a servi de modèle à de nombreux aéroports. Avec 284 000 m² et 1 230 m de long, il fut même le 3e plus grand bâtiment au monde après le Pentagone et le palais de Bucarest. Ses pistes ont accueilli un avion toutes les 90 s lors du blocus de 1948. Sa fermeture définitive a eu lieu en 2008. En 2010, les 380 ha autour des pistes ont été reconvertis en parc public pour le moins insolite !

Si la partie Est hérite de la majeure partie des monuments historiques, le régime communiste souhaite faire table rase de l'héritage prussien. Berlin-Est devient une capitale calquée sur le modèle socialiste : le château de Berlin, en partie détruit, est dynamité et la *Bauakademie* de Schinkel fait place au bâtiment médiocre du ministère des Affaires étrangères de la RDA. L'architecte en chef de Berlin-Est conçoit l'avenue de prestige du régime, la ***Stalinallee*** (rebaptisée en 1961 Karl-Marx-Allee).
L'économie planifiée souffre de nombreux dysfonctionnements en matière d'approvisionnement : les matériaux traditionnels de construction se font rares et les ***Baukombinate*** produisent des panneaux préfabriqués à l'échelle industrielle : les ***Plattenbauten,*** ces cités-dortoirs ouvrières, surgissent un peu partout et envahissent le paysage urbain.

Les expositions universelles d'architecture de 1957 et 1987

À l'occasion de l'***Interbau*** de 1957, un quartier modèle est construit en bordure du *Tiergarten* : l'*Hansaviertel,* un exemple d'habitat urbain éparpillé dans un milieu naturel. À ce projet ambitieux participent les plus grands noms de l'architecture contemporaine : ***Oscar Niemeyer, Le Corbusier, Alvar Aalto*** et ***Walter Gropius.***
Berlin-Est connaît alors un phénomène similaire. Les dirigeants souhaitent rivaliser avec Berlin-Ouest et décident d'un vaste plan de rénovation du patrimoine historique. Le ***Gendarmenmarkt*** est brillamment rénové et l'ancien quartier médiéval du ***Nikolaiviertel*** est en partie reconstruit (ou plutôt construit *ex nihilo*).

Le renouveau des infrastructures culturelles

Avec la division de la ville, Berlin-Ouest se trouve amputé de la majeure partie du noyau culturel et artistique de l'ancienne capitale du Reich.
Le centre commercial de l'*Europa-Center* confère à Berlin-Ouest de nouveaux points de repère. Les ruines de l'église du Souvenir (la *Gedächtniskirche*) se voient complétées par une nouvelle église avec son foyer et un campanile moderne. Surnommée la « Dent creuse », l'ancienne église devient le symbole de la partie occidentale de la ville.
Les subventions fédérales financent la création d'un nouveau complexe culturel, le ***Kulturforum,*** au sud du *Tiergarten.* Sous la conduite de *Scharoun* toujours, la Philharmonie et la Bibliothèque nationale voient le jour.
La réunification de l'Allemagne en 1991 rend à Berlin son statut de capitale. Les instances gouvernementales sont appelées à quitter Bonn pour rejoindre Berlin. Dès lors vont commencer les travaux d'aménagement, mais aussi les lourdes opérations d'assainissement des quartiers est de la ville, notamment les districts de *Prenzlauer Berg* et de *Mitte.* La culture passe au 2d plan.

Das Neue Berlin : un terrain de jeu rêvé pour les cabinets d'architectes

Une fois le Mur disparu, il revient aux architectes de combler cette cicatrice béante entre les 2 secteurs de la ville. C'est à ce titre que la *Pariser Platz,* la *Leipziger Platz* et surtout la ***Potsdamer Platz*** retrouvent leur fonction d'autrefois. Cet immense espace vide en plein centre (avant-guerre, un des carrefours les plus importants de Berlin) a fait le bonheur des architectes – dont les célèbres ***Richard Rogers, Rafael Moneo, Renzo Piano*** et ***Arata Isozaki*** – qui ont pu se lancer dans les projets les plus fous.
C'est l'Italien Renzo Piano qui remporte le concours pour l'aménagement de la *Potsdamer Platz,* dont la configuration permet de relier le *Kulturforum* avec le nouveau centre névralgique de bureaux et de galerie commerciale *(Arkaden)* et le quartier historique. ***Daimler-Benz*** y élit domicile. Tandis que ***Helmut Jahn*** conçoit le *Sony Center,* ***Giorgio Grassi*** réalise les bâtiments d'***ABB.*** Renzo Piano bâtit, lui, la *Debis-Haus (Atrium Tower)* au bord du *Landwehrkanal*.

Les quartiers gouvernementaux se trouvent pour l'essentiel dans le coude de la Spree, à proximité du Reichstag. 800 architectes du monde entier participent à ce projet titanesque qui englobe la construction de la ***nouvelle chancellerie,*** les nouveaux ministères ainsi que le réaménagement de l'hémicycle du ***Reichstag,*** qui se voit coiffé d'une coupole de verre, œuvre de l'Anglais ***Norman Foster.*** Dans le quartier des ambassades *(Botschaftsviertel),* près du *Tiergarten,* le complexe rassemblant ***5 ambassades des pays scandinaves*** se distingue par une architecture audacieuse où l'intensité de la lumière solaire influe directement sur l'ouverture de ses volets.
Son statut de capitale retrouvé, Berlin se doit d'améliorer les axes de communication et les transports urbains. Les trains à grande vitesse *ICE* desservent la nouvelle *Hauptbahnhof.* Une nouvelle ligne de métro, la U5 (appelée par les Berlinois « Kanzlerlinie »), est mise en circulation en 2009, après 14 ans de travaux et une facture de 260 millions d'euros. C'est la portion de ligne de métro la plus chère de l'histoire allemande ! 3 stations seulement, mais quel prestige que de traverser la chancellerie ! Ce tronçon a été raccordé à la station Alexanderplatz, et a été complété en 2020 pour rallier la *Hauptbahnhof,* mais les travaux ont peiné à avancer en raison des découvertes archéologiques tout le long du tracé. Le *Musée juif* de Berlin a élu domicile à Kreuzberg. L'architecte américain ***Daniel Libeskind*** y a dessiné un bâtiment en béton brut, en forme d'étoile de David brisée, symbolisant le traumatisme laissé par l'Holocauste. Une annexe au musée est en cours de construction à l'ancien marché aux Fleurs tout proche. On peut citer aussi, au sein des très chic *Friedrichstadtpassagen,* le bel ensemble des *Galeries Lafayette,* dessinées par le Français ***Jean Nouvel.***

Les chantiers en cours

Le *Stadtforum,* lieu de débat public du Sénat de Berlin, a connu des discussions animées.
Si le mémorial de l'Holocauste est une réussite, le ***Palast der Republik,*** entièrement détruit, a été remplacé par une réplique de l'ancien château des Hohenzollern sur la ***Schlossplatz.*** Sous le nom de ***Humboldt Forum,*** il héberge des institutions culturelles et des musées (dont ceux de Dahlem). Certains regrettent pourtant la disparition de ce symbole de la RDA dans toute sa gloire ou son horreur amiantée.
Mêmes débats houleux autour du projet de construction d'un centre d'affaires dédié à la communication et aux médias (sous le nom de code de ***Mediaspree***) au long de la rivière, vers l'***East Side Gallery.*** Si les 1ers immeubles sont sortis de terre, le projet a sérieusement été revu à la baisse (notamment en nombre d'étages...) et les habitants du quartier ont même, en réaction, construit un village « alternatif », le ***Holzmarkt-Projekt.***
Dernières réalisations : dans Mitte, le pont piéton au-dessus de la Spree, appelé ***Marie-Elisabeth-Lüders-Steg,*** qui relie la *Paul-Löbe-Haus* à la *Marie-Elisabeth-Lüders-Haus* et qui a pour particularité d'être réservé aux seuls parlementaires du Reichstag dans sa partie supérieure (pour leur permettre d'aller déjeuner sans doute) et autorisé à tout le monde dans sa partie inférieure. Dans le même secteur gouvernemental nommé *Band des Bunde,* le musée *Futurium* et *The Cube* sur le parvis de la *Hauptbahnhof,* sont les dernières réalisations architecturales spectaculaires à agrémenter les rives de la Spree.
À l'ouest, face à l'*église du Souvenir,* et proche du ***Bikini Berlin,*** une icône de l'après-guerre réhabilitée en 2014, le Ku'damm, va s'offrir une porte d'entrée de prestige avec l'érection de 2 ensembles en hauteur, l'hôtel ***Waldorf Astoria*** et l'***Upper West,*** une spectaculaire tour de 33 étages et 118 m de haut avec un cinéma, un hôtel et un bar au sommet qui permet une vue panoramique à 360°.
À 2 pas de là, la ***Ludwig-Erhard-Haus,*** qui héberge la Bourse, a été construite dans une architecture organique déroutante.

Cinéma

Le cinéma allemand est né en 1895, mais jusqu'en 1910, l'Allemagne est dépourvue d'industrie cinématographique propre. La concurrence étrangère ayant disparu avec la Première Guerre mondiale, les studios de Tempelhof et de Neubabelsberg se mirent à produire drames et mélodrames, farces et comédies à la chaîne.

Inspirés d'abord par le fantastique de Hoffmann, les cinéastes allemands vont vite adopter l'*expressionnisme. Le Cabinet du docteur Caligari* (1919), avec l'acteur fou Conrad Veidt, lance le genre, entre grand-guignol et *delirium tremens.* ***Friedrich Murnau*** tourne en 1922 son *Nosferatu,* sous-titré sobrement *Une symphonie de l'horreur.* Le plus grand film de la période reste *Metropolis,* tourné par ***Fritz Lang*** en 1927.

Avec le redressement économique apparaît la *Nouvelle Objectivité* dont ***G. W. Pabst*** est l'auteur le plus illustre : *La Rue sans joie* (1925), où une inconnue du nom de ***Greta Garbo*** crie misère ; *Lulu* (1929), où Louise Brooks est divinisée par la critique ; et *L'Opéra de quat'sous* (1928), en collaboration avec ***Brecht.*** De son côté, ***Ernst Lubitsch,*** avant de filer à Hollywood, donnera dans le grand spectacle historique avec *Madame du Barry* (1919) et *Anne Boleyn* (1920).

L'apparition du parlant marque la fin de l'âge d'or, à quelques exceptions près, dont *L'Ange bleu* (1930) de ***Josef von Sternberg,*** avec la révélation de ***Marlene Dietrich,*** dans un film remarquable qui sut rendre la confusion qui régnait dans l'Allemagne de l'époque, dans les esprits comme dans les corps. Fritz Lang surfe génialement sur divers styles, depuis *Les Trois Lumières* (1921) jusqu'au mémorable *Testament du docteur Mabuse* (1932).

Après que le sosie de Charlie Chaplin aura achevé en sous-sol son macabre tour de piste, l'Allemagne se passe pendant 20 ans de faire du cinéma... Seuls émergent dans ce désert *Les assassins sont parmi nous* (1946), de Wolfgang Staudte et *Un homme perdu* (1951), de l'ancien acteur fétiche de Lang, Peter Lorre. Dans son genre, la Berlinoise ***Leni Riefenstahl*** utilise son réel talent de cinéaste pour se mettre au service du nazisme en assurant une propagande efficace au Führer avec *Le Triomphe de la volonté* en 1934, puis en magnifiant les J.O. de Berlin *(Les Dieux du stade)* en 1936.

LILI MARLEEN

Étrange destin que celui de l'actrice choisie pour incarner Lola-Lola dans L'Ange bleu. *De nombreuses jeunes femmes avaient déjà défilé, sans être retenues, et le producteur Eric Pommer faillit s'étrangler (« Pas cette putain ! » aurait-il hurlé) lorsqu'on lui proposa une fille qui était l'essence même du Berlin de l'époque : un « mélange de sexe et de cynisme » qui bouleversa Josef von Sternberg. Sans lui, Marlene Dietrich serait restée une meneuse de revue coquine pour ivrognes berlinois.*

L'exemple de la Nouvelle Vague française réchauffe les jeunes imaginations vers 1963-1964. Dans le sillage de ***Volker Schlöndorff*** (avec *Les Désarrois de l'élève Törless,* 1965, *L'Honneur perdu de Katharina Blum,* 1975, *Le Tambour,* 1979) et Peter Fleischmann (*Scènes de chasse en Bavière,* 1969), une nouvelle génération se hisse vite à un niveau mondial en cultivant un style décadent et un humour nihiliste, ou en critiquant la société allemande. L'inépuisable ***Rainer Werner Fassbinder*** *(Le Droit du plus fort, Tous les autres s'appellent Ali...)* en est l'âme punkoïde, tandis que ***Werner Herzog,*** avec *Aguirre* (1972), cultive un certain mysticisme et que ***Wim Wenders,*** à partir de *L'Ami américain* (1977), puis *Paris Texas* (1984), stylise sa fascination pour les road movies... Son film *Les Ailes du désir* (1987) est un hymne poétique au Berlin d'avant 1989. Les très doués Wolfgang Petersen (*Das Boot,* 1981) et Roland Emmerich, amateur de S-F et de films catastrophe, attirés par le cours du dollar, s'exilent à Hollywood.

Signalons, en 2003, le succès de *Good Bye Lenin !* Film culte de l'*Ostalgie,* et *Rosenstraße,* de Margarethe von Trotta, l'histoire d'une révolte de femmes sous le régime nazi, primé à la Mostra de Venise.

Réalisé en 2006 à Berlin, *La Vie des autres,* écrit et réalisé par ***Florian Henckel von Donnersmarck,*** a reçu de nombreuses récompenses, dont l'oscar du meilleur film étranger, et a connu un succès mérité. Succès aussi en 2004 pour *La Chute,* d'Oliver Hirschbiegel, relatant les derniers jours de Hitler dans son bunker en 1945 et interprété par un époustouflant ***Bruno Ganz.*** En 2015, ***Steven Spielberg*** nous replonge dans l'ambiance de la guerre froide avec *Le Pont aux espions,* et Tom Hanks dans le rôle principal. Le Berlin des Années folles se retrouve aussi dans la série *Babylon Berlin* entièrement tournée à Berlin et diffusée depuis septembre 2018. Le goût des Berlinois pour le cinéma est évident, preuve en est le succès annuel de la ***Berlinale*** où sont attribués les fameux Ours d'or et d'argent. Mais, pour s'en rendre vraiment compte, il faut participer aux grandes séances en plein air organisées l'été dans certains quartiers. Les lieux sont toujours agréables (ce ne sont pas les espaces verts qui manquent !), la fréquentation familiale et bon enfant, et l'atmosphère indéniablement festive. Programme sur le site • *freiluftkino.de* •

Littérature

Après 1918, c'est l'apothéose de Berlin et de ses cabarets, la « Babylone » de Brecht et des expressionnistes, qu'***Alfred Döblin*** immortalise juste avant fermeture dans son grand roman : *Berlin Alexanderplatz* (1929). Au théâtre, Brecht s'engage politiquement très à gauche, avec *Tambours dans la nuit* (1922) puis *L'Opéra de quat'sous* (1928), son 1er *Singspiel* (comédie musicale de l'époque), illustration de la lutte des classes magnifiquement servie par la musique de Kurt Weill.
En 1933, pour beaucoup, c'est l'exil, parfois même le suicide, ou encore « l'exil intérieur », dont ***Hans Fallada*** *(Seul dans Berlin)* est un exemple. La génération suivante produit ce que l'on appellera « la littérature des ruines » !
Malgré les tentatives de faire table rase avec le Groupe 47, les écrivains allemands de l'après-guerre, en dehors des figures que sont Heinrich Böll ou Günter Grass, voire Peter Handke, restent coincés, par la droite et par la gauche, dans une liberté restreinte et surveillée.
En 1999, le prix Nobel de littérature est attribué à ***Günter Grass.*** Roulez tambours...

Musées

Berlin, une des grandes capitales des musées en Europe ? Sans problème. Avec, dit-on, près de 180 musées, la ville n'aurait rien à envier à Paris et Londres... En 3 jours, pour 29 € avec le ***Museumspass Berlin*** (voir en début de guide la rubrique « Budget » dans le chapitre « Berlin utile »), vous pourrez faire votre choix entre 35 musées et des dizaines d'expos.
Les plus importants sont répartis en 3 zones : *Charlottenburg, Mitte* (l'île des Musées et le *Humboldt Forum*) et *Tiergarten* (*Kulturforum,* l'art pictural et décoratif européen).
Généralement, les musées sont fermés les lundi et jours fériés, mais il existe suffisamment d'exceptions pour que vous puissiez visiter plusieurs musées par jour.
Leur nombre s'explique aussi du fait de l'ancienne division de la ville. Chaque camp idéologique possédait son musée spécifique, tout avait été dédoublé. Un processus de regroupement des collections a donc été entamé après 1989, plusieurs gros musées parmi les plus importants de la ville ayant été longtemps fermés. Regroupements et déménagements de collections intervenant régulièrement, il vaut mieux se renseigner sur Internet sur l'actualité des travaux.

PERSONNAGES BERLINOIS

– ***Willy Brandt*** *(1913-1992)* **:** Herbert Frahm, de son vrai nom, né à Lübeck. Très tôt entré en politique dans les rangs socialistes, il passe dans la clandestinité sous son pseudo en 1933 et fuit le pays vers la Norvège. Rentré à Berlin en 1946, comme représentant du gouvernement norvégien, il devient président de la chambre des députés de 1955 à 1957, puis bourgmestre-gouverneur de Berlin, jusqu'en 1966, puis chancelier de la RFA de 1969 à 1974. Il se distingue en développant l'ouverture à l'Est. Cette ***Ostpolitik*** lui vaut le prix Nobel de la paix en 1971. Il est contraint à la démission, à la suite de la découverte d'un espion de la RDA (Günter Guillaume) parmi ses plus proches collaborateurs. Le nouvel aéroport international porte son nom.

- ***Bertolt Brecht*** *(1898-1956)* **:** né à Augsbourg, mobilisé en 1918, il décrira son expérience dans *La Légende du soldat mort.* Ce dramaturge est aussi poète et romancier. Très tôt acquis aux thèses marxistes, c'est avec l'adaptation de *L'Opéra de quat'sous* qu'il devient très populaire. Dénonciateur du nazisme et théoricien du théâtre « didactique » prolétarien, il ne lui reste plus qu'à faire ses valises en 1933. De retour des États-Unis à la fin de la guerre, il choisit l'Allemagne de l'Est, où il fonde en 1948 le Berliner Ensemble. Personne n'est parfait : on lui décerna le prix Staline en 1953.
- ***Marlene Dietrich*** *(1902-1992)* **:** elle explose en 1930 avec le rôle de Lola-Lola dans *L'Ange bleu,* de Josef von Sternberg. Le succès lui ouvre les portes de Hollywood, où l'on cherchait une créature diabolique et sexy à opposer à l'iceberg Greta Garbo. Elle y entame en 1941 une liaison passionnée avec Jean Gabin, qui durera 6 ans. Marlene devait ensuite tourner avec les plus grands (*La Belle Ensorceleuse,* de René Clair ; *Témoin à charge,* de Billy Wilder ; *La Soif du mal,* d'Orson Welles...). En 1978, elle fait encore du charme à David Bowie dans *Just a Gigolo,* de David Hemmings.
- ***Georg Wilhelm Friedrich Hegel*** *(1770-1831)* **:** prof modèle tout au long de sa carrière, il triomphe à 48 ans avec une encyclopédie des sciences philosophiques ! On accourt de tout le pays pour assister à ses cours. Et Goethe fait des pieds et des mains pour le rencontrer. Appelé dans la prestigieuse université de Berlin, l'ancien petit fonctionnaire de province achève la création de la méthode dialectique et de la philosophie de l'histoire. Mais s'il a inventé la dynamite, il manquait le détonateur : celui-ci s'appellera Karl Marx.
- ***Wilhelm*** et ***Alexander von Humboldt*** *(1767-1835 et 1769-1859)* **:** membres de la noblesse prussienne et descendants de huguenots, les 2 frères, élevés dans l'esprit de Rousseau, furent de grands voyageurs. Le 1er, philosophe et diplomate, est connu pour ses études sur la linguistique et la pédagogie (une des universités de Berlin porte son nom). Le 2d, considéré comme le père de la géographie moderne, visita 3 continents, vécut 20 ans à Paris et apporta une contribution essentielle aux sciences naturelles et à l'ethnologie. Le courant marin qui baigne les rivages de l'ouest de l'Amérique du Sud a été baptisé de son nom.
- ***Karl Liebknecht*** *(1871-1919)* **:** homme politique allemand, leader, avec Rosa Luxemburg, de l'aile gauche du parti social-démocrate allemand. S'est opposé de toutes ses forces à l'entrée en guerre de l'Allemagne en 1914. Fonde la ligue Spartakus en 1916 et se retrouve à la tête de l'agitation sociale et politique en 1918 après la défaite allemande. Fondateur du parti communiste (KPD) et leader (toujours avec Rosa) de la révolution spartakiste qui éclate en novembre. Forte à Berlin mais faible en province, celle-ci est écrasée par les chefs du parti social-démocrate au pouvoir. Karl Liebknecht et Rosa Luxemburg sont assassinés peu après leur arrestation.
- ***Ernst Lubitsch*** *(1892-1947)* **:** né à Berlin dans une famille juive, il réalise ses 1res comédies en Allemagne dès 1914. Mais c'est à Hollywood, à partir de 1923, qu'il obtient la reconnaissance internationale. Ses films reposent sur une mise en scène légère, brillante, caustique (la « *Lubitsch's touch* »), qui fait une grande part à l'ellipse : Lubitsch est ainsi resté célèbre pour filmer des portes closes, derrière lesquelles le spectateur peut imaginer toutes sortes de scènes. Il est aussi l'unique réalisateur à avoir fait rire Greta Garbo (dans *Ninotchka*) ! Parmi ses 80 films, beaucoup de chefs-d'œuvre, dont *The Shop around the Corner, L'homme que j'ai tué, Haute pègre, Le ciel peut attendre* et le fameux *To be or not to be,* satire du régime nazi.

– ***Rosa Luxemburg*** *(1870-1919)* **:** née en Pologne, elle s'installe en Allemagne en 1898. 1re grande figure féminine du militantisme, « Rosa la Rouge » (que Lénine comparait à un aigle) passa sa vie entre les congrès et les prisons (elle en profitait pour écrire). En 1916, elle crée la ligue ***Spartakus*** (avec Karl Liebknecht), qui devient le parti communiste allemand. Révolutionnaire mais antimilitariste, harangueuse de foule et romantique à la fois, intellectuelle pure mais proche des prolétaires, Rosa marque son époque par sa personnalité hors du commun. Elle meurt assassinée à Berlin par les forces de l'ordre : son corps est jeté dans les eaux de la Spree.

– ***Herbert Marcuse*** *(1898-1979)* **:** né à Berlin, il quitte l'Allemagne pour les États-Unis en 1933, fuyant les persécutions nazies contre les juifs. Philosophe de gauche, il affirme que la psychanalyse, interprétée à la lumière du marxisme, sert de fil conducteur à l'analyse du développement économique et social des sociétés industrielles. Il écrit, entre autres, *Raison et révolution, Hegel et la naissance de la théorie sociale,* et surtout *L'Homme unidimensionnel.* On a pu dire de lui qu'il a été l'un des inspirateurs de 1968. Il repose aujourd'hui à côté de Bertolt Brecht et de Hegel au *Dorotheenstädtischer Friedhof.*

– ***Helmut Newton*** *(1920-2004)* **:** né à Berlin, d'origine juive, il est contraint de s'exiler en 1938 et part pour l'Australie, où il commence à travailler comme photographe. En 1956, il s'installe à Paris, plus tard à Monte-Carlo. Ses photos de nus dans de luxueux décors, nimbés d'un érotisme soft, le rendent célèbre. Ses modèles révèlent une plastique parfaite mais d'une beauté glaciale. Son style provocateur, élégant et sophistiqué tout à la fois, sa maîtrise de la lumière et du noir et blanc suscitent presque une école. C'est dans le ***Vogue*** français qu'il exprime avec le plus de liberté ses fantasmes et sa vision très personnelle du monde de l'argent et du pouvoir. Il avait manifesté son désir de léguer son œuvre à Paris. Ce souhait suscita réticences, manœuvres, tergiversations et atermoiements, au point que, finalement, proposition fut faite à Berlin de la recueillir.

– ***Wilhelm Reich*** *(1897-1957)* **:** l'homme, qui a fait découvrir aux hippies où était leur sexe, est d'abord un élève appliqué de Freud. Découvrant le marxisme, il crée à Berlin dans les années 1930 la « ligue pour une politique sexuelle prolétarienne » *(Sex-pol)* ! Réfugié aux États-Unis après son pamphlet d'économie sexuelle *(Psychologie de masse du fascisme),* il développe la théorie de l'origine bioélectrique du cancer liée aux frustrations sexuelles. Personnage fantasque et dérangeant, il est systématiquement calomnié jusqu'à sa mort, survenue mystérieusement en prison...

Citons encore : la chanteuse Nina Hagen, le musicien électro Paul Kalkbrenner ou l'acteur Daniel Brühl

– Autres personnages qui, sans être formellement nés à Berlin, y ont vécu longtemps (ou y moururent) et imprégnèrent la ville de leur œuvre : ***Richard Strauss*** fut directeur de l'Opéra de 1898 à 1917, et plusieurs de ses œuvres majeures y ont été créées ; ***Félix Mendelssohn,*** petit-fils du célèbre philosophe et créateur de l'immortelle *Marche nuptiale,* est mort à Berlin (et enterré à Kreuzberg) ; ***Herbert von Karajan,*** le célèbre dictateur de pupitre autrichien, resta à la tête de la *Philharmonie de Berlin* pendant 35 ans ; les ***frères Grimm,*** collecteurs des superbes contes populaires *(Blanche-Neige et les Sept Nains, Le Petit Chaperon rouge, Hansel et Gretel...),* travaillèrent (notamment sur un dictionnaire de la langue allemande) et moururent à Berlin ; ***Robert Koch*** *(1843-1910),* Prix Nobel de médecine en 1905, découvrit en 1882 le célèbre bacille de la tuberculose qui porte son nom et fit toute sa carrière à Berlin...

POPULATION

En 1220, Berlin était une petite île sur la Spree de 1 200 habitants. L'arrivée des huguenots français en 1685 a donné une forte impulsion à la ville, alors peuplée de seulement 10 000 âmes. En 1747, Berlin comptait déjà 100 000 habitants. Avec l'industrialisation et le boom démographique du XIXe s, la ville a dépassé le million en 1877.

Le grand Berlin créé en 1920 par l'intégration des communes limitrophes en a fait la plus grande ville du continent européen et la 3e du monde après New York et Londres. Elle a connu sa plus grande population pendant la période nazie (1942) avec près de 4,5 millions de personnes, avant de baisser drastiquement à 2,8 millions après 1945. La population berlinoise a alors complètement changé de visage : seul 14 % des Berlinois d'après-guerre habitaient à Berlin avant-guerre.
En 2017, près de 25 % de la population berlinoise ne possédaient pas la nationalité allemande, mais appartenaient à une des 190 nationalités présentes dans la capitale. Si l'on additionne les étrangers de Berlin et les Berlinois allemands ayant un « antécédent migratoire », on arrive à près de 30 % du total. Les immigrés d'origine turque représentent la plus grande population étrangère à Berlin : environ 200 000 personnes, c'est-à-dire 6 % des Berlinois, mais la moitié d'entre eux a acquis la nationalité allemande. Viennent ensuite les Polonais (57 000), les Syriens (33 000), les Italiens et Bulgares (29 000), les Russes, Serbes et Kosovars (24 000), les Roumains (21 000), les Américains (20 000), les Français (19 000), les Vietnamiens (17 000), les Britanniques (16 000), les Espagnols et les Grecs (14 000)...
On estime actuellement la population juive entre 30 000 et 40 000 personnes, dont seulement 10 000 seraient des membres actifs de la communauté. Résultat, on constate une résurgence de la culture juive à Berlin. *Book clubs* yiddish, musique *kletzmer* et célébrations religieuses LGBT y foisonnent à nouveau. Des artistes, intellectuels et écrivains, opposants au régime de Benyamin Netanyahou, y constituent une avant-garde qui veut se tenir en marge du cadre réducteur du traumatisme de la Shoah et se réclame du rayonnement culturel de leur culture au XIXe s.

SAVOIR-VIVRE ET COUTUMES

Berlin attire tout le monde : des artistes de tout poil, des intellos en quête de nouvelles idéologies, des jeunes fêtards qui viennent picoler de la bière pas chère, des étudiants en Erasmus, des paumés qui se cherchent, des Espagnols et des Grecs qui fuient le taux de chômage de leur pays, des Polonais et des Ukrainiens qui bossent au noir. Bref, de tout. Et tout ce petit monde semble très enthousiaste à l'idée de vivre dans la capitale la plus cool d'Europe et de partager l'espace avec de plus en plus de touristes chaque année. Le Berlinois de base, lui, ne voit pas forcément les choses sous le même angle : la réunification a modifié la ville au point que, avec un salaire minimum qui n'a pas évolué, il a été obligé de se loger de plus en plus loin des quartiers centraux, où les prix ont explosé. En outre, vivre en banlieue avec 4h de luminosité par jour pendant 6 mois n'est pas forcément un motif pour lui remonter le moral. Toute une série de raisons qui expliquent pourquoi le Berlinois apparaît parfois à l'image du symbole de la ville : l'***ours,*** un animal plutôt bourru et mal léché.
Le visiteur s'étonne parfois qu'on ne le laisse pas sortir du bus avant d'y entrer, qu'on lui claque la porte au nez dans un magasin, qu'on le renseigne avec la mauvaise grâce d'un garde-frontière du temps du rideau de fer ou qu'on lui jette son café sur la table. Il paraît que ce tempérament cache pourtant un grand cœur, fatigué de se battre... Certains pensent que le fait d'avoir été capitale d'un État qui s'appelait la Prusse a joué une influence certaine sur ce qu'on pourrait appeler les bonnes manières.
De culture protestante, la Prusse cultivait au XIXe s les valeurs en rupture avec le catholicisme : discipline, sobriété, rigueur du système éducatif, justesse de pensée, discrétion, objectivité, etc. À l'opposé des Bavarois qui favorisaient une vision plus jouissive de la vie... Pour ceux qui passèrent 12 ans sous la bannière à la croix gammée puis 40 ans sous celle de la faucille et du marteau, pas de quoi non plus développer une joie de vivre débridée.
Mais, au final, ces plantigrades ronchons peuvent se dévoiler en nounours affectueux, si on leur offre un pot de miel sous forme d'un sourire et d'une formule de

politesse passe-partout : ***Entschuldigung, bitte*** (« excusez-moi, s'il vous plaît ») ou, plus facile à prononcer, ***Pardon.*** Et même si nombre de touristes sont attirés par la réputation festive de la ville, on peut comprendre que les travailleurs qui prennent le métro dans le froid du petit matin ne se réjouissent pas particulièrement de voir des gens cuver l'alcool après la nouba. Même armés du constat qu'il n'y a pas de différences fondamentales entre les mœurs de nos voisins et les nôtres, certaines de nos attitudes latines peuvent parfois les amuser, mais aussi les agacer. Faisons donc, nous, mentir cette fâcheuse réputation de ne pas vouloir parler l'allemand, baragouinons au moins quelques mots de base et agissons en personnes civilisées...

– Traversez la rue lorsque le feu pour piétons est au vert, et ce, même quand il n'y a pas de voiture en vue. Amusez-vous au besoin à jouer à l'***Ampelmann,*** nom donné au petit personnage qui, à Berlin, passe du vert au rouge. Et si ce petit bonhomme, devenu une vedette incontournable auprès des visiteurs, n'arrive pas à vous convaincre de suivre ses indications, des mères de famille ou des policiers s'en chargeront. On vous expliquera en effet que c'est un très mauvais exemple pour les enfants qui pourraient vous regarder ! Faire le contraire pourrait même vous coûter une amende.

– Évitez d'aborder le thème du IIIe Reich avec un inconnu ou une connaissance trop récente. Traumatisés longtemps par leur passé, les Allemands (même jeunes) restent très susceptibles sur ce point et pourraient croire à une mise en accusation directe de votre part alors qu'ils sont aujourd'hui les 1ers à remettre à plat le passé. Faites donc preuve de tact et de diplomatie !

SCÈNES ET SPECTACLES

Musique classique, opéras

Berlin est aussi un endroit privilégié pour écouter de la musique classique ou aller à l'opéra. Les représentations y sont nombreuses, et les prix nettement plus bas que chez nous. Ne partez pas de Berlin sans être allé au moins une fois à la Philharmonie (proche du Kulturforum) entendre le ***Berliner Philharmoniker*** (mondialement connu) ou passer une soirée à la ***Konzerthaus,*** son équivalent à l'Est du temps de la séparation, ou au ***Staatsoper.***

On peut acheter ses billets à l'avance directement sur place ou auprès de la hotline de réservation ***Papagena Kartenservice.*** *☎ 47-99-74-00. • papagena.de •* Mieux encore, se rendre directement aux caisses le jour même, 1h avant le spectacle, à l'*Abendkasse,* où les places sont à moitié prix. De loin la meilleure solution en semaine, où il y a toujours de la place. Le week-end, essayez de prévoir un peu plus longtemps à l'avance. Saison d'octobre à juin.

Toutes ces salles permettent la vente et la réservation de vente *online.*

Chaque année au mois d'avril, la ***Lange Nacht der Opern und Theater*** (Longue Nuit de l'opéra et du théâtre) offre une programmation de choix (plus de 200 spectacles !). Accessible par le réseau de transport en commun de la ville de 15h à 5h. *Rens au ☎ 47-99-74-74, tlj 9h (14h dim)-20h. • berlin-buehnen.de •*

ᴖᴖ ***Philharmonie*** *(plan centre, D3) : Herbert-von-Karajan-Str 1, Tiergarten. ☎ 25-48-81-32. Résas : ☎ 25-48-89-99 (9h-18h ; compter 2 € de frais de résa). • berliner-philharmoniker.de • S-Bahn et U-Bahn : Potsdamer Platz. Bus n[os] M48 et 200. Vente sur place aux caisses (lun-ven 15h-18h, w-e 11h-14h). Possibilité de visite guidée d'env 1h, vers 13h30 et pour 5 €, les j. où il n'y a pas de répétition (☎ 25-48-81-56 ; visites en français). Pas de visites organisées en juil-août. Lunch. Concerts gratuits le mar (voir sur le site internet).* Son orchestre prestigieux offre des représentations d'une qualité exceptionnelle, avec un large répertoire d'œuvres classiques, romantiques, modernes et contemporaines. La salle a la particularité d'être circulaire, le public entourant l'orchestre.

Dans le hall, tous les mardis à 13h (sauf en été) : ***Lunchkonzerte gratuits*** d'environ 50 mn. Arriver 15 mn à l'avance. On s'assied par terre, ambiance bon enfant, on peut même grignoter un morceau. *• berliner-philharmoniker.de/en/concerts/lunch-concerts • Concerts gratuits provisoirement supprimés.*

Staatsoper *(zoom 2, F3,* ***360****) : Unter den Linden 7, Mitte. ☎ 20-35-45-55. • staatsoper-berlin.de • S-Bahn : Friedrichstr ; U-Bahn : Hausvogteiplatz ; ou bus n°s 100 et 200.* Le plus prestigieux des 3 opéras de Berlin. *Rouvert après travaux. Visites guidées en allemand : 15 €.*

Deutsche Oper Berlin *(zoom 1, B3) : Bismarckstr 35, Charlottenburg. Résas : ☎ 34-38-43-43 et sur Internet. • deutscheoperberlin.de • S-Bahn : Charlottenburg ; U-Bahn : Deutsche Oper. Billets en ligne ou : lun-sam 11h jusqu'à 1h avt le début des représentations (19h les j. de relâche), dim 10h-14h. Réduc de 50 % aux écoliers et de 25 % aux étudiants, mais pour en bénéficier il faut réserver 1 sem à l'avance.* L'ancien opéra de Berlin-Ouest. Bâtiment moderne et sans charme, mais les représentations sont aussi bonnes qu'au *Staatsoper.* Et on peut profiter de places intéressantes à la dernière minute.

Théâtre, danse et cabarets

Au cœur de cette Europe irriguée de mille courants artistiques, littéraires, linguistiques, Berlin rayonne dans les années 1920 : l'homme un tant soit peu cultivé parle alors couramment l'allemand, le français et le russe. Le cinéma bouillonne, nombre de lauréats du prix Nobel sont allemands (Einstein, Max Planck, Thomas Mann...), peintres, metteurs en scène, architectes ou artistes de cinéma se rencontrent au *Romanisches,* légendaire café de la Breitscheidplatz... Tous les mouvements d'avant-garde de la Belle Époque sont happés par Berlin, car « qui tenait Berlin possédait le monde ». Une atmosphère merveilleusement rendue dans ***L'Ange bleu*** et dans le film ***Cabaret.*** Entre 1919 et 1932, on ne compte pas moins de 240 cabarets-théâtres. De quoi avoir envie aujourd'hui de renouer avec ce passé de plaisirs nocturnes... Cela dit, pour profiter au maximum de ces spectacles, il faut bien maîtriser la langue, faute de quoi toute la repartie tombe à plat. Parmi les meilleurs cabarets actuels, on citera :

Chamäleon Theater *(zoom 2, F2) : Rosenthaler Str 40-41, Mitte, dans les Hackesche Höfe. ☎ 400-05-90. • chamaeleonberlin.de • S-Bahn : Hackescher Markt. Lun-ven 10h30-20h, sam 10h30-22h, dim 12h-20h. Entrée : 36-49 € selon spectacle (un peu plus cher ven-sam) ; réduc.* Entre Paradis et Enfer, histoire de retrouver cette ambiance Années folles. Au fond de la cour d'un magnifique immeuble Art déco. *Temporairement fermé.*

Wintergarten *(plan centre, D4) : Potsdamer Str 96, Tiergarten. • wintergarten-berlin.de • U-Bahn : Kurfürstenstr. Résas ☎ 58-84-33 et sur Internet.* Là encore, dans le « jardin d'hiver », le charme des années 1920, avec des acrobates et des clowns, et, bien sûr, des spectacles de cabaret avec « chansons ».

Courant alternatif

Die Szene berlinoise des années 1980 à aujourd'hui

Issue en grande partie de « l'esprit de 68 », la scène berlinoise *(die Szene)* est devenue un des hauts lieux de la contre-culture européenne. Mouvement multiforme divisé en tendances (Verts, féministes, thérapistes, collectifs d'artistes ou entrepreneurs fous d'autogestion, côté organisation ; squatteurs, punks, anars, côté radicalisation), le courant alternatif berlinois devint une entité lorsqu'il était question de s'opposer au conformisme bourgeois et à l'autosatisfaction du capitalisme allemand.

Cette institutionnalisation de la marginalité eut des effets pervers étonnants : pas une organisation qui ne touchait des subventions officielles. Résultat : renouvellement pauvre des thèmes porteurs et mise en sommeil de la radicalité. Les nouvelles tendances se retrouvent plutôt dans les mouvements individualistes autour du développement personnel, des nouvelles spiritualités, de la santé alternative et de l'écologie douce. Vivant principalement dans les quartiers de *Kreuzberg, Schöneberg, Friedrichshain* et *Prenzlauer Berg,* ces intéressants spécimens de la faune berlinoise se rencontrent dans leurs lieux de prédilection.

Il existe toujours une grande différence entre l'est et l'ouest de Berlin en ce qui concerne les sorties. L'Ouest est très « classique », avec le genre d'endroits qu'on peut retrouver un peu partout dans le monde. L'Est nous a paru vraiment unique et donc beaucoup plus intéressant : synthèse d'ex-communisme, d'alternatif et de modernisme ouest-allemand, il bouillonne en permanence et brille par son originalité, son foisonnement d'idées nouvelles et délirantes. Venez voir à l'Est ce que vous n'avez jamais vu ailleurs.

BERLIN SELON DAVID BOWIE

« C'est à Berlin que j'ai ressenti pour la 1re fois, depuis des années, une telle joie de vivre et une telle impression d'apaisement et de soulagement. » En 1976, 6 mois avant la sortie de son album monument Low, *David Bowie prenait tellement de cocaïne qu'il était persuadé que des esprits maléfiques lui volaient son urine. Il la planqua au frigo. Son partenaire de débauche, Iggy Pop, sortait tout juste d'un hôpital psychiatrique. Leur exil à Berlin les sauva et leur permit de poursuivre leur carrière.*

– Nombreux ***concerts de rock*** chaque semaine dans les salles de concerts et les clubs à la mode, et grosses stars en tournée chaque mois. Pour les dates et les horaires, se reporter aux pages musique de *Zitty* ou de *Tip* (voir en début de guide « Infos pratiques sur place. Adresses et infos utiles »).

– ***Scène techno :*** certains la disent en voie de normalisation. Mais des milliers d'*Easy-Jet-Setters* y débarquent chaque fin de semaine pour y faire la fête. Ville du rock, de l'électro underground et de la liberté d'expression, Berlin reste l'une des escales nocturnes incontournables en Europe. Berlin est tendance, sans doute parce que la tendance est à Berlin : c'est la ville où les clubs ouvrent dans les salles des coffres d'anciennes banques ou dans des piscines désaffectées. Profitez, tant qu'il est encore temps, de ce qui fait la saveur de la nuit à Berlin : son côté alternatif. On ne trouve plus que rarement des squats, ces véritables labyrinthes artistiques où s'entremêlent *street art* et soirées électro intimistes.

3 choses à savoir sur la nuit berlinoise : on ne sort pas seulement pour danser, mais aussi pour écouter de la musique ; on laisse son « costard-cravate » à l'hôtel : ici, le look idéal côté *dress code,* c'est « jean – tee-shirt – baskets » ; enfin, pas la peine d'arriver dès minuit devant la porte des clubs : le bon moment, c'est 2h du matin. Avant, c'est juste une mise en jambes... Et pour bien démarrer sa nuit, direction les terrasses des *Biergarten,* entre ***Treptow*** et ***Kreuzberg,*** ou encore l'une des petites guinguettes à cheval entre la rivière et le canal de la Landwehr...

Réputée pour ses réjouissances débridées et sans tabous, la ville a subi la crise sanitaire de la Covid-19 de plein fouet. Les clubs à eux seuls avaient rapporté plus de 1,5 milliard d'euros à la ville en 2018.

La pandémie aura laissé pas mal de club sans ressources. Devant cette débâcle les autorités s'étaient montrées plutôt compréhensives à l'égard des raves sauvages en plein air. Mais un couvre-feu a été instauré en octobre 2020 entre 23h et 6h. Les professionnels du secteur espèrent retourner la situation par le biais d'un recours juridique et tablent sur un retour progressif à la normale pour 2021. Certaines parviendront à se réinventer en trouvant sur Internet un débouché provisoire en aménageant les espaces en lieu d'exposition ou en lançant des campagnes de *crowdfunding* pour sauver les meubles, d'autres, trop fragiles, devront mettre la clé sous la porte. Si la scène berlinoise fait partie de vos projets de voyage, renseignez-vous sérieusement avant d'envisager le déplacement.

Street art

Incontestablement, depuis les années 1970 et la présence de nombreux Américains, Berlin est la Mecque du *street art.* Les artistes locaux et internationaux ont pris les friches et les murs abandonnés de la ville pour terrain de jeu en les couvrant de graffitis et de fresques. Faisant preuve de nombreuses innovations et à l'aide de techniques de plus en plus sophistiquées, des artistes de tous horizons qui se sont fait depuis un nom, comme ***Bansky, Roland Brückner, Victor Ash, Blu, Eduardo Kobra, Kripoe, Roa*** ou ***El Bocho*** se sont réapproprié l'espace urbain de manière esthétique ou même polémique en parodiant la publicité.
Sans aucun rapport avec le vandalisme, le tag, la dégradation illégale, le *street art* utilise diverses techniques comme le pochoir, le *sticker,* le collage, le *bombing,* l'affiche, le graffiti en 3D ou encore la fresque. Ces œuvres sont à découvrir dans de nombreux quartiers, mais essentiellement dans certains coins de *Mitte,* de *Kreuzberg* et de *Friedrichshain,* et non seulement sur les grands murs mais aussi dans les impasses, les sols, les cages d'escalier et même les poteaux électriques.
Érigé pour séparer les 2 camps pendant la guerre froide, le mur de Berlin a été reconverti après 1989 en la plus grande toile vierge au monde. La dernière portion existante s'étale à Friedrichshain le long de la Spree sur 1,3 km, entre l'Oberbaumbrücke et la Ostbahnhof. Rebaptisée ***East Side Gallery,*** elle constitue, avec 118 œuvres recensées, un condensé incontournable du *street art* berlinois.
Pour découvrir ces lieux en compagnie de spécialistes, n'hésitez pas à faire appel aux visites guidées assurées par ***Vive Berlin*** ou ***Good Morning Berlin*** (voir en début de guide « Infos pratiques sur place. Adresses et infos utiles »).

SITES INSCRITS AU PATRIMOINE MONDIAL DE L'UNESCO

Organisation des Nations Unies pour l'éducation, la science et la culture
En coopération avec le Centre du patrimoine mondial

Pour figurer sur la liste du Patrimoine mondial, les sites doivent avoir une valeur universelle exceptionnelle et satisfaire à au moins un des 10 critères de sélection. La protection, la gestion, l'authenticité et l'intégrité des biens sont également des considérations importantes.
Le patrimoine est l'héritage du passé dont nous profitons aujourd'hui et que nous transmettons aux générations à venir. Nos patrimoines culturel et naturel sont 2 sources irremplaçables de vie et d'inspiration. Ces sites appartiennent à tous les peuples du monde, sans tenir compte du territoire sur lequel ils sont situés. Pour plus d'informations : • *whc.unesco.org* •
Berlin et ses environs comptent 3 sites inscrits au Patrimoine mondial de l'Unesco.
– ***L'île des Musées*** (*Museumsinsel* – 1999), au bord de la Spree, regroupe des collections archéologiques et artistiques uniques au monde. Les 5 musées, appelés à ne former plus qu'un vaste ensemble à l'horizon des années 2020, appartiennent à l'héritage culturel du XIXe s, l'époque de la prééminence d'une bourgeoisie avide de connaissances. Construits entre 1824 et 1930, ils représentent la réalisation d'un projet visionnaire qui prendra toute sa valeur dans les années à venir. Chaque musée ayant été pensé en rapport organique avec les collections qu'il abrite, leur importance se double d'une incontestable valeur architecturale.

– ***Les châteaux et parcs de Potsdam Sanssouci*** *(1990)* **:** le domaine de la résidence d'été de Frédéric II de Prusse couvre 500 ha de parc et compte 150 bâtiments. Édifié entre 1730 et 1916, l'ensemble des châteaux et parcs de Potsdam constitue une entité artistique exceptionnelle dont le caractère éclectique renforce l'unicité. Cet ensemble est prolongé, dans le district de Berlin-Zehlendorf, par les châteaux et les parcs qui s'étendent sur les rives de la Havel et du lac de Glienicke.

– ***Les cités du style moderne de Berlin*** *(2008)* **:** 6 ensembles de logements construits de 1910 à 1933 et qui témoignent d'une politique innovante en matière d'habitat, spécialement durant la république de Weimar, lorsque la ville était à l'avant-garde sur le plan social, politique et culturel.

les ROUTARDS sur la FRANCE 2021-2022

(dates de parution sur • **routard.com** •)

Découpage de la FRANCE par le ROUTARD

Autres guides sur la France

- Nos meilleurs campings en France
- Nos meilleures chambres d'hôtes en France

Autres guides sur Paris

- Paris
- Paris balades
- Restos et bistrots de Paris
- Le Routard des amoureux à Paris
- Week-ends autour de Paris

Le Routard à vélo

- EuroVelo6
- La Bourgogne du Sud à vélo
- La Flow Vélo
- La Loire à Vélo
- La Vélodyssée (Roscoff-Hendaye)
- Le Canal des 2 mers à vélo
- Paris Île-de-France à vélo
- ViaRhôna
- Les plus belles escapades à Vélo en France

les ROUTARDS sur l'ÉTRANGER 2021-2022

(dates de parution sur • *routard.com* •)

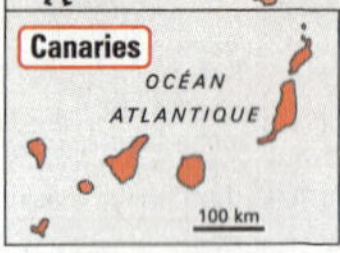

Découpage de l'ESPAGNE par le ROUTARD

Découpage de l'ITALIE par le ROUTARD

Autres pays européens

- Allemagne
- Angleterre, Pays de Galles
- Autriche
- Belgique
- Bulgarie
- Crète
- Croatie
- Danemark, Suède
- Écosse
- Finlande
- Grèce continentale
- Hongrie
- Îles grecques et Athènes
- Irlande
- Islande
- Madère
- Malte
- Norvège
- Pays baltes : Tallinn, Riga, Vilnius
- Pologne
- Portugal
- République tchèque, Slovaquie
- Roumanie
- Suisse

Villes européennes

- Amsterdam
- Berlin
- Bruxelles
- Budapest
- Copenhague
- Dublin
- Lisbonne
- Londres
- Moscou
- Naples
- Porto
- Prague
- Saint-Pétersbourg
- Stockholm
- Vienne

les ROUTARDS sur l'ÉTRANGER 2021-2022

(dates de parution sur • *routard.com* •)

Découpage des ÉTATS-UNIS par le ROUTARD

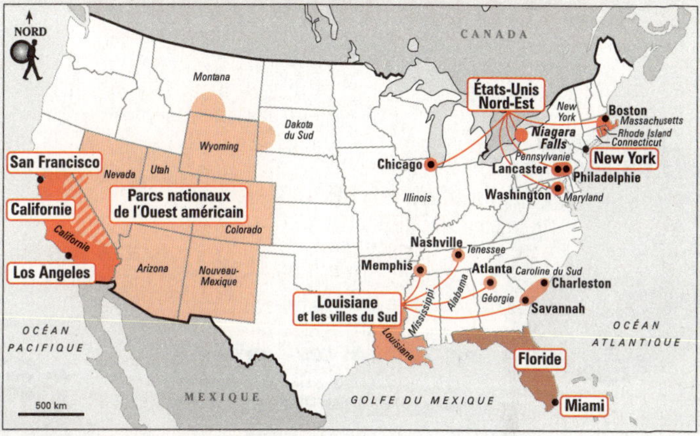

Autres pays d'Amérique

- Argentine
- Brésil
- Canada Ouest
- Chili et île de Pâques
- Colombie
- Costa Rica
- Équateur et les îles Galápagos
- Guatemala, Belize
- Mexique
- Montréal
- Pérou, Bolivie
- Québec et Ontario

Asie et Océanie

- Australie côtes est et nord + Red Centre
- Bali, Lombok
- Bangkok
- Birmanie (Myanmar)
- Cambodge, Laos
- Chine
- Hong Kong, Macao, Canton
- Inde du Nord
- Inde du Sud
- Israël et Palestine
- Istanbul
- Jordanie
- Malaisie, Singapour
- Népal
- Shanghai
- Sri Lanka (Ceylan)
- Thaïlande
- Tokyo, Kyoto et environs
- Turquie
- Vietnam

Afrique

- Afrique du Sud
- Égypte
- Kenya, Tanzanie et Zanzibar
- Maroc
- Marrakech
- Sénégal
- Tunisie

Îles Caraïbes et océan Indien

- Cuba
- Guadeloupe, Saint-Martin, Saint-Barth
- Île Maurice, Rodrigues
- Madagascar
- Martinique
- République dominicaine (Saint-Domingue)
- Réunion

Guides de conversation

- Allemand
- Anglais
- Arabe du Maghreb
- Arabe du Proche-Orient
- Chinois
- Croate
- Espagnol
- Grec
- Italien
- Japonais
- Portugais
- Russe
- G'palémo (conversation par l'image)

Livres-photos/Livres-cadeaux

- La France de Stéphane Bern (**nouveauté**)
- Voyages
- Voyages : États-Unis
- Voyages : France
- Voyages : Italie
- Road Trips Monde
- Road Trips en France (**nouveauté**)
- 120 coins secrets en Europe
- 50 voyages à faire dans sa vie
- 1 200 coups de cœur dans le monde
- 1 200 coups de cœur en France
- 52 week-ends dans les plus belles villes d'Europe
- 52 week-ends coups de cœur en France
- 52 week-ends Nature en France (**nouveauté**)
- Cahier de vacances du Routard

LA BOTTE SECRÈTE DU ROUTARD

S'AVENTURER DANS LES LIEUX LES PLUS INSOLITES DE LA PÉNINSULE

COMPRENDRE LA TRADITION DU CAFÉ SUSPENDU

DÉCOUVRIR LES GRANDS CLASSIQUES DU CINÉMA ITALIEN ET LEURS LIEUX DE TOURNAGE

FAIRE UN ROAD TRIP À VESPA LE LONG DE LA CÔTE AMALFITAINE

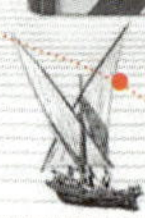

CONNAÎTRE L'ORIGINE DU SPRITZ

...

Le Routard

Nous tenons à remercier tout particulièrement Loup-Maëlle Besançon, Thierry Bessou, Gérard Bouchu, François Chauvin, Grégory Dalex, Fabrice Doumergue, Cédric Fischer, Carole Fouque, Nicolas George, Michelle Georget, David Giason, Claude Hervé-Bazin, Emmanuel Juste, Dimitri Lefèvre, Fabrice de Lestang, Romain Meynier, Éric Milet, Pierre Mitrano, Jean-Sébastien Petitdemange, Thomas Rivallain et Jean Tiffon pour leur collaboration régulière.

Brice Andlauer
Jean-Jacques Bordier-Chêne
Agnès Debiage
Coralie Delvigne
Jérôme Denoix
Tovi et Ahmet Diler
Clélie Dudon
Sophie Duval
Alain Fisch
Bérénice Glanger
Adrien et Clément Gloaguen
Sébastien Jauffret
Alexia Kaffès
Augustin Langlade
Jacques Lemoine
Aline Morand
Louis Nagot
Caroline Ollion
Martine Partrat
Odile Paugam et Didier Jehanno
Céline Ruaux
Prakit Saiporn
Nejma Tahri Hassani
Alice Tonasso
Caroline Vallano

Direction : Sidonie Chollet
Direction éditoriale : Élise Ernest
Édition : Matthieu Devaux, Olga Krokhina, Gia-Quy Tran, Julie Dupré, Emmanuelle Michon, Pauline Janssens, Amélie Ramond, Margaux Lefebvre, Ionah Vasseur et Julie Wood
Ont également collaboré : Marie Sanson et Muriel Lucas
Cartographie : Frédéric Clémençon et Aurélie Huot
Contrôle de gestion : Jérôme Boulingre et Yannis Villeneuve
Secrétariat : Catherine Maîtrepierre
Fabrication : Nathalie Lautout et Audrey Detournay
Relations presse : COM'PROD, Fred Papet. ☎ 01-70-69-04-69.
● *info@comprod.fr* ●, Martine Levens (Belgique) et Maureen Browne (Suisse)
Direction marketing : Stéphanie Parisot, Élodie Darty et Charlotte Brou
Couverture : le-bureau-des-affaires-graphiques.com
Silhouette du Routard : Clément Gloaguen (d'après Solé)
Maquette intérieure : le-bureau-des-affaires-graphiques.com, Thibault Reumaux et npeg.fr
Contact Partenariats : Jérôme Denoix ● *jeromedenoix@gmail.com* ●
Contact Partenariats et régie publicitaire : Florence Brunel-Jars
● *fbrunel@hachette-livre.fr* ●

INDEX GÉNÉRAL

INDEX GÉNÉRAL

INDEX GÉNÉRAL

INDEX GÉNÉRAL